대학교육과 봉사학습

이론적 관점과 실제

[SERVICE-LEARNING in Higher Education: Concepts and Practices]

Barbara Jacoby 외 공저
조용하 옮김

학지사

SERVICE-LEARNING in Higher Education: Concepts and Practices
by Barbara Jacoby, and Associates and Thomas Ehrlich

역자서문

오늘날 한국의 대학은 수월성의 추구와 무한경쟁시대의 대비에 관심이 집중되어 있는 것으로 보인다. 대학평가와 발전계획은 수요자 중심 교육체제를 만들어 나가는 데 중요한 역할을 하고 있다.

대학에 있어서 사회봉사기능의 확대와 재조명은 단지 자원의 분배나 자선의 차원을 넘어서 대학교육의 질을 높이고 학생들의 자기계발의 장을 마련하는 것으로 이해되고 있다. 그러나 지금까지 대학생들의 봉사활동은 지나치게 일방적이었고 불우이웃을 위한 시혜나 동정의 형태로 진행되어 자기만족적이거나 온정적 요소를 내포해 온 감이 없지 않다. 봉사학습은 대학생 봉사활동이 새로운 차원의 전개를 가능하게 하는 논리와 방법론을 제시하고 있다.

봉사학습은 체험교육의 한 형태로서 지역사회에서 발생하는 각종 사회문제를 해결하는 데 있어서 개입과 조정, 그리고 지원하는 기회를 제공함으로써 교육의 사회적 기능을 수행하고 자기발견의 장을 마련하기 위한 것이며 반추와 상호작용을 핵심적 과정으로 포함하고 있다. 봉사학습은 대학생의 학습과 성장뿐만 아니라 사회참여의 기회를 제공함으로써 사회적 자아로서의 자기이해와 직업세계의 진입을 위한 능력개발에도 관련성을 가지고 있다.

이 책은 대학교육에서 봉사학습의 구상과 전개에 필요한 이론적 관점과 동향분석, 그리고 프로그램 운영사례를 중점적으로 소개하고 있으며 구체적인 내용은 다음과 같다. 제1부에서는 봉사학습의 이론적 기초를 다루고 있으며, 구체적으로는 1장 현대 대학교육과 봉사학습, 2장 봉사학습의 효과적인 실천 원리, 3장 봉사학습을 통한 학습과 자기개발의 증진, 4장 대학과 지역사회의 협력관계에 관해 이야기한다. 제2부에서는 봉사학습의 체험설계에 대한 고찰을 하고 있으며, 구체적으로는 5장 일회성/단기간 봉사학습 체험, 6장 봉사학습 연계교과과정의 실천, 7장 교육과정에서의 봉사학습, 8장 열정적인 봉사학습 체험, 9장 봉사학습 체험과 졸업 후 체험의 통합에 관해 다루었다. 제3부에서는 봉사학습의 쟁점과 과제에 대하여 다루고자 했으며, 구체적으로는 10장 봉사학습프로그램의 실행, 11장 봉사학습프로그램의 효과적인 운영, 12장 봉사학습과 교육과정의 통합, 13장 봉사학습의 제도화, 14장 대학교육에 있어서 봉사학습의 과제와 전망으로 편재되어 있다.

대학교육에서의 봉사학습은 학부교양과정의 운영에 있어서 사회정의 구현, 민주주의 건설, 복지사회와 평생학습사회를 지향하기 위한 다양한 정보와 지식을 제공해 줄 수 있다. 모든 사람이 살고 싶어하는 지역공동체 건설은 교육과 민주주의 사이의 연결고리를 활성화하는 능력개발에 달려 있다. 『대학교육과 봉사학습』은 대학들이 지역사회 봉사기능을 강화하는 데 필요한 이론적 근거와 실천방안을 제시하고 있다. 또한 봉사프로그램의 제공자나 수혜자 모두 만족할 수 있는 원리, 방법, 내용, 사례들을 설명해 주고 있다. 특히 대학생 자원봉사활동의 내실화와 활성화를 위한 대안을 제시하는데도 도움을 줄 수 있을 것으로 생각한다. 뿐만 아니라 이 분야의 지도력 개발을 위한 자료제공에도 일익을 담당할 수 있을 것으로 본다.

이 책은 대학차원의 사회봉사단 활동을 계획하거나 지역사회 봉사 관련 교과목의 개설과 운영에 필요한 동향과 쟁점을 이해하는 데 도움을 줄 수 있고 교양교육과정에 있어서 다양한 봉사학습 체험을 개발시키는 데 주요한 지침을 제공할 수 있다. 그리고 『대학교육과 봉사학습』은 봉사학습론에 관련된 최초의 국내 번역서로서 봉사학습 분야의 올바른 이해와 저변확대에 기여할 수 있을 것으로 본다. 학생봉사활동 지도교사, 대학봉사동아리 지도자, 지역사회 민간자원단체 봉사관련 실무자, 사회복지, 사회체육, 그리고 평생학습 지도자들의 지도력 양성과 역량개발에도 유익한 자료가 될 수 있다.

이 책을 완성하는 데 있어서 미국 스탠퍼드대학의 하스센터가 주관하는 봉사학습 2000 하계세미나 참가와 버클리대학과 UCLA, 봉사학습연구소와 미시간대학의 지역사회 봉사학습센터 방문을 통하여 이 책이 대학에서 봉사학습프로그램을 개발하는 데 중요한 사료라는 인식을 하게 되었으며 대학원 세미나에서 교재로 사용하면서 번역작업을 추진할 필요를 절감했다. 세미나 참가원생들을 중심으로 한국봉사학습연구회의 김희경 박사, 권미경 박사, 임숙경 박사, 홍선영(박사과정 수료), 박선향(박사과정 수료), 이필호(박사과정 수료), 안정숙(박사과정 수료) 선생의 노고에 감사드리며 그들의 헌신적 노력에 힘입은 바 크다. 우리가 함께 나눈 수고가 결단코 헛되지 않을 것으로 생각한다.

이 책을 출간하는 데 도움을 준 동아대학교와 학지사 편집부 직원 여러분께 감사를 표한다.

2008. 8.

승학골 연구실에서

조용하

권두언

2차 세계대전이 시작하기 직전에 두 명의 저명한 지식인이 설전을 벌인 적이 있었다. 쟁점은 자유교육의 본질에 관한 것이었다. 한쪽 진영의 리더는 대학의 교과과정을 '위대한 저작들' 의 기준을 중심으로 변혁시키려는 운동을 하고 있었던 시카고 대학의 총장인 로버트 메이너드 허친스(Robert Maynard Hutchins)였다. 친구이며 동료인 모티머 애들러(Mortimer J. Adler)의 지지를 받으면서 허친스는 주요 서구의 지식인들에 의해 저술된 텍스트들에 대한 연구는 인간 생활의 모든 측면을 다루는 일련의 불변인 제일의 원칙들을 끌어낼 수 있게 해 줄 것이라고 주장했다. 다른 진영에서는 고정된 진리에 대한 개념은 민주주의로부터 파시즘으로 이끄는 몇몇 인간의 권위에 대한 진위의 확인을 필요로 하기 때문에 그리고 순수하게 지적인 연구는 사회가 직면한 커다란 사회적 문제들과 실질적 연구로부터 분리되어져서는 안 되기 때문에 위험하며 터무니없는 주장이라고 저명한 철학자인 존 듀이(John Dewey)가 주장했다. 그러한 분리는 지성을 약화시키고 그러한 문제들에 대한 해결력을 약화시킬 뿐이라고 했다. 아리스토텔레스, 플라톤, 아퀴나스, 그리고 다른 사람들을 연구하지만 그들의 저술로부터의 현대적 학습은 그들의 식견을 현대의 이슈들에 적용시킬 것을 필요로 한다는 것을 인식하자고 듀이는 재촉했다. 듀이는 그의 시대에서 탁월한 지식인이었고 다른 어떤 미국의 철학자도 자신의 분야를 벗어나 듀이보다 더 많은 영향을 미친 사람이 없었다.

논쟁의 시기와 그 이후 반세기의 대부분의 기간 동안 고등교육의 리더들은 일반적으로 허친스가 논쟁에서 이겼다는 데 의견이 일치했다. 그렇지만 봉사학습의 전제와 이 책의 전제는 듀이가 옳았고 허친스가 틀렸다는 것이다. 지역사회의 봉사와 학문적 연구가 서로를 강화하도록 연결시키는 다양한 교수법들을 봉사학습이라고 한다. 봉사학습의 기본적 이론은 듀이의 이론이며 지식 및 기술, 체험과의 상호작용은 학습의 열쇠이다. 학생들은 밀폐된 공간에서 위대한 책들을 읽음으로써가 아니라 체험의 창과 문을 열어봄으로써 가장 잘 배우게 된다. 학습은 문제와 더불어 시작되며 점점 더 복잡한 아이디어와 점점 더 세련된 기술을 점점 더 복잡한 문제들에 적용시킴으로써 지속된다.

이 책은 왜 봉사학습이 이치에 맞는지와 대학의 학문적 삶 속에 통합되는지 봉사학습프로그램을 실행하는 최선의 방법에 관한 중요한 식견들을 모아놓은 것이다. 바바라 제코비(Barbara Jacoby)는 뛰어난 봉사학습의 지도자이다. 그녀는 봉사학습을 촉진하는 데 있어 가장 창의적이었던 한 지역에서 운영 중인 봉사학습프로그램을 성장시키는 책임을 맡고 있다. 제코비는 봉사학습이 모든 학과목이나 모든 교수들에게 적합하다고 주장하지는 않지만 모든 대학 교육의 일부가 되어야 한다는 점을 분명히 하고 있다. 봉사학습을 제공하는 데 있어 많은 경로들이 가능하며 이 책의 장들을 집필한 다양한 저자들은 융통성을 강조하면서도 구체적인 접근법들을 제시하는 데 있어 매우 중요하다. 나는 이 책으로부터 상당히 많은 것을 배웠으며 이 분야에 대해 경험을 갖춘 숙련가나 초보자 둘 다 많은 것을 배울 것이라고 확신한다.

봉사학습은 대학교육의 학문적 중심무대에서 멀리 떨어져 있지만 점점 빠른 속도로 중심을 향해 움직여 가고 있는 중이다. 학생지역사회 봉사를 촉진시키기 위해 창립된 대학 총장들로 이루어진 전국적 단체인 Campus Compact의 성장은 전국에 걸친 봉사학습의 급속한 확산을 반영해 준다. Campus Compact는 '나 중심' 세대라는 호칭은 억울한 누명이며 학생들은 진정으로 다른 사람들을 돕고 자신보다 더 큰 어떤 것의 일부가 되는 데 열성적이라고 생각한 열 두 명의 총장들에 의해 1980년대 중반 시작되었다. 총장들은 자기 성취적 예언을 이루고자 하는 진지한 믿음과 욕구의 혼합된 감정으로 실행해 나갔다. 전국에 걸쳐 있는 단체에 속한 학생들은 캠퍼스와 지역사회를 연결시키는 수천 개의 다른 봉사 프로젝트들에 참여했다. 어떤 경우에는 그 지역사회가 가까이 있었고 다른 경우에는 그 사회가 외국에 있었다. 학생들은 그들의 이웃이 누구이고 그 이웃에 대해 그들은 어떤 의무를 갖고 있는지에 대해 판단하게 되었다.

비록 학생들에 의한 지역사회 봉사가 확산되고 있지만 그것은 작은 규모의 캠퍼스활동으로 남게 될 위험에 처해 있다는 것이 1990년대까지 Campus Compact 리더들에게 분명하게 다가왔다. 여러 해 전에, 필자가 하버드의 학생이었을 때 학부생들은 학위 요구조건으로 25야드를 수영해야만 했었다. 몇몇 지역사회 봉사를 요구하는 단체에서조차 그 봉사는 종종 수영 요구조건만큼이나 학문적 전문성과 무관한 것이었다. 같은 시기에 전국체험교육학회(National Society for Experiential Education)와 그 이전의 단체들은 관심을 가진 수천 명의 교수 멤버들의 노력을 모아서 체험을 기반으로 삼아 지역사회 봉사를 활용함으로써 학문적 연구와 실질적 체험을 결합시키라는 듀이의 요청에 다시 부응했다.

Campus Compact는 교과과정 속에 봉사를 통합시키는 것에 주요한 관심을 돌렸다. Campus Compact는 500개 이상의 전문대학과 종합대학이 소속된 단체로 성장했다. 소속된 학교들의 대부분은 지역사회 봉사가 촉진되고 교과과정과의 연계를 제공해 주는 실재하는 유형의 센터를 가지고 있다. 또한 대부분의 소속 학교에는 그 학교의 캠퍼스 전체에 걸쳐 봉사학습을 개선해야 할 책임을 가지고 있는 지역사회 봉사전문가들이 있었다. 봉사학습에 참여하는 교수들은 지금 인터넷과 전국에 걸친 수십 개의 동아리를 통해 어떤 교수들은 학문적 분야로, 어떤 교수들은 기술적 분야로 참여하고 있다.

봉사학습은 대학 학부의 교육에서 교수에 대한 강조에서 학습에 관한 강조로의 전환을 공통적으로 나타내 보여주는 교수법의 몇몇 추세들 중의 하나이다. 나머지 추세들 중에는 학술분야보다는 문제에 대한 초점을 두는 추세, 개별적 학습보다는 협력적 학습에 대한 강조의 추세, 통합적 기술의 활용 추세, 학습 성공의 평가와 더불어 학습결과에 대한 조심스럽고 명확한 표현의 추세가 있다. 상호 보완적 추세로서, 봉사학습은 하나의 학습기법이며 학습을 강화하는 하나의 방법이다. 정치학이나 철학과정을 수강하는 학생들로 하여금 더 많은 정치학과 철학을 배울 수 있도록 해주는 사례에서와 같이 봉사학습은 교과학습을 향상시켜 준다.

교과연구와 연계된 지역사회 봉사는 또한 한 편으로는 시민학습을 촉진시키고 다른 한편으로는 도덕적 학습을 촉진시킨다. 민주주의는 참여하는 시민에 좌우되는 것이며 시민학습은 봉사학습과 관련된 현장경험뿐만 아니라 미적분학과 같은 종류의 학문적 관심을 요하는 것이라는 것을 벤저민 바버(Benjamin Barber)는 『모두의 귀족정치(An Aristocracy of Everyone, 1992)』에서 설득력 있게 주장하고 있다. 그리고 『봉사의 요청(The Call of Service, 1993)』에서 로버트 콜즈(Robert Coles)는 이 책에 기여한 모든 사람들의 관점에서 봉사학습의 필수적 요소인 유도된 자기성찰과 관련하여 지역사회봉사로부터 파생되는 도덕적 인격에 미치는 영향에 대해 놀라운 달변으로 비슷한 주장을 한다. 마지막으로, 봉사학습은 대부분의 직업에서 핵심적 요소인 대인관계의 기술을－경청, 일치된 의견 정립, 리더십과 같은 기술들－ 향상시켜 줄 수 있다.

그래서 무엇 때문에 그렇게 오랜 시간이 걸렸을까? 만약 봉사학습이 제코비와 동학 저자들, 그리고 권두언을 집필한 얼리히(Thomas Ehrlich)가 말한 것처럼 좋은 아이디어라면 듀이는 왜 그 논쟁에서 이기지 못했을까? 듀이의 글을 읽으려고 했던 누구에게든 아마도 가장 분명한 것은 그의 글이 쉽지 않다는 것이다. 명료하고, 강력하고, 설득력 있게 글을 쓸 수 있었던 그는 두 가지 면에서 필자를 놀라게 했다. 한 가지는 그가 많은 경우에 그렇게 글을 쓰지 않았다는 것이고, 두 번째로는 그의 불명료한 짜임새의 산문에도 불구하고, 그의 저술은 그 시대에 영향력이 있고 지적이었을 뿐만 아니라 가장 널리 읽혀졌다는 점이다. 로버트 웨스트브룩(Robert B. Westbrook) (듀이와 미국의 민주주의, 1991)과 앨란 라이언(Alan Ryan) (듀이와 미국 자유주의의 높은 물결, 1995)에 의한 최근의 두 전기는 둘 다 이 저명한 철학자에 대한 식견을－왜 그의 견해가 인정을 받지 못했는지, 그리고 왜 그의 견해가 다시 한 번 유행하게 되었는지－얻기 위해 연구할 가치가 있다.

듀이의 산문체를 차치하고라도, 봉사와 학문적 연구의 통합은 반세기 동안 쇠퇴하는 대신 1930년대 이후 확산되기 시작하는 현상은 없지 않았을까? 일부 대답은 그 당시에 많은 응용 및 전문분야들에서 그것이 확대되기 시작했다는 것이다. 사회사업가, 간호사, 교사, 다른 전문직 종사자들을 양성하는 대학에서 주도적인 단체들은 대개 이론적인 훈련뿐만 아니라 실질적인 훈련을 주장했으며 그 훈련이 우리가 지금 말하는 봉사학습이었다. 대부분의 전문대학과 종합대학의 학부 교과과정이 점점 더 도시의 연구와 같은 예비 전문가적 교육의 분야에 의해 주도됨에 따라 지역사회 봉사는 인턴제도와 협력교육과 같은 기법을 통해 교과연구와 연계되었다.

그러나 최근까지 자유 교양교육의 영역은 대개 봉사교육이 누락되어 있었다. 그런 영역 속에서, 추상적 추론은 탐구에 있어서의 최고의 우선순위이다. 미국의 자유예술 대학운동을 주도했던 교육은 라이언이 말한 "수동적 미덕: 기존의 진리와 기존의 업적에 대한 수용" 속에서의 교육이었다. 그리고 여전히 지금도 대부분 그런 교육이다(1995, p.281). 이것들은 허친스가 칭송했던 미덕이다. 그것이 가르치기에 지적으로 흥미롭고 그 결과가 쉽게 평가되며 버지니아(Virginia)의 작품을 읽은 거의 모든 사람이 대영제국을 다스릴 수 있다는 개념과 관련해 편안하게 하는 어떤 것이 있기 때문에 학교는 그것을 가르친다.

그 제국의 붕괴는 우리를 둘러싼 사회적 문제들로부터 동떨어진 자유 교양교육의 전체 개념에 대해 의구심을 초래한 것들 중 하나였다. 듀이는 교육은 단지 지식 그 자체를 발전시키는 수단이 아니라 사회적 발전의 주요 수단이 되어야 한다고 기술했다. 그리고 "당신의 국가를 위해 당신이 무엇을 할 수 있는가를 물어보라."는 케네디 대통령의 요청에 청년 세대가 반응했었던 1960년대 미국에서 이러한 접근법은 점점 더 많이 수용되는 결과가 발생했다. 평화봉사단(The Peace Corps)과 VISTA는 클린턴 대통령의 리더십 하에 설립된 미국봉사단(The AmeriCorps), 미국봉사협회(The Corporation for National Service) 프로그램처럼 국가 봉사프로그램이었다. 그 협회의 핵심 구성요소는 초등, 중등, 고등 교육을 받는 50만 명의 학생들이 봉사학습에 참여하는 '**배워서 미국에 봉사하라**'는 프로그램이다.

국가적 차원의 이러한 변화들과 더불어 전문적인, 그리고 예비전문적인 분야뿐만 아니라 예술과 과학에서 봉사학습의 급속한 성장이 도래했다. 1991년에 Campus Compact에 대한 연설에서, 스탠퍼드 대학의 리 슐만(Lee Shulman)은 봉사학습이 '자유 교양교육의 객관적인 관행'이 될 수도 있다는 것을 암시했다. 우리는 미국의 고등교육에서 그 목표에 도달하기까지는 아직 먼 길을 가야하지만 그 길을 따라 나아가고 있다.

봉사학습의 쇠퇴에 대한 비난은 분명히 그 분야에서 활동하는 사람들에게 돌아와야 한다. 어떤 사람은 학문적 주류에 참여하기를 원치 않으며 가장자리가 더 편안하다고 느낀다. 봉사학습이 고등교육의 더 큰 목표를 이루도록 촉진한다는 증거뿐만 아니라 고등교육의 더 큰 목표 내에서 봉사학습에 부합되는 이론적 관점을 봉사학습에 대해 회의적인 교수들이 제공받을 자격이 있다는 개념에 대해 또 다른 활동가들은 반감을 표시한다. 만약 회의적인 교수들이 봉사학습을 이해하지 못한다면 진정한 신봉자들은 봉사학습을 설명하지 않을 것이라는 말을 너무나 자주 듣고 있는 것으로 보인다.

바바라 제코비(Barbara Jacoby)와 이 책에 기여한 저자들은 회의론자들의 도전에 답을 주기 위해 오랫동안 먼 길을 걸어왔다. 독자들은 봉사학습이 교수들의 교과과정의 일부가 되어야 한다는 주장을 발견하지는 못할 것이다. 그러나 종합해 보면, 이 훌륭한 장들(chapters)은 봉사학습을 위한 이론적 관점, 봉사학습을 함께 구성하고 있는 다양한 기법의 이점들, 고등 교육기관에서 그런 이점들의 실질적 수단을—대규모든 소규모든, 공공부문이든, 민간부문이든—잘 설명해 주고 있다.

토머스 얼리히(Thomas Ehrlich)

캘리포니아 주립대학의 저명한 학자이며, 인디애나 대학 명예총장,

Campus Compact 총재, 전임 국가와 지역사회 봉사위원회 총재,

미국 봉사협의회 부회장 역임.

저자서문

이 책은 오늘날 대학교육에서 봉사학습의 실제와 관련된 내용이다. 봉사학습은 전문대학과 종합대학이 충족되지 않은 지역사회, 국가, 세계의 욕구를 해결하도록 독특한 기여를 하는 한편 학생들의 학습과 발전을 위한 목표를 충족시킬 수 있는 수단으로서의 엄청난 잠재력을 가지고 있다.

대학생과 그들이 봉사하는 지역사회 모두 봉사학습에 참여함으로써 상당한 혜택을 얻고 있다. 봉사학습에 참여한 학생들이 종종 언급하는 혜택 가운데에는 비판적 사고 습관의 발전, 교과내용 이해의 심화, 이론과 실제의 결합, 사회적 문제의 기저에 깔린 쟁점에 대한 이해의 증가, 사회적 책임감의 증가, 인지적이고 개인적이고 정신적인 발달의 도모, 인간의 차이와 공통성에 대한 이해의 강화, 문제를 창의적으로 해결하고 협력해서 일하는 능력을 계발하는 것이 있다.

지역사회의 혜택에는 기존 봉사의 보급을 확대하거나 새로운 봉사를 시작하기 위한 새로운 에너지와 도움, 문제해결을 위한 신선한 접근법, 교수와 학습과정에 참여하기 위한 기회들이 포함된다. 개화된 시민과 대학의 관계를 통해, 전문대학과 종합대학은 또한 학생들을 위해 추가된 체험적 학습 환경과 교수들로 하여금 인간과 지역사회의 욕구를 충족시키는 방향으로 연구와 교수를 지향해 나갈 수 있게 해줄 새로운 기회들을 얻게 된다.

고등교육 전문가들, 정부와 기업의 지도자들 그리고 전체 사회는 고등교육이 사회적 문제들을 해결하고 인간의 욕구를 충족시키고 그와 동시에 학생의 학습과 발전에 빈틈없이 초점을 맞추기 위한 참여를 유지하고 증대해 나가야 한다고 더 큰 목소리로 요구하고 있다. 봉사학습은 이러한 두 부문의 주제 모두를 진전시킬 수 있는 잠재력을 가지고 있다. 이런 놀라운 잠재력에도 불구하고, 학생의 학습과 발전뿐만 아니라 사회발전이 좋은 의도를 가지고 열심히 노력하는 결과로서만 발생하지는 않는다.

봉사학습에 관한 이 책이 필수불가결하며 시기적절한 것은 이런 이유들 때문이다. 봉사학습을 다른 지역사회 봉사나 자원봉사 경험과 구분 짓는 점은 봉사와 학습의 의도적 통합이며 모든 관계들—학생, 지역사회, 학교—속에서의 봉사와 학습의 상호보완성이다. 학사행정 전문가들이 학생들을 참여시키는 교과과정과 많은 프로그램들 둘 다에 질 높은 봉사학습을 창출해 낼 수 있는 기회들이 존재하고 있다는 전제에 근거하고 있다.

교과과정에 내재된 봉사학습은 교과과정의 목표를 달성하기 위해 의도된 짜임새 있는 방식으로 교과내용을 실제 체험과 통합시킴으로써 교수들로 하여금 학생들의 학습을 개선할 수 있는 기회를 제공하는 한편, 또한 학생들의 학습과 발전을 위한 심층적인 기회가 교실 밖에서 이루어질 수 있도록 해준다. 학사행정 전문가들은 학생들의 학습과 발전에 기여하는 정규교과와 병행하는 봉사학습프로그램에 학생들을 참여시키고 있다.

교과연구와 지역사회 참여가 연계된 봉사학습은 더 광범위하고 장기적인 지역사회 발전을 초래할 수 있으며, 한편 단기적인 봉사 프로젝트 또한 직·간접적으로 지역사회에 상당한 기여를 한다. 사실상, 학생들의 구체적 학습과 발전성과를 달성하며 지역사회에 의해 정의되고 그들의 욕구를 충족시키기 위해 계획된 일회성의 경험들조차 봉사학습이라고 정의하는 것도 타당하다.

『대학교육과 봉사학습: 이론적 관점과 실제』는 봉사와 학습에 관련된 전문가와 현장지도자들을 위해 기술되었다. 이 책은 대학총장들과 교무, 수업, 장학, 발전 담당관들이 학생, 학교, 지역사회에 대한 봉사학습의 가치를 발견하는 데 도움이 되도록 의도된 것이다. 그들은 왜, 그리고 어떻게 봉사학습이 그들 각자의 관점에서 지원받을 자격이 있으며 지원을 필요로 하는지에 대해 알게 될 것이다. 이 책은 학장, 교무처장, 학생처장, 기획처장, 학과장, 교수들에게 봉사학습이 교수, 학습, 연구에 어떻게 기여하였는지를 소개하고 있다.

특정 분야에서의 교과 목적을 달성하기 위한 봉사학습 체험을 발전시키는 데 있어 교수들에게 구체적인 안내를 제공하는 것이 이 책의 주요 목적은 아니다. 그럼에도 불구하고, 그들은 여기서 어떻게 봉사학습이 교과과정, 다양한 접근법들의 찬반양론 속에 통합될 수 있는지에 대한 많은 사례들을 발견할 수 있을 것이다. 그들은 또한 봉사학습이 교과과정의 목표를 달성하기 위한 적절한 방법론인지 여부를 결정하는 데 있어서 고려해야 할 쟁점에 대해 사려 깊은 논의를 해야 할 것이다.

제시되는 아이디어와 프로그램의 사례들은 학사행정 전문가들과 캠퍼스 학 · 처장들이 학생 발전의 많은 측면들을 촉진시키기 위한 봉사학습 활동의 범위를 계획하는 데 있어서 도움을 줄 것이다. 학생 리더들은 또한 이 책의 장점을 발견하게 될 것이다. 이 책은 개별 학생과 학생 단체들에 의해 조직된 프로그램 활동의 계획과 참여 속에 반추적 사고와 상호작용성이라는 필수적인 봉사학습의 구성요소들을 통합할 수 있도록 해줄 것이다. 대학교육에서의 봉사학습은 학생들로 하여금 그들의 대학에서 교과과정과 교과 연계과정에서의 봉사학습의 발전을 주창하는 데 이용할 수 있는 정보와 합리적 근거를 제공해 준다.

봉사학습이 대학교육과 지역사회 모두에 관련된 것이기 때문에 지역사회 리더와 비영리단체 회원들은 상호 유익한 파트너십을 발전시킬 수 있는 정보를 이 책에서 발견하게 될 것이다. 또한 공공정책 수립가, 재단 및 법인 이사, 종교 지도자를 위한 수많은 함축적 의미를 포함하고 있다. 봉사학습이 시간이 지남에 따라 지속되고 인간과 지역사회의 욕구를 충족시키는 데 있어 성공적이고자 한다면 그들의 봉사학습에 대한 이해와 지원은 필수적이다.

『대학교육과 봉사학습: 이론적 관점과 실제』는 세 부분으로 구성되어 있다. 제1부 1장에서 봉사 학습을 정의하고 오늘날 대학교육의 맥락에서 그것의 위치를 알아보는 것으로써 이 책을 시작한다. 2장에서 수잔 민츠(Suzanne D. Mintz)와 개리 헤서(Garry W. Hesser)는 견고하고 지속가능한 봉사학습프로그램의 근거 원리 및 원리와 실천의 상호작용에 대해 논하고 있다. 메릴린 매커웬(Marylin K. McEwen)은 3장에서 봉사학습에 대한 학생 참여의 잠재적 성과를 이해하고 바람직한 성과를 조장하기 위한 프로그램을 고안하는 데 유용한 학습활동과 발전 이론을 제시한다. 4장에서 캐서린(Catherine R. Gugerty)과 스위지(Erin D. Sweezy)는 대학과 지역사회 관계의 연계협력을 논한다.

제2부는 미국 전역에 걸친 광범위한 대학의 봉사학습에 대한 수많은 사례들과 접근법을 언급한다. 전문대학과 종합대학이 교육에 있어서 각기 다른 관점과 다양한 발전단계에 있는 학생들을 위해 국제적으로 계획된 일련의 교과과정과 교과 병행과정의 봉사학습을 제공하는 것은 중요하다. 5장에서 마크 매카시(Mark D. McCarthy)는 어떻게 일회 또는 단기 체험들이 많은 학생들에게 봉사학습의 중요한 첫 단계가 되는지를 설명한다. 6장에서 세시 델프 셰르만(Cesie Delve Scheuermann)은 지속적인 교과 병행과정으로서의 봉사학습을 다룬다. 샌드라 에노스(Sandra L. Enos)와 마리 트로페(Marie L. Troppe)는 7장에서 교과과정에서의 봉사학습에 초점을 맞춘다. 8장에서 게일 앨버트(Gail Albert)는 선택 휴가, 방학 체험, 국가적이고 국제적인 봉사를

포함해 강도 높은 봉사학습 체험을 묘사한다. 이레네 피셔(Irene S. Fisher)는 9장에서 봉사학습을 통하여 학생들이 습득하게 되는 가치에 근거해 경력을 쌓고 라이프스타일을 선택하는 데 어떻게 도움을 주는지를 다룬다.

봉사학습에 영향을 미치는 조직화되고, 관리적이고 정책적인 쟁점들은 제3부에서 다룬다. 다이애나 부코(Diana A. Bucco)와 줄리 부슈(Julie A. Busch)는 10장에서 봉사학습프로그램을 시작하기 위한 중요한 정보와 단계를 제공한다. 11장에서 페니 류(Penny Rue)는 교과과정과 교과 연계과정에서의 봉사학습의 성공적인 수행을 다룬다. 12장에서 키스 모턴(Keith Morton)은 교수와 교무 행정가들이 봉사학습과 교과과정을 통합하는 것과 관련해 고려해야 될 쟁점들을 자세히 살펴본다. 샤론 루빈(Sharon Rubin)은 13장에서 봉사학습이 시간이 경과함에 따라 지속가능해지는 것을 보장하기 위해 어떻게 제도화될 수 있을지를 설명한다. 마지막 장에서는 고등교육에서 봉사학습의 미래를 보장하기 위한 활동 과제를 개괄적으로 다룬다.

두 가지 부록은 봉사학습 교육자들로 하여금 학생들이 대학 졸업 후의 봉사와 경력의 선택을 도와주는 데 유용한 프로그램 개발과 자료뿐만 아니라 봉사학습을 지원해 주는 전국적 단체들을 해제하고 있다.

많은 사람들이 이 책을 발전시키는 데 기여를 했으며 나는 그들 모두에게 빚을 지고 있다. 먼저 각 장의 저자들에게 그들의 지혜와 노고에 대해 인정하며 감사를 드린다. 나는 그토록 뛰어난 교육자들과 함께 일했다는 것이 자랑스럽다.

또한 자문과 도움을 준 여러 사람들에게 고마움을 전한다. 전국체험교육협회의 Allen Wutzdorff, Sally Migliore, Gita Gulati-Partee, Nancy Bailey와 Campus Compact의 Nancy Rhodes, Sandra Enos와 직원들, 그리고 Bob Sigmon, Tom Ehrlich, Susan Komives, Peggy Barr, Jean Likins, Sylvia Stewart, Penny Rue, Suzanne Mintz, kathleen Rice에게 감사드린다. 그리고 Boulder의 콜로라도 대학의 Robin Crews에 의해 조직된

봉사학습 Listserv 논의 단체(The Service-Learning Listserv Discussion Group) 회원들의 아이디어와 제안에 감사드린다.

나는 College Park 메릴랜드대학의 학사업무와 지역사회 봉사프로그램 사무실 직원들의 끊임없는 지원에 감사드린다. 늘 그랬듯이 애니타 에이할트(Anita K. Ahalt) 및 직원들의 완벽한 원고 준비에 놀라움을 금치 못했다.

Jossey-Bass의 게일 에를랜선(Gale Erlandson)은 책의 깊이를 더해주고 핵심을 짚어주는 책임을 맡았다. 그녀는 저자들과 그들의 저술에 대해 진정으로 탁월한 일을 했다. 1994년 나의 동료 찰스 슈뢰더(Charles Schroeder)와 필리스 메이블(Phyllis Mable)이 편집하고 Jossey-Bass에서 발행했던 훌륭한 책인 『레지던스 홀의 교육적 잠재력 실현하기(Realizing the Educational Potential of Residence Halls)』는 우리들에게 저술과 편집과정에서의 영감과 안내자의 역할을 했으며 레이첼 립시(Rachel Livsey)는 편집에 대하여 지속적으로 도움을 주었다.

나의 훌륭한 남편이며 25년간의 동반자인 스티브 제코비(Steve Jacoby)에게 깊은 감사를 드린다. 이 프로젝트에 대한 그의 끝없는 열정은 나에게 끊임없이 동기부여제의 역할을 했다. 첫 장과 마지막 장뿐만 아니라 이 서문은 그의 사려 깊고 세심한 검토의 결과로 이루어질 수 있었다. 그의 도움으로 이 책의 체계를 잡아나갈 수 있었다.

마지막으로 늘 그렇게 하려고 노력했던 것처럼 나는 먼저 이 길을 갔던 사람들에게 감사드린다. 우리의 현재의 노력을 위한 견고한 토대를 제공해 준 많은 창의적이고 재능 있고 열심히 일해 온 한 사람 한 사람의 선배들에게 감사 드린다.

Silver Spring, Maryland
바바라 제코비(Barbara Jacoby)

C·O·N·T·E·N·T·S 차 례

PART 3 봉사학습의 쟁점과 과제

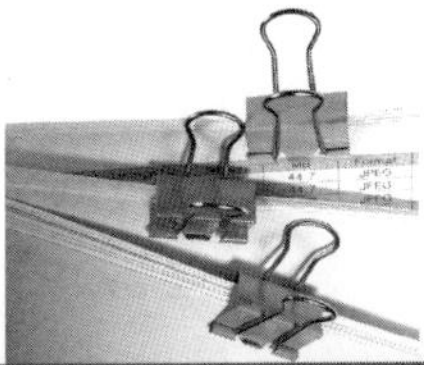

P·A·R·T

01 봉사학습의 이론적 기초

비록 봉사학습의 개념과 실제가 상대적으로 고등교육에 대해서는 여전히 새롭지만 그래도 상당한 기초와 원리가 현존하고 있다. 제1부에서는 고등교육기관의 모든 형태에서 봉사학습의 발달을 위한 확고한 기초를 제공하면서 이론적이고 실제적인 관점—즉 크고 작음, 공적 · 사적, 통근자와 거주자, 2년과 4년—에서 검토하고자 한다. 그 기초와 원리는 광범위한 교육과 지역사회의 성과를 성취하기 위한 봉사학습의 고안에 적용될 수 있다.

제1부는 교육자들에게 교과과정 혹은 교과연계과정에 기초를 두고 있는 성공적인 봉사학습의 밑바탕에 있는 광범위한 논점에 철저한 배경을 제공하여 교육자들이 학생들, 지역사회, 기관에 진정으로 도움이 되는 프로그램을 개발할 수 있도록 한다. 봉사학습은 교실, 훈련, 캠퍼스 범위 내에서 일어날 수 있는 많은 다른 교육적 노력들과는 다르다. 필요에 의해서 봉사학습은 학교 그리고 지역사회와 협력관계를 수반하고, 다양한 방식으로 학생들에게 영향을 준다. 제1부의 장들(chapters)은 봉사학습의 영향을 이해하고 봉사학습의 잠재력을 깨닫게 하기 위한 기초를 설명하고자 한다.

현대 대학교육과 봉사학습

Chapter 01

오늘날의 대학교육은 오랫동안 봉사에 대한 시각의 변화를 요구받고 있다. 고등교육 전문가들은 대학과 고등교육기관이 인간적 만남의 확대와 늘어가는 사회문제들을 개선하기 위해 선구자로서의 역할을 촉구하고 있다. 전문가들의 대학교육기관에 대한 이러한 요구는 날로 증가하는 사회문제들과 인간의 요구충족에 대한 대응이 될 수 있다.

어니스트 보이어(Ernest Boyer, 1994)는 대학과 고등교육기관에 '마치 전에 농업학교가 농업과 산업에 대처했던 것처럼 우리의 어린이들, 도시들, 학교들이 직면한 변화에 대처하기를' 촉구한다. 데렉 복(Derek Bok, 1982) 또한 같은 의견을 가지고 있다. "대학이 사회의 요구를 받아들이는 데 있어서 반대할 이유는 전혀 없다. 사실 그들은 그렇게 해야 할 명백한 의무가 있다." 사회에 대한 대학교육의 새로운 역할은 지역사회나 다른 나라의 침해 문제로부터 교육 그 자체를 고립시키는 '지나친 방어자세'를 탄식하는 비평가들의 요구에 부응하기 위해서는 노력을 지속해야 할 것이다(Harkavy, 1993). 동시에, 대학교육은 교육의 가장 기본적인 목표성취에 대한 효율성도 의문이다. 학생들은 수많은 기사와 논문을 학습하는데, 이것들은 대학교육에서 다르게 이해되고, 난해한 연구가 지나치게 강조되며, 도덕적 정신과 시민정신 함양에 실패했으며, 직업을 위해 졸업을 준비하기 위한 조잡한 수단이 되고 있다(Enrlich, 1995; Hackney, 1994; Pew higher Education roundable; Wingspread Group on higher education, 1993).

그러나 이러한 사회문제에 정면으로 맞서야겠다고 느끼는 요즈음의 수많은 대학생들은 여러 사회기관에 참여하여 활동하고 있다. 알렉산더 오스틴(Alexander Austin)의 1994년 대학 입학생들을 대상으로 한 샘플조사에 따르면 70% 이상의 학생들이 자발적으로 고등학교에서 사회활동을 지원해 왔던 것으로 밝혀졌다(Austin Korn, and Sax, 1994). 점점 더 많은 초등학교나 중등교육기관들이 사회봉사활동을 실시하는 것을 보면 참여도는 계속 증가할 것이다.

또한, 아서 레빈(Arthur Levin)은 1993년 9천 명의 대학생을 조사한 결과 64%의 학생들이 자원봉사활동에 참여하고 있는 것으로 나타났다. 이러한 참여율은 모든 종류의 고등교육기관에서 나타났다. 2년제 대학(community colleges) 59%, 4년제 대학(four-year colleges) 67%, 종합대학(university) 68%였다. 남자는 62%, 여자는 66%의 참여도를 보였고, 고학년은 63%, 저학년은 65%의 참여율을 보였다. 또한 백인학생들이 65%로 비교적 높은 참여도를 보였고, 유색인종들도 62%의 참여율을 보였다. 이러한 경향은 전지역에 걸쳐 형성되어 있었는데, 북동부 61%, 중서부 65%, 남부 64%, 그리고 서부가 67%로 나타났다. 학생들의 사회봉사활동 참여는 매우 폭넓은 방면으로 진행되었는데 어린이나 10대들과 일하기, 육체적 · 정신적 지체자, 노약자, 폭행 당한 여성, 에이즈 환자 돌보기에 이르렀다. 그들의 활동은 기아, 무주택, 문맹, 건강, 교육적 불이익, 환경문제 등 수많은 문제들을 대상으로 했다. 잘 알려진 하버드대학교의 봉사학습 교육자인 로버트 콜즈(Robert Coles, 1993)

는 "1960년대와 다른 요즈음의 학생들은 사회봉사활동을 통해 사회문제를 해결하기 위해 그들의 높은 정치적, 사회적 참가욕구를 표현한다."고 말한다. 미국 전역에 산재해 있는 많은 대학은 학생들이 그들의 사회, 국가, 나라가 인류를 위해 일할 수 있는 능력을 배양하고, 대학교육을 풍성하게 하기 위해 많은 교육프로그램을 개발하고 있다. 그러나 대학의 이러한 견해는 봉사학습의 이념과는 맞지 않는다는 데 동의하고 있다.

1장에서는 봉사학습의 개념을 정립하고 그것이 전통적 사회봉사활동과는 어떻게 다른지 설명한다. 또한 봉사학습의 현단계와 봉사학습과 대학교육의 관계를 조명함으로써 봉사학습의 역사적 변천과 관련성을 살펴보도록 한다.

봉사학습의 정의

"봉사와 학습의 연결에 관한 수많은 정의와 접근이 있어 왔다."고 로버트 시그몬(Robert Sigmon)은 말한다. 제인 캔달(Jane Kendall)은 그의 저서 『Combining Service and Learning』에서 봉사와 학습을 연결하기 위해 수백 가지의 용어를 제시하고 있다. 또한 그녀가 제시한 147가지의 용어들을 문학작품에서 찾을 수 있으며 요즘에는 그보다 더 많은 종류의 용어들이 사용되고 있다고 말한다.

이 책에서는 봉사학습을 아래와 같이 정의한다.

봉사학습이란, 체험교육의 한 형태로서 학생들이 인간사회와 빈곤에 관한 문제에 개입할 수 있는 기회를 제공함으로써 학생들의 교육의 질을 높이고 학생들의 자질을 개발하기 위한 것이다. 성찰과 호혜성이 봉사학습의 이념이다.

봉사와 학습 사이에 있는 연자부호(hyphen)는 봉사와 학습을 공생관계로 본다는 것을 의미하기 때문에 좋지 않다고 미글리오(S. Migliore)는 지적하고 있다. 지역사회라는 용어는 봉사학습에서 지역사회일 수도 있고, 주(지방정부), 국가, 나아가 범인류적 공동체를 말할 수도 있다. 즉 봉사학습의 대상인 인간사회의 수요는 지역사회의 수요로 정의될 수도 있다는 것이다. 시그몬은 대학에서 발견된 유용한 봉사학습의 표기법상의 네 가지 유형을 제안했다. 'service-LEARNING' 은 교육을 제1목표로 두고 service는 교육의 결과로 나타난다는 것이다. 'SERVICE-learning' 은 service를 첫 번째 목표로 두고 학습을 그 다음으로 둔 경우이다. 'service learning' 처럼 연자부호를 뺀 유형은 Service와 Learning을 완전히 다른 개체로 보는 유형이다. 그리고 'SERVICE—LEARNING' 의 표기법이야말로 두 개체 간의 중요성을 똑같이 두고 있으며, 가운데의 연자부호는 꼭 필요하다. 이 책에서는 시그몬이 제시한 네 가지 중 마지막의 것에 의존하고 있다.

이 책에서는 봉사학습의 범주를 정규과목과 과외활동을 포함해야 한다는 굳건한 자세를 취하고 있는데, 그것은 학습이라는 것이 반드시 정규교과과정에서만 일어나는 것이 아니기 때문이다. 비록 학생들의 교육은 그들 자신의 노력과 학교시설에 교강사의 노력으로 이루어진다는 주장을 펼치는 이들이 있기는 하지만 말이다. 또한 정규교과과정에 의해 이루어진 교육이 학생들의 교육성과를 가시적으로 계산하는 데 용이하고, 보다 윤택한 결과를 가져올 수도 있다. 그러나 학습과 자기개발의 성과는 반드시 학위나 특정 교육과정을 수료함으로써 나타나는 것은 아니다. 이러한 과외활동에서의 잠재적 성과는 3장에서 다루고 있다.

봉사학습의 정의에 관한 논의는 식당에서 일하거나 환경보전 프로젝트에 참가하는 것처럼 일회용이나 단기간의 사회활동도 범주에 포함시킬 수 있느냐에 관한 문제에까지 계속된다. 이 책에서는 그 단기간의 활동들이 봉사학습을 다른 사회활동이나 자발적 참여 프로그램들과 구별지어주는 반추적 사고와 상호작용의 이념을 내포하고 있다면 기꺼이 포함시키기로 했다. 이러한 여타의 사회활동들도 가끔씩 봉사학습의 이념을 가지고 있을 때도 있지만 대부분은 그렇지 못하다. 봉사학습의 범주에 들어갈 수 있는 것들은 반추적 사고와 상호작용의 사상을 담고 있고 이념의 실행을 중심으로 하는 것들이다.

성찰

봉사학습이 경험적 교육이라는 측면에서 학습은 경험 그 자체에서 일어나는 것이 아니라, 학습과 자기개발을 유도하기 위해 치밀하게 계획된다면 반추적 요소의 결과라는 페다고지적 원칙에 기초한다.

이론가들과 연구가들(Jean Piaget에서 William Perry, James Coleman에서부터 David Kolb까지, John Dewey에서 Donald Schoen까지)의 연구 결과는 학습이라는 것은 사고와 행동, 반추적 사고와 실행, 이론과 실천에의 적용의 조합으로 이루어진다고 켄달은 말한다.

각기 다른 봉사학습프로그램은 지성적인 것, 시민정신, 윤리 도덕적인 것, 범문화적인 것, 경력이나 개인의 개성적인 것 등 각기 다른 형태의 목적을 둔다. 봉사학습프로그램은 이러한 목표들의 조합으로 목표를 삼는다.

봉사학습프로그램은 활동의 성과를 사회에서 필요로 한다는 전제하에 더 큰 사회문제에 대한 학생들의 이해력을 높이기 위해 치밀하게 짜여 있다. 그러한 학습은 역사적, 문화적, 사회학적 문제들과 현재 직면하고 있는 사회적 수요의 정치적 문제에 대한 더 깊은 이해를 필요로 한다. 반추적 사고는, 예를 들면 빈민 구호소에서 일하는 학생들에게 "왜 집 없는 사람들이 있어야 하는가?" 또는 "우리는 왜 무주택자의 문제를 근본적으로 해결하지 않고 빈민 구제소를 운영하는가?" 혹은 "무주택자가 전세계적인 문제라면 다른 나라들은 어떤 정책적 자세를 취하고 있는가?"라는 질문을 스스로 반문해 볼 수 있도록 한다. 반추적 사고는 개인이나 그룹, 말로 이루어지거나 글로 쓰여진 것, 직접적으로 활동에 관련된 것일 수도 훈련에 중점을 둔 것일 수도 있는 등 여러 형태로 나타난다. 반추적 사고는 봉사학습에 참가한 사람들이 봉사를 행한 대상이나 동료, 봉사학습프로그램 지도자로부터 추수지도를 받을 수 있는 기회도 제공한다(Porter Honnet and Poulsen, 1989).

호혜성

또 다른 봉사학습의 이념은 봉사를 하는 사람과 봉사를 하는 개인이나 그룹 사이에서의 상호작용이다. 봉사학습에 있어서 사회의 모든 집단은 학생이자, 무엇을 가르쳐야 할지를 결정하는 데 도움을 주는 스승이다(Kendall, 1990). 봉사학습에서 봉사이용자는 봉사의 공급을 조절한다. 사회의 수요는 사회구성원에 의해 결정되기 때문에 사회구성원은 봉사의 성격을 규정한다. 봉사학습은 봉사의 수요가 어디서 발생하는지 연구하고 찾기보다는 실수요에 맞지도 않는 일을 하면서 대사나 바라는 일을 학생들이 하는 것을 기피한다. 상호작용을 통해 학생들은 더 큰 사회의 성원으로서 소속감과 책임감을 기르게 된다. 사회의 봉사수혜자는 자신들은 빈곤에 대한 책임을 어떻게 감당해야 하는지 또는 자신들의 수요가 어떻게 책정되어지는지에 대하여 배우게 된다. 그래서 봉사학습에서 상호작용을 통해 봉사공급자와 봉사수요자간의 상호 책임감과 존중심을 배우게 된다(Kendall, 1990). 따라서 봉사학습은 자원을 공유한다는 데 있어 사유재산을 부정하는 전통적 온정주의와는 상반된다. 상호작용은 더 나은 사람이 자신보다 못한 사람을 도와주게 되어 있다는 자원봉사론의 개념도 거부한다. 실례로서 볼런티어는 종종 다른 사람들의 문제에 대한 정확한 이해 없이 서비스를 시도하곤 했다. 봉사학습은 자기 자신의 만족을 위해서가 아니라 다른 사람들을 위하여 봉사를 하도록 가르친다. 모든 사람은 어떤 일의 과정 속에서 변환을 기대하기 마련이다(Karasik, 1993).

몇몇 학자들이 봉사학습에서 봉사의 개념을 정립했다(Cruz, 1994; Kendall, 1990; Seidel, 1994). 그들은 봉사라는 말이 다른 사람에게 무언가를 해주는 것을 의미하긴 하지만 사람에 따라 조금씩 그 의미가 다르다고 보았다. 그것은 하워드 베리(Howard Berry)가 말한 봉사학습에서의 존중감이 동등하다고 한 것과 상반된다. 아프리카나 아메리카 또는 다른 나라들로부터의 억압을 당한 경험이 있는 나라에 있어서 봉사는 아직도 강제적 예속이라는 의미가 있기 때문이다. 또한 봉사라는 말은 자신이 잘났다고 생각하는 사람이 자신보다 못한 사람들에게 자선을 베푼다는 독선적 의미도 가지고 있기 때문이다. 비록 봉사라는 말은 아직도 의미심장한 말이지만 가장 일반적이고 사용이 편한 켄달과 베리의 정의를 받아들이기도 한다.

프로그램으로서, 철학으로서, 페다고지로서의 봉사학습

이 책을 비롯한 수많은 다른 책에서 봉사학습은 프로그램으로서의 봉사학습을 의미한다. 비록 대학교육에서는 프로그램으로서의 봉사학습에 대해 많이 논의하고 있지만 페다고지로서, 철학으로서의 봉사학습을 아는 것도 중요하다. 안타까운 것은 봉사학습의 철학적 이념이 정책적 입장에서 해석되기도 한다는 점이다.

프로그램으로서의 봉사학습은 비판적 분석과 의식적 반추를 동반한 교육의 목표와, 인간사회의 수요 둘 다를 충족시킬 것을 목표로 한다. 봉사학습의 참가자들이 하는 일은 가정교사, 무주택자 구호소, 병원이나 헬스센터, 주택건설과 수리 같은 직접적인 일이다. 또 정책차원의 주택보급문제나, 교육문제 등도 포함한다. 봉사학습프로그램은 각기 다른 목표와 접근법을 가지고 있다. 예를 들어 정규과목에서의 프로그램은 봉사훈련 위주이거나 일반교육의 한 부분일 수도 있다. 정규교육과 병행한 봉사학습프로그램에서는 리더십을 기르거나 시민정신 또는 도덕성 개발을 목표로 둘 수도 있다. 달리 구성된 프로그램은 각기 다른 결과를 얻기 위해 넓은 범주의 방법을 사용한다. 따라서 프로그램으로서의 봉사학습은 학생들의 교육효과와 서비스 수혜자의 교육효과 상호작용에 중점을 둔다.

봉사학습은 인간성장의 궁극적 관심, 사회적 통찰력, 인간사회에 관한 다양한 접근을 하는 철학이기도 하다(Kendall). 사회개발과 복지, 타인에 대한 서비스, 서비스와 서비스 수혜자와의 교류 등은 상호작용의 요소로서 봉사학습의 철학이다. 다시 말해 봉사학습은 상호작용의 철학이며 이것은 자선을 정의로 봉사에서 빈곤의 척결로의 노력을 내포한다.

페다고지로서 봉사학습은 경험을 통한 배움에 기초한, 반추적 사고의 이념을 통한 배움을 가능하게 하는 교육적 지침이다. 듀이(Dewey), 피아제(Piaget)와 쿠르트 레빈(Kurt Lewin), 콜브(Kolb)의 이론에 기초한 체험학습주기는 교육지침으로서의 봉사학습의 역할을 설명하는 데 유용하다. 그러한 모델은 학습체험을 특정 경험, 체험의 성찰, 통합, 재구조화의 4주기로 설명된다. 어떤 사람이 어떤 경우에 처하더라도 봉사학습에서는 첫 단계를 특정 봉사경험에 두고, 그 체험의 성찰의 기간에 편승해서, 정확히 무슨 일이 일어났으며, 무슨 결과가 일어날지 분석한다. 다음 단계로서, 학생들은 그 경험의 성찰을 통해 예측된 결과와 현상을 현재 지식을 이용해서 도식화하고, 이러한 방법을 통해 세계와 빈곤이 일어나는 원인에 대해 더 깊은 이해를 하게 된다. 그 다음 마지막 단계로 학생들은 이 체험을 통해 얻은 지식을 다른 상황에 적용해 본다. 교육단계 적용에서 한번의 체험을 통해서, 학생들이 계속 이 방법을 사용하게 한다. 제3장에서는 콜브의 이론과 봉사학습과의 관련성을 알아볼 것이다.

최근 봉사학습의 정치적 입장에 대해 이야기해 보면, 사회정의 실현 역할에 있어서 봉사학습은 무관하지 않다고 본다. 필자는 봉사학습 참여자들이 직접적으로나 간접적으로 특정 정당을 옹호하거나, 개인의 정치적 입장을 가져서는 안 된다고 생각한다. 정치적 압력은 부당하며 봉사학습 참가자들에게 임무를 주고, 실전에 투입하는 것을 망설이게 하기 때문이다.

봉사에 대한 대학의 전통적 이해

최근의 봉사학습의 개념과 과거 대학교육의 전통적 봉사학습에 관한 역할을 알아보는 것은 중요하다. 과거 대학교육의 중요성에 있어서, 프레데릭 루돌프(Frederik Rudolph)는 미국 대학이 초창기에는 과거와 현재와 미래를 위한 책임을 가지고, 공공의 목적으로 세워졌다고 말한다. 1636년 하버드대학 설립 이후에 대학은 미국인들로 하여금 사회생활에 대한 준비를 할 수 있는 프로그램을 포함하게 되었다(Smith, 1994).

미국 독립전쟁 이후 대학교육은 개개인의 학생들로 하여금 새로운 국가 건설에 관한 생각을 하도록 점차 변해왔다(Boyer, 1994). 루돌프(Rudolph, 1962)는 1824년에 세워진 렌슬러공과대학(Rensselaor Polytechnic Institute) 같은 대학교육기관은 그 당시에 철도건설, 다리건설 또 다른 사회적 구조물을 만드는 데 필요한 인력을 사회적 수요에 맞추어 생산했다고 전한다.

1862년의 토지법(Land-Grant Act)은 대학교육과 봉사를 마치 농경사회에서 산업사회로 발전한 것처럼 불가분의 관계로 연결시켜 놓았나. 1902년에 프린스톤대학의 총장이 된 우드로 윌슨(Woodrow Wilson)은 이러한 봉사와 대학교육의 연결에 대해 다음과 같이 진술한다. "그것은 학습이 아니라, 대학설립일을 국경일에 포함시키도록 할 만한 봉사정신이다." 스탠퍼드대학 총장인 데이빗 조르단(David S. Jordan)은 "전체적인 대학의 움직임이 현실적이고, 실용적으로 나아가고 있다."고 말한다.

보이어(1994)는 저서 『Creating the New American College』에서, 이러한 봉사의 중요성은 계속 더 강조되어 왔다고 말한다. 경제가 무너지고 대공황이 일어났을 때 루즈벨트 대통령은 박식한 학자들에게 자문을 구했었다. 제2차 세계대전 동안, 전쟁에 의한 새로운 문제를 해결하기 위해 정부와 손잡은 대학도 있었다. 전쟁 기간에 대학교육과 제휴한 정부의 두 가지 성과는 미국과학재단과 사병지원법안(GI Bill)이다. 1957년 소련이 스푸트닉 위성을 달에 쏘았을 때 1차와 2차 학교교육을 향상시키는 단계였기 때문에 정부는 아직 대학교육기관과 협력상태에 있지 않았다. 보이어는 1958년에 국방교육법안(National Defense Education Act)이 상정된 후에 대학교육이 국가의 기밀에 깊숙이 관여하게 되었다고 말했다.

봉사학습의 실현

대학생 지역사회 봉사단체는 YMCA, 4-H, 스카웃 운동, 고전연구 조직들과 많은 대학의 조직을 포함해 긴 역사를 가지고 있다. 그것은 1960년대 들어, 수적인 면과 국민들의 관심도 면에서 크게 성장했으며, 1961년 케네디 대통령이 평화봉사단을 만들면서 지지를 받게 되었다. VISTA(Volunteers in Service to America)는 미국이 현재 직면하고 있는 문제를 해결하기 위해, 대학생이나 갓 졸업한 젊은 사람들 위주로 1965년 설립되었다. 1960년대의 시민운동은 학생들의 급성장하는 사회정의 실현을 위한 욕구와 학원 및 고등교육의 역할을 새롭게 심어주었다. 체험교육으로서의 봉사학습은 "경험주의 운동의 철학적 표준이 되었다."라고 한 듀이의 이론에 기반을 두었다. 인턴십과 다른 형태의 경험을 통한, 교육과 봉사학습은 1960년대와 1970년대를 통해 많은 대학으로 퍼져나갔다.

봉사학습이라는 말은 시그몬과 윌리엄 램지(William Ramsey)에 의한 남부지역 교육위원회(Southern Regional Education Board)에서 1967년에 처음으로 사용되었다. 1969년에는 경제적 기회균등지원처(Office of Economic Opportunity)에서 전국대학생 자원봉사 프로그램을 만들었는데, 이는 곧 전국봉사학습센터로 발전하였다. 그로부터 2년 후 VISTA, 평화봉사단과 연합하여 연방단체인 ACTION을 창립한다. 학생들의 봉사확장센터로서 ACTION은 『Synergist』라는 잡지를 창간하고 네트워크를 구축하였으며, 자금을 분배하였다. ACTION 프로젝트의 하나인 대학생 현장체험단(University Year for ACTION)은 1970년대에 들어 수천 명의 학생과 수백 명의 대학생들을 포함하게 되었다. 봉사교육을 위주로 하는 대학들은 대부분 이 시기에 건립되었다. 그중 몇몇은 없어졌지만 대부분의 학교는 아직도 건재하다. 추가적으로 지역적이고 개인적인 단체들도 이때에 나타났다. 예를 들어 남부지역 교육위원회의 인적자원개발 인턴십프로그램, 필라델피아 도시봉사연합, 시카고 도심지 봉사연합, 수도권 도시연구단 등이 있었다.

비록 전국봉사학습센터는 비교적 빨리 사라졌지만, 대학들은 봉사학습에 관심을 가지고 전국적으로 발전시키기에 이르렀다. 1978년, 미국인턴십·체험교육학회(NSIEE, 1994년에는 NSEE로 바뀜)는 서로 다른 성격의 체험교육과 봉사인턴십을 조합하여 결성되었다. NSIEE는 전국봉사학습센터의 봉사학습 이론을 문헌으로 정리함으로써 봉사학습 이론의 보급자이면서 봉사학습 이론을 보유하게 되었다. 독자적으로 성인체험학습협의회는 대학이 체험교육을 도입하는 데 필요한 기초를 닦는 데 많은 기여를 했다.

1960년대와 1970년대의 교훈

봉사학습 운동이 1960년대와 1970년대에 강력하게 받아들여진 대학은 없었다. 켄달은 봉사학습프로그램들이 대학에서 사라지게 된 세 가지 이유를 다음과 같이 밝혔다.

1. 대부분의 프로그램들이 학교와 단체가 가지고 있던 목표나 임무와 맞지 않았다.
2. 이러한 사회봉사활동은 그 과정에서 중요한 것을 배웠는데, 힘의 균형이라든지 "남을 돕는다 또는 좋은 일을 한다."라는 인식의 문제점들이다. 그들의 수요를 충당해 준다기보다는 남을 돕는다 또는 좋은 일을 한다 등의 자혜심에서 비롯된 것들은 봉사학습에 참가한 봉사 제공자와 봉사 수혜자 간에 차별을 유발하는 온정주의이다.

3. 젊은이들이 사회에서 봉사를 함으로써 무언가를 배운다는 것이 대견해 보일지는 모르지만, 그것이 명백한 교육이 될지 또는 경험을 통해 더 효과적인 서비스를 할 수 있을지는 확신할 수 없다.

켄달은 봉사학습의 숨은 힘을 믿는 수많은 교육자, 사회지도자, 학생들의 1970년대와 1980년대의 개인주의 세대(Me generation)를 통해 계속되었다고 말한다. 그들의 노력은 고등교육기관이나 학생들, 사회 또는 연방정부가 성공을 위한 필요요소로서 또는 무한한 자원으로서의 봉사학습을 규명하기 위한 노력은 성공을 위한 필요조건으로서의 관심도를 높이도록 하기 위해 실현된 것이었다.

1980년대의 봉사학습 동향

1985년에 들어 대학생들의 사회봉사활동은 새로운 장을 맞게 되었다. 주정부 교육부가 지역사회 봉사프로젝트라는 프로그램을 대학에 도입했다. 모든 대학조직의 총장은 지역사회 봉사활동을 권고 받았고, 현재는 500여 대학이 참가하고 있다. 대학이 대학봉사연합(Campus Compact)*을 실시하고 있을 때, 대학을 갓 졸업한 사람들이 모여 학생들이 사회활동을 할 수 있게끔 도와주는 대학봉사지원연맹(COOL)**을 결성했다. 그 결과로, 학생들의 사회활동의 첫걸음을 위한 프로젝트가 생겨나게 되었고, COOL은 전 국가적으로 퍼져나가게 되었으며, COOL의 『의미 있는 지역사회 봉사의 구성요소

* Campus Compact: 지역사회봉사활동을 위한 프로젝트. 대학의 학장/총장들의 전국적인 모임으로 학생들이 자원봉사활동을 통하여 주민참여의 중요성 인식 및 자질을 향상시킬 수 있도록 도와주는 데 그 목적이 있다. 이 단체는 정부의 교육부 산하에 속해 있는 비영리재단으로 주지사, 법조인, 교육부 담당자…등이 모든 분야에서 교육의 질을 향상시킬 수 있는 정책개발에 도움을 주고 있다.

(Critical Elements of Thoughtful Community Service)』라는 책은 수많은 유명 사회활동 프로젝트의 지침서가 되었다.

1983년에서 1989년 사이에 NSEE에서 교육을 받은 전문직들은 고등교육 발전기금재단의 지원을 받으며 5백여 대학들과 함께 경험교육을 개발하고 발전시키기 위해 노력했다. 그 노력은 봉사학습이 학교나 사회복지재단의 임무에 깊숙이 자리잡아야 하며, 정규과목에 포함되어야 하고 이론과 교육적인 실습이 반드시 뒤따라야 한다는 결론을 얻었다.

비약적인 사회활동과 봉사학습프로그램의 성장 및 봉사와 학습은 자동적으로 발전하지 않는 것을 알게 됨에 따라 NSEE는 1987년에 "좋은 실천(good practice)"이라는 구호를 만들고 발전시키기에 이르렀다. 비록 봉사학습에 관한 수많은 정의와 원리들은, 한결같이 윙스프레드(Wingspread)의 이러한 원칙에서 비롯되었다. "봉사학습은 봉사와 학습을 조합한 것으로 시로의 기치를 높이고 변화시킨다." 윙스프레드 원칙에 따라 켄달은 1990년에 NSEE의 도움과 91개의 지역협의회와의 세미나를 통해 『봉사와 학습의 결합(Combining Service and Learning)』이라는 3권 분량의 책을 편찬했다. 그것은 공교육으로부터 역사적, 철학적, 정치적, 실천적 대학교육과 함께 봉사학습에 관한 책의 목록까지 방대한 내용을 다루었다. 같은 해에 죠시 바스출판사는 최초로 봉사학습 교육지침서를 발간했다. 이 책의 제목은 『가치교육으로서 지역사회 봉사(Community Service as Values Education)』로서 세실리아 델브(Cecilia I. Delve), 수잔 민츠(Suzannee D. Mintz), 그레그 스튜어트 (Greig M. Stewart)가 편집하였다.

1990년대는 봉사학습에 관한 저서가 폭발적으로 증가했다. 1991년에 NSEE는 윙스프레드의 또 다른 저서 『1990년대 봉사학습 연구아젠다 (Research Agenda for Combining Service and Learning in 1990' S)』의 출판을

** COOL: Campus Outreach Opportunity League

지원했다. 켈로그 재단의 지원아래 미시간대학의 지역사회 봉사학습 지원처에서는 1993년에 『지역사회 봉사학습 지침서』(제1권: 교수용)를 출판하고, 이어 1994년에 2권: 학생용, 1995년에 3권: 현장의 목소리 판을 출판했다. 이 책들은 대학에서의 봉사학습 과정에 대하여 논의하고 있을 뿐 아니라 복지재단이 봉사학습 과정을 만드는 데 도움이 되었다. 봉사학습의 효과에 대한 출판요구에 응하여 1994년 가을에는 봉사학습에 관한 전문학술지(『The Michigan Journal of Community Service Learning』)가 발간되었다. 같은 해, NSEE는 『봉사학습 강독: 봉사활동의 성찰과 관점(Service-Learning Reader: reflections and perspectives on service)』을 발간했는데, 이 책은 학생들이 봉사체험을 통해서 좋은 결과를 얻게 하기 위한 것이었다. 또한 Campus Compact는 『봉사전통의 재음미: 봉사와 전공교과목 통합의 가능성』을 1993년에, 『봉사학습 교과과정 모형설계와 강의계획서 설계』를 1994년에, 『봉사학습 활동지침서』를 Cha와 로스만(Rothman)이, 『봉사학습: 대학 봉사학습의 교훈』을 1995년 스미스(Smith)가 발간했다.

봉사학습이나 체험교육이 첫 번째 목표가 아니었던 정부단체나 대학교육협회에서도 봉사학습에 관한 논문을 발표했다. 이러한 기관 중에는 대학교육협의회의 소속도 있었고 독립대학협의회, 흑인대학기금연합, 미국단기대학협회, 대학학습처장협의회, 대학생연합, 대학동아리연합, 대학연합 등 다양한 집단이 참여했다. 1990년대에는 연방정부의 봉사학습에 관한 관심과 지원에 힘입어, 1990년 미국 지역사회 봉사지원법(The National and Community Service Trust Act of 1990)이라는 구호아래 급속히 발전하게 되었다. 이를 두고 1988년 조지 부시 대통령 후보자는 선거연설에서 '수천 점의 불빛' 이라고 지칭했고, 당선 후 백악관 촛불재단을 세웠다. 조지 부시 대통령의 엄청난 성과 이후로 빌 클린턴 대통령은 대규모의 봉사학습을 활성화시킬 것을 제시했고, 마침내 1993년 미국 지역사회 봉사지원법 개정령이라는 구호아래 실천에 옮기게 되었다. 결과적으로, 미국 지역사회 봉사단과 ACTION,

새로 등장한 전국시민 지역사회 봉사단(National Civilian Community Corps)이 모여 전국 지역사회 봉사연합(Corporation for National and Community Service)을 건립했는데 이는 전국봉사연합이라고 불리기도 한다. 건립 첫 해에 미국봉사단 프로그램과 미국 봉사학습프로그램(Learn and Serve America Program) 운영을 위해 2만여 명을 고용했다. 그 단체의 두 프로그램은 많은 대학들이 봉사학습프로그램을 도입하도록 하는 역할을 했다. 많은 대학교육기관들은 사회단체 또는 다른 학교와 손을 잡고 방대한 양의 사회적 수요에 대해 관심을 가지게 되었다. 미국봉사단 프로그램에 참가한 사람들은 생활에 필요한 수당과 많은 양의 교육수당을 받는데 이 교육수당은 교육비를 충당하기 위한 것이다.

1992년의 고등교육에 관한 법률에 의하면, 학생들에 대한 재정지원은 1994년 7월초부터 실시하며 연방 근로장학생 프로그램재단의 5%를 봉사학습에 참가한 학생들에게 재정지원을 할 수 없는 교육기관에 지원한다. 1994년 9월 8일 빌 클린턴 대통령은 전국의 대학 총장들에게 전 국가적 문제인 봉사활동에 힘써달라는 내용의 편지를 썼다. 대통령의 이와 같은 요청에 따라 대학교육협회와 Campus Compact는 1995년 1월에 전국 지역사회 봉사라는 주제로 대규모 세미나를 열었다. 그 모임은 벌써 몇 회를 거듭하였으며 봉사학습에 관한 기사와 논문 등을 발표하고 있다.

고등교육기관의 전통, 접근 그리고 모델

다양한 형태의 고등교육기관들은 서로 다른 임무와 전통과 봉사학습에 대한 다양한 접근법을 가지고 있다. 한편으로 대학교육기관에서 철학으로서의 봉사학습은 성찰과 상호작용의 비판적 요소를 수용하면서 발전해왔다. 또 학생들이 사회봉사활동을 지원하면서 봉사학습이 이념을 실천한 곳도 있고 그렇지 않은 곳도 있다. 노트르담대학, 아주사퍼시픽대학, 메시아대학과 로욜라대학 같은 교회와 관련된 학교들은 사회정의를 실현하거나 학생들의 정신적인 교육에 봉사학습의 이념을 도입해왔다. 럭거스대학, 베일러대학, 프로비던스대학 같은 경우는 봉사와 시민정신의 관계, 사회적 책임감, 민주주의에 대한 참여정신을 함양할 수 있는 교과과정을 활용해왔다. 스탠퍼드, 브라운, 벤틀리, 워싱턴대학과 브레바드 단기대학 같은 사립대학들도 봉사학습 이념을 교육의 주 목표로 하였다. 리치몬드대학은 봉사와 지도력의 연결을 제1원칙으로 하고 있다. 미네소타대학이나 펜실베이니아대학, 마이애미-데이드 단기대학, 게티즈버그대학 같은 유서 깊은 대학들도 사회의 주인정신 함양과 사회문제 해결에 중점을 두고 봉사학습을 가르치고 있다.

사회구성원간의 연대감을 중심으로 봉사학습을 가르치는 대학들은 볼티모어 봉사학습 컨소시엄센터, 캘리포니아 도심지역 사회봉사프로그램, 콜로라도 주 지역봉사팀 등의 협력기구를 통해 뜻을 같이하는 다른 대학들과 연대하고 있다. 포틀랜드주립대, 알버노대학, 프랭클린대, 마샬대, 웨인스버그대학 등 점점 더 많은 대학 및 대학교육기관들이 봉사학습을 졸업학점에 핵심으로 두고 있다. 이 외의 대학이나 단체들도 봉사학습을 특정 분야의 더 깊은 지식을 얻기 위한 수단으로서 활용하고 있다. 사회심리학이나 윤리 지도성, 그리고 시민정신의 개발과 관련된 학과의 학생들은 사회성원의 개성과 일반성에 대해 더 깊이 이해하기 위해 서로 협조한다.

봉사학습프로그램들은 대학교육기관에 따라 수준의 차이가 다양하다. 봉사학습을 주로 가르치는 고등교육기관에서는 학생들의 책무를 규정하고, 정책적으로 학생들의 봉사참여를 지원하며 대학교육기관협회가 튼튼하고, 학생들이 복지재단이나 다른 봉사학습프로그램에 참여하는 것을 인정하고 포상한다. 한편 다른 대학교육기관에서는 봉사학습에 대해 발전시키려고 하나 재정부족으로 단지 대학교육기관의 정책에만 남아있는 경우도 많고 또 다른 부류는 봉사학습을 가르치는 것은 원래 대학의 목적에 포함되지 않는다고 느끼기 때문에 하지 않는 곳도 있다.

사회활동이나 봉사학습프로그램들은 대학에서 다양한 위치를 차지하고 있다. 학생조직은 봉사프로그램의 첫 번째 대상이며 대부분은 대학교육기관의 가장 관심 깊은 부분으로 봉사와 관련된 프로그램에 참여하고 있다. 1994년 Campus Compact의 조사에 의하면 학생활동을 위한 사무실은 거의 학생들의 숙사가 되었고 종교적인 대학에서는 그 대학의 지도자층과 함께 봉사프로그램을 기획하는데 이 부분에 있어서는 다른 대학교육기관도 마찬가지이다. 몇몇 프로그램들은 인턴사원제나 경력사원제와 같은 것에 기초하기 때문에 그 학교의 행정책임자의 영향력에 의해 봉사프로그램에 참여하는 학생들의 숫자가 좌우되는 경우도 있다.

대학교육과 현재의 사회를 지켜보고 있는 사람들은 강한 믿음을 가지고 있는데 그것은 대학교육이 증대해 가는 인간의 수요를 충당하고 복잡한 사회경제적 문제를 해결하는 데 있어 괄목할 만한 긍정적인 변화를 일으키는 잠재력을 가지고 있다는 것이다. 그러나 연방사무직이나 주(정부)관리들은 비록 학생들이 많은 자금과 풍부한 교수진, 그리고 그들을 위한 보이지 않는 어떤 것들에 의해 축복 받고는 있지만 현실에서는 반대라고 말한다. 학생들에 대한 사회의 지원이 줄어들고 자금이 모자라는 시기가 오면 한 번도 힘들게 일해 본 경험이 없는 학생들이라는 측면에서 대학교육기관은 그들이 기본적 임무를 뒤돌아보고 우선 목적이 무엇인지 날카롭게 고찰해 봐야 한다고 행정관리들은 말한다.

이것이 필자가 이 책에서 사회활동에 대한 학생들의 헌신에 대해 쓰기보다는 봉사학습에 대해 말하려는 이유다. 대학교육이 오늘날과 같이 방대한 수요에 대한 봉사역할을 계속하고 교육가치 사이에서 봉사에 대한 가치가 살아남게 하려면 학생들이 봉사학습에 참여할 수 있는 기회를 제공함과 동시에 학생들의 교육적 목적도 달성할 수 있게 해야 한다. 비록 사회봉사활동이 일반적으로 좋은 것으로 생각된다고 해서 그것이 대학교육의 전부가 될 수는 없다.

학생들의 학습과 자기계발을 목표로 하는 봉사학습은 확실히 적극적 학습의 목적이나 성찰이 없는 지역사회 봉사활동보다는 대학교육의 목적에 더 부합된다고 할 수 있다. 봉사학습은 대학교육에 질적 향상의 필요성을 느끼게 하였다. 조각나고 혼란스러운 정규교과과정에 목적과 목표의 불명확성, 가치의 부재, 교육으로서 교육과정 이외의 경험의 필요, 그리고 학생들의 더 나은 진로를 위한 준비의 필요성 등이 현재 대학교육의 문제점으로 지적되어 왔다.

대학교육에 대한 윙스프레드 연구재단에 의하면 요즘 미국의 대학은 공통적으로 세 가지 문제를 가지고 있다고 말한다. "가치를 심각하게 정립해야 하며, 학생들을 일차적으로 교육에 힘쓰게 하며, 면학분위기를 조성해야 한다." 라고 이야기한다. 이러한 문제들에 대한 대처방안으로 윙스프레드는 "대학이 사회봉사활동 조직을 결성하고 캠퍼스를 벗어나 많은 학생들이 사회봉사활동 경험을 할 수 있도록 하여 세상을 볼 수 있는 기회를 제공해야 한다." 고 말한다. 보이어는 대학교육의 질을 "학생들이 더 깊은 윤리적 성찰을 통해 배운 것과 실생활을 연결시킬 수 있는가?" 라는 질문을 해봄으로써 측정할 수 있다고 말한다. 덧붙여 "그 대학이 얼마나 성공적이냐의 문제는 졸업생들이 가치를 창출하고 보람된 삶을 추구하는 데 배운 지식을 얼마나 활용하여 더 넓은 시야를 가지느냐" 에 달려 있다고 말한다. 치커링과 갬슨(Chickiering and Gamson, 1987)은 봉사학습이 대학교육을 향상시킬 수 있는 일곱 가지 대책을 제시한다.

1. 학생들의 사회진출을 격려한다.
2. 학생들 스스로 협력하는 것을 장려한다.
3. 현장학습을 장려한다.
4. 학생들의 행동에 즉시 반영한다.
5. 일을 함에 있어 시간관리를 강조한다.
6. 높은 가치를 지향한다.

7. 다양한 능력과 다양한 학습의 방법을 인정한다.

봉사학습의 또 다른 중요한 목적은 시민정신 함양을 바탕으로 민주주의 사회참여에 대한 준비이다. 프랭크 뉴먼(Frank Newman)에 따르면 현재 미국의 교육이 위기에 처했다고 한다면 그것은 시험에서 고득점을 올리지 못하기 때문이 아니라 대학교육의 가장 명백한 책임인 시민정신 함양의 부족이다. 학생들에게 시민이 무엇이며 민주주의에 참여한다는 것을 가르치는 것은 현실적으로 불가능하다. 기론(Girone)은 "사람들은 어떻게 책임을 지고, 교양 있게 행동하는 것이 무엇이며 시민정신이 어떤 것인지 배울 수 없다. 그들은 사회를 살아가는 과정에서 스스로 깨우쳐야 한다.", 오스틴(Austin)은 대학교육의 목표달성을 위한 수단으로서의 봉사학습은 "어떻게 민주사회가 운영되는지를 아는 것뿐만 아니라 그들이 사회에 참여하여 어떻게 의무를 수행해야 하는지를 아는 시민을 길러내는 것이 주임무이다."라고 말한다.

학생들이 민주주의 사회의 성원으로서 시민정신을 함양하는 것 이외에도 대학교육의 목표는 직업에 대한 준비도 포함된다. 학문적 지식은 잘 발달된 이해력과 사회적응기술 없이는 성공적으로 적용되기 어렵다. 또한 학생들은 평생동안 한 가지 경력만 쌓는 것보다 교체 가능한 여러 가지 능력을 함양해야 한다. 봉사학습은 정보를 수집조합하는 능력, 창조적 문제해결능력, 건설적 집단구성력, 효과적 의사소통법, 합리적 의사결정법, 협상과 협력방법 같은 기술들을 개발할 수 있는 기회를 제공한다. 봉사학습의 또 다른 가치는 독창력, 유연성과 적응능력, 개방성과 동정심 등이다. 전문적인 봉사학습 과정은 사회에서 노동자, 변호사, 사업가, 정부관료 또는 다른 중요한 위치에서 또는 정책결정자로서 사회적 책임감을 높이도록 유도한다. 대학교육을 위한 기관들이 공통적으로 가지고 있는 목표는 사람들의 일반성과 개별성을 인정하게 하고 다른 인종과 성(sex), 육체적 · 정신적 능력이 다른 사람들과 다른 종교와 다른 교육배경과 성적 관념이 다른 사람들의 가치를 존중하며 잘 어울려 사는 법을 가르치는 것이다.

봉사 공급자와 봉사 수혜자 사이의 상호작용에 교육의 목표인 성찰의 원리를 가진 봉사학습은 어떻게 가치가 창출되며 사회부조리가 왜 생기는가에 대한 더 깊은 이해를 할 수 있게 해준다. 대학생들이 지역사회나 국가 또는 전 세계의 공동체에 대한 봉사학습프로그램의 유형이나 모델을 제시하지 못하는 것은 현명하지 못한 것이다. 대학교육이 봉사학습 이념이 결핍되어 있는 지역사회 봉사활동이나 볼런티어프로그램 대신 봉사학습을 도입하려는 학생들, 대학교육기관들의 공통적인 관심사이며 봉사학습이 대학의 교육목표를 달성하게 해준다는 것은 분명하다.

소 결

1장에서는 봉사학습을 개념화하고 지역사회 봉사활동이나 자원봉사정신과 구분되는 요소들에 대해 살펴보는 것으로 시작했다. 또 전통적인 대학교육의 봉사에 대한 역할, 봉사학습의 출현, 오늘날 대학에서의 봉사학습 현상에 대해 알아보았다. 서론격인 1장에서는 정규과목과 병행한 정규과목 이외의 봉사학습이 학생들의 학습과 자기계발, 사회발전을 위해 다양한 프로그램으로 만들어질 수 있다는 것을 말해주고 있다. 봉사학습은 사실 대학교육이 실제보다 더 큰 성과를 얻게 하는 명백한 수단이다. 정규과정이든 아니든, 일회성이든, 강제적이든지 간에 성찰과 상호작용의 이념을 가지고 있는 봉사학습활동은 유익함에 틀림없다. 나머지 장에서는 교육자가 어떤 방법으로 봉사학습에 참여하여 학생들이 수준을 향상시키고 연구와 교육을 강화하여 현대사회가 잉태하고 있는 사회문제들을 해결하고, 사회의 엄청난 수요를 충족시킬 수 있는지에 대해 논하고자 한다.

Chapter 02

봉사학습의 효과적인 실천 원리

당신은 만화경을 본 적이 있는가? 방향을 돌릴 때마다 변화하는 형상에 경탄해 본 경험이 있을 것이다. '미(美)', '형상', '응시'를 의미하는 그리스어에서 유래된 만화경은 봉사학습의 효과적인 실천 원리를 보여주기 위한 하나의 역동적인 은유가 된다. 여러 파트너-학생, 지역주민, 학교 교직원, 교수, 국가직 사무관, 지역기관의 스태프-를, 봉사학습에 함께 관여할 수 있는 사람들을 생각해 보라. 만화경을 이루고 있는 유리 조각의 다양한 면과 색처럼, 이러한 파트너는 봉사학습 계획에 대한 다른 가치, 조망, 욕구, 강점을 지니고 있다. 만화경의 대칭적으로 보이는 균형감을 통해 유리 조각이 아름다운 패턴을 만들어내는 것처럼 그들은 관계를 맺고 함께 일하면서 균형을 맞추기 위해 노력한다.

이 장의 목적은, 봉사학습 파트너가 봉사와 학습을 결합시키면서 직면하는 도전과 변화하는 맥락을 알아차릴 수 있는 원리와 실천을 구성하는 데에 있어 역동적인 틀을 이용할 수 있도록 제시하는 것이다. 봉사학습의 효과적인 실천을 위해서 가장 적합한 다섯 가지 원리에 초점을 맞추고 있다. 그리고 그 원리는 만화경의 은유법을 이용하여 평가한다. 여러 다른 사회적 지식과 실천을 위한 결과물이 그러하듯이, 각 원리는 그것을 개발할 시점에 존재했던 도전과 기회에 대한 반응으로서 특별한 맥락 속에서 개발되었다. 실천에 기반한 원리는 실제에 대한 정보를 제공해 준다. 그것은 봉사학습 만화경의 렌즈 또는 협동, 상호작용, 다양성의 세 가지 메타-원리를 통해 보여질 것이다. 따라서 만화경은 봉사와 학습을 결합하는 데에서 발생하는 패러독스와 비선형적인 패턴, 끊임없는 변화를 조망해 가면서 통찰과 딜레마 둘 다를 비추어 준다.

봉사학습 모형(PPP 모형)

스티븐 코비(Stephen Covey, 1992)는 원리가 주는 가치에 대해 다음과 같이 기술한다.

> 종합적인 목적 또는 비전과 원리를 세우는 계획에 집중하게 된다면, 황무지와도 같은 곳에서 행동을 실천해야 하는 사람들이라 할지라도 의사결정을 하고 행동을 취하기 위해 그들의 전문성과 판단을 활용할 수 있다. 원리가 곧 실천은 아니다. 실천은 상황 안에서 일어나는 특별한 활동 또는 행동을 말한다. 만일 당신이 원리에 초점을 맞춘다면, 당신은 지속적인 모니터링, 평가, 교정, 통제 없이 행동할 수 있는 원리를 이해하고 있는 사람들을 역량개발할 수 있다. 원리는 보편적인 적용이 가능하게 만든다. 그리고 이러한 것이 습관으로 내면화될 때, 다른 상황을 다루는 다양하면서도 광범위한 실천을 사람들이 행할 수 있도록 역량개발할 수 있다(p. 98).

원리를 이용하는 것과 원리와 실천 간의 구별에 대한 코비의 생각은 꽤 통찰적이지만, 또한 봉사학습 맥락에서 많은 도전을 받는다. 코비는 실행가들이 그들의 실천에 바탕을 두고 있는 일반적인 원리, 그리고 그것에 대한 보편적인 동의가 가능한 일반적인 원리를 공유할 수 있다고 가정하지만 아직까지 그 부분은 봉사학습에 대한 논쟁으로 남아 있다.

필자는 봉사학습의 다양한 측면에 대해 계속적으로 연구해 왔다. 봉사학습의 정의에 대한 논쟁은 계속되고 있다. 일부는 여전히 봉사학습이 독립된 정규교과과정인지 또는 정규교과과정과 병행할 수 있는 것으로서의 봉사학습인지에 대해 의문을 가진다. '지역사회' 는 종종 산만하고 불명확한 것으로 조직되기도 한다. 인턴십, 실습과목, 협동교육, 봉사학습 간의 차이는 여전히 불명확한 것이다.

더구나 코비는 실천과 원리 간의 상호작용과 서로가 영향을 미치는 방식, 특히 원리에 대한 실천의 영향력과 관련해서 진술하지 않는다. 그러나 필자는 봉사학습의 원리와 실천 둘 다 상호의존적이며 계속적으로 재평가되어야 한다는 것을 단언하고 있다. 원리는 실천을 발전시키기 위한 필수적인 척도를 제공해 준다. 바꾸어 말하면, 실천은 원리를 다듬는 기능을 한다.

'실천에서 실천 모델' 에서 웰스와 네펠캄프(Wells and Knefelkamp, 1984)는, 이론은 실천적인 경험에서 개발된다는 생각, 그리고 평가과정을 통해 실천에 기반한 이론은 더 나은 것, 더 적합한 실천으로 변화된다는 생각을 더욱 확고히 한다. PTP 모델의 논제를 빌어와 필자는 봉사학습프로그램을 위한 '실천에서 원리로, 그리고 다시 실천으로 모델' 을 제안한다. 그 모델이 현장업무의 중요성과 그에 뒤따르는 효과, 실천을 개선할 수 있는 도전에 대해 확고히 할 수 있다고 믿고 있다.

봉사학습 원리

봉사와 학습을 결합한 체험학습 프로그램이 1960년대에 나타나기 시작했다. 주 정부 인턴십 프로그램, 지역별 학기 학습 또는 여름 프로그램, 도시봉사단, 교육자와 지역사회 멤버들은 봉사가 학습에 대한 정보를 제공해 주고 학습이 봉사의 질을 개선할 때에 상승효과가 나타날 것이라고 주장했다.

시그먼의 세 가지 봉사학습 원리

이러한 노력을 한 초기 지도자 중 한 사람인 로버트 시그몬(Robert Sigmon)은 1979년, 다음에 제시된 봉사학습 원리로서 기초적인 세 가지 구성요소를 제안했다.

1. 제공된 봉사를 통제할 수 있는 것
2. 더 잘 봉사할 수 있도록 변화시키며 행동으로서 역할하는 것
3. 또한 봉사하는 사람들은 학습자이며, 학습하도록 기대되는 것을 의미 있게 통제할 수 있는 것

이러한 구성요소는 대학보다는 지역사회에 바탕을 둔 초기 봉사학습의 노력으로부터 나왔다. 예를 들면, 연방기금을 사용하는 남부지역 교육위원회는 봉사학습 인턴십 모델을 개발했다. 이와 유사하게 도시봉사 프로그램은 지역사회에 학생들을 배치하기 위해 공공시설과 정부 산하기관을 이끌면서, 연방의 현장학습기금을 끌어왔다. '의식적인 교육적 성장이 있는 공공과업' (Sigmon, 1979)의 통합은 지역사회의 쟁점과 학생들의 역량개발을 밀접히 연계시켰다. 따라서 이러한 초기의 원리는 1960년대와 1970년대에 영향 을 준 쟁점과 실천에서 나온 것이라 할 수 있다.

봉사와 학습을 결합하기 위한 실천사례의 원리

1990년대는 체험학습에 대한 관심에 활기를 불어넣는 것으로 점쳐졌다. 학습의 활동방법, 세부적으로는 봉사학습에 대한 관심의 증가에 따라 미국체험학습학회(NSEE)는 70개 이상의 조직을 컨설팅하고, 9개의 초안을 구성

하며, 1989년 위스콘신주의 라신에 있는 윙스프레드에서 실무위원회를 출범시켰는데 이는 존슨재단(Johnson Foundation)의 지원으로 과정을 이끌고 조정했다. 이러한 노력의 절정은 『봉사와 학습을 결합시키기 위한 우수 사례의 원리(The Principles of Good Practice for Combining Service and Learning)』의 출판으로 이어졌다(Porter Honnet and Poulsen, 1989). 일반적으로 알려진 이름으로서 윙스프레드 원리는 교육기관 안에서 봉사학습이 차지하는 주변적인 지위에 대한 쟁점을 밝힐 수 있었다. 그것은 초기 봉사학습의 주변적인 지위에 대한 반응으로서 프로그램 개발을 강조하고 있다. 대학봉사학습연합(The University Year for Action)과 전국봉사학습지원센터(The National Center for Service-Learning) 같은 곳은 그들 기금이 바닥났을 때 주변화되어 갔고, 황폐해졌다. 따라서 윙스프레드 원리는 대학에서 제도화하여 성공적일 수 있는 교육프로그램을 만들기 위한 주된 관심사를 반추해냈다.

봉사와 학습을 결합하기 위한 효과적이면서도 지속적인 프로그램은 다음과 같은 사항에 유념해야 한다.

1. 공통의 선을 위해 책임지고 행동할 수 있는 사람들을 참여시켜라.
2. 사람들에게 그들의 봉사경험을 비판적으로 반추할 수 있도록 구조화된 기회를 제공해 주라.
3. 참여한 모든 사람들을 위해 봉사와 학습목적을 분명하게 표현해 주라.
4. 요구를 가진 사람들이 그들의 요구를 정의할 수 있도록 허락하라.
5. 참여한 개인과 조직의 책임을 명확히 하라.
6. 변화하는 상황을 인지하는 과정을 통해 봉사 제공자와 봉사 요구를 연결시켜라.
7. 진정한, 적극적인, 지속적인 조직의 헌신을 기대하라.
8. 봉사와 학습목적을 충족시키기 위해 훈련, 수퍼비전, 모니터링, 지지, 인정, 평가를 포함시켜라.
9. 봉사와 학습을 위한 시간적인 헌신은 유연하며 적합한 것이고, 포함된 사항

중 가장 좋은 관심사임을 확신하라.

10. 여러 다양한 사람들에 의해 이루어지는 프로그램 참여는 헌신적인가 (Porter Honnet and Poulsen, 1989).

의미 있는 지역사회 봉사의 구성요소

현장에서 여러 해 동안 학습해 온 조직가와 수업에 기초를 두고 지역사회 봉사에 참여한 학생을 대표하는 the Campus Outreach Opportunity(COOL)는 의미 있는 지역사회 봉사의 다섯 가지 구성요소를 개발했다.

• 지역사회 목소리

지역의 목소리는 변화를 만들고, 문제를 해결하는 데에 가교 역할을 하기 위해 필수적인 것이다. 지역사회 봉사조직은 지역사회의 요구와 목소리가 지역사회 봉사프로그램 개발에 포함되는 것을 확신한다.

• 오리엔테이션과 교육훈련

오리엔테이션과 훈련은 어떤 지역사회 봉사경험이라 할지라도 가장 중요한 첫 번째 단계가 된다. 학생 자원봉사자들에게 지역사회, 쟁점, 기관 또는 지역단체에 대한 정보가 제공되어야 한다.

• 의미 있는 행동

의미 있는 행동은 행해진 봉사가 그 자체로서 지역사회에 필수적이며 가치가 있다는 것을 의미한다. 사람들이 그들의 시간이 잘 활용되고 있으며, 측정 가능한 방식으로 차이를 만들어내는 것에 대해 좋아하도록 만든다. 이것이 없다면 다른 네 가지 요소를 잘 수행하는 방식과 상관없이 사람들은 계속해서 봉사하기를 원하지 않을 것이다.

• **성 찰**

성찰은 지역 봉사학습 체험의 구성요소이다. 성찰은 체험 후에 그것—봉사로부터 개인적인 소외감이나 고정관념을 없앨 수 있는 쟁점에 대한 반응, 이야기, 감정, 사실—을 토론하기 위해서 즉각적으로 이루어져야 한다. 그리고 성찰은 체험을 더 큰 맥락 속으로 배치시킨다.

• **평 가**

평가는 학생들의 학습체험의 영향력과 지역사회에 있어 봉사의 효과성을 측정한다. 학생들은 그들의 학습체험을 평가해야 하고, 기관에서는 학생들의 봉사에 대한 효과성을 평가해야 한다. 평가는 개선, 성장, 변화를 위한 방향을 제공해 준다(Campus Outreach Opportunity League, 1993).

이러한 다섯 가지 요소들은 지역 봉사프로그램을 개발하는 데 있어 수많은 기관들이 활용해 왔다. 아직은 개발된 원리와 실천을 통해 성공적으로 적용되는 것에는 다소 결함이 존재한다. COOL은 그들 멤버의 60%는 비판적 요소를 암송만 할 수 있으며 40%는 이행하려고 노력중이고, 20%는 잘 이행중이라고 평가한다(J. Bastress, personal communication, 1995).

지역사회 봉사학습지도에 있어서 우수 사례 원리

다음의 원리 각각은 역사적인 맥락에서 나왔으며, 그때로부터 지금까지 봉사학습 실천에 있어 각 도전과 기회에 초점을 맞추었다. 이러한 원리는 제프리 하워드(Jeffrey Howard)에 의해 실천 I 로 제안되었다(1993). 그 책의 부제인 '지역사회 봉사학습 지도교수 사례연구' 는 1990년대 초의 주된 흐름—상아탑적인 진리 탐구에만 열중하는 대학을 염려하며 학습의 결과를 평가하는 데에 초점을 둔—인 과정중심적인 봉사학습에 참여하는 참가교수의 증가를 보여준다.

1. 봉사를 위한 것이 아닌, 학습을 위한 대학 학점이다.
2. 학문적인 엄격함에 대해 타협하지 마라.
3. 학생들을 위한 학습목적을 설정하라.
4. 지역의 봉사처를 선택하기 위한 기준을 정하라.
5. 지역 학습을 획득하기 위해서 교육적으로 건강한 메커니즘을 제공하라.
6. 지역 학습을 획득하기 위한 방법을 학생들이 배울 수 있도록 원조를 제공하라.
7. 학생들의 지역 학습 기능과 교실에서의 학습 기능 간 차이를 최소화하라.
8. 교직원의 수업적 역할을 다시 생각하라.
9. 학생들의 학습 결과에 있어 불확실성과 변수에 대해 미리 대비하라.
10. 지역사회 책무성에 대한 오리엔테이션 과정을 최대화하라(Howard, 1993).

지속적인 혁신의 원리

전국사회봉사연합을 통한 봉사학습 영역에 대한 연방정부의 참여 증가는 봉사프로그램이 전국적으로 확대될 수 있도록 적절한 원리를 설계하도록 이끌어주었다. 구체적으로는 교육, 사회적 욕구, 환경, 공공안전에 대해 다루는 프로그램에 대한 관심으로 나타났다. 본질적인 프로그램 개발과 협동에 대한 역동적인 특성을 포함시켜 알리고 있는 『지속적 혁신을 위한 지침서』(1995)는 전국 봉사에 참여하는 조직과 프로그램을 개선하기 위한 여덟 가지 원리를 제공해 준다.

1. 우리의 '고객'은 우리가 존재하는 이유이다. 우리는 그들의 요구에 맞추기 위해 존재하며, 항상 그들의 기대 이상이 될 수 있도록 노력해야 한다.
2. 자원봉사자, 참가자, 스태프 역시 고객이다. 그들은 동기화되고 훈련 받고 잘 봉사함으로써 고객을 만족시킨다.
3. 고객 만족에 대해 이야기하는 것만으로 충분하지 않다. 우리는 측정 가능한 목적을 설정하고 조직과 그것에 대해 의사소통해야 한다. 그리고 이러한 목적을 향한 진보에 대한 규칙적이고 체계적인 척도를 설정하고, 수행을 계속적으로 개선하기 위해 행동을 취해야 한다.

4. 우리는 언제나 부족한 것을 학습해야 하고, 개선할 기회를 가져야 한다. 우리는 기준을 충족시키거나 그 이상이 되도록 언제나 학습해야 하고, 더 높은 기준을 설정할 수 있는 기회를 가져야 한다.
5. 지속적인 개선은 우리 조직 모두의 책임이다. 그것은 조직 내, 외부의 사람들로부터 학습하고자 하는 의지에 기인한다.
6. 조직 내 효과적인 커뮤니케이션은 지속적인 개선에 필수적인 것이다. 조직의 개선을 돕기 위해 스태프는 행해지고 있는 프로그램에 대해 고객이 가치를 두는 점과 생각하는 방식에 관해 이해해야만 한다.
7. 건설적인 비판은 실수에 초점을 둔 부정적인 것이 아닌, 해결을 향한 긍정적인 단계이다. 우리는 성공뿐만 아니라 실패로부터도 학습해야 한다.
8. 열성적이고 막강한 팀을 만드는 것은 조직 개선을 위한 가장 좋은 촉매제이다. 동기화된 팀은 놀랄만한 결과를 생산해낼 수 있다.-개인이나 덜 응집적인 그룹에 의해 성취될 수 있는 것을 능가할 수 있는 결과들(Office of Evaluation, Corporation for National Service, 1995, p. 1).

이러한 원리는 공공, 지역사회 봉사의 광범위한 영역을 포괄하며, 고등교육에서의 봉사학습에 적절하다. 그것은 프로그램의 책임과 지역사회에 대한 봉사학습의 효과를 평가하는 것에서 나온 것이다. 고등교육기관과 지역에 기반한 조직에서 개설하고 있는 많은 전국적인 봉사프로그램은 봉사와 학습을 결합시킨다. 이러한 원리는 실천으로 전환시키기 위한 계속적인 도전을 수행하고 있다.

특히 강조되었던 다섯 가지 원리는 사실상 실천과 지식에 대한 사회적 결과물-특별한 맥락 속에서 도전과 기회에 대한 반응으로서 만들어진-이다. 유사하게 필자가 규정하고 있는 세 가지 메타원칙-협동, 상호작용, 다양성-은 봉사학습 참여와 과거 30여 년간의 대화였던 '실천현장에서 이론으로, 다시 실천현장으로' 부터의 학습에서 나온 것이다. 필자는 원리와 실천의 상호작용에 대한 계속적인 평가를 통해 그 원리를 봉사학습 만화경의 렌즈로서 제안한다.

봉사학습 만화경*

봉사학습은 협동, 상호작용, 다양성으로 주목받는 창의적인 긴장 속에서의 작업들을 포함한다. 이 긴장은, 세 영역간 또는 봉사학습의 파트너간 상호관계적인 맥락 속에서 나타난다. 대학(대학 교직원, 스태프, 관리직, 이사회), 학생(파트타임과 풀타임, 대학원생과 대학생, 기숙사생과 교외 통학자), 지역사회(지역사회 구성원, 지역사회 지도자, 비영리기관과 지역사회에 기반한 조직, 지방정부, 공공기관)의 관계 속에서 나타나는 것이다. 각각의 영역은 특별한 체험, 기대, 태도로부터 봉사학습 파트너십을 지닌다. 이들이 원리와 실천을 바라보는 방식은 협동의 본질에 대한 인식과 관계성 안에서의 상호작용 정도, 서로의 다른 점이 과거를 통해 이해되고 통합되는 정도에 의해서 주로 결정된다.

협동, 상호작용, 다양성이라는 만화경의 렌즈는 모든 파트너들의 관점에서 나온 봉사학습의 원리와 실천의 가능성을 강화시킨다. 만화경을 돌리는 것은 여러 유리한 점에서 원리와 실천을 평가하는 것을 가능하게 하며, 렌즈 간의 관계는 그 기구의 모든 방향을 변화시킨다. 그것은 획득된 원리의 종합적인 평가를 위해 세 가지 렌즈의 상호작용을 하는 관점자들(대학, 학생, 지역사회)의 의무가 된다. 협동, 상호작용, 다양성을 통해 기존의 원리를 평가할 때마다 그것은 삶과 에너지를 부여하는 세 파트너의 고유한 관계와 변화하는 맥락 속에서 항상 존재한다.

연계협력

크리스립과 라슨(Chrislip and Larson, 1994)은 책무성, 권위, 성취된 결과에 대한 책임을 공유함으로써 공통의 목적을 향해 함께 일하는 둘 이상의 영

---

* 만화경(Kaleidoscope)은 여러 갈래의 다양한 것이 섞여 있음을 비유적으로 이르는 말이다.

역 서로간에 이익이 되는 관계로서 협동을 정의한다. 협동의 목적은 특별한 영역의 한계를 뛰어넘은 관심을 나타내기 위한 공유된 비전과 전략을 창조하기 위한 것이다. 그들은 협동적인 리더십을 시민과 지도자의 차이를 만들어낼 수 있는 핵심으로서 바라본다. 봉사학습에서 크리스텝, 라슨이 이르는 영역은 대학, 학생, 지역사회이다. 각 영역은 흥미, 관심, 기대에서 나오며, 각각은 듣고 이해하고 표현해야만 한다. 더 중요한 것은 각 파트너들은 기술, 지식, 자산에 대한 계획을 가지고 있다. 서로 이익이 되는 결과를 만들기 위해 기술, 지식, 자산을 갖고 흥미, 관심, 기대의 균형을 맞추는 것은, 힘이 남용되지 않고 전체는 부분의 합 이상이라는 믿음을 확신하도록 통제력이 고르게 배분되는 것을 바란다.

필자는 다양성이라는 세 번째 렌즈에 대한 논의에 강조점을 두기 때문에, 협동은 재사회화 또는 이미 속해 있거나 속하게 되는 단체나 문화 안에서의 멤버십을 재협정할 것을 포함한다. 그것은 우리가 속해 있는 지역사회의 언어, 가치, 지식 안에서 이루어지는 참여를 수정하거나 재협정할 것을 말하는 것이다. 뿐만 아니라 우리가 협동해야 하는 지역사회와 파트너 간 공통의 요소에 대해서는 좀 더 유연해져야 한다. 재사회화는 우리가 수행해야 할 가장 어려운 과업 중 하나로서 복잡하면서도 대부분 불완전한 채로 지속된다 (Bruffee, 1995).

협동이라는 렌즈를 통해 봉사학습 바라보기는 관련된 사람들이 변화하는 정보에 대한 전략에 시간적으로 투자하고 도전하며 활동을 변화시키고 자원을 공유하며 서로의 능력을 강화하는 일에 참여할 것을 요구한다(Himmelman, 1994). 진정한 협동은 파트너가 신뢰할 수 있는 환경을 개발하고, 공통의 목적을 획득하며, 책임과 권위를 공유하는 일에 도전하도록 만든다(Gabelnick, 1993). 그것이 수반하는 어려움과 요구에 따라 협동은 관용적이고 호혜적인 지역사회를 위해 봉사학습의 일부로서 필수적인 것이다.

호혜성

만일 봉사와 학습을 결합하는 데 있어 질적으로 높은 성취를 이룰 수 있는 근본적이고 포괄적인 개념이 있다면, 그것은 상호작용이다. 상호작용은 모든 개인, 조직, 실재가 교사와 학습자로서 봉사학습의 기능에 참여할 것을 제안한다. 참여자들은 봉사제공자와 수혜자가 아닌 동료로서 인식된다. 실제로 모든 핵심적인 원리(Sigmon, 1979; Porter Honnet and Poulsen, 1989; Howard, 1993)의 중심에는 상호작용이 놓여 있으며, 이는 모든 참여자들이 봉사를 통해 서로가 학습할 수 있도록 봉사학습에 참여한 사람들 간에 이루어지는 상호작용인 것이다. 실천은 그것에 대한 이상 그 이상으로 보인다. 예를 들어서, 대학생들은 그들 자신의 의견이나 통찰을 통해 더욱 더 분명해진 세계에 대한 관점을 가지고 그들 지역사회에 있는 지도가 필요한 아동이나 홈리스 성인에게 봉사할 수 있다.

봉사학습은 학습과 봉사를 동등하게 강조하지 않고 학생의 학습 또는 대학의 아젠다에 초점을 둘 때, 지역사회와 학생 둘 다 개발하는 데 있어 실제적인 위험이 따른다. 봉사학습은 파트너가 학습과 봉사의 목적을 통제하고 실제적인 힘을 재평가하도록 요구한다. 학생에 대한 영향력과 지역사회에 대한 영향력 간에는 항상 긴장이 존재할 것이다. 우리가 호혜적인 관계하에서 봉사학습을 위해 헌신하는 정도는 파트너로서 서로의 능력과 힘을 얼마나 증대시키는 지를 결정한다.

이러한 지역사회에 대한 기준과 개념은, 실천은 아니더라도 원리에서는 봉사하는 것과 봉사를 받는 것 간에 구별할 수 없는 상호작용에 대해 책임질 수 있도록 만들어 준다. 상호작용은 학생이 교수진, 지역사회, 다른 누군가로부터 학습하는 것처럼 교수진은 또한 학생, 지역사회, 다른 누군가로부터 학습할 것을 제안한다. 학습자와 봉사자로서의 지역사회 확대는 실제로 그 성과를 풍요롭게 만든다.

상호작용은 지역사회 멤버, 교사나 촉진자들과 같은 활동가를 이용한 시골과 도시의 초기 프로그램의 사례에서 명확하게 예증된다. 오늘날 아우크스부르크대학(Today Augsburg College)과 조지타운대학교(Georgetown University)는 감시가 가장 엄중한 수감자들과 함께 하는 학습에 학생들을 참여시킨다. 프로비던스대학(Providence College)에서는 공공서비스에 전공과 부전공 과정을 두고 있다. 그리고 이는 교실에서 협동교수로서 지역사회 멤버를 포함한다. 프로비던스 프로그램의 여러 성과들 중 하나는, 지역사회 파트너가 학생들의 학습과정에 좀 더 완전하게 참여하게 되었다는 것이다. 그에 따라 봉사학습에 대한 그들의 헌신도 증가했으며, 학생들에 의해 제기된 쟁점에 대해 그들이 생각하는 바에 활력을 불어넣게 되었다. 학생들은 교실에서 지역사회로부터 유익을 얻음에 따라 대학 캠퍼스에만 머무르지 않는 지역사회 의식을 촉진할 수 있었다. 그 과정을 협동교수하는 프로비던스대학 교수진은 그들의 개인적인 영역으로서 강의실을 생각하지 않도록 하는 것에, 또한 학생과 지역사회 둘 다에 봉사학습이 미치는 힘에 대한 진가를 높이는 성과와 관련하여 도전을 받았다(R. Battistoni, personal communication, October 1995).

다양성

로널드 다카키(Ronald Takaki, 1995)는 다양성이라는 렌즈를 통해 고등교육을 바라보는 것의 가치와 필수적인 두 가지 이유에 대해 규정한다. 다문화주의를 교과과정으로 엮는 것과 관련한 논쟁, 이는 봉사학습으로 동일하게 적용할 수 있다.

- 다문화주의는 미국 국민과 미국 역사를 좀 더 정확하고 포괄적으로 이해할 수 있도록 돕는다.
- 다문화주의의 목표와 그에 대한 도덕적 이유와 지적 이유를 연결하려는 요구가 있다.

인종, 민족, 성의 차이가 다양성의 초점이 되기 때문에 봉사학습은 그와 함께 또 다른 차이점을 가진다. 사회경제적 지위, 연령, 지리적인 밀접도, 성적 지향성, 육체적 정신적 능력 등을 들 수 있다. 그러한 광범위한 관점과 다양한 맥락, 삶의 상황은 봉사학습에 참여하는 파트너가 다양한 세계의 시민으로서 성장할 기회를 갖도록 한다. 그와 같이 다양성의 렌즈는 인간 생활양식의 차이점이 적절히 조망될 수 있도록 문화를 바라보는 방식을 제공해 준다.

봉사학습은 인간의 다양성에 대한 종합적인 이해를 획득하고, 비판적 사고의 목적을 개인적인 가치 체계와 연결시키는 현장이다. 봉사학습이 다양성의 렌즈를 통해 보일 때, 모든 파트너의 재능과 능력을 발견하기 위한 기회가 증대될 것이다. 다양성은 다양한 자원, 재능, 지식, 기술을 가져다주는 자산이다. 다양성에 대한 이해와 그 진가는 우연히 나타나는 것은 아니다. 다양한 맥락에서 일하는 것은 문화적 차이점과 공통점뿐만 아니라 힘, 특권, 편견, 차별 간의 연계성에도 신중한 주의를 요한다. 다양성과 관련된 쟁점에 대한 논쟁과 계속되는 토의에 모든 파트너를 참여시키는 프로그램화된 설계는 계속적으로 이루어져야 한다.

다문화주의 수업을 만들기 위한 마우리안 아담스(Maurianne Adams, 1992)의 원리는 봉사학습으로 잘 적용된다. "(1) 학생들 간에 결손이 아닌 문화적 차이를 인식해야 한다. (2) 학생들 일부가 아닌 전체를 위한 학습환경을 만들어야 한다. (3) 자기민족중심주의가 아닌 다문화주의에 기초해서 교수학습원리는 배타적이지 않고 수용적인, 고정화되거나 결정적인 것이 아닌 유연하고 신뢰할 수 있는 것이어야 한다. (4) 궁극적으로 모든 학생들에게 유익을 줄 수 있는 문화적 상호작용에 대한 교차적 문화 또는 다문화주의 모델이 되어야 한다." 미네소타 주 Campus Compact와 협동하에 수행된 자넬 월독(Janelle Waldock, 1995)의 연구는 봉사학습 교육자들이 다문화적 이해도를 높이기 위해 봉사학습 체험에 다양한 학생을 배치시킬 필요가 있다는 의견을 지지한다. 월독은, 다양한 학생들을 같은 팀으로 구성하는 기관의 문서화된 목적이나 방침을 통해 함께 봉사하고 학습할 수 있도록 자극한다. 그러한 경험이 성공할 수 있도록 준비와 반추는 다문화적 관점을 통합해야 한다.

다카키(1995)와 브루피(Bruffee, 1995)는 다양성과 재사회화에 대한 강조점이, 교육된 시민성에 대해 비판적이어야 함을 상기시켜 준다. 사회에 깊게 뿌리내린 편견과 오해는 필수적이면서도 어려운 과업을 만들어 낸다. 봉사학습에 대한 필자의 접근은 인간의 차이점은 자기 자신의 관점, 배경, 경험적 기준에 의해 보이는 것임을 확신한다. 이런 일이 일어났을 때, 잠재적으로 불화를 일으키는 차이점은 자기 자신과 다른 사람의 능력을 확인하기 위한 자원이 될 수 있다.

협동, 상호작용, 다양성을 위해 필자가 노력하는 부분은 크레츠만(Kretzmann)과 맥나이트(McKnight, 1993)가 지역사회를 세우기 위한 목적이 되어야 한다고 제안한 것과 밀접한 것이 많았다. 그들은 지역사회를 주로 결핍과 요구라는 관점에서 보는 것을 중지하도록 했다. 그들은 봉사학습 계획에 있어 모든 파트너의 능력과 자산에 강조점을 두는 지역사회 건설과 관련해서 유명한 유리잔 이야기(반이나 남은 또는 벌써 반이나 줄어든)로서 그려내고 있다. 자기 자신에게 유리한 점뿐만 아니라 타인의 그것으로 과정을 바라보는 파트너의 능력은 질적으로 높은 봉사학습프로그램이 될 가능성을 높여준다. 봉사학습에 있어 협동, 상호작용, 다양성의 수준에서의 변화를 통해 개발되는 상승효과는 긍정적이며 생산적인 성장으로 가득한 긴장을 만들어 낸다. 만화경의 이러한 렌즈들이 틀이 되고 PPP(Practice to Principles to Practice) 모형 접근에 초점을 맞출 때, 그것은 봉사학습 원리와 실천을 개발하는 데 촉매제적인 상승효과를 촉진하게 된다.

봉사학습 원리를 탐색하기 위한 만화경 사용

봉사학습프로그램의 발전을 위한 기초로 제공되는 봉사학습 준비과정의 원리는 경험 원리로부터 파생된다. 지속적인 발전을 하는 봉사학습의 실행은 봉사학습 원리에도 지속적인 변화를 가져와야 한다.

학교, 학생과 지역사회의 상호관계에서 만화경은 봉사학습 파트너의 다양함을 가능하게 해주며 각기 다른 렌즈로 봉사학습 원리를 평가한다. 협력은 목표에 도달하기 위한 각각의 최대 능력을 강화하고 권위와 자원을 공유하여 함께 일하는 파트너로서의 약속이며, 파트너의 기반은 교사와 학습자이다. 그들은 모두 봉사하고 서로 지원을 받는다. 그리고 차이점은 학교와 학생, 지역사회 파트너가 의미하는 것으로 그들이 봉사학습 노력의 가치를 수용하고 그 가치의 수용이 각기 다르다는 것을 볼 수 있다.

단지 불완전하고 부족한 것은 봉사학습 원리를 통해 고려해야 할 점이며, 봉사학습의 만화경은 봉사학습을 실행하는 데 시간에 따라 하나의 렌즈에 맞추거나 또는 가능하고 바람직한 것에 초점을 두어야 한다. 물론 각각의 관찰자가 항상 기억해야 할 것은 결코 학교, 학생, 지역사회가 모두 만족하는 것이 같지 않다는 점이다. 감독관이 변화를 관찰할 때마다 협력, 상호관계, 다양성은 서로가 새로운 패턴을 형성하기 위해 노력하며, 패턴은 배경 또는 그에 따른 방침에 따라 중요하게 변화한다.

렌즈의 자연스러운 본질 때문에 변화 가능성이나 봉사학습의 효력까지 파트너의 관점에서 봉사학습 실행의 원리를 관찰하는 것이 가능하게 된다. 자발적인 파트너에 대한 견해와 능력은 아직은 그들 자신이 뚜렷한 견해, 즉 그들 방법대로 사물을 관찰하고 함께 봉사학습을 계획하는 것이 감독관에게는 중요하게 작용한다. 학교, 학생, 지역사회의 모든 파트너는 섬세하고 규칙적으로 의사소통을 요구함으로써 파트너와의 관계에 따른 변화를 예측할 수 있다. 추가로 봉사학습에 변화를 가져오는 사실적인 기반은 부분적인 평가보다 사실을 강조한다.

파트너의 시각으로부터 각각 인식하고 있는 것을 보게 되는 것으로 봉사학습은 원칙을 만들기 위한 비판적인 질문과 대답의 구조를 제공한다. 파트너와 관계되는 질문의 하나는 근본적인 원리의 내용에 중점적으로 보다 작게 나타나는 것이 누구인가 하는 것이다. 예를 들면, 시그먼의 봉사학습의 세 가지 원리에서 지역사회와 학생은 근본적으로 학문보다 봉사학습을 중요하게 생각한다. 모든 파트너의 관점으로부터 비판적인 질문에 대한 대답이 중요하다 해도 첫 번째 지속적인 변화의 힘은 학문적인 관점에서 시그먼의 원리를 시험하는 데 사용하게 된다.

학문의 인식과 협력적인 전망을 통하여 보이는 것은 시그먼의 원리에 대한 다수가 문제제기를 한다는 점이다. 그것은 봉사학습에 구성원의 역할은 진실로 무엇이어야 하는가이다.

학문보다 우선하는 최고의 가치를 두고서 어떻게 제도적으로 통제를 할 수 있는가? 만일 봉사학습 힘의 대부분이 학문에 속해 있는 자원인 것처럼 보이는 경우에 일어나는 일은 무엇을 요구하는가? 시그먼의 원리는 학문적인 인식에서 전망되는 상호관계와 함께 계속되고 좀 더 많은 질문을 이끌어 낸다. 그에 대한 질문은 학생과 지역사회에서 배우는 학문을 무엇이라 할 수 있는가? 학생과 지역사회는 어떻게 학문을 지원할 수 있는가? 다양성에 대해 유사하게 사용하는 것은 앞 질문과 같은 대답을 가져온다. 지역사회의 자원은 어떻게 학문적인 문화라 할 수 있는가? 한정적이고 단기적인 봉사학습은 어떻게 여러 가지 고정관념을 확인해 주는 경향을 피할 수 있는가?

추가적으로 세 가지의 렌즈를 통하여 원리를 완전하게 만드는 것을 검토하는 것 외에 원리에 의한 원리에 접근하는 것이 적합하다. 교육과정에 우리는 완전한 원리를 사용한다. 또한 원리에 의하여 중요한 질문 원리를 묻는다. 우리는 교육과정을 설명하기 위하여 윙스프레드 원리를 이용한다. 윙스프레드 원리는 학교와 봉사학습프로그램이 제안하는 제도화에 중점을 두고 이러한 질문은 학교와 학생, 지역사회의 인식으로부터 오는 질문이다. 한 예로, 우리는 협력적인 전망을 통해서 원리 1, 2와 3을 전망하여 단계적으로 줄여서 평가하는 것을 제안한다. 상호관계의 시각을 통해서 원리 4, 5, 6과 7, 그리고 다양성 렌즈를 통해서 원리 8, 9와 10에 따르는 다양한 시각을 통해 단계적으로 평가한다. 이러한 질문에 따르면 원칙이 훈련에 훈련을 통한 대화에 자신과의 약속을 위한 예로 예정된다.

연계협력 렌즈를 통하여:

1. 효과적인 프로그램은 공익을 위한 활동의 도전과 책임 있는 사람들과의 약속이다.

예시질문:

- 학생과 공동체 회원은 공익 정의에 포함되는가?
- 개인과 지역사회, 그리고 자원의 힘을 공유하기 위한 권한을 포함하는 공공의 이익을 위한 정의는 있는가?
- 학생과 지역사회의 미래 형성에 있는 그들이 그들 스스로 능력을 향상시킬 수 있는가?
- 우리는 어떻게 서로에게 피해를 입히지 않을 수 있는가?

2. 효과적인 프로그램은 그들의 봉사경험을 통한 중요한 영향으로 작용하며 사람들을 위한 기회 기반을 제공한다.

예시질문:

- 학생뿐만 아니라 지역사회 주민의 능력도 확실하게 반영에 포함되는가?
- 반영은 불평등의 근본적인 원인뿐만 아니라 파트너에 따른 지역사회의 원동력과 자원을 공평하게 분배할 수 있도록 대안을 제시하고 있는가?
- 파트너와 함께 공공의 반영을 위한 기회가 있는가?

3. 효과적인 프로그램은 명확한 서비스가 포함된 모두를 위한 학습목표를 분명하게 해야 한다.

예시질문:

- 학생과 지역사회의 구성원은 봉사학습 교육자와 함께 목표설정을 하는 데 있어서 동등하게 참여하는가?
- 학습과 봉사학습 목표는 필요로 하는 모든 능력을 강화, 격려 받을 수 있도

록 하는가?

- 대학의 자원을 지역사회가 활용하도록 제공하는 것을 포함하고 있는가?

호혜성 렌즈를 통하여:

4. 효과적인 프로그램은 지역사회의 요구를 관찰하고 그에 따른 프로그램의 필요성을 파악하여 허가한다.

예시질문:

- 학교, 학생, 그리고 지역사회는 모두 파트너로서 그들 요구를 명확히 파악할 기회를 가지고 있는가?
- 모든 요구사항을 교육과정과 명확하게 연결하여 학습기회가 될 수 있는가?
- 지역주민의 요구와 수용할 수 있는 한계에서 적절한 상호교환에 초점을 맞추는 데 어떻게 집중할 수 있는가?

5. 효과적인 프로그램을 운영하는 데 필요한 개인과 조직의 책임을 명확하게 한다.

예시질문:

- 책임을 배정하고 파트너 각각의 역량과 능력을 강화하는가?
- 학생의 학문적인 발전과 지역사회와의 약속을 우리는 어떻게 책임을 지는가?
- 모든 파트너가 봉사학습 목표에 도달하기 위한 안정적이고 명확한 구조가 설치되어 있는가?

6. 효과적인 프로그램을 위하여 봉사 제공자와 봉사의 변화상황을 인정하는 과정이 일치하는 것이 필요하다.

예시질문:

- 효과적인 봉사활동을 위해서는 사회활동의 커다란 문제점에 관하여 모든 파트너는 어떤 변화 상황을 추적하여 가르칠 수 있는가?
- 학생과 학교, 지역사회는 봉사의 요구를 평가하고 지속적으로 함께 일하기 위해 어떻게 할 수 있으며 얼마나 자주 만나는가?

- 모든 사람들이 초기 계획의 변화에 "예/아니요"로 논쟁하며, 우리는 어떻게 균형 잡힌 체계를 구축할 수 있는가?

7. 효과적인 프로그램은 성실하고 활동적이며, 조직의 지속적인 지원이 예상된다.

예시질문:

- 파트너는 그들의 공동체정신을 지속적으로 유지할 수 있는 효과적인 방법을 사용하는가?
- 파트너는 미래에 또 다른 봉사의 질적인 향상을 위하여 그들의 능력을 향상시키기 위한 적합한 자원에 접근할 수 있는 기회가 주어지는가?
- 학교, 학생, 지역사회는 그들의 영역을 넘나드는 데 필요한 장소를 어디에 마련해야 하는가?
- 장기적인 성과를 내기 위해 지역사회는 어떻게 건물을 유지하는가?

다양성 렌즈를 통하여:

8. 효과적인 프로그램은 훈련, 감독, 지원, 승인, 그리고 봉사학습 목표의 평가를 포함한다.

예시질문:

- 훈련, 감독, 모니터, 지원, 승인 및 평가는 환경, 오리엔테이션과 스타일 등 다양한 편의를 도모하도록 설계되는가?
- 그들이 검토한 가치 외에 다른 문제점이 있는가?

9. 효과적인 프로그램은 봉사학습을 위한 시간 투입보다 모든 관련된 일에 대한 흥미와 적절한 융통성이다.

예시질문:

- 프로그램은 다양한 계획을 가진 참가자들에게 봉사학습에 대한 격려를 하고 있는가?
- 프로그램 조직자는 참가자들을 보는 시각에서 그들의 능력과 책임이 아닌 다른 이유로 스케줄을 변경하는가?

• 프로그램이 학교의 일정표와 지역사회의 일정표 사이에서 차이를 제시하고 있는가?

10. 효과적인 프로그램은 다양한 인구와 그들이 프로그램에 참여할 수 있도록 헌신적이어야 한다.

예시질문:

• 프로그램의 다양성은 개인의 나이, 사회경제적인 수준, 교육, 그리고 인종과 성을 포함한 육체적이고 정신적 능력의 차이까지 영향을 미치는가?
• 프로그램은 참가자들이 봉사학습 목표를 달성할 수 있도록 얼마나 효과적으로 운영되는가?
• 프로그램의 다양한 구성요소에 참가자들과 관련하여 그들이 생각하는 중요한 영역에 의사표현과 관심분야를 제한하고 있는가?
• 프로그램은 학교, 학생, 지역사회에 거주하고 있는 다양한 사람들이 활동적으로 참여할 수 있도록 어떤 방법을 취하고 있는가?

우리가 설명하는 방법은 협력, 상호관계의 렌즈를 통하여 각 원리의 중요한 질문을 하는 것이다. 그리고 차이점은 현재의 행동 원리를 수정하거나 그들이 새로 시도하는 일에 대한 적합한 내용을 명확하게 하여 봉사학습 참가를 가능하게 하는 것이다. 나딘 크루즈(Nadinne Cruz, 1995)는 다양한 관점으로부터 윙스프레드 원리를 재평가하게 한다. 그렇다면 대안 또는 결과의 원리를 대신할 하나의 세트를 명확하게 하는 것으로 접근할 수 있다.

다양성에 기반을 둔 프로그램

1. 사람들의 활동과 공익의 개념을 명백하게 하고, 그들에게 주목하고 반영하며, 사람들의 차이점에 대해 설명하는 대화에 참여하게 한다.
2. 비지시적인 토론, 스토리 기법, 다양한 매체의 예술적인 표현 등과 같은 다양한 방법을 통하여 '한다'와 '반영' 등을 표현하도록 격려한다. 일반적으로 분석 형태인 '정당화'는 특별한 학문으로서 더 주목받고 있다.
3. 편안한 생활수준임에도 생활하면서 무엇인가 부족하다는 것을 느끼는 그

들을 위해 발전적인 '목표'를 어떻게 정의하는지, 참가자는 외형상 보이는 서로 다른 문화를 인정하고 존중하는 자세를 가져야 한다. 추가적으로 다양한 프로그램이 할당되면 시간을 제공하고 대립하게 되는 일, 예를 들면 목표달성이 무엇이고 학습이 무엇인지에 대한 정확한 정의에 이견이 있으면 합의과정을 통하여 의견의 일치를 보고 체험학습 참가자를 위한 기반을 조성한다.

4. 많은 사람들이 인정하는 것은 '요구'의 조건을 그들에게 근본적으로 조망하는 것은 아닐 것이다. 그것들은 식민지제도, 노예제도, 가부장제도와 정복 또는 탄압의 다른 형태로 역사적인 유산물로서 많은 희생을 가져오고 그들 스스로에게 '요구'의 개념은 곧 경쟁일 것이다.
5. 사람들은 조직문화를 바꾸는 명예에 대해 비공식적인 방법으로 좀 더 유동적으로 조직하기도, 또 어떤 다른 사람들은 명백하게 합리적이고-합법적인 모델로 좀 더 형식적으로 책임을 정의할 것이다.
6. 다른 문화의 접근을 존중한다면 누가, 누군가에게, 누구와 함께, 어떻게 연결하는지에 대하여 다른 참가자에게 알려 주어야 한다.
7. 변화를 존중하는 방법인 '책임'은 문화적으로 정의되고 표현된다. 즉, 확실치 않은 회계는 책임에 대한 실패이며, 잠정적으로 프로그램과 관련된 다른 사람에게 영향을 미칠 것이다.
8. 훈련, 감독, 모니터, 지원, 승인은 다른 문화를 존중하는 방법이며, 그에 대한 정의와 설명으로 평가된다.
9. 저소득 노동자, 편부모, 그리고 누군가에게 다른 경제와 문화적인 현실에서 억압을 경험한 참가자들에게는 효과가 가능할 것으로 확신한다.
10. 누군가 봉사학습 사례연구의 원리를 경쟁적으로 해석하고 그것을 근거로 하여 경쟁한다고 가정하면, 다양한 참가자들이 다양한 목소리로 요구를 표현하도록 그들을 격려하는 데 필요한 자원을 투입해야 한다.

만화경을 통한 봉사학습과 크루즈의 원리 접근은 신뢰할 만한 훈련을 비판적으로 시험하는 방법의 설명이다. 우리는 독자들이 봉사학습을 기반으로 하는 원리를 수정하고 개선하는 과정에서 협력하고 상호작용을 하며, 그에 대한 다양성의 렌즈, 또는 메타 원리와 함께 만화경을 사용하여 고찰하고자 한다.

봉사학습의 실제를 진단하기 위한 만화경 사용

웰스와 네펠캄프(1984)는 우리가 봉사학습을 하는 데 있어서 봉사학습 노력을 개선하는 해석 능력을 우리에게 기여했다. 전국각지에서 대학은 봉사학습 원리를 채택하는 방법으로 성공과 성장 프로그램을 확실하게 가지고 왔다. 봉사학습 실행의 세 가지 예에 따르면 협력, 상호 관계와 다양성이라는 점에서 우리가 하는 일의 가치와 도전에 좋은 예를 제시한다.

• **미네소타지역 대학과 지역사회 간의 연계협력**

미네소타 Campus Compact는 미네소타 주의회와 주지사, 정부, 그리고 45개의 대학과 총장들은 전국사회봉사 연합과 협력하여 장기적으로 지역사회 문제를 논의하고 학생들의 학문과 도시발전에 기여할 수 있도록 학교－지역사회가 협력하여 지역의 발전을 지원하기 위한 자금을 조성하였다. 지역사회와 학교의 협력은 프로그램의 결과로써 발전을 확인할 수 있으며 국가를 통한 지역사회와 다른 기관을 위하여 좋은 모델로 사용될 것이다.

자금은 지역의 학교와 지역사회의 프로젝트에 직접적으로 지원되며, 훈련, 관리, 기술원조 평가와 보급을 제공하기 위해 분배되고 있다. 전체적인 과정은 협력적인 메타－원리를 잘 설명해 준다. 주목할 만한 일로 교부금은 기관의 크기, 기관 유형, 그리고 지리적으로 지역을 대표하는 다양한 기관을 포함하며, 특정한 지역사회 프로그램으로 장기적으로 투입되어 발전적인 모습을 보이며 협력의 효과를 설명하는 데 중추적인 역할을 할 것이다. 그들이 비록 "정신적인 진실한 협력자는 확실한 신용으로 다른 자원과 책임을 분배는 것을 고려하며 프로젝트에 대한 확실한 성과를 보여준다." 하더라도 미네소타에 있는 고등교육기관과 지역을 기반으로 하는 조직은 자금을 받는 데 적합한 자격이 있다(Minnesota Campus Compact, 1995).

성공적인 협력은 프로그램을 계획하는 데 있어서 책임을 가지고 프로그램 전에, 실행하는 동안, 그리고 자금의 배분에 앞서 최고 수준의 관리로 프로그램과 관련한 특별한 제도적인 투입을 함으로써 입증된다. 협력은 직접적인 지역사회 봉사활동과 장기적인 지역사회 동원, 그리고 발전적인 활동을 해야 한다. 그리고 성공적인 협력은 학생의 집중적인 훈련으로 교육경험을 개발하고 그들이 보다 큰 사회를 이해하여 봉사와 정치적인 문제를 연결할 수 있으며, 참가시민으로서의 기술과 이해로 그들의 경험과 학문적인 내용을 연결하여 발전적인 경력을 가지는 것이다.

협력과 상호관계, 그리고 다양성의 구심점에는 미네소타의 나딘 크루즈와 맥나이트가 공동체정신을 개발하여 학교와 지역사회의 팀을 위해 그들의 공동체정신과 계획을 누군가 발전시킬 수 있도록 하는 워크숍을 계획하여 실행하였다. 크레츠만과 맥나이트(Kretzmann and Mcknight)의 저서인 『지역공통체 건설(Building Communities from the Inside Out)』(1993)에서는 지역사회의 자산보다 요구에 초점을 맞추고, 지역사회를 위한 발전적인 전략모델로서 사용되고 있다. 새로운 협력은 학생과 관련한 기관의 존속을 돕고 헌신적인 기관에 제도적인 투입으로 활동적인 연구를 할 수 있으며, 경험교육을 선택하는 데 모든 범위를 포함한다. 각각의 경우에 협력은 협력과 상호관계와 다양성의 세 가지 메타 원리를 완전히 받아들이면서 봉사학습으로 나타나고, 기관에서 실시하고 있는 프로그램을 넘어 다양성을 충분히 받아들이는 것이다.

• **콜로라도주립대학교**

교직원의 충분한 계획적인 노력으로 봉사와 학습의 통합과정의 봉사학습 프로젝트가 1930년에 시작되었다. 프로젝트에 소수의 직원들은 개인적인 능력을 가지고 자문을 수행하며, 그들의 교육과정에 봉사를 통합하는 능력을 찾는데 일차적으로 집중하였다. 일대 일로 직원들과의 상담 결과로 나타난 변화는 봉사학습 교육과정의 학습의 질이며 직원들의 높은 성취욕으로 그들의 재능은 빠르게 지쳐갔다. 더욱이 학생들은 봉사체험의 기대와 학습

목적 교육과정과의 연결에 대하여 불분명하였고, 지역사회 기관은 간단하게 무엇이든 학생들에게 원조를 얻을 수 있었다.

봉사학습의 질적인 발전에 대한 성실한 투자와 함께 봉사통합 프로젝트(Service Integration Project) 직원은 이미 개발되었던 일 년의 봉사학습 교육과정의 반영으로 새로운 출발을 하였다. 그들은 지역사회 기관과 교수단과 협의를 거쳐 평가과정과 협의과정 속에서 학생들의 목소리를 집중하여 들었으며 동등한 협회를 조사하였다. 그들은 봉사학습의 구조와 좀 더 구체적인 기대로 봉사학습의 주도성을 강화하기 위한 필연적인 결론을 냈다. 그들이 초창기에 교육과정에 들어가는 것에 대한 유연성은 그들의 힘을 약화시키는 것이었다. 그리고 그것은, 주먹구구식의 이해와 성과를 너무 우유부단하게 생각하는 결과를 초래했다.

그들의 교육과정에 통합된 관심 있는 영역의 교직원들은 직원들이 사용할 지침서를 작성하기 위한 발전적인 위원회를 추진하고자 교직원과 함께 일을 시작하였다. 그 결과 봉사통합 프로젝트에 교과과정 필수요건이 자리잡게 되었다(1994).

1. 교수요목(syllabus)은 교육과정에 가르치고 배우는 봉사체험을 통합하기 위해 개발되거나 수정된다.
2. 교육과정을 위한 지원은 학생들이 시간이 있을 때마다 지역사회에 적어도 5시간의 봉사를 하는 것을 포함하고 있다.
3. 학생들은 봉사를 실행하는 데 시간을 소비하기 위한 신용을 지원하는 것이 아니다. 그들은 이행한 봉사체험과 내용을 지식과 연결하려고 한다.
4. 봉사학습 체험은 교실에서 읽고 발표하는 과정을 통해 연결되어야 한다.
5. 봉사체험의 반영은 봉사에 포함되는 사회적, 심리학적, 정치와 윤리학적인 고려사항과 관련한 대화를 포함해야 한다.
6. 교직원의 구성은 각 지역사회 기관을 알게 되는 것으로(기관 임무, 고객, 위치와 학생 역할의 이해) 학생들도 함께 참석을 한다. 이러한 지식은 봉사통합 프로젝트를 통하거나 기관과의 직접적인 접촉을 통해 얻을 수 있다.

7. 이러한 교육과정은 봉사를 시작하기 전에 기관에서 클라이언트 또는 지역의 문제점에 대하여 학생들에게 정보를 제공할 것이다.
8. 학생들과 교직원 그리고 지역사회 기관은 봉사통합 프로젝트에 의해 제공된 평가과정에 참여한다.

콜로라도주에서는 봉사학습 교육과정의 지침서에 따라 지원자를 통한 협력의 메타 원리(meta-principles)와 상호관계에 의해 연습생으로 참가하게 했다. 대략 52개의 봉사학습 교육과정 중 20개에서 새로운 봉사학습 교육과정의 발달 특징에 충격적인 평가가 나왔다. 그것은 봉사통합 프로젝트를 통한 여행은 양질의 교육과정에 도달하게 한다는 것이다. 또한 프로그램 스태프의 부담을 능력 있는 지역사회가 덜어주어 학생들은 좀 더 깊숙이 연루된다. 그것은 핵심적인 특성의 재방문으로 직원들에게는 마땅한 보상을 하게 되는 것이다. 임시적인 토론을 지적하는 것은 구성원들의 봉사시간이 증가할지도 모르며, 다양성의 메타 원리가 구성요소를 통해 봉사시간을 짜 맞출지도 모른다는 것을 나타낸다(V. Keller, personal communication, October 1995).

• **메릴랜드대학교**

메릴랜드대학교 봉사학습 프로젝트(YCMAD)는 학생이 주도하는 지역사회 봉사학습프로그램에는 정규교과과정의 봉사학습프로그램에 기금을 모금하여 메릴랜드대학교에 통학 학생을 위한 특별한 설계가 있다. 10명까지 학생들을 종사하게 하는 YCMAD에는 1년 동안 일을 하며 소외계층에 대한 집중적인 훈련을 받는다. 이러한 훈련 모형(Train-The-Trainer Model)은 급여를 받는 학생 조정자들이 집중적인 훈련을 받는데, 성찰을 진행하는 훈련, 리더십 향상 기술 및 다양성과 관계되는 문제에 대한 집중적인 훈련을 받는다. 그들은 자원봉사자와 비슷한 훈련을 한다. 윙스프레드의 원리와 COOL의 5개의 주요 구성요소를 적용하는 동안, YCMAD는 다양한 문제와 함께 봉사학습을 계획적으로 연결한다.

다양한 인종과 다양한 연령의 학생이 프로그램을 위해 자원을 하였고, 학생의 다양성에 대하여 특히 목표를 달성하였다. 첫 번째 학기에 준비하고 훈련해야 하는 것은 지역사회와 봉사사이트를 이해하는 것이다. 노숙자의 동료의식, 그들의 힘, 면제 특권, 무기력 등은 일차적인 화제였다. 각 성찰 회의에서는 그들이 봉사에서 성찰을 통한 통찰력을 가지고 그들과 함께 일하는 것으로 노숙자가 젊은 학생들로부터 무엇을 배우는가 하는 것에 대해 학생들은 토론한다. 두 번째 학기에는 '이즘(isms)', 즉 인종 차별, 학력 차별, 남녀 차별, 동성애자 차별, 반유대주의 등과 같은 학설 등에 대한 반영과 그들이 어떻게 불우한 노숙자가 되었는지 원인에 근거한 부분적인 토의를 한다.

학생 코디네이터는 학생이 자원봉사를 하면서 받는 충격, 과정, 기관의 필요에 의한 추가적인 일과, 직접적으로 젊은이들과 일하며 발생하는 여러 가지 일들에 대한 조정을 하기 위해 기관 코디네이터와 정기적인 만남을 가진다. 이러한 활동에 일관성을 기하기 위해 자원봉사 고리를 확실하게 조정함으로써 학생에게는 의미 있는 활동으로 작용하게 된다.

학생 참가자, 기관 스태프, 그리고 지역사회 참가자로부터의 프로그램 진행 평가는 프로그램에 대한 충격을 감소하고 영향력을 강화하는 역할을 하게 된다. 학생과 지역사회는 훈련과 반영 회의를 통하여 다양성에 주의를 기울이고 참가자의 긍정적인 효력이 있었다는 것에 학생 참가자와 기관은 의의를 둔다. 예를 들면, 젊은이들이 성차별주의자를 논평할 때 메릴랜드대학의 자원봉사자는 효과적으로 반응하는 방법을 알고 있다.

학생들이 학습을 위한 목적을 달성하는 동안 YCMAD는 다른 봉사학습프로그램과 같이 지역사회를 위해 일을 진행하는 동안 성과를 측정하는 도전을 하였다. 프로그램에 대한 의식은 책임에 대한 다양성을 추구하는 동안 발전이 지속됨으로써 진실한 상호관계, 협력을 추구하고 노력한다(k. Rice and L. Tenley, personal communication, November 1995).

소 결

우리는 어떻게 우리가 봉사학습프로그램 중심에 있었다는 것을 알 수 있을까? 우리는 봉사학습의 파트너 또는 협력, 상호관계, 다양성의 렌즈, 즉 메타 원리를 통해 학자들의 원리를 시험할 수 있었다. 여기서 중요한 질문을 해보고자 한다. 봉사학습의 파트너십은 진정으로 공동체정신인가? 모든 프로그램의 견지에는 봉사와 학습을 안내하는 상호관계가 있는가? 다양성의 가치와 가능한 모든 범위를 포용하는가? 봉사학습은 만화경이 제공하는 창의적 긴장이 일상적이거나 비일상적인 활동이거나를 막론하고 봉사학습이 다른 프로그램과 잘 부합되는 정적 모형과 처방이라고 확신할 수 는 없지만 분명히 기존의 활동과는 대조적이라고 할 수 있다.

봉사학습의 원리들은 우리가 봉사와 학습의 다양한 상승작용에 있어서 난해한 쟁점과 과제들과 분투하는데 필요한 비전과 지침을 제공한다. 만화경 렌즈와 메타 원리는 우리가 과거 수십년 동안의 여행에서 실천의 원리를 거듭하는 동안 성장했다. 그리고 그것은 봉사학습의 원리와 실천 모두 봉사학습 현장에서 뚜렷하게 지속될 것이라는 것을 믿는다.

많은 현장에 참가하는, 오늘날의 양자론을 지원하는 것에 대해 마거릿 휘틀러(Margaret Wheatly, 1994)의 생각은 봉사학습과 특히 관련이 있다. "우리의 과거를 탐색함으로써, 전통은 무엇인가를 발견하게 하고 질문과 대답에 대한 명확한 표현과 시야를 넓힐 수 있도록 한다. 그러나 지금 우리는 상호간의 여행과 동시대의 탐험 안에 있으며... 우리는 대답을 기대할 수 없다. 해결책은 사람들과 환경의 관계를 통한 발전을 하면서 일시적으로 현실의 사건과 특별한 내용을 양적으로 가르침으로써 대안적인 해결을 하고 있다. 현실은 우리의 활동 때문에 외형과 의미가 변화되었다. 그리고 그것은 일정하게 새로워지고 있다. 우리는 활동적인 참가자로서 그곳에 참가해야 한다. 그것은 우리들 없이 일어날 수 없으며 아무도 우리를 위해 그것을 할 수 없다." 만화경 렌즈는 봉사학습 세계에 우리의 상호간 탐험에서 지침으로서 작용한다.

Chapter 03 봉사학습을 통한 학습과 자기개발의 증진

이론들은 학생들이 봉사학습 체험에 들어설 때 봉사학습에 참여하는 과정을 어떻게 경험하며, 그들의 학습과 발달의 성과가 무엇이어야 하는지를 이해하기 위한 가치 있는 관점을 제공한다. 학습과 발달이론은 학습자이면서 봉사제공자인 학생에 관해서 봉사학습 교육자에게 알려주기 때문에 봉사학습 체험을 설계하고 평가하는 비판적 통찰력을 제공해 준다.

이론을 보다 실제적인 맥락 속에 두기 위해서, 봉사학습에 참여 가능한 세 명의 가상 대학생들을 생각해 보자.

아만다(Amanda)는 3학년으로, 흑인들이 주로 사는 도시에 살고 있는 25세의 흑인 여성이다. 그녀는 지역 사회대학(community college)에서 2학년을 마쳤으며, 그 후 여러 해 동안 전일제로 일하면서 자신의 노쇠한 할아버지도 돌보았다. 그녀는 이전부터 자신의 지역사회 봉사에 비공식적으로 참여해 왔다.

제니스(Janice)는 4학년으로, 중서부의 시골에서 자란 22세의 백인여성이다. 생물을 전공하여 수의사가 되고 싶어하는데, 웨스트 버지니아나 뉴 멕시코같은 경제적으로 낙후된 지역에서 개업을 하고자 한다. 제니스는 수업에 출석하는 것과 공부 이외에 남은 시간 대부분을 교회에서 보낸다. 그녀는 정기적으로 두 개의 성경공부 그룹에 참석하며, 기독교 청년 그룹에서는 리더의 역할을 하고, 다양한 교회의 사회활동에도 참여한다.

조지(Gorge)는 중국계 미국인으로, 남학생 사교클럽(fraternity)의 멤버인 1학년 학생이다. 열아홉살이며, 지역사회 봉사가 고등학교 졸업에 필수인 웨스트코스트 출신이다.

이 학생들이 봉사학습이 포함되는 수업에 등록했다고 가정해 보자. 세 명의 예로부터 몇 가지 의문이 제기된다. 아만다, 제니스, 조지에 대해 무엇을 아는가? 이들이 어떻게 봉사학습 체험에 들어설지에 대한 예상되는 차이점은 있는가? 이들은 어떻게 유사하거나 또는 상이하게 봉사학습을 경험할까? 이들은 자신이 제공한 봉사에 대해 어떤 성찰을 할까? 이들은 무엇을 배울까? 봉사학습은 이들의 발달에 어떤 영향을 줄까? 이들은 봉사학습에 있어서의 상호의존성을 어떻게 경험할까? 이들은 수업에서 무엇을 가지고 갈까? 이들은 봉사학습 참여의 결과로 무엇을 얻게 될까?

봉사학습 교육자로 하여금 학생의 학습과 발달을 위한 교육과정상의, 그리고 정규과목과 병행하는 봉사학습의 풍부한 가능성을 보다 충분히 이해하게 하기 위해서 본 장은 발달의 본질이나 발달 모형의 여러 다른 종류의 일반적인 설명을 할 것이다. 그 다음 학생들이 사고하고 학습하는 여러 다른 방식, 그들의 도덕적 추론이 어떻게 발달하는지, 그리고 어떻게 영적으로 발달하는지에 관련된 학습과 발달의 특별한 이론과 모형에 집중한다. 그것은 학생들이 대학생활 동안 직면하는 개인적, 심리적인 발달의 쟁점, 그리고 그것들이 봉사학습에서의 체험과 어떻게 관련될 수 있는지를 검토하고, 봉사학습과 진로발달의 관계에 대한 몇 가지 사고로 이 원고를 마무리 하겠다.

발달 모형

학생들이 어떻게 학습하고 발달하는지에 관한 이론은, 봉사학습에 참여하고 있는 대학생의 특성과 그 참여로부터 기대할 수 있는 학습, 발달상의 성과들에 관한 중요한 정보를 제공한다. 개별적 이론을 검토하기 전에 발달이 의미하는 것에 대한 개념을 정의하는 것과, 발달이 일어나기 위해 필요한 조건을 고려하는 것, 그리고 학생의 학습과 발달에 관한 이론에 대한 간략한 개관을 제시해 보겠다.

발달의 정의

'발달' 이라는 용어를 정의하는 것은 대부분이 대학생의 발달과정을 설명하는 이론을 이해하기 위한 배경과 기초를 제공한다. 네비트 샌포드(Nevitt Sanford, 1967)에 따르면, 발달은 '증가하는 복잡성의 구조', 또는 다른 방식으로 진술하면, '차이와 통합의 증가' 를 말한다(1962). 발달은 보다 복잡하고 뚜렷한 방식으로 자아를 재정의하면서 동시에 모든 부분을 함께 모아서 통합된 형태 속에 두는 것을 말한다. 예를 들면, 아만다에게 발달은 라틴계 사람들에게 노출되고, 그들에 대한 관용의 증가, 라틴계 인구집단을 구성하는 다른 민족과 인종에 대한 새로운 이해, 그리고 주로 지역사회인 흑인이 거주하는 도시에서의 봉사에 참여하는 것과 캘리포니아 시골에서 멕시코계 미국인들과 함께 하는 것의 차이를 알기 위해 이들 둘을 함께 종합하는 것을 의미하는 것일 수 있다.

발달의 조건

발달이 일어나게 하기 위해서는 두 가지 조건이 존재해야 한다. 개인 안에서의 발달을 위한 준비와 개인 안의 현재의 심리적 평형상태를 깨기 위해 개인이 도전하도록 하는 자극을 말한다(Sanford, 1962, 1967). 네펠캄프(1974)는 발달과 관련하여 도전의 본질에 관한 샌포드의 생각들을 요약했고, 발달이 일어나도록 하기 위해 존재해야만 하는 도전과 지원 사이의 미묘한 균형에 주목한다. "만일 도전 또는 불균형이 너무 크다면, 그 사람은 후퇴할 것이다. 만일 지원 시스템(너무 커서)이 도전을 방해한다면, 그 개인은 정체될 것이다" (p. 38). 학생이 도전에 맞서기 위한 충분한 지원을 제공하면서 동시에 개인에게 새로운 반응을 요구하는 도전을 제공하는 것으로 발달은 촉진된다. 도전이나 지원의 규정된 양에 대한 언급은 없었다는 것을 주목하라. 오히려, 필수적인 구성요소는 도전과 지원의 상보성이며, 개인을 위한 균형의 적절성이다.

학생 학습과 발달 이론 계보

대학생들의 발달에 관한 몇몇 이론은 특별히 대학생들에게만 적합하다. 다른 이론은 인간발달의 보다 넓은 영역을 포함하지만 다음은 봉사학습의 잠재적 성과를 고려하는 데 있어 유용한 여러 이론과 모형을 조직화하기 위한 방법들이다.

인지발달 이론은 학생들이 어떻게 사고하는지와 사고의 과정을 설명하지만 그 사고의 내용을 설명하지는 않는다(Knefelkamp, Widick, and Parker, 1978b). 이들 이론은 단순한 것에서 복잡한 것으로, 구체적인 것에서 추상적인 것으로 사고의 다른 방식들을 설명한다.

학습양식 모형은 사람들이 그들의 환경과 마주치고 반응하는 예상가능한 방식과 관련하여 개인 간의 계속적이고 고정된 차이를 설명한다(Knefelkamp, Widick, and Parker, 1978b).

심리사회발달 이론은 대학생들의 발달이 '무엇' 인지 또는 그 내용을 설명한다(Knefelkamp, Widick, and Parker, 1978b). 학생들이 직면하는 쟁점의 종류나 발달의 과제를 나타낸다.

자아정체감 발달의 차원은 인종, 성, 성적 지향성, 그리고 장애와 같은 개인에게 귀속된 특성에 관련된다. 관련된 다른 차원은 문화, 민족성, 민족적 특징, 연령, 지리적 영역, 부모의 교육수준, 종교적 정체감, 사회계급이다. 가장 중요한 쟁점은 한 개인이 자신과 관련된 특성들을 어떻게 인식하고 있는지이다.

진로발달 이론과 모형은 개인이 어떻게 진로를 선택하는지에 초점을 맞추고 있다.

인지발달 이론

학생들이 어떻게 사고하는지와 그들이 추론하는 구조적 방식, 그리고 그들이 사고하기 위해 이용하는 과정을 설명한다. 인지발달 모형은 장 피아제(Jean Piaget)의 연구에 근거한다(Wodsworth, 1971). 네펠캄프, 위딕 그리고 파커(Knefelkamp, Widick, and Parker, 1978b)에 따르면, 인지발달 이론은 '사람들이 자신의 세계에 관해 인식하고 추론하는 과정 안에서의 변화를 포함하는 일련의 바꿀 수 없는 단계로서' 개념화하였다(p. xii). 각 단계는 이전 단계와 질적으로 다르고, "그 이전 단계를 초월하며"(Perry, 1981, p. 78), 그리고 모든 이전 단계를 포함한다. 비록 개인은 보다 복잡한 사고방식을 발달시키지만 모든 이전 사고방식을 계속적으로 이용함으로써 사람들은 더 복잡하고 추상적인 방식으로 사고할 수 있다(King, 1978).

대학생과 봉사학습에 특히 적합한 세 가지 인지발달 모형은 윌리엄 페리(William Perry, 1970, 1981)의 지적, 윤리적 발달의 스키마, 메리 벨런키(Mary Belenky), 블리스 클린치(Blythe Clinchy), 낸시 골드버거(Nancy Goldberger), 질 타룰(Jill Tarule, 1986)의 여성 인식의 방식, 그리고 마르시아 백스터 마골다(Marcia Baxter Magolda, 1992)의 학생들의 지적 발달에 있어서의 성 관련 패턴이다. 봉사학습에 대해 이들 모형이 주는 두 가지 뜻은, 학생들은 보다 복잡하게 사고하는 사람으로 발달될 것이며, 그들은 자신의 봉사학습 체험을 자신의 인지발달 수준에 따라 다른 방식으로 이해한다는 것이다.

우리는 또한 두 가지의 특별한 종류의 인지발달인, 도덕성 발달 그리고 보다 간단히는 영적 발달을 검토할 것이다.

• 지적 · 도덕적 발달의 페리의 스키마

페리(1970, 1981)의 스키마는 구체적이고 단순한 사고방식에서 보다 추상적이고 복잡한 방식으로 발달하는 향상을 나타낸다. 이보다 복잡한 사고의 형태는 세계 속 사람들의 개인적인 의미 부여를 위한 함의로 유도하는데, 이것은 페리 모형의 윤리적 구성요소를 나타낸다.

페리의 스키마는 9개의 상태를 구성하는데, 네 집단으로 조정되며 학생의 사고 구조와 과정에서 질적으로 다른 방식을 나타낸다.

이원주의(Dualism)(1–2단계). 1단계에서 학생은 의견의 다양성을 경험하지 않는다. 2단계에 있는 학생은 의견의 다양성을 옳고 그름으로 경험하며, 해답을 얻기 위해 권위자에게 의존한다. 권위자는 교사, 또래집단, 부모, 또는 책이 될 수 있다.

다양성(Multiplicity)(3–4단계). 3단계에서 학생은 의견의 다양성을 옳거나 그르거나 아직 알 수 없는 것으로 경험한다. 지식을 얻기 위한 올바른 과정에 초점을 둔다. 학생은 공평함에 관심을 두며, 양과 질이 동등하다고 인식한다. 또한 다양한 관점으로 편안해지기 시작한다. 4단계에서는 학생은 모든 지식이 다 알려진 것은 아니라는 것을 받아들이며, 따라서 어떤 지식은 알려졌고, 어떤 지식은 아직 학습되고 있으며 어떤 지식은 결코 알 수 없다는 것을 믿는다. 사고의 올바른 방식이나 또는 모든 지식이 동등하게 타당하며, 모든 사람들은 자신의 의견을 가질 권리가 있다는 믿음에 강조점을 둔다.

맥락적 상대주의(Contextual Relativism)(5–6단계). 5단계에 있는 학생은 어떤 의견이나 지식은 다른 것보다 낫다는 것, 그리고 지식은 맥락 안에서 발달되고 알려지며, '좋은' 지식은 적절한 증거를 가져야 정당화되고, 주어진 맥락에서 존재한다는 것을 알게 된다. 학생은 다양한 맥락 안에서 '앎'에 편안하다. 6단계에서는 전념해야 할 필요성을 이해하기 시작한다.

상대주의에의 전념(Commitment in Relativism)(7–9단계). 학생은 자신(직업, 인생 동반자, 생활양식)과 관련된 측면 또는 신념이나 태도(사회정의, 정치, 종교)에 최초로 전념한다. 따라서 최초의 전념(예를 들면 저널리스트가 되는 것이나 도시에 사는 것 등), 그리고 자신이 하고 있는 다양한 전념의 함의를 경험한다. 학생은 계속해서 전념하며, 계속되는 전념의 함의를 경험한다.

페리(1981, 1997)의 스키마는 개인이 종종 보다 복잡한 방식이 되는 자신의 삶에서 계속해서 각 단계를 되풀이 하는 나선형의 사고가 되어야 한다. 연구는 전통적인 연령의 학생들은 일반적으로 2, 3단계에서 대학에 입학하며, 4, 5단계에서 학교를 떠난다고 한다. 콘펠드와 네펠캄프(Cornfeld and Knefelkamp, 1979)는 이러한 단계들 간의 여러 차이점을 논의한다. 그것은 지식에 대하여 어떻게 보는지에 대한 방법, 교수자의 역할, 학생의 역할, 학습과정에서 이 학생의 또래집단에 대한 시각, 평가의 쟁점, 중요한 지적 과제, 도전의 원천, 지지의 근원 등이다.

페리의 스키마는 발달의 복잡하고 개인적이며 미묘한 특성을 검토하고, 특히 봉사학습에 적용 가능하다. 우선 페리(1978)는 학습은 자아를 위협하는 과제라고 말하면서 학습의 정서적 구성요소를 설명한다. 예를 들면, 한 학생이 수업에 들어가거나, 또는 봉사학습 활동에 참여할 때 새로운 지식과 새로운 경험에 직면하게 되는 인지적인 도전뿐 아니라 정서적인 도전도 있다는 것이다.

두 번째로 페리는 우리에게 사람은 단계가 아니라는 것을 일깨워 준다. 따라서 학생들은 사고의 샘플에 의해서 정의되어서는 안 된다. 그보다는 사고의 샘플은 그들이 이용하고 있는 인지적 구조에 관한 중요한 실마리를 제공한다.

세 번째로 페리(1981)는 개인 내에서의 진정한 발달은 단계 사이에서 일어나며, 그 단계는 그 순간만을 단순하게 나타내고, 발달이 고평부(plateaus)라고 믿는다. 예를 들면, 이원주의에서부터 다양성에 편안함을 느끼는 것으로의 약간 증가하게 되는, 거의 지각할 수 없을 정도의 느린 움직임은 샘플 안에서 드러나는 것이라기보다는 오히려 다양한 단계에서의 학생들의 사고의 특별한 발달의 순간을 나타내는 것이다.

마지막으로, 페리(1978)는 상실, 슬픔, 그리고 성장의 가치를 탁월하게 지적했다. 이들 가치는 특히 6에서 7의 단계로 이동할 때 명백한데, 그때는 학생이 최초의 전념을 하며, 종종 새로운 선택이 열려 있다는 것을 알기 이전에 다른 가능성은 닫혀 있다는 것을 깨닫는다. 페리(1981)는 "학생의 상실을 단지 인정함으로써, 듣고 존중하기 위한 교육자의 책임"을 강조한다.

가상 학생들의 예를 봉사학습의 맥락에서 활용하기 위해 페리의 스키마에 놓아 보겠다. 조지는 1학년 학생인데, 아마도 인지발달의 초기 단계인 2, 3단계에 있을 가능성이 크다. 그는 사회학 수업인 '현대의 사회적 쟁점'을 듣고 있는데, 이것은 지역사회 봉사를 포함하며, 남학생 사교클럽이라는 단체활동을 통해 단기 봉사프로젝트에 참여하고 있다. 조지는 대체로 단순하고 구체적인 방법으로 사고하기 때문에 한 학기 동안 지속되는 지역사회 봉사와 단기 지역사회 봉사활동이 자신과 지역사회에 주는 이익을 구별하는 데에 어려움을 느낄 수도 있다. 사회학 수업에서 조지는 다양한 종류의 성찰에 참여하기를 기대한다. 개인적 일지, 조교에 의해 이끌어지는 동료들과의 성찰적 토의, 그리고 봉사학습 관리자와 함께 하는 학기 당 2회의 모임 등. 조지는 이러한 활동을 불필요한 것으로 본다. 그는 동료들과의 토론이 가치 없다고 여기며, 일지는 많이 쓰는 경우가 드물다. 그의 인지발달은 초기 단계에 있기 때문에, 조지는 그의 학습에 있어서 주체로서의 동료들이나 자신의 역할을 이해하지 못한다. 그는 때때로 교실에서 교수가 사회봉사의 전달에 대한 다양한 모형을 제시할 때 바보 같다고 느끼며, 교수가 정말로 학생들이 이용하고자 하고, 가장 효과적이라고 믿는 모형만을 제시했으면 하고 바라고 있다. 조지는 꽤 순종적인 학생이지만 사회적 쟁점들과 지역사회 봉사의 복잡한 관계들 때문에 혼란스러워 한다.

제니스도 또한 '현대의 사회적 쟁점' 수업에 등록했는데, 자신의 봉사학습 체험을 다른 관점에서 본다. 비록 그녀는 생물이나 과학시간에 보다 복잡하게(5단계) 사고하지만 사회과학과 같은 다른 영역에서의 인지발달은 발달하지 않았다. 제니스의 사회학 수업에서의 인지발달은 대체로 4단계에 위치한다(다양성 후기). 그녀는 앎의 많은 방식들이 편하지만, 그녀의 믿음과 지식을 맥락적 상대주의(5단계)에서 지지하거나 정당화하지는 못한다. 제니스는 수업에서 제공되는 성찰적 사고를 위한 모든 기회를 즐기고, 제시된 어떤 아이디어에는 흥미가 있지만, 사회봉사를 전달하는 것에 관한 자신만의 생각을 가지고 있으며, 왜 조교와 교수가 그녀의 생각에 관해 계속해서 도전하게 하는지 이해하지 못한다.

따라서 본질적으로 같은 활동에 참여하고 있는 두 학생은 매우 다른 방식으로 참여하고 이해한다.

• 밸런키, 클린치, 골드버거, 타룰의 여성 인식의 방식

밸런키와 동료들(Belenky, Clinchy, Goldberger, and Tarule, 1986)은 135명의 여성들과의 인터뷰를 통해 여성에 의해 이용된 다섯 가지의 질적으로 다른 인식의 방식을 제시했다. 그것은 침묵, 받아들인 지식, 주관적 지식, 절차적 지식, 구성적 지식이다. 연구자들은 이러한 인식의 방식은 '여성들이 현실을 보고 진실, 지식, 권위에 관해 결론을 내리는 여러 다른 관점' 을 나타낸다고 주장한다(p. 3).

봉사학습의 목적을 위해서는 분리된 인식과 연관된 인식 두 가지 형태가 특히 관련된다. 밸런키와 동료들에 따르면, 분리된 인식은 의심하고 의문을 제기하며 알려진 것으로부터 자신을 분리하는 것을 통해 알게 되는 것을 의미한다. 분리된 인식은 전통적인 학문 집단에서의 일반적인 인식방법이다. 반면, 연관된 인식은 대상을 믿는 것, 인식자와 대상을 연결시키는 것, 대상에 공감하는 것을 통해 알게 되는 것이다. 연관된 인식은 고도로 관련되는 인식의 방식이며, 전통적 사회구조나 학문구조 안에서는 잘 실행되지 않는다. 밸런키와 동료들의 연구에서 연관된 인식은 대부분의 여성이 선호하는 인식 방식이며, 따라서 성과 관련된 인식 형태라고 부른다. 밸런키와 동료들은 사람은 두 가지 종류의 인식을 모두 발달시킬 필요가 있고, 분리된 인식과 연관된 인식 모두를 이용하는 것은 인식의 다섯 번째 방식인 구성적 지식을 위해 필요하다고 믿는다.

봉사학습 체험의 구조화된 성찰은 학생들이 인식의 감정이입 방식을 획득하거나 확인하도록 도움을 주고, 따라서 연관된 사고자로 발달할 수 있게 해 준다(Belenky et al., 1986). 구조화된 성찰을 통해 학생들은 자신에 관해 사고하고, 자신의 봉사체험과 정의적, 인지적으로 관련되고자 한다. 밸런키와 동료들의 모형의 봉사학습에 대한 또 다른 함의는, 많은 여학생들이(그리고 아마도 유색인종 학생과 같은 다른 하위집단 학생들이) 문제제기나 의심을 통해서보다는 주로 대상과의 관련, 자신과 다른 사람들의 경험을 통해 학습할 것이라는 것과 그들은 분리된 인식보다는 연관된 인식에 더 편안해 할 것이라는 점이다. 남학생들은 분리된 인식의 가능성이 더 많다. 그들은 자신의 봉사학습 체험 참여에 대해 보다 강력하게 의문을 제기하고, 사회정의에 대한 봉사학습의 관계뿐만 아니라 자신들을 지역사회 구성원의 삶의 상황이나 경험을 알고 이해하는 것과 거리를 두는 경향이 있을 것이다.

• 백스터 마골다의 인지적 발달의 성 관련 패턴

백스터 마골다(Baxter Magolda, 1992)는 오하이오의 마이애미 대학생 101명에 대한 5년간의 종단적 연구에서, 네 가지의 질적으로 다른 인식의 종류와 네 가지 방식 중 세 가지에서 성 관련 패턴을 발견했다. 그녀의 저서인 『Knowing and Reasoning in College』(1992)는 교수와 학습을 위한 함의를 제공하는 다섯 개의 장으로 구성되어 있다. 각각의 성 관련 인식의 패턴을 위해서 그녀는 또한 어떻게 그 특별한 패턴을 가진 학생들이 교수–학습 과정을 보고 있는지와 그들이 선호하는 학습에 관해 설명한다. 백스터 마골다는 학생들의 학습에 중요한 세 가지 개념을 도출한다. 확인(confirmation), 부인(contradiction), 그리고 지속(continuity)이다. 확인은 학생에게 자신의 학습에 대한 확신이나 지지를 갖게 하고, 부인은 도전을, 지속은 학생이 학습에 참여할 수 있는 익숙한 기반이나 관련성을 갖게 한다.

봉사학습에 대한 그녀의 저서는 "인식자로서의 학생을 확인하는 것, 학생 고유의 경험 안에 학습을 위치시키는 것, 그리고 공동으로 구성된 의미로서 학습을 정의하는 것"의 세 가지 원리를 통해 늦이 잘 요약되어 있다(1992, p. 270). 봉사학습은 세 가지 원리 모두를 실행하기 위한 최상의 기회를 제공한다. 구조화된 성찰을 통해 봉사학습 교육자들은 다른 학생과 함께 그들이 무엇을 학습했는지, 그리고 그들이 체험과 성찰로부터 무엇을 '인식하는지'를 확인할 수 있다. 바로 그 특성 때문에 봉사학습은 학습을 학생 고유의 체험의 맥락 속에 위치시킨다. 솜씨 있게 구성되고 이끌어지는 성찰은 학생들로 하여금 자신의 학습을 자기 자신, 동료학생, 교수진, 지역사회 구성원, 지역에 기반을 둔 조직의 직원과 함께 구성되는 의미로서 이해하도록 해줄 수 있다.

• 도덕성 발달

인지발달의 특정한 종류로서 한 사람의 도덕성 발달의 수준이나 복잡성은 그 사람의 일반적인 인지발달 이상이 될 수는 없다. 도덕성 발달은 도덕적 추론의 과정과 구조 그 자체에 관련되며, 도덕적 행위 자체나 도덕적 추론의 내용과 관련되는 것은 아니다(kohlberg, 1975, p. 671). 어떤 사람은 어떻게 도덕성의 쟁점들이 도덕적 행위에 대한 관심 없이 고려될 수 있는지 의문을 제기할 수도 있다. 도덕적 행위는 행동이며, 도덕적 추론의 결과를 나타낸다. 비록 도덕성 발달의 보다 높은 형태는 반드시 도덕적 행위의 보다 높은 형태로 이끌어지지는 않지만, 로렌스 콜버그(Lowrence kohlberg)는 대부분의 사람들이 자신의 도덕성 발달 수준에 부합되는 행위를 선호한다고 믿었다. 게다가, 특정한 도덕적 행위는 다양한 방식의 도덕적 추론으로부터 발생할 수 있다. 따라서 더 높은 수준의 도덕적 추론은 어떤 도덕적 행위의 종류를 뜻하는 것은 아니며, 도덕적 행위가 특정 종류의 도덕적 추론을 의미하는 것도 아니다.

봉사학습에 대한 도덕적 발달의 관계를 인식하는 것은 학생의 봉사학습 참여에서, 그리고 성찰의 과정에서 도덕적 딜레마가 나타날 가능성이 있기 때문에 중요하다. 도덕성 발달에 대한 지식은 봉사학습 교육자들이 봉사학습이 제기하는 도덕적 딜레마에 대해 학생들이 어떻게 생각하는지와, 이러한 딜레마에 대해 성찰하는 것이 어떤 방식으로 보다 복잡한 도덕적 추론을 이끌어 낼 수 있는지를 이해하도록 도울 수 있다.

• 콜버그의 도덕성 발달 이론

주요 도덕성 발달 이론가 중 한 사람인 콜버그는 피아제와 듀이의 연구를 토대로 하였다. 콜버그(1975)는 세 가지 수준의 도덕적 추론을 가정했고, 도덕적 추론의 발달과정을 설명하기 위해서 그 각각은 두 개의 단계를 포함하는데, 각 단계는 점점 더 복잡하고 추상적인 도덕적 추론을 나타낸다.

1. 인습 이전 수준(preconventional level). 1단계는 벌과 복종 지향인데, 여기에서는 "처벌을 피하는 것과 권위에 의문을 제기하지 않는 복종이 그들 자신의 정의이다."(kohlberg, 1975, p. 671). 2단계는 수단적-상대주의 지향인데, "올바른 행위는 자기 자신의 요구나 때로는 타인의 요구를 수단적으로 충족시키는 것이다(p. 671).
2. 인습 수준(conventional level). 이 수준에서의 도덕적 의무는 무엇이 가족, 또래집단, 사회 등 타인의 기대를 지속시킬지에 관심이 있다. 3단계는 대인관

계 조화 지향 또는 '착한 소년-소녀' 지향이다.' "선한 행동은 다른 사람을 기쁘게 하거나 도움을 주고 그들에게 인정받는 것이다"(kohlberg, 1975, p. 671). 4단계는 법과 질서 지향인데, 올바른 행동은 사회질서를 유지시키는 것을 포함한다.

3. 인습 이후 수준(postconventional level). 5단계는 사회계약, 법률 지향인데, "올바른 행위는 일반적인 개인의 권리와 사회 전체에 의해 비판적으로 검토되고 합의된 기준에 비추어 규정되는 경향이 있다."(kohlberg, 1975, p. 671). 6단계는 보편적인 도덕적 원리 지향인데, "올바름은 논리적 이해, 보편성, 그리고 일관성에 호소하는 스스로 선택한 도덕 원리에 맞는 양심의 결정에 의해 규정된다."

콜버그(1975)에 의하면 4단계 법과 질서 지향은 미국 사회에서는 규범적인 도덕성 발달 단계이다. 5단계인 사회계약, 법률 지향은 미국 정부와 헌법의 공식적인 도덕성을 나타낸다. 6단계 보편적 도덕 원리 지향은 가장 높은 단계이며, 인구집단의 1% 이하만이 도달할 수 있다. 6단계에서 추론하는 사람들로는 간디와 마틴 루터 킹이다. 콜버그는 대학에 입학하는 대부분의 학생들은 4단계에서 추론하지만, 약 20%는 처음 1년 동안 3단계인 대인관계 조화 지향 추론 단계로 내려간다는 것을 발견했다. 광범위한 연구결과에 근거해, 그는 사람들이 자신의 단계보다 하나 위의 단계에서의 추론만 이해할 수 있다는 것을 발견했다. 또한 세 가지 조건을 충족하는 도덕성 논의는 개인의 도덕성 발달수준을 높일 수 있다는 것을 발견했다. "다음 단계 추론에 대한 노출, 어린이(사람)의 현재 도덕적 구조의 문제점과 모순을 제기하고, 현재의 수준에 불만족스럽게 유도하는 상황에의 노출, 그리고 처음의 두 조건을 결합시키는 교환과 대화의 분위기지만, 여기에서는 갈등되는 도덕적 관점들이 개방적인 방식으로 비교된다"(p. 675).

콜버그의 도덕성 발달 이론은 도덕적 추론을 위한 맥락으로서 정의와 올바름을 이용한다. 따라서 도덕적 추론과 도덕적 딜레마는 이러한 맥락 내에서 평가된다. 그는 '헤인즈와 약의 딜레마'를 자주 이용하는데, 참여자들은 아내가 죽어가고 있고 약은 지나치게 비쌀 때 무엇을 해야 하는지를 토의한다. 그의 이론에서 이 논쟁은 궁극적으로 생명과 재산 중 어느 것이 더 정당한지에 대한 것이다.

콜버그의 이론은 지역사회 봉사가 중요한 수업의 구성요소인 윤리에 대한 철학수업에서 아만다와 제니스의 체험에 대해 잘 설명해 준다. 노숙자들을 위해 무료급식소를 제공하는 윤리에 관한 성찰과 논의에서 아만다는 사람들은 먹고 주거하며, 생산적인 삶을 영위할 기회에 대한 어떤 권리가 있다고 느낀다. 그리고 그녀는 무료급식소와 수용소가 필요하다고 강력하게 믿지만 그것으로 충분한 것은 아니며, 노숙자가 되고 싶어하지 않는 사람들을 위해 특별한 훈련과 고용기회도 필요하다면 이용해야 한다고 생각한다. 그러나 제니스는 노숙자들은 무료 음식과 수용소가 있기 때문에 운이 좋다고 생각한다. 그녀는 사람들은 자신이 얻는 것을 위해 일해야 하며, 만일 그들이 일을 선택하지 않는다면(결국, 할 만한 일이 있다면, 그들은 단지 찾기가 어려울 수도 있다), 그들은 더 많이 가지고 있는 사람들로부터의 선물을 고마워해야 한다고 생각한다. 이러한 도덕적 추론에 대한 짧은 묘사에서, 아만다는 보편적인 사람들의 권리를 말하는 것으로, 이것은 이익을 위한 노동의 1:1 교환 이상의 것이며, 5단계인 원칙에 근거한 인습 이후 추론을 나타낼 수도 있다. 제니스의 추론의 근원적인 구조는 4단계인 법과 질서 단계로서 노동과 음식, 숙소의 사회적인 교환과 덜 혜택받는 사람들에 대한 자선의 일정한 사회적 합의이다.

콜버그의 이론은 봉사학습 교육자에게 세 가지 주요 함의를 준다. 첫째, 이것은 학생들의 특별한 도덕적 추론이나 결정이 아닌 도덕성의 발달에 초점을 둔 학생들의 도덕적 추론의 복잡성이다. 따라서 봉사학습 교육자는 학생들이 성찰하도록 돕기 위해 성찰적 사고를 의도적으로 구성해야 하며, 그들의 도덕적 판단 이면의 추론을 명백하게 유기적으로 연결해야 한다. 둘째, 도덕성 발달은 대화와 교환을 통해 촉진되기 때문에 봉사학습 교육자는 학생들의 봉사 체험에서 제기되는 도덕적 딜레마를 학생들이 주의 깊게 검토할 수 있도록 집단토론과 같은 상호적 기회를 설계해야 한다. 보다 높은 수준의 도덕성 발달에 노출되는 교환은 보다 복잡한 사고와 보다 진보된 도덕성 발달을 촉진한다. 마지막으로, 봉사학습 교육자는 학생들이 자신의 개인적인 인지구조를 통해서 도덕적 쟁점들과 토론을 처리하고, 자신의 도덕성 발달 단계보다 한 단계 위의 추론의 복잡성만을 이해할 수 있다는 전제에 근거해서 성찰을 설계해야 한다.

• **캐럴 길리건(Carol Gilligan)의 보살핌의 윤리**

길리건은 헤인즈 딜레마를 이용한 연구에서, 어린 소녀들이 종종 헤인즈와 그의 아내의 관계에 관련된 쟁점에 초점을 맞춘다는 것을 발견했다(Gilligan, 1982). 길리건은 소녀들이 '다른 목소리', 즉 도덕적 추론의 또 다른 맥락인 보살핌과 책임을 사용한다고 주장하였는데, 이것은 콜버그의 정의와 공정함의 맥락과는 대조되는 것이다. 그녀는 이러한 맥락은 성과 관련된 것이지 성에 근거한 것은 아니며, 남성이 정의와 공정함의 도덕적 맥락을 이용하는 것만큼, 여성이 전형적으로 반드시 보살핌과 책임의 맥락을 이용하는 것은 아니라고 믿는다. 또한 이것들은 도덕적 추론의 진실로 다른 목소리를 나타낸다. 그녀는 사람들은 자신이 도덕적 추론과 도덕적 결정의 맥락 둘 다를 고려하고 이용할 수 있어야 한다고 믿는다.

길리건의 3단계 모형에서는, 여성의 도덕적 추론은 첫 번째 수준에서 처음 자신에게 초점을 두는 것으로부터 발견이라는 두 번째 수준으로 변화하는데, 이것은 자신과 다른 사람들 간의 새로운 균형을 위한 기반으로서의 책임의 개념이다. 두 번째 수준에서 책임의 개념은 "선은 타인을 보살피는 것과 동등하다."는 것으로 더 발전한다(p. 492). 그러나 도덕적 보살핌의 수혜자로서의 타인만이 있을 때는, 결국 그 여성은 자신을 위한 보살핌의 불균형이나 부재를 경험하며, 이것은 세 번째 수준으로의 변화를 나타낸다. 여기에서 그녀는 이기적인 것과 책임 간의 새로운 균형과 타협한다. 길리건(1982)에 따르면, “자신은 도덕적인 비폭력의 원리하에서 이제는 인습과 개인적 욕구를 포함하는 독립적인 판단의 결정자가 된다”(p. 492).

봉사학습에 대한 함의는 학생, 특히 여성의 다른 사람과 자신을 보살피는 데 있어서 조화, 균형, 또는 그것의 부재와 관련된다. 봉사학습 수업에서는 타인을 보살피는 것이 지역사회 봉사를 통해 표현될 수 있으며, 자신을 보살피는 것은 수업을 위한 활동을 열심히 하는 것이나 정규적인 성찰에 참여하는 것을 통해 표현될 수 있다. 또한 길리건의 이론은 봉사학습에 참여하는 학생들에게 어떻게 기본적인 보살핌의 의무와 비폭력(해를 끼치지 않는 것)이 도덕적 공정함과 정의의 의무와 자주 부딪치는지를 명백히 밝혀 준다. 이러한 이해를 가지고서 봉사학습 교육자는 학생들이 이들 대조적인 도덕적 의무를 파악하도록 이끌어 주어야 하며, 따라서 도덕적 발달을 촉진하도록 해주는 성찰을 설계할 수 있다. 봉사학습 교육자가 학생들이 자신의 봉사학습 체험에서의 도덕적 쟁점에 관해 사고하고 논의할 때 적어도 두 개의 다른 맥락, 즉 보살핌과 책임의 맥락, 또는 정의와 공정함의 맥락을 이용할 수 있다는 것을 아는 것은 중요하다. 두드러진 쟁점은 어느 맥락이 옳은지가 아니라, 두 개의 맥락이 어떻게 봉사학습에서 제기되는 많은 도덕적, 사회적 딜레마에 관한 학생들의 사고에 대한 정보를 주는지이다.

콜버그의 예에서 무료급식소의 윤리에 대한 아만다와 제니스의 논의에 조지를 포함하는 것은 또 다른 차원을 더해준다. 조지는 가장 중요한 것은 타인을 보살피는 것이며, 그 어떤 것보다도 확실히 남에게 어떤 해를 끼치지 않는 것이라고 주장한다. 따라서 그는 무료급식소에서의 최우선의 쟁점은 제공을 받는 사람들에게 그것이 진짜 도움이 되는지 않은지의 문제라고(해가 되지 않는다는 원리) 믿는다. 이들 세 학생 간의 토론에서 대립되는 쟁점은, 집이 없는 사람들을 위한 보살핌과 책임의 쟁점 대 음식과 숙소가 없는 사람들을 위한 정의와 공정함의 쟁점이 될 수도 있다.

- **영성 발달**

제임스 파울러(James Fowler, 1981)와 샤론 팍스(Sharon Parks, 1986)는 신앙과 영성의 발달에 관한 모형을 제공한다. 파울러의 모형은 인지적인데, 신앙은 단순한 형태로부터 보다 복잡한 형태로 발달한다고 보고 있다. 이것은 다른 인지발달 이론의 패턴과 마찬가지이다.

팍스(1986)는 "학생들의 신앙에 대한 추구에 초점을 두며, 그 발달과정에서 고등교육이 만들어 내는 독특한 기여에 대해 상세히 설명한다"(Rutledge, 1989, p. 17). 그는 18세에서 30세 사이의 젊은이들에게 공동체가 중요하다고 역설한다. 그의 연구는 대학생들에게 지역사회의 요구를 제기하고, 신앙과 영성을 발달시키는 데 있어서 학습 공동체, 지역사회 봉사, 그리고 구조화된 성찰의 잠재성을 강조한다. 팍스의 논문에 근거하여 마크 러틀레지(Mark Rutledge, 1989)는 "학생들은 상처받기 쉽고, 지역사회에서 자신의 새로운 통찰력을 확인하고 촉진시키며, 자신의 여정이 보람이 있다는 것을 확인할 필요가 있다."는 것에 주목한다(p. 27). 봉사와 학습의 연계는 학생들의 신앙에 대한 진전과 의미를 구성하는 것을 촉진하는 중요한 연계를 제공한다(영적인 발달에 대한 더 많은 논의를 위해서는 Fowler, 1981, 1987; Parks, 1986; Rutledge, 1989; Swezey, 1990; Worthington, 1989 참조).

콜브의 체험학습 모형과 학습영식

봉사학습은 체험교육의 한 형태이기 때문에 데이비드 콜브(David Kolb)의 체험학습 모형(1981, 1984)은 봉사학습 교육자에게 특히 유용하다. 듀이, 루빈, 피아제의 연구에 근거하여, 이 모형은 "체험이 학습과정에 있어서 맡고 있는 중요한 역할"을 설명한다(1981).

- **체험학습**

콜브의 체험학습 모형의 핵심은 "학습 주기에 대한 간단한 설명–경험이 어떻게 개념으로 변화되며, 차례로 새로운 경험이 선택에 있어서의 안내자로서 이용되는지에 관한 것이다" (1981, p. 235). 한 사람은 과정에 있어서 네 가지 지점 중 어느 곳에서도 이 주기에 진입할 수 있지만, 효과적인 학습이 일어나게 하기 위해서는 전체 주기를 모두 끝내야 한다. 콜브는 학습 주기를 다음과 같이 요약한다. "즉각적인 구체적(정서적) 경험은 관찰과 성찰을 위한 기초이다. 개인은 이러한 관찰을 행동을 위한 새로운 함의가 추론될 수 있는 아이디어, 일반화 또는 '이론' 을 형성하기 위해 이용한다. 따라서 이러한 함의나 가설은 새로운 경험을 창출하기 위한 행동에 있어서 안내자로서의 역할을 한다" (p. 235).

효과적인 학습은 네 가지 다른 종류의 학습 능력을 요구하는데, 이것은 학습 주기에서의 네 가지 지점과 일치한다. 구체적 경험(CE) 능력, 성찰적 관찰(RO) 능력, 추상적 개념화(AC) 능력, 그리고 적극적 실험(AE) 능력이다. 학습 주기와 네 가지 능력을 설명하면서, 그는 학습자는 "새로운 경험에, 완전히, 개방적으로, 편견 없이 자신을 참여시켜야 한다(CE). 그들은 많은 관점으로부터 경험을 관찰하고 성찰할 수 있어야 한다(RO). 그들은 자신의 관찰을 논리적으로 모순이 없는 이론에 통합시키는 개념을 창출할 수 있어야 한다(AC). 그리고 그들은 결정을 하고 문제를 해결하기 위해 이들 이론을 이용할 수 있어야 한다(AE)." 라고 말한다(p. 236). 또한 "느끼는 것으로부터의 학습(AC)", "보고 듣는 것에 의한 학습(RO)", "사고에 의한 학습(AC)", 그리고 "행함에 의한 학습(AE)" 으로서의 학습 주기를 제시한다. 구체적 경험은 학습의 정서적 구성요소라고 하는 것이 보다 효과적으로 설명하는 것일 수 있다는 것에 주목해야 한다.

봉사학습에는 체험학습 모형의 세 가지 함의가 중요하다. 첫째로, 수업이나 다른 체험은 학습 주기를 통해 학생들을 완전히, 그리고 빈번하게 이동시키는 것을 계속적으로 가능하도록 다양한 기회를 제시하기 위해 구조화되어야 한다. 두 번째, 콜브의 모형은 중심적이고 중요한 성찰이 어떻게 학습의 전체과정이 되는지를 분명히 보여준다. 세 번째로, 콜브의 모형에서 성찰은 직접적이고 구체적인 체험 뒤에 오며, 추상적 개념화와 일반화에 앞선다. 성찰을 학습과정 안의 다른 지점에 놓는 것은 학생들에게 효과적이지 못한 학습체험을 창출할 가능성이 있다. 왜냐하면 그들은 정서적(구체적) 학습체험에 가장 직접적이고 즉각적으로 연계되지는 않을 것이기 때문이다.

현대의 사회적 쟁점이라는 수업을 가르치는 교수진이 어떻게 콜브의 체험학습 모형을 적용하는지를 생각해 보자. 학생은 사회문제의 근본적인 원인에 관한 새 이론에 대해 독서와 강의를 통해 처음으로 경험함으로써 그 수업과 학습 주기에 참여한다. 그 다음 쓰기 과제와 교실 토론이 학생들로 하여금 이들 추상적인 개념을 노숙자 문제에 적용시키고, 그 근원적인 원인에 관한 함의를 도출하도록 설계될 수 있다. 이들 과제와 토론은 노숙자와 관련된 구체적 봉사체험에 학생들을 참여시키기 위한 출발점의 역할을 한다. 교수진은 학생들에게 개인적으로나 집단으로서, 그들의 구체적 체험을 성찰하고 그것에 관한 관찰을 하도록 유도할 것이다. 그러고 나서 이러한 성찰과 관찰은 학생들이 다시 원래의 이론으로 되돌아가서 그것에 관한 새로운 문제제기나 가설설정을 하도록 도움을 줄 것이다.

• 학습양식

콜브는 네 가지 학습양식을 설명하는데, 이것은 네 가지 학습능력 중 두 가지에 대한 개인의 선호에 근거하는 것이다. 두 가지 학습능력들은 학습 주기의 인접한 지점들을 나타내며, 구체적 대 추상적인 차원과 적극적 대 소극적인 차원의 두 차원 중 하나이다. 네 가지 학습양식은 집중자(converger), 융통자(accommodator), 이탈자(diverger), 동화자(assimilator)로 불린다.

'집중자' 의 두드러진 학습능력은 추상적 개념화와 적극적 실험이다. 그들의 가장 큰 능력은 아이디어의 실제적 적용에 있다(Kolb, 1981). 그들은 특정 문제에 초점을 맞추기 위한 가설-연역적 추론을 이론화하여 지식을 구조화 한다. 그들은 사람보다는 사람을 다루는 일을 선호하며, 소극적 관심을 가지는 경향이 있다.

'융통자'의 두드러진 학습능력은 적극적 실험과 구체적 경험이다. 그들의 가장 큰 능력은 일을 행하고 계획을 실행하며, 새로운 경험에 관련되는 것이다. 그들은 위험을 무릅쓰는 경향이 있고, 특수하고 즉각적인 상황에서 적응이 뛰어난 경향이 있다. 그들은 직관적인 시행착오 방식으로 문제를 해결하며(Kolb, 1981, p. 238), 분석적 능력보다는 사람에 의존하고 있다. '융통자'는 사람들과 편하게 지내지만 때때로 조급하고 '억지스러운' 것처럼 보인다"(p. 238).

'이탈자'의 두드러진 학습능력은 구체적 경험과 성찰적 관찰이다. 그들의 가장 큰 능력은 창의성에 있다. "그들은 여러 관점으로 구체적 상황을 보고, 많은 관계를 의미 있는 형태(gestalt)로 조직하는 능력이 뛰어나다."(Kolb, 1981, p. 238). 그들은 아이디어를 잘 내며, 사람에게 관심을 가지고, 창의적이고 정서적이며 문화에 폭넓은 관심을 가진다.

'동화자'의 두드러진 학습능력은 성찰적 관찰과 추상적 개념화이다. 그들의 가장 큰 능력은 이론적 모형을 만들어 내는 능력에 있다. 그들은 귀납적 추론 — 공통점이 없는 관찰을 통합된 설명으로 동질화시키는 데 뛰어나다. 그들은 사람에게는 관심을 덜 가지고, 추상적 개념에 더 관심을 가지지만 이론의 실제적 적용에는 관심을 덜 가진다."(Kolb, 1981, p. 238).

이탈자와 집중자는 동화자와 융통자의 경우처럼 서로 반대의 학습 능력을 가진다. 콜브의 대규모 연구(1981, 1984)와 다른 연구들은 여러 원리에 있어서 사람들 간의 두드러진 학습양식이 다양하다는 증거를 제시한다. 게다가 개인의 인지발달은 인지영역으로 알려져 있는 영역의 기능이나 초점을 맞춘 내용에 따라 변한다. 따라서 사람에 관한 것이 아닌 사물에 관해서 복합적으로 생각할 수 있거나 아니면 반대일 수도 있다. 또는 봉사학습의 맥락 안에서는 사회적 정의에 관한 것이 아닌 사회경제적인 쟁점에 관해 구체적으로 생각할 수도 있다.

콜브의 학습양식에 관한 연구는 봉사학습에 여러 가지 함의를 가진다. 교사나 관리자(facilitator)들은 자신들만의 학습양식으로 가르치는 경향이 있고, 따라서 자신들의 것과 차이가 있는 학습양식을 가진 학생을 위해 봉사와 성찰을 설계하는 방식과 관련하여 그것을 확대하거나, 다른 사람들과 상의할 필요가 있다. 그리고 수업의 설계와 봉사학습의 체험이 어떤 학생에게는 유난히 더 잘 맞아서 학습을 진전시킬 수도 있다. 그들의 학습능력에 따라 편안하고 능숙한 능력 중의 하나를 이용할 수 있게 되기 전까지 학습 주기에 완전히 진입하거나 관련되지 못하는 학생이 있을 수도 있다. 결국 만일 교사와 관리자들이 모든 학생들로 하여금 학습 주기를 완료할 수 있도록 의도한다면, 그들은 모든 학습양식에 적합한 기회를 제공할 수 있어야 한다(학습양식과 봉사학습에 관한 더 포괄적인 논의를 위해서는 Stewart, 1990을 참조할 것).

아만다는 이발사, 조시는 집중사라고 가정해 보자. 이들자의 능력은 구체적 경험과 성찰적 관찰이기 때문에, 아만다는 봉사학습이 매우 편하다. 그녀는 실제적인 봉사체험을 좋아하며, 자신의 체험을 성찰하기 위한 기회를 즐긴다. 또한 봉사를 제공하는 여러 방법이나 기관이 봉사 수혜자(acquirer)들과 같이 일하는 데 있어 보다 효율적으로 조직화될 수 있는 방법에 대해 많은 아이디어를 가진다. 그러나 아만다는 자신의 봉사체험에 현대사회의 쟁점이라는 수업에서 배우고 있는 원리를 적용하는 데 어려움을 겪는다. 반면 조지는 아만다의 것과는 반대되는 집중자로서의 능력과 도전을 가진다. 그는 원리나 이론을 자신의 봉사학습 체험에 적용시키는 것에 매우 흥미가 있다. 봉사학습 교육자들이 그의 봉사체험을 관찰할 때 그들은 그가 주로 간접적 서비스를 제공하는 활동에 중점을 두며, 직접적으로 사람들과 같이 하는 활동보다는 행정조직과 활동하는 것을 선호한다는 것을 주목하게 될 것이다.

심리적 발달 이론

심리사회적 발달은 대학생의 발달과 관련된 쟁점과 편견에 초점을 둔다.

심리사회적 발달 이론은 개인이 자신의 환경과 상호작용한 결과로 생기는 특별한 발달의 진행을 설명한다. 대부분의 이론가들은 발달의 쟁점이 전형적이지만 변화가 있는 패턴들을 설명한다. 이전의 심리사회적 쟁점에 대해 상대적으로 성공적이었거나 아니면 실패했던 해결책은, 발달의 쟁점에 대한 앞으로의 해결책에 기본원칙을 만들어 준다.

심리사회 이론은 생애주기에 관한 에릭 에릭슨(Erik Erikson, 1980)의 인간 발달 이론 연구에 근거한다. 여기에서 우리는 아더 치커링(Arther Chickering)의 심리사회 발달 모형(Chickering, 1969; Chickering and Reisser, 1993)을 검토하는데, 이것은 대학생들의 심리사회적 발달의 관점에 대해 가장 포괄적이고 가장 최근의 것이기 때문이다. 그의 벡터(Vector)는, 에릭슨의 생애주기에 대한 발달 이론에서 자아 정체감 대 역할 혼미 단계의 확장으로, 성인 학생에 대한 연구에도 적용될 수 있다(Schlossberg, Lynch, and Chickering, 1989). 대학에 다니는 학생의 발달을 이해하기 위한 유용한 틀을 제공하는 것 외에도, 치커링과 레이서는 학생의 발달을 촉진하는 대학 환경의 주요 요소를 제시하는데, 그것 중 몇몇은 특히 봉사학습과 연관된다 (대학생의 심리사회 발달에 대한 다른 모형이나 이론에 대한 정보를 위해서는 Knefelkamp, Widick, and Parker, 1978a; Moore, 1990; Rodgers, 1990; Chickering and Reisser, 1993; Evans, 1996 참조).

치커링은, 1960년대 북동부의 13개 소규모 대학 학생들에 대한 연구와 이후 린다 레이서(Linda Reisser)와 함께 자신의 이론 변경을 통해서 일곱 가지의 벡터(양과 방향 모두를 포함하고 있는 용어)로 대학생의 발달을 설명한다.

벡터 1. 능력의 발달: 지적인 능력, 신체적 · 수동적 기술, 대인관계 능력, 그리고 전반적인 능력에 대한 지각을 포함함.

벡터 2. 감정의 관리: 적극적이고 보다 난이한 감정에 대한 의식 증가와 적절한 방식으로 감정을 다루고 통합시키는 방법의 학습을 발달시킴.

벡터 3. 자율성에 의해 상호의존성으로 이동: 감정적이고 도구적인 독립성을 발달시켜 상호의존성을 인정하고 수용하도록 해 줌.

벡터 4. 성숙한 상호의존 관계의 발달: 차이에 대한 관용과 이해, 진실되고 건전한 친밀감의 능력 발달.

벡터 5. 정체감 확립: 자기 자신의 존재에 대한 견실하고 포괄적인 의식 발달.

벡터 6. 목표의 발달: 개인의 직업, 부업에 대한 관심, 삶의 양식에 관한 목표의 명료화와 계획 수립.

벡터 7. 통합성 발달: 내적인 지속성을 가지며, 적어도 행동에 대한 임시적인 안내를 제공하는 개인적으로 타당한 믿음의 명료화(Chickering and Reisser, 1993, 43-52).

치커링과 레이서(1993)에 따르면, 처음 네 개의 벡터는 학생의 대학 생활의 초기에 두드러진다. 이 벡터들은 최소한 학생의 정체감 발달을 위한 기초가 되기 위해 해결되어야 하며, 벡터 5는 나머지 두 개의 벡터를 위한 기초이다. 게다가 이들 모든 쟁점은 학생의 대학생활 전체에 걸쳐 발생될지도 모르며, 대개 생애주기 동안 다시 발생할 수도 있다. 치커링과 레이서의 모형에서 반영된 것은 학생의 발달에 있어서 어떤 시점에서 어떤 벡터가 두드러진다는 것이다. 치커링의 벡터는 학생들이 봉사학습에 참여할 때 부딪칠 수도 있는 심리사회적 쟁점의 종류에 대해 교육자가 알아야 된다는 점에서 봉사학습에서 중요하다. 예를 들면 1·2학년 학생은 능력이나 자신감, 또는 다른 사람에게 덜 의존적이 되는 것을 위해 분투하고 있을 수 있다. 한 예로서, 조지는 다른 사람들과 함께 활동하는 데 보다 편안하고 능력 있게 되기 위해 노력하고 있다. 그 남학생 사교클럽에의 참여나 남학생 사교클럽 하우스에서의 생활은 그가 자신의 상호의존성을 발달시키는 데 중점을 두고 있는 하나의 방법이다. 또한 그의 형제들에게는 매우 의존적인데, 그들은 여전히 집에서 살고 있으므로 1학년 학생으로서의 그의 도전은 덜 의존적이고 보다 자율적이며 상호의존적이 되는 것이다.

반면, 4학년은 인생의 목표나 자신의 삶에서의 일치성에 대한 두드러진 쟁점에 부딪치고 있을지도 모른다. 제니스에게 두드러진 심리사회적 쟁점은 목표를 발달시키거나 통합성을 발달시키는 것이 될 수 있다. 그녀는 수의학 대학에 많은 에너지를 쏟고 있으며, 경제적으로 낙후된 지역에서 수의사 인턴을 할 것이라는 그녀의 직업목표를 대학과 통합시키고자 한다. 그녀의 봉사학습 참여와 봉사에 관한 성찰의 질은 이들 두드러진 심리사회적 쟁점이 봉사학습 체험을 보완해 주는지, 아니면 갈등을 일으키는지와 관련될 수 있다. 봉사학습은 어떻게 설계되느냐에 따라 하나 이상의 벡터에서의 발달을 촉진할 수도 있지만, 어느 벡터가 촉진되는지는 학생이 발달적으로 부딪치게 되는 쟁점에 대한 경험의 상호작용의 기능일지도 모른다.

치커링과 레이서(1993)는 또한 학생 발달에 대한 일곱 가지의 주요 효과에 관해 이야기한다. 기관의 목적, 기관의 크기, 학생-교수의 관계, 커리큘럼, 교수(teaching), 우정과 학생공동체, 그리고 학생 발달 프로그램과 봉사가 그것이다. 치커링과 레이서에 따르면, 발달은 다음의 조건이 존재할 때 촉진된다.

1. "(효과는 다음과 같을 때 증가하는데) 기관의 목적이 명백하고 진지하게 여겨지며, 그리고 기관의 다양한 요소와 프로그램이 봉사학습의 목적과 내면적으로 일치될 때이다" (p. 266).
2. "학생-교사 상호작용이 빈번하며 우호적일 때, 그리고 다양한 역할과 관계를 요구하는 여러 가지 상황 안에서 상호작용이 일어날 때."
3. "교육적으로 강력한 커리큘럼" 이 있을 때.
4. "교수(teaching)가 적극적인 학습을 요구하며 학생-교수의 접촉과 학생들 간의 협력을 조장할 때, 즉각적인 피드백이 주어질 때, 과업의 시간과 높은 기대감을 강조할 때, 그리고 다양한 능력과 인식 방식을 존중할 때."

이러한 효과는 봉사학습의 효율성이 봉사학습에 대한 기관의 지원(또는 그것의 부재)이나 학생, 교수진, 지역사회 봉사 제공자들 간의 접촉과 상호작용의 특성에 의해 영향을 받는다는 것을 보여 준다. 치커링과 레이서의 연구는 또한 교수들이 '교육적으로 강력한 커리큘럼' 을 위해 끊임없이 노력하도록 격려하며, 적극적인 학습을 위한 기회를 창출하는 중요한 수단으로서의 봉사학습을 지지한다.

그 효과 중 두 개는 다양한 학습양식을 존중하고, 학생의 학습과 발달을 위한 여러 가지 상황을 제공하는 것의 중요성을 상기시키는 역할을 한다.

정체감 발달 수준

정체감 발달에 관한 최근의 관점은 사회적 환경 내에서 뿐 아니라 개인적으로도 중요한 특성과 관련된다. 예를 들면, 개인이 인종의 본질적 특성이 아닌, 자기 자신의 인종에 대해 어떻게 보고 이해하는지가 그 사람의 정체감의 중요한 부분을 나타낸다. 인종적 정체감은 이 절에서 가장 강조되는데, 왜냐하면 미국 사회에서 그것의 중요성과 개인의 인종적 자아에 관한 관점과 개인적 태도의 발달에 관한 이론의 유용성 때문이다. 사회계급, 성적 지향, 장애와 비장애의 정체감도 함께 논의된다.

사람들은 다양한 정체감을 가진다. 비록 개인은 자신의 정체감을 고립되거나 분리된 방식으로 볼 수 있지만, 이것은 각 개인의 독특함을 규정짓는 정체감들의 교차점이다. 정체감 발달은 학생들이 체험하는 봉사학습을 여과시키는 주요한 역할을 한다. 즉, 학생들이 어떻게 자신의 인종, 사회계급과 관련하여 자신을 보는지는 그들이 봉사학습 환경에서 지역사회 멤버나 또래집단과 상호작용하는 렌즈가 될 수 있기 때문이다. 학생들의 정체감 발달은 또한 학생들이 수업자료에 관해 생각하고, 자신의 봉사 체험에 대해 성찰하며, 지역사회 봉사와 수업에서의 독서 · 토론을 연관시킬 수 있도록 하는 구조를 제공해 준다.

이들 정체감 차원 중 어떤 것이 봉사학습 체험과 관련되는지 특히 인종과 사회계급은 특정한 정체감 차원과 관련하여 자신의 자아에 관해 어떻게 생각하는지가 봉사학습 체험을 형성할 가능성이 있다. 예를 들면, 아만다, 제니스, 그리고 조지에게 어떤 인종이 두드러지느냐에 따라 그들이 어떤 종류의 지역사회 봉사를 선택하고, 그들이 선택한 그 환경에서 어떻게 활동하는지에 영향을 줄 수도 있다. 또는 아만다, 제니스, 조지가 자신의 사회계급에 대해 인지하는 정도가 그들이 지역사회 봉사 환경 속에서의 활동에 대해 어떻게 성찰하는지에 대한 요인이 될 것이다. 학생들이 가지고 있는 특성(인종, 성 등)과 관련된 그들의 정체감은 외부적으로는 사회에 정의되며 또한 내적으로도 발달된다. 따라서 학생들이 지역사회 봉사 환경에서 가지는 특별한 체험들은 이들 정체감 차원에서의 발달에 의해 유발되고 영향을 받을 수도 있다(정체감 발달에 관한 보다 포괄적인 논의를 위해서는 McEwen, 1996 참조).

• 인종적 정체감 발달

인종적 정체감은 "그가 특별한 인종 집단과 공통의 인종적 전통을 공유한다는 개인의 인식에 근거하는 집단적 정체감의 의식"을 말한다(Helms, 1990a). 비록 인종적 정체감 발달은 일반적으로 유색인종—아시아, 아프리카, 라틴, 미국계 인디안의 후손—과 관련된 것으로 생각하지만, '혼합된' 인종의 인종적 정체감뿐 아니라 백인의 인종적 정체감도 고려해야 할 필요가 있다. 재닛 헬름스(Janet Helms, 1992)의 표현에 따르면, 우리 모두는 각각 인종을 가진다. 따라서 각 사람들의 정체감의 일부분은 그의 인종적 정체감의 발달이다.

백인의 인종적 정체감 발달. 미국에서 백인의 인종적 정체감은 역사적으로 무시되어 왔다. 그 이유는, 미국의 지배적인 인종 집단이며, 백인은 그들의 인종이나 백인이라는 것과 관련된 다양한 특성, 속성, 특권 등에 대해 부뒷치거나 이름을 지을 필요가 없었기 때문이다.

헬름스(1990b, 1992)는 백인의 인종적 정체감에 관해 가장 폭넓은 이론과 연구결과를 제공해 주었다. 백인의 인종적 정체감의 요지는 인종적 차별인데, 미국에는 이것이 존재하며 인종차별을 영속시키는 데에 있어서의 백인의 역할이다. 헬름스에 따르면, 깊고 내면화된 인종차별을 인정하고 이해하며, 스스로 불식시키는 활동 없이는 건전한 백인의 정체감 발달은 불가능하다. 그는 백인의 인종적 정체감 발달의 6개 상태(status)의 모형을 가정했는데, 이것은 두 개의 단계를 가진다.

1단계는 인종차별주의자의 정체감을 버리는 것이다. 접촉(contact) 상태에서, 사람은 처음에는 흑인이나 다른 유색인의 현실에 대해 인지적으로 인식한다. 백인이 미국에서 유색인이 어떻게 대우받는지를 알게 되면 그 사람은 다음 상태로 들어갈 수도 있는데, 그것은 분열(disintegration)이다. 이제 이 사람은 백인이라는 것에 대한 도덕적 딜레마에 직면해 있다. 유색인이 경험하는 인종차별을 보는 것과 인종차별이 백인의 잘못은 아니라고 믿고자 하는 것 간의 갈등 상태에 놓이게 된다. 이 상태에서 불편함을 줄이고자 하는 욕구와 다른 백인이 받아들이기를 원하는 욕구는 재통합(reintegration)으로의 변화로 이어진다. 여기에서 이 백인은 자신을 백인으로서 보기 시작하며, 불평등과 관련된 쟁점은 유색인의 잘못이고, 그것은 백인이 획득한 권리라고 믿는다. 헬름스(1990b)는, 많은 백인이 재통합의 태도를 가지기 쉽다고 한다. 다음 단계와 상태로의 변화에서는 개인적으로 신경에 거슬리는 사건을 통하여, 그 백인은 "이전에 가지고 있던 백색(whiteness)에 대한 정의와 인종차별에 대한 정당함에 대해 의문을 제기하기 시작한다." (Helms, 1990b).

2단계는 반인종차별주의자인 백인으로서의 정체감을 발달시키는 것이다. 허위독립(pseudo-independence)에서 백인은 유색인이 열등하다는 가정에 점점 더 의문을 갖기 시작하며, 인종차별주의에 대한 백인의 책임을 알게 되고 백인으로서의 특권을 인식하게 되지만, 유색인을 보다 백인처럼 받아들이도록 노력한다. 이 상태는 백인이라는 것의 합리성 추구를 나타내며, 종종 '백인 자유주의자' 로 묘사된다. 만일 그 사람을 계속해서 긍정적인 백인 정체감을 추구하도록 조장할 만큼 개인적인 보상이 크다면, 그 백인은 몰입/재현(immersion/emersion) 상태로 이동할 수 있으며, 미국에서 백인이라는 것이 의미하는 것을 이해할 수도 있다. 그 사람은 다른 백인들, 백인이라는 것의 자전적이고 전기적인 설명, 그리고 백인이라는 것에 대한 자기 성찰을 시작한다. 초점은 타인을 변화시키기 보다는 백인을 변화시키는 데 있다. 자신의 백인 정체감에 대해 점점 안심을 하고, 그 사람은 자율성의 상태로 이동할 수도 있는데, 이것은 인종적으로 초월적인 세계관을 나타낸다. 자율성의 상태에서는 백인은 긍정적이고 인종차별주의자가 아닌 정체감을 내면화하고, 인종차별적인 억압을 인식하고 없애고자 지속적으로 노력한다. 이러한 과정은 계속 진행되며, 결코 끝나지 않는다.

헬름스(1990b, 1992)의 모형은 자신이 가지고 있는 인종차별적인 태도가 무엇이며, 인종차별인 사건을 어떻게 보고 있으며, 인종적 상호작용을 어떻게 하고 있는지를 이해하기 위해 백인으로서의 자신을 보는 데 특히 유용할 뿐만 아니라 다른 백인들을 보는 데에도 유용하다. 그리고 전통적으로 백인의 고등교육기관이나 백인이 우세한 환경이 인종차별적인 쟁점을 어떻게 인식하고 다루는지를 생각하는 데 있어서도 유용하다. 그의 모형은 또한 어떻게 백인이 건전한 인종적 존재로서 자신을 발달시킬 수 있는지, 그리고 어떻게 교육자들이 건전한 인종적 태도와 행동이 발달되도록 백인 학생들을 도울 수 있는지에 대한 청사진을 제공한다.

생물학 전공 4학년생인 제니스는 중서부의 시골지역에서 자라고, 소수의 유색인이 있는 공립학교를 다녔다. 대학에 오기 전까지는 유색인과 정말로 한 번도 마주치지 않았던 백인 여성을 생각해 보자. 수업이나 다른 학교 활동을 통해, 그녀는 유색인 학생들이 다른 방식으로 대우받는 것과 캠퍼스에서 상대적으로 존재감이 없는 것을 보았다. 이러한 많은 관찰 후에, 그녀는 자신의 성경공부 집단에서 구성원 간의 인종차별적인 불평등에 관해 몇 가지 의문을 가지게 되었다. 어느 날 그녀는 자신의 지도교수와 그 문제를 논의하기도 했다. 하지만 인종차별적인 문제에 대한 논의를 하고자 시도한 뒤에, 그녀는 자신이 백인 친구들, 심지어는 지도교수와도 거리가 있다는 것을 느꼈는데, 왜냐하면 그녀의 백인 친구들이나 지도교수는 그녀가 목격하고 있는 불평등에 관한 관심을 이해하지 못했기 때문이다. 보통 다른 백인이 보지 않는 불평등의 문제에 주의를 기울이는 것은 분열의 태도를 가지고 있는 백인에게는 매우 불편한 것이 된다. 그러나 제니스가 캠퍼스에서의 인종차별적 문제를 보다 상세히 보고, 자신의 친구들과 지도교수로부터 의견을 들었을 때, 그녀는 아마도 그녀의 친구들과 지도교수의 태도는 옳으며, 자신이 가지고 있는 태도가 잘못 되었다는 것을 깨달을 것이다. 그녀에게는 유색인 학생들이 보다 열심히 활동해야 하며, 그들에게 열려 있는 활동에 참여해야 한다는 것이 명백해졌다. 여태까지 제니스는 접촉의 상태를 경험했으며, 그 다음은 분열, 그리고 그 다음은 재통합을 경험하게 될 것이다.

제니스가 현대사회의 쟁점이라는 수업에서 독서와 강의를 통해 인종차별주의가 정말로 무엇인지 배우고, 그녀의 지역사회 봉사활동을 통해 사회적 인종주의를 관찰하고, 그 다음 수업 조교와 매주 집단모임에서 그녀의 관찰을 성찰하고 논의할 기회를 가질 때, 그녀는 자신을 백인으로서 보기 시작하며 인종차별주의에 대한 합리적인 이해를 발달시키게 된다. 그녀는 자신의 두 개의 성경공부 집단의 구성원과 흑인, 아시안, 라틴 학생들을 그 모임에 오도록 초대하는 것에 관해 이야기한다. 그녀는 무료급식소에서 하고 있는 지역사회 봉사 참여를 흑인 지역사회의 주간 보호센터로 바꾸고자 한다. 하지만 그녀의 모든 에너지와 진심을 투자하고도 자신과 다른 백인이 변화하고 있다고 거의 느끼지 못한다. 이것이 허위독립의 특성이다.

소수민족 정체감 발달. 유색인의 인종적 정체감 발달은 과거 25년 동안 연구에서 점점 더 많은 관심을 받아 왔다. 여기서는 유색인에게 광범위하게 적용될 수 있는 앳킨슨, 모튼 그리고 슈(Atkinson, Morten, and Sue, 1993)의 소수민족 정체감 발달(MID) 모형에 초점을 둔다. 유색인으로 구성된 모든 인종–민족 집단은 다양한 종류와 형태의 차별과 인종차별의 대상이기 때문에, 앳킨슨, 모튼 그리고 슈는 이들 집단이 그들의 인종적, 민족적 정체감 발달과 관련하여 공통의 경험을 가진다고 믿는다(소수민족(minority)이라는 용어는 MID 모형의 맥락에서 유색인을 나타내는 말로 쓰인다. 소수민족이라는 말이 종종 '미달인' 또는 '동등하지 않은'을 의미하기 때문에 조심스럽게, 그리고 약간은 염려스럽게 쓰이지만, 여기에서는 그 의미가 아니다. 또한 미국의 어느 곳에서는 유색인들은 수적인 소수가 아닌 오히려 다수이다).

MID 모형은 5단계로 구성된다. 발달과정은 억압받는 집단으로서 사회적으로 규정되는 지위를 맹목적으로 받아들이는 것(일치, conformity)에서 '소수민족'으로서의 자아에 관한 자신의 믿음에 의문을 가지는 것(불일치, dissonance)으로 서서히 발전한다. 그 다음 개인은 지배적 사회를 거부하며, 자신의 인종적 또는 민족적 집단에 대한 수용과 몰입으로 나아간다(저항과 몰입). 네 번째 단계에서 개인은 자신의 집단, 다른 억압받는 집단, 그리고 지배집단의 강점과 약점을 평가하기 시작한다(내성, introspection). 5단계(통합된 자각, synergistic)에서 사람은 자부심과 자신의 고유한 문화에 대한 확신, 그리고 개인적인 자존심을 경험한다. 그 사람은 또한 다른 억압받는 집단에 대한 더 깊은 이해와 더 많은 지지의식을 가지며, 지배집단의 구조적 측면과 사람들에 대한 관대함을 가진다. 비록 각 단계가 차별화되고 질적으로 다르지만 앳킨슨, 모튼 그리고 슈는 "MID는 한 단계가 다른 단계와 혼합되며, 단계들 간의 경계선이 명확하지 않은 지속적인 과정으로서 보다 정확하게 개념화된다."고 주장한다(1993).

MID 모형은 아만다와 조지에게 적용하기에 적절하다. 사회학 수업에서 아만다는 흑인 지역사회에서의 지역사회 봉사과제를 원한다. 조지는 단순히 장애가 있거나 직업훈련 프로그램에 있는 것과 같은 '보통의' 사람들과 함께 뭔가를 하기를 원한다. 그의 교수는 그에게 아시아계 미국인으로서 영어를 배우고 있는 라오스 출신 이민자들과 함께 활동하도록 독려했다. 이 과제는 조지가 생각한 것과는 상당히 거리가 있었지만, 그는 그렇게 하기로 동의한다. 조지는 사회적으로 규정된 그대로의 상태를 받아들인 것인데, 여기에서는 그가 다른 아시아 사람들과 함께 활동하기를 원할 것이라고 기대할 수 있다(비록 그는 중국인이고 그들은 라오스인들이기는 하지만). 그는 판에 박은 봉사활동이 될 수도 있는, 방향이 다르게 바뀐 그 방식에 도전하지는 않지만, 아시아계 미국인과 함께 활동하는 것을 좋아하지 않는다는 것을 표현한다. 조지는 아마도 일치(1단계)이며, 그것은 특히 다른 중국계 미국인이나 다른 아시아계가 관련된다는 증거가 없고, 그가 그 과제에 저항하지 않는 것 같기 때문이다.

아만다가 하는 모든 것들은 다른 흑인들과 함께하고 있다. 그녀의 교회, 지역사회 봉사, 그녀의 친구들, 흑인 학생조합에의 참여 등이 모두 그렇다. 수업을 위해서 그녀는 실제로 부모교육을 포함하는 흑인 지역사회 프로젝트를 맡는다. 그러나 학기가 끝날 때, 그녀는 AIDS 문제에 관한 관심(HIV 양성인 어머니들과 함께 하는 활동으로부터)과 또 부모교육 수업에 참여한 라틴계 여성들에 대한 관심을 보이기 시작한다. 이러한 짤막한 예들은 그녀가 처음에는 저항과 몰입(3단계)일 수도 있지만, 학기 말에는 내성(4단계)으로 발달할 수도 있다는 것을 보여준다.

• 사회계급

사회계급은 다른 차원의 정체감, 즉 인종, 민족성, 성 등과 상호작용하는 정체감의 중요한 요소이다. 보니 손턴 딜(Bonnie Thornton Dill, 1994)은 계급과 성에 관한 논문이 인종을 무시하는 경향이 있는 것처럼, 인종과 성에 관한 많은 연구도 사회계급에 대한 고려를 빠뜨리는 경향이 있다고 지적한다.

도나 램스턴(Donna Langston, 1995)은 계급 없는 사회의 신화를 이야기한다—개인이 자신의 혼자 힘으로 계급을 상승시킬 수 있으며, "야망과 지능만이 성공의 원인이 된다." —그리고 사회계급과 관련된 권력의 효과를 논의한다. 사회계급은 경제적 보장, 파악되고 이용할 수 있는 선택, 그리고 교육·언어·행동을 포함하는 문화적 배경을 포함한다(Langston, 1995). 램스턴은 사회적 계급 유지의 연쇄 또는 주기를 다음과 같이 본다.

〔신화〕 노동계급과 가난한 사람들에게 자신이 인생에 있어 다른 기회를 가질 수 있다는 거짓된 희망을 영속시킨다. 그들을 기다리고 있는 운명에서 자신이 벗어날 수 있다는 희망은 그들이 태어난 계급의 위치 때문이다. 가난뱅이가 부자가 될 수 있다는 신화가 영속화되는 또 다른 방식은 억압받는 사람들이 그들도 진보할 수 있다고 믿게 하기 위해 눈에 보이는 증거품을 충분히 창출하는 것이다. 이러한 것을 통한 희망의 창출은 위치에 있어서의 계층적 구조를 유지시키며, 성공하지 못한 책임을 성공하지 못한 사람들에게 지운다. 이것은 우리가 계급기반 시스템에 저항하고 변화시키지 못하도록 한다. 대신 우리는 이것을 피할 수 없는 것으로 받아들인다. 신화는 또한 중류계급과 상류계급이 계급기반 시스템에서 주어진 특권을 지키도록 한다. 그것은 중, 상류 계급의 자신들의 우월함에 대한 믿음을 강화한다(1995).

봉사학습에서 사회계급의 문제는 학생들 자신과 타인과의 상호작용 모두에 적용된다. 학생 자신의 사회계급에 대한 이해와 정체감은 그들이 봉사를 개념화하는 방식, 타인과 상호작용하는 방법과 스타일에 영향을 줄 수 있는데, 특히 사회계급 문제가 두드러질 때 그렇다. 학생들에게 사회계급은 그들이 사회적 보장, 자신과 타인에게 파악되는 선택의 여지, 이용가능한 선택, 그리고 그들의 문화적 배경의 구성요소, 즉 교육, 언어, 행동에 관하여 어떻게 생각하는지를 보여준다(Langston, 1995). (비록 사회계급에 관한 발달 모형은 없지만 사회계급에 관한 더 많은 것을 알려면 Rubin, 1976; Weis and Fine, 1993의 훌륭한 자료를 참조할 것).

예로서 아만다, 제니스, 조지를 이용하는 것은 사회계급이 어떻게 봉사학습 체험과 상호작용하는지를 보여주는 데 도움이 된다. 아만다와 제니스를 사회경제적으로 중류계급의 가정, 조지는 중하류계급의 가정이라고 가정해 보자. 그들의 봉사학습 환경에서 제니스와 아만다는 물질적인 이점이 거의 없는 지역사회 구성원들과 활동한다. 그들이 중류계급의 일원이며 그들이 가지고 있는 특권이 사회적 쟁점을 이해하는 방법과 자신과는 다른 사회계급의 지역사회 구성원들과 상호작용하는 방법에 영향을 준다는 것을 정말 잘 알게 된다. 비록 조지의 가족은 경제적으로 어렵지만, 그는 자신의 사회계급과 다른 사람의 계급에 대한 성찰 없이는 라오스 이민자들의 문화적, 사회계급적 도전을 이해하는 데 어려움을 가질 수 있다.

• **성적 적응**

성 정체감 발달에 대한 논문들은 어떻게 사람들, 특히 게이나 레스비언이 자기 자신의 성적 지향을 받아들이는지에 초점을 맞춘다(Levine and Evans, 1991). 성 정체감 발달의 많은 모형은 자신의 성 정체감에 대한 의문과 혼란의 시기로부터 자신이 레즈비언이나 게이라는 것에 대한 확신과 자부심으로 진행되는 연속적이고 연대순적인 단계나 위치를 설명한다. 양성애자의 정체감 발달에 대한 몇 개의 논문에서 양성애는 독특한 정체감을 나타내고 있지만, 성적인 혼란이나 모호성을 나타내는 정체감은 아니다. 연구논문에서 이성애자 정체감 발달의 모형은 없다.

HIV-AIDS에 걸린 사람과 활동하는 봉사학습은 성적 지향의 사회적, 정치적, 또는 개인적 문제를 유발시킬 가능성이 있다. 이러한 문제는 학생들이 자신의 성적 지향과 그것에 관한 태도에 관해 성찰하도록 한다. 이것은 특히 자기 자신의 성적 관심에 의문을 제기하고 힘들어하고 있는 학생들이나 극도로 동성애를 혐오하는 사람에게는 고통스럽고 어려울 수 있다(성적 지향에 관한 더 많은 논의를 위해서는 Evans and Wall, 1991; Fassinger, 1991; Atkinson and Hackett, 1995; McEwen, 1996 참조).

• **비장애와 장애**

비장애와 장애의 문제에 초점을 두는 것은 모든 사람들은 각기 다른 신체적, 정신적 능력을 가지고 있다는 것을 상기시킨다. 앳킨슨과 해킷(1995)은 말한다. "우리는 모두 우리가 우연히 처하게 된 환경조건에 의해 다양한 수준의 정신적, 신체적 능력을 가지게 된다(불이 꺼진 실내에서 시각장애자와 눈이 보이는 사람이 있는 경우에, 시력이 없는 것이 실제로 유리할 수도 있다)."

『대학의 교수와 직원을 위한 가이드(President' s Commission on Disability Issues, 1990)』는 세 가지 종류의 장애를 설명한다. 그것은 보이는 장애(쉽게 인식하는 신체적 장애), 숨겨진 장애(학습장애, 청각장애, 정신병 또는 발작), 그리고 다양한 장애들이다. 장애는 시각장애, 팔이 없는 것, 간질 등과 같이 선천적일 수도 있고, AIDS나 각종 경화증, 마비, 또는 사고로 인한 청각장애 등 후천적일 수도 있다. 후천적 장애는 발병 연령에 따라 사람들이 어떻게 보는지, 장애로 인해 어떤 영향을 받는지는 중요한 차원이 된다.

비장애와 장애는 사회적으로 구성된 경험으로 이해되어야 한다(Harris and Wideman, 1988; Jones, in press; Scheer, 1994). 장애를 가진 사람들에게 "장애는 사회적인 의미를 부여하며, 이들에게 장애가 주요한 어려움을 구성하게 한다는 것은 명백한 사실이다"(Harris and Wideman, 1988). 존스(신문에서)는 "개인의 관심을 사회변화와 억압구조의 변화로 돌릴 때, 사회적으로 구성된 것으로서 장애를 이해하는 것은 개인적인 차이의 독특함을 축하하는 것이다."라고 주장한다. 이것은 생물학적 장애 사실과, 장애를 가진 사람이 존재하는 장애가 있는 사회적 환경을 구별하는 것이다".

봉사학습을 통해 학생들은 자기 스스로 장애를 가지고 있다고 보는 사람과 학생들이 보기에 장애를 가지고 있는 사람과 자주 마주친다. 그 둘은 밀접한 관계의 함의가 있다. 첫 번째는, 특정 장애가 사회적으로 어떻게 구성되는지에 대한 방식에 의존하는 것과는 반대로, 개인이 자신의 장애를 어떻게 이해하고 개념화하는지를 학습하는 것이 중요하다는 것이다. 두 번째는, 장애를 어떻게 보는지에 의해 자신을 이해해야 한다는 것이다. 할렌 한(Harlan Hahn)의 연구(Asch and Fine, 1988에 인용됨)는 우리 자신들에 관해 "종종… 강력한 존재에 관한 불안을 이끌어 내는" 또 다른 면에서의 장애—우리 자신의 무기력함, 우리의 욕구, 그리고 우리의 의존성을 보여준다. 장애를 가지고 있는 사람들과 함께 활동하는 데 있어서 사람들은 자신의 불안감을 좇아 행동할 수도 있고, 오히려 다른 사람의 것이 필요할 수도 있다.

무료급식소에서 제니스와 같이 활동하는 사람들 중 한 명은 어렸을 때 사고로 팔 하나를 잃었다. 제니스는 그 사람에게 선심을 쓰듯 자주 그를 도와준다. 그러나 제니스의 현장 지도교수는 그녀에게 이 개인적인 자원봉사자는 그곳에 자주 오며, 무료급식소의 가장 지속적이고 유능한 활동가 중 한 명이라고 말한다. 제니스가 그에게 팔이 없다는 것에 안타까움을 표현했을 때, 그는 이러한 장애를 어떻게 편하게 다루어야 하는지를 배웠다고 말하면서 자신을 불쌍하다고 느낄 필요도 없고 그러기를 원하지도 않는다고 했다. 나중에 지도교수는 제니스와 이야기하면서 그녀는 제니스가 만약 자신의 사지 중 하나를 잃는다는 것이 자신이 수의사가 되는 것에 어떤 영향을 줄 수 있는지에 대해 편견을 가지고 있다는 것을 알게 된다. 즉 제니스의 동료에 대한 반응은 그 사람이 자신의 장애를 어떻게 보는지보다는 그녀 자신의 관심에 보다 관련된 것이었다(장애와 정체감 발달에 관한 더 많은 자료를 위해서는 Atkinson and Hackett, 1995; Fine and Asch, 1988을 참조할 것).

아만다, 제니스, 조지와 관련된 가정은 정체감 발달이, 학생들의 봉사학습 체험의 많은 구성요소에 효과적인 영향을 주며 결국 자신에 대한 관점의 변화를 가져올 수 있음을 보여 준다. 그들은 또한 봉사학습 교육자들이 그들의 정체감 발달에 관한 지식을, 학생들과 함께 활동하기 위해 봉사현장을 선택하고, 봉사학습 환경에서 학생들이 '해가 되거나' 고정관념을 강화할 가능성을 최소화하며, 정체감 발달의 특별한 면을 촉진시키기 위해 성찰을 설계하는 데 있어서 어떻게 이용할 수 있는지에 대해 수많은 예를 제공해 준다.

진로 선택

진로를 결정하는 것에 대한 사회학습적 접근법(Krumboltz, Mitchell, and Jones, 1976)은 네 가지 요인이 진로 결정에 영향을 준다고 주장한다. 유전적 요인과 특별한 능력, 환경적 조건과 사건, 학습경험, 그리고 과제접근기술이다. 뒤의 두 가지는 봉사학습의 잠재적 성과와 직접적으로 관련된다. 봉사학습에서 학생들은 다양한 학습경험에 직접적으로 참여하고, 타인으로부터 피드백을 받으므로, 경험에 대한 많은 인지적 · 정서적 반응을 얻을 수 있다. 학생들은 또한 그 환경에서 다른 사람들, 동료, 다른 자원봉사자, 기관의 직원, 지역사회 구성원뿐만 아니라 대학의 교수진, 행정가를 관찰할 기회를 가진다. 게다가 학생들은 봉사학습 체험으로 그들이 가지고 온 과제접근기술, 즉 "수행 기준과 가치, 노동 습관, 지각과 인지적 과정... 정신자세와 감정적 반응"을 실제로 체험해 보고 성찰할 수 있다(Krumboltz, Mitchell, and Jones, 1976).

제니스와 조지의 다음의 예는 그들의 봉사학습 참여와 진로 발달이 어떻게 서로 얽혀 있는지를 보여 준다. 제니스는 현대사회의 쟁점이라는 수업이 봉사학습 구성요소를 경제적으로 낙후된 지역에서 수의사로서 활동한다는 자신의 직업목표와 직접적으로 관련되어 있는 것으로 본다. 그녀는 미래 자신의 고객들에게 반응하기 위해서는 사회계급과 관련된 쟁점을 이해하는 것과 지역사회에 깊이 개입하는 것이 중요하다고 생각한다. 1학년 때, 조지는 자신의 진로에 대해서 별로 생각을 하지 않았지만, 그가 과학과 기술분야에는 자신이 잘 어울리지 않는다는 것을 깨달았을 때는 진로에 대한 관심이 깊어졌다. 봉사학습 체험은 그에게 자신의 대인관계기술과 사회적 서비스 환경에서 일하는 것에 대한 잠재력에 관한 직접적인 피드백을 주었다. 그는 일의 경험이 별로 없어서 그래서 지역사회 봉사기관의 기대와 함께 구조화된 성찰을 하는 것은 그에게 적절한 노동습관과 태도, 가치를 발달시키도록 해 주었다.

진로 발달의 과정과 사람들이 어떻게 진로 선택을 하는지에 관한 많은 이론과 모형이 있다. 오시퍼(Osipow, 1983)는 다섯 종류의 진로 이론을 설명한다. (1) 특성-요인 이론으로, 이것은 개인의 능력과 흥미를, 그것을 요구하는 다양한 직업, 진로와 직접적으로 연결시킨다. (2) 직업 선택과 성격 이론으로, 여기에서는 다양한 특정한 성격적 요인들이 진로 선택과 진로 만족도에 관련된다고 한다. (3) 우연적인 진로 선택 이론으로, 개인의 통제를 벗어나는 사회적 상황들이 진로 선택에 큰 영향을 준다는 것이다. (4) 빌달 이론이나 자아 이론으로, 개인이 그들의 진로 선택에 있어 자신의 존재를 보완하고자 하는 과정을 보여준다. (5) 행동 이론으로, 진로 선택은 개인과 자신의 환경적 경험의 복합적 작용이다.

이러한 이론은 봉사학습 교육자들의 관심을 끌 수 있는데, 특히 학생들에게 봉사학습 체험을 진로 선택과 연관시키기 위한 기회를 만들어 주기 위해 진로발달분야에서 동료와 활동할 때는 그렇다. 9장에서 이러한 기회를 위한 특별한 사례를 보여 준다(진로 발달 이론에 대해 더 많은 정보를 얻으려면 Brown, Brooks, And Associates, 1990; Osipow, 1983을 참조할 것).

소 결

봉사학습은 대학생들의 학습과 발달을 증진시키기 위한 유의미한 교육적, 사회적 활동이다. 이는 학습에 임하는 학생의 잠재력을 크게 발휘하게 하는 계기가 되며, 사회 전박적인 역량을 강화하는 기틀이 된다. 봉사학습에서 학생들의 학습과 발달에 관한 지식은 봉사학습 체험의 의도적 설계를 위한 중요하고 가치 있는 근거를 제공해 준다.

학생들은 발달의 다양한 영역, 즉 인지 · 도덕성 · 영적 발달, 심리사회적 · 정체감 발달, 그리고 진로 발달에 있어서 여러 다른 수준에 있다. 이들 모든 측면, 특히 인지 발달은 학생들이 수업의 자료를 어떻게 개념화하고, 그들의 지역사회 봉사에 대해 어떻게 성찰하며, 공식적인 교실에서의 경험과 그들의 지역사회 봉사, 그리고 그들 자신의 삶을 어떻게 관련짓는지에 영향을 준다. 또한, 학생의 삶에 있어서 두드러진 발달의 문제점이나 현재의 선입견(심리사회적, 정체감 발달)은 그들이 봉사학습을 어떻게 경험하며, 그들이 마주치는 것과 어떻게 상호작용하는지에 영향을 미치는 강력한 여과기의 역할을 한다. 이들 발달의 쟁점은 학생이 대학의 활동을 시작하고 있는지, 아니면 끝날 때인지에 따라 다양할 수도, 그렇지 않을 수도 있다.

게다가 학생들은 서로 다른 인식의 방식과 학습 양식을 가진다. 봉사학습에 대한 학습 양식이 어떤 봉사의 경험은 특별한 학습 양식을 가진 학생들에게 더 적합할 것이라는 뜻을 가진다. 또는 어떤 학습 양식을 가진 학생들은 성찰을 즐길 것이며, 반면 다른 학생들은 그것이 어렵다는 것을 알게 될 것이다. 봉사학습은 교육자들에게 학생들 자신이 선호하지 않는 인식의 방식을 이용하고 발달시키게끔 격려할 기회를 제공한다.

학생들은 도전과 지원의 균형을 통해 발달한다. 봉사학습 체험에서의 이러한 균형을 검토하는 것은 고심하고 있는 것 같은 학생들과 일하는 데 있어서 유용할 수도 있다. 봉사학습은 추가적 지원을 바라는 몇몇 학생들을 보다 발달적으로 격려할 수도 있다. 반면, 보다 많은 봉사학습의 체험을 가진 학생들은 발달이 일어나도록 하기 위해 더 많은 도전을 가지거나 더 적은 지원을 할 수도 있다.

봉사학습은 학습과 발달의 다양한 기대성과를 가져올 수 있다. 학습과 인지발달의 영역에서, 봉사학습에 참여하는 학생들은 그들의 사고의 복잡성을 더 많이 발달시킬 수 있다. 즉 그들 자신, 그들의 학습양식, 그리고 그들이 알고 믿고 있는 것들에 대한 도덕적 헌신, 또한 도덕적 수준의 향상, 또 그들의 신앙과 영성에 관한 발달과 깨끗함 등에서 발달을 가져올 수 있다. 심리사회적 정체감 발달과 관련된 잠재적 성과는 보다 많은 능력과 능력에 대한 인식을 갖는다. 즉, 그들의 감정에 대해 더 많이 인식하고 통합하며, 보다 많은 자율성과 독립성을 가지고, 인종적인 존재로서의 자신, 그리고 고유의 인종적 · 민족적 · 문화적 전통을 보다 잘 인식하여, 미국과 세계 속에서의 그들의 위치를 더 잘 알게 하며, 관용과 동정심이 증가하며, 자신과 자신의 삶의 목적에 대해 보다 명확해지고, 그들의 가치를 발달시키고 성숙시키는 것이다.

이들 봉사학습의 잠재적 성과는 수업과 프로그램 설계에 여러가지 기초 자료를 제공해 준다. 봉사학습 교육자들은 바람직한 학생의 학습과 발달 성과를 확인하는 데 있어서 신중하고 의도적이어야 하며, 따라서 특별한 목적과 성과를 촉진시키도록 수업과 프로그램을 설계해야 한다. 결국, 봉사학습 체험을 설계하는 데 있어서 교육자들은 인지적 · 심리사회적 · 정체감 · 진로 발달영역으로부터 대학생들의 발달에 관한 적절한 이론적 관점을 이끌어 내야 한다.

Chapter 04

대학과 지역사회의 협력관계

도시건설개발장관이었던 헨리 시스너로스(Henry Cisneros)는 최근 발표한 글에서 고등교육기관은 지역사회에 지적, 경제적 자원을 제공한다고 하였다. 그것은 많은 대학들이 지역사회와 대학을 구분 짓는 벽을 허물고 지역사회 건설에 있어 지적자원과 기타 자원에 기여하며 학교는 지역사회와 분리되어 있기보다 함께 살기 원한다는 주장을 뒷받침하는 것이다. 봉사학습운동이 전개된 지난 10년 동안 많은 고등교육기관은 다양한 방법으로 대학의 교육적, 과학기술적, 인적, 재정적 자원을 공유하면서 지역사회에서 적극적으로 활동하였다. 아울러 범죄, 폭력, 주택, 불평등 분배와 무노동 빈민 같은 사회문제 때문에 대학은 상아탑으로부터 벗어날 것을 강요당하였고, 지역주민의 이익을 위해서 지역사회에 개입하게 되었다. 다른 예를 보면, 지역사회 구성원과 그 지도자들은 지역사회 문제를 처리하는 것을 돕는 대학을 거부하기도 하였다. 또 다른 면에서, 봉사학습 전문가를 지역사회 발전에 기여토록 하기 위해 기회뿐 아니라 학생을 위한 풍부한 학습환경으로써 지역사회와 대학을 둘러싼 관계를 설명하고자 하였다.

봉사를 통한 학생들의 학습과 성장을 촉진하고자 하는 열정에서 모든 대학은 지역사회 개발이나 충분한 계획 없이 지역사회에 있는 학생을 믿었다. 어떤 교육자는 봉사학습의 본질인 교류를 성취하는 토대에 봉사학습 교육자에 의한 개입(involvement)이 아직 강하게 유지되고 있는 지역사회의 지도자, 조직자(organizer) 구성원들과 상의 없는 본연적 상태에서 봉사학습프로그램을 발달시키기도 하였다. 협력과 지역사회에 권한을 부여하는 데 있어 궁극적으로 초점을 두는 것은 학교와 지역사회 관계의 장기적인 성공을 위한 것이다.

거기에는 기본적으로 학교와 지역사회 수준의 협력이 있다. 우선적인 것은 조직과 학교 각부분에 기초한 학교와 지역사회의 파트너십이다. 또 하나는 학교의 방대한 참여와 지역사회와 함께하는 작업이다. 이 장에서는 학교와 지역사회 관계의 두가지 형태에 대한 토대, 접근, 그리고 전략에 대해 살펴보겠다.

상호협력관계의 수립

대학이 지역사회 구성원들과 관계를 발달시키고자 하는 지역사회에 대해 학습하는 것은 의무이다. 여기에는 역사와 지역사회, 또는 특정 이웃의 독특한 공헌에 대하여 학습하는 것이 포함된다. 또한 지역사회의 풍부한 전통과 가치, 다양한 민족, 인종, 그리고 계급문화를 이해하는 것과 그것이 지역사회에 어떻게 영향을 미쳤는가 하는 것이 수반된다. 지역사회 기관의 직원, 지역사회의 공식적 · 비공식적 지도자뿐 아니라 지역사회 구성원들로부터 지역사회 자원에 대한 정보를 모으는 것은 봉사학습 교육자가 지역사회 영역으로 들어갈 때 그 지역사회에 대한 정확한 모습을 이해하는 데 도움을 준다.

시작하기에 좋은 곳은 지역사회에 대한 기본적 정보가 있는 곳이다. 도서관에서 얻은 인구조사 자료는 인종과 민족의 구성, 소득, 교육수준, 가족지위 그리고 거주지 안전에 대한 정보를 준다. 이 정보의 발달을 위하여 프로파일(profile)을 만들어야 한다. 도서관은 지역사회의 역사적 배경을 제공하고, 지역사회 문제와 지역사회 사람들의 직업에 대한 정체성, 능력에 대한 정보를 제공하는 잡지의 사설과 신문을 모아두는 곳이기도 하다. 역사와 특정 지역사회 주민의 활동에 의존하는 것은 많은 자료를 이용할 수 있게 한다.

비록 책으로부터 많은 정보를 얻었을지라도 구전되는 전통에 대한 대안은 없다. 대부분의 지역사회에는 어떻게, 왜 그렇게 되었으며 어떻게 변화되었는가? 지금은 그것을 어떻게 보는가와 미래를 예견할 수 있을 만큼 오래 거주해 온 지역민이 있기 마련이다. 그런 개인은 지역사회 모임이나 이웃 주변에서 발견할 수 있다. 지역사회 모임에 참여할 뿐 아니라 그런 말사쉬를 더듬어 보는 것은 의미 있는 일이다. 전문가 또는 교사로서 지역주민과 함께 학습자의 위치에 있는 것은 대학 인사를 위한 의미 있는 역할반전(role reversal)이다.

실제 역사와 지역의식은 그 지역에 현존하는 것을 간단히 얻을 수 있는 최고의 것이다. 지역사회 활동에 개입하는 것은 대학과 봉사학습 교육자 그리고 다른 주요 역할을 가진 사람이 비공식적으로 지역사회 구성원을 만나게 하기 위한 한 방법이다. 실수를 막기 위해 봉사학습 조정자들은 지역사회 구성원과 지도자로부터 무엇을 할 것인가, 무엇이 실패인가, 그리고 무엇이 노력 또는 재도전을 요구하는가 하는 것을 배우도록 한다.

결국, 호혜적 관계에서 대학들은 지역사회 구성원과 지도자에게 먼저 학교에 대하여 학습할 기회를 주어야 한다. 지역사회 구성원과 지도자는 강연, 공연, 그리고 전시 같은 흥밋거리를 개발하고, 지역사회의 제도적인 면과 위원회에 대한 지지자 층(constituencies)을 나타내는 리셉션을 해야 하며, 봉사학습을 위한 상담을 제공하면서 초청강사 또는 학교와 지역사회의 교육적 행사에 대한 합동 지원자가 되어야 한다.

상호협력관계의 전개

지역사회의 역사, 지리, 문화, 자원, 그리고 특별한 서비스 프로그램에 대한 정보 얻는 것은 봉사학습의 맥락에서 지역사회와 함께 일하기 위해 요구되는 이해의 한 부분이다. 또한 각 대학은 대학 자체의 철학이나 지역사회에 개입하기 용이한 접근법을 스스로 성찰하는 제도적인 과정을 통하여야만 한다. 학교가 지역사회를 실험연구 대상이나 가르침의 대상으로 간주하여서는 안 된다는 것은 본질적인 것이다. 학교가 스스로에게 제기해야 하는 의문은 다음과 같다. 지역사회 개입의 목적이 단지 학교 자체의 이익 중 하나인가? 또는 지역사회 개발 중 하나인가? 또 학교는 그 자신을 지역사회 속에 있는 것으로 보는가, 지역사회와는 동떨어진 것으로 보는가? 학교의 지도자는 열정적으로 지역사회에 개입할 것을 장려 또는 수용하는가?

학교가 지역사회에 어떻게 접근하는가 하는 것은 봉사학습프로그램의 안정성과 장기적 성공을 위해서 중점적인 것이다. 분명한 목표, 역할, 책임감, 마인드의 존재와 과정을 통한 표출은 신뢰를 설정하고 관계의 지속을 강화한다. 지역사회에 대한 평가를 지속하기 위해 학교가 참여하는 것은 효과적인 의사소통과 상호 정의된 목표의 성공적인 성취를 예견한다. 봉사와 학습을 결합하는 좋은 실제인 윙스프레드 원리들은 교육기관 부분의 지역사회 개입에 대한 믿을 만한 지침을 제공한다.

지역사회 구성원들과 대화에서 봉사학습 교육자들은 해악을 끼치지 않게 하는 토대의 지침이 되는 원리로서 의료전문가의 도덕적 참여를 원용한다. 대부분의 고등교육기관은 봉사학습프로그램에 착수할 때, 최고의 계획이 있음에도 불구하고 권력 차이와 민족주의적 가치에 대한 관심의 부족으로 해악이 생기게 되고 그 해악을 많은 지역사회에 퍼뜨리게 한다.

봉사학습에 관심을 두는 학교와 지역사회는 학교에 대한 신화를 만들어내게 하는 그릇된 위계를 인식할 것을 요구한다. 봉사학습프로그램에 잠재적 영향을 주는 것으로 먼저 드러난 신화에는 문화 우월성이나 열등감이 있다. 이런 신화에 대한 믿음은 학생과 봉사학습 교육자에게 지역사회 내에서 힘과 자원을 설명하도록 유도한다. 결론적으로 지역사회는 힘을 상실하게 되고 학교의 간섭의 결과로서 부정적인 자화상을 개발시킬 수도 있다. 학생들은 운이 좋다는 잘못된 생각과 우월감을 가진 채 지역사회에 남게 된다.

두 번째 신화는 지식과 식견의 우월성에 있다. 최고의 지식은 고등교육기관의 명성으로부터 나온다는 생각을 갖게 한다. 이것은 재정자립이 낮은 학교의 교사들보다 교수들이 주민대표나 지역사회 거주민이 다루는 폭력과 불평등한 주택문제 같은 지역문제를 푸는 더 좋은 방법을 알고 있다는 것을 가정하게 한다.

세 번째 신화에는 지혜의 위계가 있는데, 교수는 학생보다 지혜롭고 학생은 지역사회 주민보다 더 지혜롭다는 것이다. 오히려 특정 지역사회 구성원들은 그들 자신의 요구, 능력이 최고의 위치에 있다고 보고, 적절한 행위과정은 아카데믹한 것에서부터 지역사회 성원에게 듣고 배우기 위한 것이라 본다.

효과적인 봉사학습은 문화와 개인의 자기가치와 지역사회에서 조직에 대한 다양한 파트너십의 형태를 나타내고, 모두 함께 공유할 수 있는 자원을 포함한 주변의 보편성을 추구한다. 해악을 주어서는 안 된다는 원칙의 참여는 억압상태나 불공정한 상황을 유지하는 권력 역동성의 이해를 위해 대학에 요구되는 것이다. 봉사학습 교육자는 다음의 질문을 해야 한다. 권력을 소유한 자가 누구인가? 누가 권력을 원하는가 그리고 지위유지를 위해 어떻게 권력을 사용하는가? 어떤 지역사회 지도자는 학교는 지역사회 스스로를 돕기 위한 필요한 자원을 투입함으로써 지역사회 개발을 지원할 수 있지만 권력 역동성 때문에 확실한 파트너가 될 수는 없다고 하였다.

해악을 끼치지 않기 위해 봉사학습 교육자는 다른 문화의 틀에 예민해져야 하고 지역사회가 권력, 지도자, 성공, 서비스, 그 자체로부터 구분되는 지역사회에 대한 애정을 갖는 것을 이해해야만 한다. 예를 들어, 지역사회의 지도력은 지위에 의존하는 것이 아니라 증명된 지혜와 관계에 기초하는 것이다. 대학 인사는 묵시적으로 잘못된 가정을 만들기보다 지도자와 지도력을 찾아야 하는 것이다.

봉사학습에 종사하게 하기 위해 준비하는 학교는 누가 봉사학습에서 기금과 위세로 인한 이익을 보는가? 그리고 무엇보다도 백인학교가 다른 민족이나 인종으로 구성된 지역사회에 들어가기 위해 어떤 것이 효과적인가? 하는 주요 문제를 해결해야 할 것이다.

상호협력관계의 발전

지역사회와의 관계를 효과적으로 발전시키기 위해 대학은 교육자와 행정가들이 지역사회와 개인을 위해서라기보다 그들이 함께 일하기 위해서 노력해야 한다. 여기서 지역사회의 지식에 대한 계획표를 만들고 의도된 파트너에 관심을 두는가? 라는 의문이 생길 수 있다.

지역사회의 유지 목록을 모으는 것이 그 출발점이다. 지역사회 구성원과 그들 사이에 이미 존재하는 관계는 이런 목록에 의해 확인되고 제안을 만들어가야 한다. Campus Compact는 유지들을 변화를 바라보는 사람, 변화에 영향을 받고 변화를 적극적으로 반대하는 사람으로 정의하고 있다. 지역사회의 유지에는 부모, 교사, 사무원, 사서, 그리고 지역사회 역사와 전통을 계승하는 사람들뿐 아니라 마을조직의 구성원과 지도자, 사회봉사기관, 교회, 학교, 지방자치단체, 지역단체가 모두 속한다.

지역사회와 학교가 서로 각각으로부터 어떤 것을 얻기도 하고 공헌하기도 한다는 두 가지 신념은 교류를 위해 먼저 전제되는 것이다. 두 파트너는 봉사학습과정에서 똑같이 나눠야 한다는 것을 알고 있어야 한다. 그 자체가 우월하다는 것을 믿는 집단은 경험의 모든 면을 통하여 의식적이건 무의식적이건 그 태도를 분명하게 해야 될 것이다. 성취될 것은 아무것도 없고 희망의 첫 느낌은 불신과 의혹으로 변할 것이다. 의도된 봉사의 수혜자는 이런 태도가 생겼을 때 가장 고통받는 사람을 위한 것이다. 예를 들어 봉사학습 경험으로 식사프로그램을 제공한 어떤 학생이 참여하기를 싫어한다면 그 봉사는 차용된다고 해도 제공할 서비스는 없다는 것을 알고 있을 것이다. 식사 프로그램에 참여한 사람은 우월적이고 점잖치 못하다는 것을 느끼게 될 것이며 교류를 설정할 가능성은 막혀버리는 것이다.

의사소통은 교류 관계의 발전을 위한 주요 요소이다. 봉사학습 교육자와 지역사회 대표자는 서로에게 무엇을 제공할 수 있는지를 자주 논의해 보아야 한다. 각 집단의 힘과 능력은 분명히 골고루 뿌려져야 하고 각각은 노력하는데 있어 각자의 부분을 분명히 하고 이해하고 있어야 한다. 의사소통은 공식적이건, 비공식적이건 자주 있어야 한다. 각 집단은 다른 일의 속성에 대한 감각과 일의 환경을 얻기 위하여 다른 장소도 다녀봐야 한다. 대학과 지역사회 유지의 첫 번째 모임에서는 다음 모임의 내용과 과정이 집합적으로 결정되어야 한다. 과정과 아젠다를 공유하는 것은 믿음을 북돋우고 파트너십 모델을 발달시킨다. 쿠픽(Kupiec)이 중요한 과정이라고 말한 것에는 지역사회 지도자가 첫 번째 모임에서 생긴 동기와 흥미에 대한 기관의 자기성찰 뿐 아니라 지역사회의 문화, 지도력, 전통, 역사, 관심을 알기 위해 행하는 연구를 고려할 것을 지적하고 있다. 아울러 쿠픽은 집단 자신의 관심이나 요구와 함께 일할 목적을 의논할 짝이 있어야 함을 강조하였다. 함께 할 파트너는 우선권이 결정되어야 하며 아젠다를 설정하고 '시간에 대한 인식' 차이를 분명히 할 것을 결정하여야 한다. 마지막으로 파트너는 조정된 구조 그리고 수행해야 할 다양한 책임뿐 아니라 상담부서의 설정, 규칙적 의사소통의 결정, 절차

개발을 진행시켜야 한다. 특히 상담부서와 같은 이런 구조들은 파트너십이 진행되는 계획, 평가, 분석을 보장한다

상호협력관계의 과제

지역사회와 장기간 관계를 맺고 믿음을 구성하는 데 가장 중요한 것은 봉사학습 교육자나 그 학교에서 나온 특별한 아젠다이다. 이런 아젠다들은 지역사회의 문제, 요구, 그리고 결함에 초점을 둔다.존 크레츠만(John Kretzmann)과 존 맥나이트(John McKnight)는 교육 지도자들과 비영리서비스 대표들은 지역사회 요구를 기호화하는 데 속하기도 하고 그 결과로 많은 저소득 도시빈민의 행동에 영향을 미치는 서비스 환경에 있는 것을 관찰하였다. 이 지역사회 파트너십의 결핍 모델은 특히 학교의 도움이 떠난 이후 지역사회가 스스로 돕는 힘을 갖지 않는 것으로 본다. 이 모델은 지역사회가 외부로부터 통제하기보다 자체문제를 해결하는 과정에서 운용되는 장기적 필요자원을 투입하지 않는다.

크레츠만과 맥나이트는 개발에 기반을 둔 자산으로 불리는 다른 접근법을 제안하였다. 두 사람은 효과적인 지역개발 노력은 지역사회의 재산과 능력을 이해하는 것이라고 믿었다. 이 과정에는 각 개인, 가구, 조직, 지역사회, 학교의 능력과 자원을 다루고 발견하는 지역사회의 자산, 능력이 수반된다. 과정의 한 부분은 유지 지도자가 지역사회의 문제와 요구를 표현하기 위해 이 재산을 어떻게 이용할 것인가를 결정하는 것이다. 『안에서 밖으로 지역사회(지역공동체) 건설(Building Communities from the Inside Out)』에서 크레츠만과 맥나이트는 지역사회 개발에 대한 이 접근법의 상호 관련된 특성 세 가지를 강조했다.

1. 이 과정은 자산에 기초한 것이라는 정의가 첫 번째 원리이다. 즉 지역사회 개발단계는 지역사회 주민과 노동자의 능력, 그 부분의 제도적 · 기관적 기초, 무엇이 없는가, 무엇이 문제인가, 또는 무엇이 지역사회 요구인가가 아니라 지역사회에 무엇이 나타나 있는가에서 출발한다.
2. 지역사회 발달과정은 자산에 기초한 것이기에 '내적으로 강조된' 필요성인 것이다. 즉, 이 발달단계는 무엇보다 아젠다 설정과 지역주민의 문제 해결 능력, 지역협의회, 그리고 지역학교가 중심이다. 다시 말하면, 이런 긴장과 내적으로 강조된 자기확신을 최소화하기 위해 의도된 것이 아니고, 그 요구가 지역사회의 부가적 자원을 요구하는 것도 아니며, 저소득층의 자포자기 상태를 돕는 외부적으로 강조된 역할도 아니다. 오히려 이 강한 내적 강조는 지역적 정의, 투사, 창조성, 희망, 그리고 통제를 강조하기 위해 의도된 것이다.
3. 만약 지역사회 발달과정이 자산에 기초한 것이고 내적으로 초점이 맞춰진 것이라면 그것은 관계를 운영하는 중요한 방법이 될 것이다. 그리하여 자산에 기초한 지역사회 개발을 위한 도전의 중요 부분은 지역주민, 지역협의회와 학교 사이의 관계를 지속적으로 구성 또는 재구성하는 것이다.

교류를 성취하기 위해 봉사학습에 열중하는 대학들은 지역사회가 정의한 지역사회의 요구를 알아야 하고, 지역사회 자산을 설립하는 프로그램을 발달시켜야 한다.

크레츠만과 맥나이트는 지역사회 분석이 중심과 주변 모든 지역사회 내에서 개인의 능력에 대한 목록이라고 믿었다. 그 목록은 지역사회의 이상에 대한 능력과 사람의 기술과 관계하기 위해서 조사 기술, 지역사회 개입, 사업관심과 경험, 개인신상이 있어야 한다. 그런 목록을 지위하는 대학생과 지역사회 구성원 모두는 개입한 모두에게 적절한 훈련을 제공하고 지역사회 구성원이 전문가처럼 보일지라도 협력관계를 촉진해야 한다. 크레츠만과 맥나이트는 핸드북에서 지역사회 개발을 위해 노력하는 지역학교, 지역사회, 특정 인구집단에 사용된 방법과 몇 가지 단계를 제시하였다.

미국공동모금회(United Way), YWCA, YMCA, 그리고 그 외의 자선조직은 지역사회 분석을 지휘하고 유용한 정보를 가지고 있다. 이런 노력에 참가하는 봉사학습 교육자와 학생들은 그들이 관계를 갖고자 하는 사람들과 지역사회 구성원간의 주요 네트워크를 발달시키기 시작한다.

지역사회 제공자는 교수들이 바라고 학생들에게서 기인한 봉사학습 결과를 알아야 하고 교수는 지역사회 프로그램과 기관의 요구, 목적, 능력을 이해해야 한다. 다시 말하면, 봉사하는 같은 테이블에 함께 앉는 것이 중요하다. 어떤 교수들은 지역사회 봉사 제공자와의 대화를 편지나 전화로 통하기도 하지만 이것은 학생들이 누구와 함께 일해야 하는지를 효과적으로 지도하고 무엇을 어디에 제공해야 하는가 등의 요구된 것을 인식하기에 최고의 방법이 아니다. 교수들은 봉사의 목적과 지역사회에 대한 이해를 얻기 위하여, 학생들을 위해 찾고 있는 유사한 봉사에 참여해 보아야 한다.

봉사학습 교수는 적극적 역할을 가져야 한다. 그들은 봉사학습 체험이 교육적 가치와 최고의 체험이 되는 데 소요되는 시간을 잘 알고 있어야 한다. 교수가 효과적으로 가르칠 만큼 준비한다면 학생은 지역사회로 나가기 전에 기초 원리에 대해 잘 알수 있을 것이다. 같은 방법으로 지역사회 봉사 제공자는 의미 있는 봉사체험을 설정하고 상호작용할 사람에 대해 교수와 학생 모두를 교육함으로써 함께 일할 학생을 위한 준비를 해야 한다. 대부분 제공자는 이런 노력을 봉사하는 사람과 봉사받는 사람 모두에게 유익한 투자로 본다.

프로그램 개발

필요와 요구가 분석되고 결과가 나오고 봉사학습 교육자와 지역대표 모두에 의해 동의되었을 때 프로그램 개발은 시작된다. 이런 관점에서 대학 봉사학습의 우선적인 목적은 일반적으로 학생의 학습과 성장이다. 지역사회의 관점에서 봉사학생을 받는 목적은 지역사회의 즉각적이거나 장기적인 요구에 대한 모임에서 도움을 얻기 위해서이다. 이런 관점은 상호 배타적이지 않고 둘 다 성취할 수 있는 것이다. 각 입장으로부터 목적달성은 어떻게 프로그램이 개발되는가에 의해 결정된다. 모든 경우 봉사학습 교육자와 봉사 제공자 간에 진행되는 논의는 상호 기대와 결과, 교육적 기회의 표현, 그리고 드러날 수 있는 논리적 문제를 분석하는 데 중요한 것이다.

여기에는 지역사회 봉사 제공자와 봉사학습 교육자가 반대역할을 해 보는 것이 요구된다. 교육자는 그들 학생이 최근에 개입했거나, 개입할 직접적인 봉사학습 체험에 그들 스스로가 열중할 수 있는 시간을 요구한다. 그리고 학생들은 지역사회와 조직에 일함으로써 얻은 지식을 공유할 시간을 가져야 한다. 이런 준비는 봉사처에서 또는 교실에 봉사 제공자를 초대함으로써 '끝낼 수 있다.' 또한 봉사 제공자는 성찰을 도와야 한다. 예를 들어, 성찰에 대한 글을 쓰는 학생은 지역사회와 기관에서의 학생체험의 속성에 대하여 유용한 피드백으로 봉사 제공자와 공유할 수 있다.

준비는 지역사회 봉사에서도 발생한다. 첫 체험을 하는 동안 실제로 학생들은 어떤 것이 있는지 절차, 기관의 묵시적 · 암시적 규범, 그리고 기관의 철학에 대해 배워야만 한다. 두 번째 체험에서는 스태프와 일상에서 더 나아질 것과 무엇을 할 것인가에 대해 명료화해야 한다. 그러고 나서 학생들은 사람을 만나 그들의 요구에 초점을 두고 시작할 수 있다.

체험이 계속되면, 학생은 더 넓은 지역사회에 대해 알게 된다. 지역사회 봉사 제공자는 공식적이든 비공식적이든 해낼 수 있다는 이런 종류의 오리엔테이션을 받을 수도 있다. 아마도 봉사기관에서 일하는 사람과 그 봉사를 받는 개인은 봉사에 대해 학생들에게 얘기할 것을 요청받기도 한다. 지역사회에 대한 체험에는 거주지의 체험을 통해 얻은 것과 주변을 탐방하면서 얻는 것이 포함된다.

비공식적 지역사회 연구는 학생들이 이웃과 저녁을 먹거나 부식가게에서 또는 스스로가 결정한 방문답사에 의해 성취될 수 있다. 학생이나 교수 그리고 지역사회의 스태프가 추구하는 것은 그들이 직접 봉사에 관여하지 않을 때 다른 방법으로는 획득될 수 없는 이웃이 그들에게 신뢰를 갖도록 돕는 것이다.

마지막으로 봉사체험이 그 자체로 교육에 필수적인 것이 아니라는 언급은 아주 중요하다. 봉사학습 교육자는 성찰을 위해 학생들에게 계속적으로 도전하도록 하고 체험과 유사체험을 누가 갖고 있고 누가 갖지 않았는가를 확인해야 한다. 지역사회 구성원, 지도자, 봉사 제공자가 성찰과정에 용이하게 하기 위해 질문하는 것은 봉사-학습과정이나 지역사회 구성원, 학교 또는 지역사회에서 수용된다.

지역사회관계 모형

봉사학습프로그램을 시작할 때 대학들은 의도된 변화를 위해 필요한 자원의 효력(leveraging)에 장기간 영향을 주는 특정 지역사회와의 관계 지속을 발달시키는 데 노력과 시간을 투자하기보다 학생들을 배치하는 것 또는 지나치게 병참(logistic)에 초점을 두는 오류에 빠진다. Campus Compact의 봉사학습 프로젝트는 44개 대학들이 개최한 논의로부터 지역사회 관계를 위한 모델의 연속체를 발달시켰다. 연속체에 있어 세 가지 모델에서 봉사의 발의는 협력을 위한 파트너십으로의 변화로 표현하고 있다.

클리어링하우스(clearing house) 모델에서 학교는 교수와 학생을 배치하기 위한 기본자료를 유지하고 지역사회 관계에 최소의 제도적 투자를 추구한다. 대학의 이 모델 사용은 제한된 재정자원 또는 학교 참여의 결과로서 행해지는 반면, 규칙적인 자료의 갱신은 학생과 봉사기회를 연결하는 효과적인 수단이 되기도 한다. 클리어링하우스 모델은 지역사회와 최소의 교류관계를 조장하기 때문에 그것은 독단적 요구이고, 지역사회의 잠재능력을 활용할 수 없다. 이 접근은 학생을 위한 교육과정에 투자하고 학생의 학습을 위한 기회로서 지역사회를 보기 때문에 위해를 주는 우월적 문화, 그릇된 위계질서, 그리고 지역사회에 대한 지향의 결핍을 조장할 수도 있다.

파트너십 모델은 지역사회 또는 학교가 각기 다른 쪽의 요구에 접하기 위한 자원 참여에 기초되는 더 의도적인 관계를 발달시키기 위해 서로를 찾을 때 나타나며 파트너의 요구에 관심을 둔다. 파트너십 모델은 대학에게 봉사의 초점을 넓게 할 것인지 좁게 할 것인지의 결정과 몇몇 지역사회 조직에 시간투자를 증가시킬 것을 강조한다.

협력 모델에서는 학교와 지역사회는 의미 있는 방법에서 서로 의존적이다. 이 모델에서는 사회문제에 관련된 원인의 뿌리를 찾고 이런 원인을 해소하기 위한 일반적 아젠다를 만들 것에 동의한다. 이 모델의 특성은 가시적이고 지배적 파트너로서가 아니라 지역사회 발전과정에 가치 있는 기여자로서 특정 지역사회 내에서 학교 존재를 유지하게 된다. 그 초점은 크레츠만과 맥나이트에 의해 강조된 것처럼 자원에 기초한 지역사회 개발의 이차적 생산으로서 교수의 연구와 학생의 학습으로 지역사회를 개발시키는 것에 있다. 이 모델은 포괄적인 기관의 시간과 지역사회와의 대화, 개발, 평가에 참여한 인사를 필요로 한다.

파트너십 모델과 협력 모델이 학교와 지역사회를 개발할 때, 재정, 인간, 그리고 기술적 자원의 공유가 요청된다. 파트너십 모델과 협력 모델은 추진을 위해 많은 기금을 공유하고자 하고, 봉사학습프로그램을 함께하는 행정적인 기능을 수행하기 위한 지역사회 내의 스태프는 파트타임 또는 전임으로 함께 일할 것을 추구한다. 이런 인적자원의 공유는 지역사회 내에서 학교의 존속을 강화하고 지역사회 조직을 재정적으로 지원하기도 한다. 학교와 지역사회의 협력은 서로에게 유익한 지역이나 국가법을 자극하기 위해 공무원에 대한 로비를 하기도 한다.

관계가 지속되는 동안 대학은 지역사회에 전문적인 프로그램을 통하여 지원을 한다. 의학, 법학, 그리고 교육적 자원은 많은 대학이 파트너에 기여할 수 있는 자원이다. 학교가 컴퓨터 체계를 개발시킬 때, 학교는 지역사회 프로그램에 컴퓨터 기술을 제공하기도 하고 학교의 네트워크를 통하여 인터넷을 설치하기도 한다. 이런 접근은 지역사회의 능력을 확장하고 학교와 지역사회가 의사소통을 쉽게 할 수 있게 한다.

상호교류의 유지

교육에 대한 관심은 지역사회와 학교가 파트너 또는 협력을 유지하게 한다. 그것은 모든 수준에서 발생되고 대학과 기관직원, 자원봉사자, 지역사회 구성원, 그리고 학생과 같은 지역사회 기관의 지도자들은 계속되는 교육에 참여해야 한다.

자원봉사자로서 대학생과 지역사회 지도자와의 계속되는 대화와 오리엔테이션에 열중하는 봉사학습 지도자는 학생의 교육체험을 깊게 하는 효과적인 관계형성과 관계의 지속을 유지 · 발달시키고자 한다. 교육기관은 대학생의 성장문제와 어떻게 그들에게 영향을 미치는가, 무엇에 의해 영향 받는가에 대해 봉사제공자의 봉사학습 개입을 도와준다. 지역사회 파트너는 학생을 위한 의도된 학습결과를 이해하고 있으므로 성취를 돕기 위해 도구가 될 수도 있다. 봉사학습 모델은 두 번째 부분 도입에서 언급되어 있으며 이 장에서는 학습과 발달이론을 언급했다. 이 과정에는 세 가지 유용한 것이 있다. 이것은 학생들이 학과시간표에 대응할 것인지에 대해 고려하고, 부모에 대한 책임감을 갖는 것보다 이용가능한 시간을 인정하려는 지역사회 파트너와의 관계가 중요하다. 봉사학습 지도자는 봉사 제공자로부터 대학생들과 효과적으로 일하기 위한 전략에 대한 정보가 요구된다.

기회는 기관(그것의 인사, 철학, 구조, 스태프, 목표집단 자원, 봉사 제공, 그리고 특별한 요구)과 그 주변에 대하여 교수, 행정가, 학생을 교육하는 지도교사를 위해 제공되어야 한다. 봉사학습은 의도적으로 교사의 전통적 표현으로 확장된다. 지역사회 구성원과 지도자는 학생을 위한 역할 모델이 되기도 하고 조언자나 기능적인 교사가 되기도 한다. 어떤 봉사학습 교수는 이론과 실재를 통합하기 위한 노력의 일환으로 지역사회 구성원들과 지도자와 함께 수업하기도 한다. 이런 파트너 모델에서 교수는 학생이 학습에 대해 더 넓은 관점을 갖도록 돕고 그들이 함께 일하는 지역사회에 귀중한 기여를 할 수 있도록 한다.

교류협력의 평가와 진단

마지막으로 효과적인 봉사학습을 유지하는 데 가장 비판적이고 간과하기 쉬운 것이 평가이다. 지역사회 구성원, 봉사기획서(recipients), 그리고 봉사 제공자로부터 진행 중인 피드백은 수행하는 프로그램을 확장하기 위한 것뿐 아니라 노력을 재조명하고 다시 만드는 데 필수적인 계기를 만든다. 국가간 봉사학습 실천가와의 인터뷰에서 지역사회와의 관계에 대한 영향을 분석하기 위한 요구를 인정하면서 그들의 노력에 대한 평가는 별의미를 두지 않는 것에서 볼 수 있다.

많은 대학은 지역사회에 대한 영향을 피드백 집단, 유지들을 활용하여 평가한다. 봉사학습 파트너와 지역유지집단이 함께 할 것을 조장한 학교와 지역사회 두 집단의 지도자는 규칙적으로 계획된 평가를 위해 요구와 기금을 구체화한다. 이 기간은 주요 주제와 선정된 질문의 논의를 용이하게 하고, 이 기간의 포괄성과 빈도는 계속되는 개선과 지역사회의 발달뿐 아니라 결과와 영향의 성공적인 이해를 위한 주요 요소로 간주된다.

다른 평가방법에는 봉사를 받은 특정 집단이나 그 집단과 관련된 집단의 양적, 질적 분석이 포함된다. 예를 들어, 만약 봉사학습 장소가 초등학교라면 학생들은 포커스 그룹이나 개인적으로 인터뷰를 하거나 사전, 사후 테스트를 할 수도 있다. 또한 부모와 교사는 평가에 참여해야 한다.

각 파트너를 위한 특정 평가방법과 기술은 특정 프로그램에 적합하여야 한다. 지역사회 개발과 설계, 수행, 그리고 평가 노력에 대해 함께 일하는 교수 자원은 유용하다. 평가를 운영하는 다른 전략은 잠재적인 촉진자(facilitator)나 봉사학습 파트너로 즉시 개입하지 않는 면접자를 찾기 위한 것이다. 평가과정 부분을 운용하는 일반 자원봉사자와 지역사회 구성원은 결과와 영향의 객관적 모습을 제공한다(11장에 프로그램 평가에 대한 부가적 정보가 설명되어 있다).

때때로 평가결과는 대학이 지역사회와의 관계를 철회할 것을 요구하기도 한다. 관계의 결과에 대한 특별한 이유에도 불구하고 쿠피엑(Kupiec)의 과정에서 지적되었다. 그리고 크레츠만과 맥나이트의 자원에 기초한 지역사회 개발 접근법은 부정적 효과를 최소화하기 위한 것이다. 학교와 지역사회 관계의 시작에 있어, 두 부분은 즉각적으로 사회적 책임감을 분명히 하고 어려움을 인식하며, 미래의 방향을 위하여 그들의 교류적 관심과 욕구를 함께 논의하여야만 한다. 상호 촉진자 또는 중재자는 대화가 어려워질 때 도움을 줄 수 있다(나아가 프로그램 결론과 관련된 논의는 11장에 있다).

소 결

봉사학습을 통한 학생의 학습과 성장을 촉진하려는 열정에서 대학은 다양한 계획을 추진한다. 그러나 지역사회의 지도자와 구성원의 지지가 없는 상태에서 봉사학습프로그램을 개발시키려는 성급한 시도로써 강력한 지역사회의 개입은 효과적인 봉사학습 파트너를 만들기 위해 요구된다. 상호 협의된 목적, 능력, 요구, 전략에 기초한 학교–지역사회 관계는 변화를 초래하기 위한 필수적 자원의 효력(leveraging)에 있어 장기간 영향을 미칠 수 있다. 교류와 지역사회에 대한 역량개발은 봉사학습 노력의 장기적 성공을 위한 절대적 요소이다.

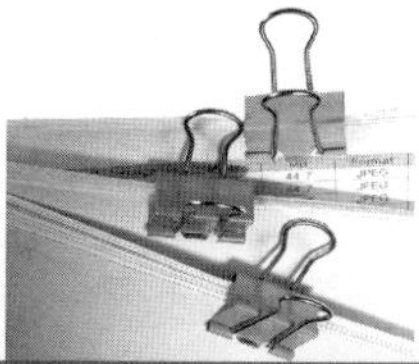

P·A·R·T 02 봉사학습의 체험 설계

전문대학과 종합대학은 그들의 교육에 있어 다른 관점에 그리고 다양한 발달단계에서 계획적으로 고안된 다양한 범위의 봉사학습 경험을 학생들에게 제공한다. 시실리아 델브, 수잔 민츠, 그리고 그렉 스튜어트(Delve, Mintz, and Stewart, 1990)의 봉사학습 모델은 이 책의 2장에서 설명된 다양한 봉사학습체험에 포함된 결과로 인한 학생 발달의 다섯 국면을 설명해준다. 그 모델은 네 가지 핵심변수, 즉 개입, 참여, 행동, 균형에 기초를 두고 있다.

개입(intervention)은 그 모델의 첫 번째 변수로서 두 가지 요소 방법(mode)과 환경(setting)을 포함한다. 방법은 학생들이 개인적으로 또는 집단의 구성원으로 봉사학습에 참가하는지와 관련된다. 환경은 의뢰인 집단에 대해 학생들과의 관계를 설명한다. 간접적인 환경(indirect setting)은 봉사장소와 봉사를 받는 집단 간에 물리적인 거리가 있는 경우이다. 직접적이지 않은 환경(nondirect setting)은 학생들이 봉사장소에 포함되어 있으나 의뢰인 집단과 직접적인 접촉이 없는 경우이다. 직접적 환경(direct setting)은 의뢰인 집단과 봉사장소에서든 그 밖의 장소에서든 면 대 면(face-to-face) 교류를 하는 경우이다.

두 번째 변수인 책무(commitment)는 봉사학습 활동의 본질과 관련된다. 그것은 빈도, 즉 학생들이 활동에 얼마나 자주 참가하는지와 그 기간으로 특징지어진다. 기간은 장기간 또는 단기간의 참여와 포함된 다른 학생들, 활동, 봉사장소 또는 의뢰인 집단에 대한 학생의 참여 근거를 모두 포함한다.

세 번째 변수인 행동은 욕구와 성과를 포함한다. 욕구는 봉사학습에 참여하려는 학생들의 동기부여이다. 성과는 학생들의 행동에서 나오는 봉사학습의 영향이다.

마지막으로 3장에서 설명되는 발달은 도전과 지원의 균형이 일어나는 것이 필요하다. 학생이 도전으로부터 대처하고 배울 수 있도록 고안된 지원과 더불어 봉사학습 체험에서 도전에 직면하게 될 때 발달은 고무된다(Delve, Mintz, and Stewart, 1990).

봉사학습 모델은 봉사학습과 관련되어 학생발달의 국면을 설명한다. 교육자는 모든 국면에서 학생들과 마주치게 될 것이고 학생들의 발달 국면은 그들을 위해서 가장 적절한 봉사학습 체험의 본질과 직접적으로 관련이 있다는 것을 인지하게 될 것이다.

제1국면: 탐색(Exploration). 델브, 민츠, 그리고 스튜어트(1990)에 따르면 첫 국면에서 학생들은 새로운 경험을 탐험하고자 하는 빛나는 눈과 텁수룩한 꼬리(bright-eyed and bushy-tailed) 같은 열망을 갖게 된다(p. 14). 그런 학생들은 대개 새로운 기회에 대해 흥분하여 봉사를 필요로 하는 문제들의 깊이와 복잡성에 대해선 무지한 채로 참여하게 되거나 돕고 있다. 이 국면에서 대부분의 학생들은 의뢰인 집단과 직접적인 접촉을 하지 않는 단기활동에 참여한다. 그들의 참여는 종종 경험 또는 관련된 논점들에 대해서보다는 그 활동을 지원하는 집단에 대해서 이루어지고 그들의 행동은 선한 기분을 느끼고 싶다거나 참가에 따른 티셔츠 같은 보상을 받고자하는 열망에서 만들어질 수 있다. 새로운 경험에 대한 불확실성은 매우 도전적일 수 있으므로 학생들에 대한 지원은 고도의 체계와 분명한 예상을 포함해야 한다.

제2국면: 명료화(clarification). 샐러드바를 이용하는 것과 같은 특징이 있는 제2국면에서 학생들은 그들의 다양한 기회를 경험하고 그들의 봉사와 관련된 에너지를 어디에 어떻게 집중할 것인지에 관해서 결정을 하기 시작한다. 이 국면에서 학생들은 일반적으로 또래집단과의 관계를 통해서 다양한 곳에서 단기 봉사체험에 참가한다. 봉사는 간접적이거나 직접적이지 않거나 직접적일 수 있다. 학생들은 종종 봉사의 장소나 모집단 또는 쟁점에 대해서보다는 소속감에 고취되어 그 또래집단에 대해 헌신한다. 도전은 선택권을 없애는 것과 잠재적 봉사체험들 중에서 선택하는 과정을 포함하며 지원은 구조화된 활동 속에서 집단의 정체성과 연대감을 자라게 한다.

제3국면: 실현(Realization). 봉사학습 교육자들이 보통 가장 좋아하는 국면으로서 깨달음 국면에서 학생들은 봉사학습이 무엇인지를 인지하게 될 때 상징적으로 아하(Aha!)하고 소리를 지른다(Delve, Mintz, and Stewart, 1990). 이 국면에서 학생들은 특정 모집단 또는 쟁점에 집중하기 시작하고 상호학습의 개념을 이해하기 시작한다. 이제 학생들의 봉사는 장소, 활동 또는 쟁점에 대해 장기적이고 빈번한 참여를 반영한다. 그들은 독립적으로 또는 집단의 일원으로 봉사할 수도 있고 봉사는 직접적, 간접적, 또는 이 두 가지의 조합으로 이루어질 수 있다. 학생들의 도전은 다양한 사람들에게 심도 있는 노출을 포함한다. 에이전시 직원, 지원자, 그리고 의뢰인들 간의 상호개인적인 역동성, 그리고 봉사의 필요성에 잠재된 사회적 · 정치적인 쟁점의 복잡성에 대한 노출도 포함한다. 이 국면에서 중요한 지원은 구조화된 성찰의 기회와 현장 감독관과 캠퍼스 직원 사이의 개인적인 관계들이다. 학생들의 흥분의 결과처럼 학생들의 소진의 잠재성에 대해 관찰해야 한다.

제4국면: 활성화(Activation). 네 번째 국면에서 일반적으로 학생들은 그들이 함께 일한 모집단과 강한 결속감을 느끼고 모집단을 대표하여 옹호자가 된다. 그들은 인종차별주의, 계급차별주의, 경제적 불평등 같은 사회정의의 거대한 쟁점과 맞서 싸운다. 학생들은 간접적인 방식으로 현저한 쟁점에 집중하듯이 의뢰인 집단과는 직접적인 참여를 지속할 가능성이 있다. 제3국면에서처럼 그들은 독립적으로 일할 수도 또는 그들의 쟁점과 관련이 있는 집단과 일할 수도 있다. 실천은 집중적이고 참여는 고도로 이루어진다. 그들의 도전은 그들이 우연히 마주치게 되는 불법들로부터 그리고 목적에 대한 그들의 강력한 실천의 결과로 인한 그들의 외모, 생활방식, 말과 글로 된 표현에 있어서의 변화에 대한 동료와 가족들의 비우호적인 반응으로부터 생겨난다. 봉사학습 교육자의 지원은 학생들이 좌절을 이겨내고 잠재적 소진을 피하여 그들이 경력을 만들 수 있고 그들의 가치에 따라 개인적 결정을 내릴 수 있음을 깨닫도록 돕는다.

제5국면: 내재화(Internalization). 이 마지막 국면은 봉사를 그들의 삶에 완전히 융합시킨 소수의 사람들 그리고 그들이 채택한 가치기준과 일관된 생활방식과 경력결정을 만든 소수의 사람들을 설명한다. 그들이 한 선택은 사적인 가치기준과 지역사회 가치기준 모두를 통합시킨다. 학생들이 마주치게 되는 도전은 경력, 가족, 거주지, 돈과 다른 자원의 사용과 관련되어 만들어야 하는 그들의 가치기준과 결정에 일관된 삶을 살아가려는 노력에 관한 것들이다. 지원의 원천은 그들의 참여의 깊이와 일관성에서 얻어지는 공동체 의식과 연대감 그리고 자신의 가치기준과 일관되게 살아감으로써 유발된 내적 평화감이다.

제2부에 있는 장들은 봉사학습 모델, 즉 예비기회들에서부터 학생들이 봉사학습 참여를 통해서 얻은 가치기준을 통합하는 경력과 생활방식을 선택할 수 있도록 돕는 모든 국면들에서 학생들을 위한 적절한 도전과 지원을 제공하는 봉사학습 체험의 연속체를 설명해 준다. 각 장들은 봉사학습에 있어 다양한 성공적인 프로그램을 인용하고 미국의 모든 분야에서 광범위하게 규격화된 형태들로부터 접근하고 있다.

Chapter 05

일회성/단기간 봉사학습 체험

많은 대학에서 학생들은 일회 또는 단기간 체험 참가를 통하여 봉사학습을 하게 된다. 처음에 그들은 캠퍼스 주변의 지역활동에 참여하게 된다. 예를 들면, 오리엔테이션 기간 동안 인근정화 프로젝트에 참여하기, 노동절 행사에 자원봉사 활동, 무주택자들을 위한 시설에 음식 준비 및 제공, 노령자들의 주택 방한장치를 보조하기 위해 해마다 프로그램에서 주거지가 같은 회원들과 협력하기 등의 활동이 있다.

잘 계획되고 준비된 기본적인 체험들은 다른 봉사학습 형태의 토대가 될 수 있다. 다양한 봉사모델들은 학생들에게 앞의 봉사체험을 보충할 수 있는 기회, 그들의 학교가 위치해 있는 지역을 연구할 수 있는 기회, 보람 있는 일 속에서 다른 학생들과 친분을 가질 수 있는 기회, 체험을 통한 반성 속에서 새로운 안목을 가질 수 있고, 사회적 문제 및 봉사기관에 지속적인 봉사학습 참여의 가능성을 명료하게 할 수 있는 기회를 제공한다. 봉사학습에서 첫 단계는 학생들에게 좀 더 발전적인 행동을 하게 하고 그들의 학습과정에 초점을 맞출 수 있게 하는 것이다. 학생, 행정가 및 대학교수진은 성공적인 기초 봉사학습에 필요한 다양한 요소를 이해하고 학습단계 설정에 있어 학생들의 이해에 초점을 둔 열린 자세를 통하여 교육과정에 학생들의 참여를 높일 수 있는 체험을 계획할 수 있을 것이다.

비록 모든 수준(1학년에서부터 대학원까지)의 대학생들이 일회 또는 단기간 체험을 통한 봉사학습을 받을 수 있다고 할지라도, 봉사학습을 시작하는 이들의 대부분은 다양한 지역봉사 체험을 겪게 될 대학 1학년이 중심이 된다. 대학입학생들에 대한 연구에서, 오스틴(1991)은 보고된 고등학교의 지역봉사 참여를 비교했을때 기대되는 자원봉사 참여 수준이 감소함을 지적하고 있다. 좀 더 최근에 오스틴, 콘, 삭스(Astin, Korn, and Sax, 1994)는 1994년에 입학한 학생들 중 70.1%가 그 전년도에 자원봉사 활동을 했음에도 불구하고 그중 17.3%의 학생들만이 대학에서 자원봉사나 지역사회 봉사에 참여하는 것이 좋겠다는 평가를 하였다고 보고했다. 자일스와 아일러(Giles and Eyler, 1994)는 의도된 자원봉사 참가에서 이러한 감소추세는 부분적으로는 많은 대학생들을 위한 대학 체험의 특성이 무시된 것이 원인으로 작용했을 것이라고 한다. 또한 그러한 감소는 새로운 공동체에 들어서는 것과 함께 학생들과 그들의 공동체를 결속시키는 가족, 학교, 종교적 · 사회적 단체와의 관계 상실, 익숙하고 안정적이던 생활에서 새로운 환경으로의 전환, 그리고 학생들의 생활에서의 복합적 요구 등이 그 원인으로 작용했다고 제안한다.

오리엔테이션이나 1학년 체험프로그램으로서의 일회 또는 단기간 봉사학습 행사들은 소속된 학생들에게 대학시기 동안 그들의 시간을 어떻게 보낼 것인가에 대한 그들의 의사결정 과정에서 봉사학습 선택을 고려할 수 있도록 조직적이고 협력적인 환경을 제공한다. 지역봉사 실습의 영향에 대한 연구에서, 자일스와 아일러(1994)는 한정된 기간의 봉사체험은 학생들의 봉사에 대한 책임과 기회 및 사회적 봉사가 필요한 사람들에 대한 사고의 새로운 틀을 가질 수 있도록 한다는 것이다.

기본적인 봉사학습 체험의 목표

일회성 또는 단기간 봉사학습 체험을 위한 목적 설정은 학생들의 동기와 요구 및 지역사회 요구 간의 신중한 고려에서 출발한다. 이러한 과정에서 단체들은 프로젝트나 체험에서 얻는 공헌 및 이점을 확인하고 그것을 표현하게 된다. 봉사체험에 참가하는 학생들을 위한 그들의 요구의 균형 있는 결정과 지원은 학습효과 발생에 필요하다.

자원봉사 활동에 참여하는 대학생들의 특성 및 동기에 대한 연구보고서의 재검토를 통해, 윈니포드, 카펜터, 그리고 그리더(Winniford, Carpenter, and Grider, 1995)는 두 가지의 주요한 동기를 찾아냈다. 그것은 이타주의와 이기주의이다. 대부분의 연구에서 이기주의적 보상은 성취감과 만족감, 기술 습득, 봉사활동에서 처음부터 지속적으로 관여하는 주요 인물들과의 친분형성과 관련된다고 언급한다(Serow, 1991). 윈니포드, 카펜터, 그리고 그리더(1995)는 이타주의적인 동기(타인 돕기, 지역사회에 공헌하기 등)는 자원봉사기관에 처음 참여하는 학생들에게 매우 중요하며 그러한 기관들은 학생들의 지속적인 참여를 더 중요시한다는 것이다. 자일스와 아일러(1994)는 봉사에 참여하는 학생들의 중요한 동기요소로서 효율성에 대한 요구를 서술한다. 봉사프로젝트에 참가하는 학생들의 느낌은 실제로 차이가 있을 수 있다.

학생들에게 좋은 감정 및 성취감을 주기 위하여 명확한 변화나 성과를 가져올 수 있고 기숙사 층별모임, 학생단체, 오리엔테이션을 통한 그룹 참여를 지지하는 단기간 봉사학습 활동(낙서 위에 페인팅하기, 인근 정화작업, 배고픈 사람들에게 음식 제공하기)과 거교적인 행사는 학생들의 욕구 충족의 가능성을 주고 봉사학습에 지속적으로 참여할 수 있도록 유도한다. 참가에 대한 보상, 예를 들면 티셔츠, 모자, 위로 피크닉, 그룹 간의 교류와 협동의 기회는 봉사체험의 여러 유형에 참가하는 학생들에게 중요한 동기로서, 봉사학습 모형(Delve, Mintx, and Stewart, 1990)의 첫 단계에서 다루어지고 있다. 비록 그러한 노력이 학생들의 욕구를 충족할 수 있는 지원환경을 만들어 낸다 할지라도 적절한 자극은 학생들에게 인격적 학대의 원인과 그들이 마주칠지도 모르는 개인에 대한 선입견에 의문을 가질 수 있도록 해야 한다(Giles and Eyler, 1994).

AIDS연구를 위한 기금 조성행사나 무주택 가족들 및 학대 희생자들을 위한 음식이나 장난감 수집과 같은 것들이 교육적 요소와 AIDS나 학대 희생자들, 사회적 문제 및 사람들 간의 충돌, 그들의 일상생활에서 소멸되어 가는 경험에 대한 반성의 기회를 포함하지 않는다면, 학생들의 사회적 문제들에 대한 인식변화와 학습효과는 거의 없을 것이며 지속적인 참여에 대한 기대도 한계에 부딪치게 될 것이다.

전형적으로 초보적 봉사학습 체험의 목적은 참가자 목표수의 설정, 사회적 이슈의 이해나 사회적 관심 고취를 위한 정보 제공, 캠퍼스가 위치해 있는 시 중심지 및 농촌지역의 소개, 봉사학습에 좀 더 많은 참여를 유도하기 위한 참가학생들 사이의 책무 형성 등의 내용을 포함한다. 대학이라는 새로운 사회조직 속에 어울리는 것이 두려울 수 있는 신입생을 위하여 특별히 프로그램들이 학생들 자신의 페이스에서 수행될 수 있고 '그들의 마음과 영혼'이 풍성해질 수 있도록 계획되었을 때에는(Loeb, 1994b), 봉사학습 체험이 공유된 목적 외에 좀 더 폭넓은 사회적 영향력의 부분들을 제공할 수 있다. 비록 그러한 목적이 주요하게 다루어지고 지역조직과 구성원들에 의해 공유된다 할지라도, 지역의 대표자들이 완벽한 프로젝트가 되도록 관리하고, 어린이나 노인들을 위한 흥미로운 체험을 제공하며 대학과의 지속적인 협조관계를 확립하는 부분에 더 관심을 가지는 것이 필요하다.

봉사학습 체험의 설계

기초 봉사학습 프로젝트의 대학 주최자들은 학생들과 지역사회 참가자를 위한 공동 목표설정에 대해 지역 대표자들과 협력하는 것이 필요하다. 학생 참가자들의 관심을 고려한 활동계획에서 그들이 이용할 수 있는 시간의 양과 수행될 수 있는 봉사의 범위와 다양성뿐만 아니라 봉사체험에서 포함될 수 있는 준비과정과 성찰의 방법에 있어서 동의에 이르는 것은 의미 있고 긍정적 결과를 가져오는 잘 계획된 봉사학습 체험에 필수적이다.

기획과정

경험 있는 학생 지도자들, 지역사회 구성원, 교수, 행정가가 참여한 계획팀의 형성은 학생들과 그 지역을 위한 의미 있는 활동들, 학생들의 참여를 유도할 수 있는 프로젝트의 설계에 있어 매우 중요하다. 사실 『The Streets』(1993)에 따르면 대학사회공헌활동연맹(COOL)*의 메뉴얼에서는 프로그램 설계에서 가장 중요한 단계인 지도자 협력에 대해 묘사하고 있다. 계획팀은 봉사프로젝트를 위한 현실적인 목표와 기대를 설정할 수 있는 다양한 기술과 능력을 가진 캠퍼스 및 지역의 구성원으로 이루어진 조직적인 체계이다. 프로그램 세부사항은 종종 계획팀의 첫 번째 논의거리가 될 수 있다. 그러나 효과적인 협력관계 형성은 구성원의 다양한 기대, 가치, 목표, 의도를 이해하고 특별한 프로젝트의 목표에 대한 공동 소유권을 개발하기 위한 시간을 필요로 한다.

계획팀 형성과 함께 타임라인의 설정과 관리, 자원봉사자의 충원, 광고 및

---

* COOL: Campus Outreach Opportunity League. 1984년 대학생들의 지역사회 봉사 프로그램을 육성하고 강화하기 위하여 창단된 전국 규모의 비영리단체이다. 미국 전역에 회원을 가지고 있으며 임원들이 각 대학을 순방하고 워크숍과 세미나를 통해 회원들을 교육시키고 있다.

대중매체 섭외, 수송, 장소나 쟁점의 선택, 재정 및 자금조달, 음식 등의 문제 및 책임이 관련된 효과적인 프로그램 세부사항의 관리는 필수적이다. 체험의 특성에 중심을 둠으로써, 그러한 각각의 중요 쟁점은 다양해질 수 있을 것이다. 그러나 프로젝트 계획의 개발과 각 개인이 수행해야 하는 임무와 책임을 포함한 타임라인 이행과 행사를 준비하는 위원회는 목표 성취를 성공적으로 이끌 수 있도록 도울 것이다. 또한 역할수행의 과정을 보고하고 직면한 문제나 충돌을 파악하는 계획팀 지도자들의 정규적인 모임 개최는 모든 이에게 정보습득, 문제해결, 지속적인 추진력을 가질 수 있게 할 것이다. 마지막으로 선전, 수송, 티셔츠, 재료, 공급물에 필요한 예산의 설정, 그리고 음식이 요구된다. 그래서 기관의 자원들이 확인될 수 있고 기금과 후원의 간청이 발생할 수 있다(11장에서는 봉사학습 프로젝트의 설계 및 수행과 관련된 행정적 문제를 다루고 있다).

지역사회 봉사활동처, 과제, 그리고 봉사과업 선택

봉사학습 모형(Delve, Mintz, and Stewart, 1990)의 모색단계에서, 비지시적(지역의 AIDS프로젝트나 홈리스 시설의 아동들을 위한 크리스마스 양말 만들기 기금 모금)이거나 독자적 센터(노인센터 청소, 음식저장고 비축하기) 봉사 형태는 기본적인 활동이거나 참여일 경우가 종종 있다. 많은 대학에서 다루어지는 초보적 봉사학습 체험은 직접적인 봉사의 형태도(식사배달 프로그램에서 음식 제공하기, 요양원에 있는 분들 방문하기, 병원에 있는 어린이에게 책 읽어주기) 포함한다. 개울가 청소, 방과후 프로그램을 위한 활동준비 참여와 같은 일회성 프로젝트는 학생들에게 다른 학생들과 함께 장기간에 걸친 정치적, 사회적 활동의 참여기회가 아니라 즉각적으로 유용한 임무를 수행할 수 있는 기회를 제공한다(Loeb, 1994a).

대중매체의 관심과 고등학교시절 경험의 결과로 환경, 기아, 무주택자, AIDS, 읽고 쓰기, 젊은층의 역량개발 문제와 연관된 프로그램에 점차 학생들이 흥미를 가지게 되었다. 학생들은 또한 사회 일반적 가치를 공유하는 다른 학생들과 만날 수 있는 경험을 하게 된다. 학생들에게 기회의 범주에서 그들의 흥미와 일치되는 활동을 선택하게 하는 것은 그들의 참여에 있어 현실 참여와 열정을 증가시킨다(Delve, Mintz, and Stewart, 1990).

정해진 현장과 활동은 또한 학생들의 바쁜 일정을 반영해야 한다. 학생들의 봉사 동기의 특성과는 무관하게, 행사 관리자와 지역기관은 봉사 참여 역시 학생들이 일하고 공부하고 수업에 가야 하는 것같이 학생들의 생활에서 요구되는 많은 것들 중의 하나라고 이해해야 한다.

하나의 프로젝트 영향이 비록 작다고 할지라도 한 가지 문제에만 초점을 둔 작은 범주의 예비 봉사학습 활동—아마도 몇몇의 가족을 위한 감사절 저녁을 준비하거나 어느 도시구역의 낙서를 청소하는 것—은 모든 참여자에게 명확한 성과를 짧은 기간에 보여 줄 수 있게 한다. 그리고 봉사 수혜자인 개인이나 지역공동체에 이득을 가져다준다. 이러한 한정된 범주의 활동은 지속적으로 업무를 보아오면서 종종 그들의 요구와 문제, 성장과 타협과 같은 쟁점을 인지하고 있는 지역사회기관 행정가와 지역사회 구성원들에게 낭패감을 줄 수도 있다. 그래서 학생들과 지역파트너 간 봉사수행의 범위와 기대되는 결과를 정의하는 것이 중요하다.

대학문화

특별한 대학 문화는 일회나 단기간 봉사프로젝트 설계를 고려할 때의 부가적인 요소이다. 어떤 교육기관에서는, 교수 · 학생업무 행정가 · 학생지도자들은 봉사활동이 주는 가치의 메시지를 교실 안팎에서 제공한다. 그래서 신입생들과 학생단체들을 위한 그러한 메시지들은 기초 봉사학습 기회에 학생들의 참여를 장려하고 봉사체험에서의 성찰에 영향을 줄 수 있다. 그리고 봉사활동을 격려하고 장려하는 캠퍼스 문화창조를 돕는다. 좋은 성적이나 미래의 유망한 직업을 준비하기 위해서 사회적 · 정치적 냉소에 초점을 맞추는 활동 참여를 자제시키는 대학도 있다. 그러한 기준이 있는 대학에서는, 예를 들면 그들의 학교가 위치해 있는 지역사회에 대한 학습, 지도력 기술의 획득, 과외 학점 취득, 동료들과의 교제, 만족이나 성취감, 기쁨 획득을 통해서 단기간 봉사학습 활동에 참여하는 학생들이 좀 더 적극적인 동기를 가질 수 있게 한다. 잘 계획된 봉사와 성찰활동은 관심이 적은 학생들에게 좀 더 깊은 자기이해와 봉사활동에 있어서 좀 더 나은 전망을 이끌어 줄 수 있다.

성 찰

이후에 전개되는 봉사학습 체험의 예들은 준비과정과 성찰과정을 위한 다양한 선택권을 제공한다. 주의 깊게 계획된 성찰은 학생들의 봉사학습에 대한 의식 수준의 향상과 학습가능성의 증가, 봉사학습 참여를 유도하는 적극적인 체험의 야기를 위해서 봉사 전, 봉사 중, 봉사 후 활동 모두에 포함되어야 한다.

• 준비와 사전 성찰

개인과 그룹의 목적 설정과 봉사학습에 대한 기대 공유를 가지도록 하는 것은 중요하다. COOL 실무지침서(1993)에서는 성찰이 참여의 한 부분이 되도록 하는 것이 중요하다고 지적한다. 학생들은 그들이 체험하게 되는 프로젝트의 특성과 봉사 수혜자들에 대한 정보가 필요하다. 오리엔테이션 기간에, 기관 대표자와 지역단체 회원들과 경험 있는 학생 지도자들은 현장에서 적절하게 행동하는 방법과 그들이 봉사를 하면서 또는 봉사체험 후에 가질 수 있는 느낌(좌절, 분노, 불안, 기쁨, 희망)에 대한 준비방법에 대해 학생들을 가르칠 수 있다.

사회적 쟁점에 대한 관심과 이해에 대해 간단하게 기술해 보는 것은 학생들이 곧 하게 될 체험에 집중을 할 수 있도록 도울 수 있다. 봉사활동 후 질문을 하는 방법은 학생들에게는 그들의 학습에 대한 정보를 주고 프로젝트 주최자들에게는 학생 참가자들 사이의 태도 및 지식의 변화에 대한 정보를 제공한다. 또한, 학생들은 그들의 기대와 봉사체험으로부터 얻게 되는 성과에 대해서 스스로 글을 써보는 것이다. 그러한 글들은 행사 후에 공유한다. 그리고 봉사활동에 대한 기대와 현실에 대한 토론 촉진에 활용된다.

• **봉사활동 중 성찰**

봉사학습 프로젝트나 행사의 시작단계에서, 학생들은 하루 5분씩 조용하게 참가하게 된 이유와 바라는 성과에 대해서 곰곰이 생각해 보는 시간, 그리고 그들의 역할과 다른 참가자들과의 관계에 대해서도 생각하는 시간을 갖는다.

만약 단체가 어떤 현장으로 오고갈 때 수송이 제공된다면, 그 시간은 봉사체험에 대한 준비와 반성 그리고 학생들에게 프로그램에 대한 피드백을 수집하는 데에 활용될 수 있다. 짧은 평가는 또한 즉각적인 반응을 모으고 이후의 봉사에 참여하고자 하는 학생들의 이름을 모으는 데에 활용될 수 있다. 최근 마케트 대학교에서 지도자들을 위해 나온 'Walk the Walk' 봉사학습의 한 부분에서 학생 참가자들은 성 빈센트 폴 식사프로그램 근처까지 보행을 한다. 도시를 통과하는 이러한 30분 동안의 보행은 배고프고 집 없는 사람들에 대한 참가자 자신의 생각과 느낌을 숙고하는 한 방법으로서 침묵 속에서 진행된다.

• **봉사활동 후 성찰**

봉사 체험의 끝에서는 참가자 모두가 그들의 활동에 대해 토론을 하고 반응, 감정, 생각, 의문 등을 공유하는 것이 중요하다. 대규모의 행사 후에 캠퍼스에서의 행사 후 모임은 참가를 축하하고 이후 봉사학습 기회에 대해 모색하는 한 가지 방법이다. '실제로 무엇이 발생했는가?, 그래서 나와 다른 이들에게 어떠한 의의가 있는가?, 그리고 지금 나(우리)는 무엇을 하는가?' 와 같은 질문에 초점을 맞춘 소규모 그룹토론은 봉사의 의미를 되새겨보고자 학생들에게 권해진다.

때때로 봉사 체험 속에서 그 체험의 중요성을 인식하는 데는 시간이 걸릴 수 있다. 다음에 계획되는 조직이나 그룹모임, 분반, 층별모임은 참가자들을 당황케 한 것들에 대해서 그리고 그들의 기대가 충족되었는지, 지역공동체의 요구나 쟁점은 무엇인지에 대한 토론에 집중할 수 있도록 한다.

대규모의 거교적 행사 후, 대학 신문에 쓰인 반성의 글들은 학생들에게 그들 자신의 체험을 되돌아보게 하고 다음 단계에 도전을 하게 하는 격려가 된다. 글이나 그림을 통하여 봉사프로젝트를 설명하는 벽화만들기나 프로젝트에 참여한 사람들과 학생 및 지역구성원들의 코멘트가 담긴 슬라이드쇼나 비디오 테이프를 구성하는 것은 특별한 성찰의 한 방법으로 또는 미래 봉사학습 기회를 증진시키는 방법으로 활용된다.

평 가

마지막으로 봉사학습 체험의 효과적인 설계에는 학생 자원봉사자와 지역의 기관 또는 봉사 수혜자 모두의 관점에서 봉사의 영향에 대한 평가가 요구된다. 비록 봉사시간이나 자원봉사자 수, 사용된 대량의 페인트, 가득찬 쓰레기봉투, 모금된 기금이 유용한 평가척도가 된다고 할지라도 학생과 지역사회의 성과에 대한 평가는 더욱 복잡해지고 있다.

학생들의 새로운 지식과 이해 및 인식의 변화와 그들과 다른 사람들에 대한 태도의 전환은 봉사학습 체험 이전과 이후에 초점을 맞추어 평가할 수 있다. 봉사학습프로그램을 통하여 봉사에 헌신적으로 참여한 많은 참가자의 발자취는 학생 봉사조직과 다른 캠퍼스 자원봉사 활동프로그램이 기초봉사학습의 효과성을 측정하는 데 도움을 준다. 행사 이후의 토론과 지역기관과 함께하는 피드백 기간은 지역사회의 관점에서 활동에 대한 정보를 제공하고 미래 봉사학습 활동을 위한 지역사회 파트너십의 발전을 도모한다.

봉사학습 체험의 사례들

비록 일회 또는 단기간 활동에 대한 이후의 서술이 소규모, 대규모, 공공 및 개인 또는 다른 여러 형태의 교육기관에서 다루어지는 봉사학습프로그램에 대한 열거가 되지만 이러한 것들이 최근 전국적으로 행하여지는 초보적인 봉사학습 모두를 대표할 수는 없다.

거교적 행사

거교적 일일행사나 주말 봉사학습프로그램 활동은 많은 교육기관에서 인기리에 이루어진다. 왜냐하면 이러한 것들은 많은 학생, 지역구성원과, 기관의 참여를 이끌고, 대중매체의 관심을 유도하며 현실적이고 다양한 변화를 초래하면서 학생들에게 사회적 쟁점을 탐구할 수 있는 기회를 제공한다. 그리고 대학과 지역사회 간의 협동을 공식적으로 거행하게 한다.

저소득층 사람들의 집을 복구하는 자원봉사 프로그램과 같은 전국적 활동은 또한 참여기간이나 기금조성기간 동안 괄목할 만한 공헌에 대한 제도적인 인정을 받는 기회가 제공된다. 이웃과 함께하는 거리청소프로그램은 학생들에게 봉사와 그들이 생활하고 있는 지역을 소개하고 지역사회 활동을 위한 거교적 책무를 알려 준다.

1991년 가을에 COOL에 의해 전국적으로 진행된 거리축제프로그램은 봄이면 많은 대학들이 하게되는 봉사와 교육적 구성을 함께 지닌 당일 계몽성 프로그램으로부터 학습의 측면은 제외시켰다. 거리축제 프로그램의 목적은 COOL의 '사려깊은 지역사회 봉사에 대한 구성요소' 에 기초를 두는데 그것은 아래의 내용들을 내포한다.

프로그램을 확장시킬 수 있도록 지역기관의 입장에 권한 부여, 좀 더 많은 사람들의 모집, 장기간에 걸친 학생지도자의 개발, 평생에 걸친 지역 참여,

학생들의 사회적 문제해결과 탐구능력 배양(COOL, 1993)의 내용들이다. 거리축제의 필수적인 요소는 지역사회 활동을 강화하기 위한 협력체 형성을 강조하는 것이다. 1993년 가을에, 200개 이상의 시설들이 거리축제프로그램을 계획했다. 각각의 프로그램에 150~800명가량의 인원이 참가하였다. 'The COOL'모델 프로그램과 거리축제 지침서는 지속적으로 많은 기관의 당일 혹은 광범위 봉사프로그램에 이용되었다.

반나절 혹은 당일 행사에서 걸식자 구호와 같은 거교적 프로그램은 개인이나 사업체의 후원간청을 통한 기금모금 활동이 행해진다. 거리축제와 같이 걸식자 구호의 목적은 좀 더 많은 학생들을 참가시키고자 하면서 또한 굶주리고 집 없는 사람들의 문제에 대한 인식을 높이고 지역적 · 국가적으로 식사프로그램 및 보호시설을 위한 기금을 조성하는 것이다. 걸식자와 노숙자 전국 캠페인의 시초가 되어 걸식자 구호프로그램은 현재 지역사회의 상황과 요구에 맞게 이루어지고 있다.

• **챈들러-길버트(Chandler-Gilbert) 지역사회 대학**

마리코파 카운티 지역사회 대학 중 하나로 애리조나주 피닉스로부터 40마일 정도 들어간 전원지역에 위치해 있다. 학생복지처에서는 남 · 여 클럽회원과 함께하는 프로젝트, 문해프로그램, 스페셜 올림픽행사, 무주택자들이나 민주화 운동의 희생자들을 위한 프로젝트에 학생들과 교수진을 참여시키는 한 방법으로 한 학기에 금, 토요일을 정해서 여러 차례 거리축제 프로그램을 계획한다. 초급판 영어클래스에 등록한 모든 학생들은 일회성 봉사체험에 두 차례 참여하고 그 체험을 통해 반성하고 내용을 기술하도록 한다.

또한 교수진들은 거리축제 프로그램에 참여할 수 있도록 수업과정과 연결시켜 심리학, 생물학, 교육학, 수학, 음악과정을 가르친다. 봉사학습의 한 부분으로 제공되는 그러한 것 중의 많은 부분은 기초과정의 내용과 관계한다. 학생생활부서 직원과 교수진은 학생들의 참여와 학습을 증진시킬 수 있는 기회를 제공한다. 거리축제 프로그램에 대한 사전준비는 개별 교수들의 수업시간과 학생복지처에서 후원하는 거교적 오리엔테이션에서 제공된다. 지역사회 주민들과 연결된 학생들의 활동선택은 어느 때든지 가능하다. 챈들러-길버트의 거리축제 프로그램 체험은 다음 학기에 제공되는 좀 더 체계적인 봉사학습과정에 학생들의 장기간 참여기반을 마련한다.

• 그랜드밸리주립대학교

그랜드밸리주립대학교는 학생들을 지속적으로 봉사에 참여할 수 있도록 유도하는 여러 가지 활동을 제공한다. 학생복지처에서는 매년 결식자 구호행사를 후원한다. 그것은 굶주리고 집 없는 사람들에 대한 의식을 높이고 'Oxfam America(Oxford Committee for Famine Relief/Oxford를 본부로 하여 1942년에 발족한 극빈자 구제기관)'를 위한 기금모금을 위한 봉사활동이다. 학생들은 연회를 위해 티켓을 사고 일등석, 이등석, 삼등석을 나타내는 세 가지 유형의 좌석에 착석한다. 일등석의 학생들(석식에 참석한 사람들 중 10%)은 정식 연회 식사를 제공받는다. 이등석의 학생들(30%)은 스스로 좀 더 기본적인 식사를 한다. 그리고 삼등석의 학생들(60%)은 마룻바닥에서 밥과 음료수를 먹는다. 식사 이후 무대 한편에서는 학생들이 3등석의 관심 및 굶주리고 집 없는 이들의 문제와 관련된 단막극을 연기한다. 연극 뒤에는 심도 있는 반성토론(reflection discussion)이 이어진다(J.Cooper, personal communication, May 1995). 결식자 연회는 'Oxfam America' 후원으로 매년 열리는 캠페인의 한 부분이다. 'Oxfam America'가 갖추고 있는 계획안은 프로그램 기획에 흥미를 가지는 학교에서 활용되고 있다.

• 마케트대학교

1993, 1994년 마케트대학교의 결식자 구호행사에는 가장 많은 참가자와 가장 많은 기금(1993년 $16,000, 1994년 $20,000)을 모아 국가적 인정을 받았

다. 마케트는 밀워키의 도시 중심부에 위치한 예수회 소속대학이다. 이 행사는 마케트에서 늦봄에 있는 전통행사이고 매년 3천 명 이상의 학생과 교수진 그리고 동아리 학생들의 관심을 끈다. 매해 팀 구성원을 계획하는 학생들은 지역사회기관과 함께 일을 한다. 그리고 기금이 기증될 프로젝트나 프로그램을 정하기 위하여 무주택 지역민을 인터뷰한다.

팀의 리더는 결식자 구호현장이 있는 기관에 대한 훈련을 받는다. 그리고 모든 참가자들은 아침에 봉사하기 전에 배당된 특정 기관에서 현장 오리엔테이션을 받는다. 체험 후는 참가자들은 캠퍼스로 돌아와서 성찰평가를 하고 음악과 음식이 있는 축하연을 벌인다.

학과목과 연계된 봉사학습활동

과제를 위한 정보와 실생활체험, 그룹프로젝트를 제공하고 학생들이 사회적, 경제적 도시 문제에 대한 그들의 이해도를 넓히기 위해서, 1회 내지는 단기간(학기 동안 다수의 현장을 방문한다)의 봉사학습 체험이 많은 교육기관에서 교과과정 전반에 걸친 과정에 제시된다. 어떤 과정은 녹화자료를 수집하기 위해 무주택자들이나 요양원에 거주하는 사람들과의 인터뷰, 학교교육에 대한 연구프로젝트의 한 부분으로서 도시 내 한 학교에서 하루 중의 일부를 보내는 과제, 저널리즘 수업과정 동안 기사를 쓰기 위하여 무료급식시설에서 식사하기 등이 있다. 주의깊게 계획된 과제는 학생들에게 '이타적' 체험을 할 수 있게 한다. 그리고 실제적인 체험과 풍부한 사례를 통하여 리포트나 프로젝트 보고에 도움을 준다.

여러 형태의 봉사학습은 학생들이 지역의 쟁점이나 문제에 대해서 알아나가고 그 속에서 어떠한 행동을 행할 수 있도록 매개체의 역할을 한다. 학생들이 집 없고 정신적으로 상처를 입은 사람들을 직접 대면하고 알아나가도록 하거나 도시 내 병원에서 건강 전문의나 호스피스를 돕는 체험은 학생들에게 윤리적 · 도덕적 쟁점, 인종차별, 경제적 불평등에 대한 열린 시각을 가지게 한다. 그리고 그들이 좀 더 진보된 행동을 하도록 동기화시킨다.

효과적으로 하기 위해서는 과정에서의 과제가 수업목표와 연관되어야 한다. 그리고 적절한 준비와 반성의 기회가 있어야 한다. 학생들과 지역구성원들 모두에게 의미 있는 봉사활동에 학생들이 참여하게 해야 한다. 과정의 과제는 교수, 학생, 지역대표자들에 의해서 평가되어야 한다.

• 콜로라도주립대학교

포트 콜린스에 위치한 콜로라도주립대학교는 필수과정인 1회 봉사체험을 포함하여 다양한 봉사학습과정과 세미나를 실시한다. 윤리, 공공봉사, 그리고 의학전문직에 대한 쟁점 탐구를 위하여, 학생들은 2학점인 의예과 봉사학습 세미나의 한 부분으로서 '대안 주말봉사 체험' 에 참여한다. 역사와 HIV(Human Immunodeficient Virus, 인체면역결핍바이러스)—AIDS의 생물학을 학습한 후에 그들의 봉사학습 체험의 방향이 될 개별적이면서 학문적인 목표를 정한다. 학생들은 HIV-AIDS예방, 교육, 그리고 치료에 중심을 두는 덴버시의 다양한 비영리기관에서 봉사를 한다.

이러한 소규모의 집중적 체험과 세미나를 통하여 학생들은 HIV-AIDS에 걸린 사람들, 건강보살핌 제공자, 지역지도자, 사회운동가, 성직자들과 함께 협력하여 일을 한다.

학생들이 그들의 봉사체험에서 반성의 기회를 가질 수 있도록 하기 위해서 그들은 일지기록과 체험에 대한 의견이나 인상, HIV-AIDS에 걸린 사람들에게 주어지는 사회적 · 의학적 배려의 실제에 대한 탐구가 포함된 보고서를 작성해야 한다. 그리고 질병과 관계된 의학적 · 사회적 · 정치적 · 경제적 문제에 대한 토론수업에 참여해야 한다. 학생들은 세미나 토론, 건강교육에 대한 연구와 함께 그들의 체험에서 얻은 지식을 결합시킨다. 그리고 선발된 캠퍼스의 학생들과 지역대표자들을 위하여 프레젠테이션을 준비한다.

• **웨스트민스터대학**

미주리 주 플톤 시에 위치한 웨스트민스터대학은 작은 사립인문대학이다. 'Going Crazy', 'Being Sane'는 매년 가을에 1학년 학생들에게 주어지는 3학점의 세미나 수업과정이다. 이 세미나는 수업시작 전 1주일간 그리고 학기의 남은 2주간에 집중적으로(하루에 3~4시간) 다루어진다. 그리고 필수적으로 세미나 주제와 연관되지 않더라도 1회의 봉사프로그램 활동이 있다. 이 세미나에서 봉사참여는 교수와 객원 앞에서의 프레젠테이션, 독서를 통한 토론수업, 소규모 프로젝트, 정신적 질병 연구성과에 대한 보고서와 결합된다.

정신적 질병의 실제 및 개별적 연구를 하기 위하여 짝을 이룬 학생들은 미주리 주에 있는 가장 큰 정신병원인 플톤주립병원의 이주민과 팀을 이룬다. 학기의 첫 주 동안 학생들은 정신분열증 환자들과 다양한 활동에 함께 참여한다. 학생들은 환자들의 다양한 증세를 관찰할 수 있고, '플톤주립병원측과 학생들은 환자들에게 대학순회를 함께 해준다. 그들은 또한 여러 차례 식사를 함께하고 레크리레이션 시간도 갖는다. 학생들은 병원의 레지던트들과 함께 그들의 봉사프로젝트에 대한 통합적인 보고서를 작성하고 연구프로젝트, 과제, 토론수업을 통해 그들의 체험을 공유한다.

그러한 체험 이전에 학생들은 병원직원들로부터 오리엔테이션을 받고 정신병과 그 치료에 대한 역사에 대해서 읽고 토론한다. 그 과정의 시작단계에서는 학생들이 그들 지역에서 '미치광이'라고 놀렸던 경우를 보고한다. 그러한 과정 동안 그리고 그 이후에도 학생들은 그러한 사람들은 보호되어야 한다는 것과 정신병의 특성에 대해서 캠퍼스의 다른 학생들을 교육시키게 된다(R. Hansen, personal communication, June 1995).

오리엔테이션 프로그램

대학 신입생들의 오리엔테이션 프로그램의 한 부분에 봉사학습 체험의 첨가가 점차 늘어가고 있다. 1학년 세미나과정에 더하여 웨스트민스터대학의 예와 비슷하게 교육기관들은 입학식 전에 단기 집중체험 일일 봉사체험, 통합교육과정의 1학년 체험, 최근의 봉사학습을 포함한 리더십프로그램을 제공한다.

• **버몬트대학교**

1991년 이래 버몬트대학교는 학생들에게 'TREK'이라는 5일 봉사학습프로그램을 실시하고 있다. 이 프로그램은 가을 학기 수업을 시작하기 전에 실행한다. 매 여름마다 24명의 학생들이 TREK 참가자로 선택된다. 그리고 가을에 학교에 올 때면, 그들은 기숙사에서 1주일간 합숙을 한다. 반나절 내지는 하루 종일 단체 봉사활동과정을 통하여(무주택자들을 위한 구세군이 제공하는 석식, 교정센터와 요양소에서의 레크레이션 활동, 약물과 알코올남용자를 위한 간이치료센터에서의 지속적인 업무 참여) TREK 참가자들은 다양한 봉사의 쟁점과 기관에 대해서 접하게 된다.

팀 중심의 체험프로그램은 로프코스(ropes course)와 레크레이션 활동을 포함한다. 개최지와 대학교의 대표자들은 학생들에게 그들이 하게 될 봉사의 필요성과 주요 쟁점을 이해시키기 위해서 성찰시간에 스태프와 협력한다. 식사시간은 지역단체의 회원들과 함께하며 현장에서 제공된다. 이러한 프로그램은 종종 의도적인 반성의 기회로서 이용된다. 체험을 바탕으로 한 계획된 성찰워크숍으로 그 프로그램을 마무리한다.

TREK 참가자 대부분은 하나 또는 그 이상의 자원봉사 활동 프로그램에 참여하게 된다. TREK의 선임고문은, 프로그램과정 동안에 형성된 우호관계는 프로그램 이후에도 그들 스스로를 유지시키고 고무시킨다는 것과 TREK 참가자들은 그들의 대학시절에 좀 더 심도 있고 장기간의 봉사학습 및 리더십과정에 참여하게 된다는 것을 알게 된다. 학생참가자들은 프로그램이 진행되는 동안 음식과 주거에 대한 비용을 지불한다. 늦가을에 경험 있는 학생 지도자들은 다음 해 TREK 프로그램을 계획, 조직, 선전하기 위해 선택된다.

• **게티스버그대학**

매년 8월 신입생 오리엔테이션 프로그램의 일부로서 입학생들은 'Gettysburg Is Volunteer(GIV)날'에 참가한다. 오후의 지역봉사 활동은 저녁에 오픈 하우스와 게티스버그대학의 자원봉사센터 후원의 봉사축제로 이어진다. 펜실베이니아지역에 있는 인문대학인 게티스버그대학은 복음주의 루터교단과 관련있다.

GIV날은 학생들에게 도전적이고 의미 있는 봉사학습 기회를 제공하고, 자선단체의 이웃들에 관심을 기울일 수 있는 지역사회를 위한 대학의 참여를 설명하기 위해 계획된다. 학생 프로젝트 감독자와 선임고문은 매년 여름, 35개의 프로젝트 현장을 확인하고 선택한다. 지역단체는 그들의 목적과 요구, 도구나 필요한 물품을 포함하는 제출된 프로젝트의 세부사항, 현장 프로젝트 감독자의 이름에 대한 정보를 제공한다.

정부기관은 그들의 프로그램을 알리고 계속되는 프로젝트에 1학년 학생들을 보충하기 위하여 자원봉사 박람회에 참여하게 된다.

GIV날 봉사학습 체험은 세 가지 내용이 있다. 현장에서의 오리엔테이션, 활동 그 자체, 추수 성찰이다. 오리엔테이션은 지역기관의 대표자에 의하여 현장에서 실시된다. 보통 2~3시간의 업무프로젝트는 10명 정도의 학생과 한 명의 프로젝트 지도자(교수, 행정가, 지원스태프, 상급학생 프로젝트 지도자)로 구성 및 계획된다. 성찰시간은 봉사활동 후에 바로 이루어진다. 그리고 성찰시간은 현장에서 팀과 함께 일한 프로젝트 지도자에 의해 진행되는 토론의 형태이다. 이러한 첫 봉사학습이 좀 더 바람직한 참여를 유도하기 위해 GIV날은 1학년 학생의 60% 이상이 참가하는 박람회로 마무리한다.

• **레기스대학**

콜로라도 주 덴버 시에 위치한 레기스대학에서, 신입생 봉사활동일은 3일간의 오리엔테이션 프로그램에서 주요한 부분이다. 학생들에게 타인을 위하는 여성과 남성의 육성이라는 교육이념과 봉사를 통한 지도력 개발의 이념을 포함하는 예수회 선교(Jesuit mission) 대학교를 좀 더 잘 이해시키기 위한 활동으로서 학생들은 덴버에서 오후 봉사를 위한 팀에 참여하도록 권장된다. 그러한 체험은 도시와 도시가 가지고 있는 쟁점에 학생들이 관심을 가질 수 있게 하고 소규모 단체에서의 일체감을 통하여 학생들간의 공동체를 발달시킨다. "봉사를 통한 학습-레기스대학교(Learning through Service-Regis University)"라고 적힌 티셔츠를 입고 활동하는 학생들은 지역 속에서 레기스 학생으로서의 정체성을 가지게 된다. 그리고 인근지역 대청소, 페인팅프로젝트와 같은 즐겁고도 의미 있는 활동에 참여하게 된다.

학생들은 봉사학습의 개념을 배우고 신입생 봉사일 전, 밤에 개최하는 연회에서 체험을 위한 준비를 한다. 학생지도자들은 프로젝트 과정 내내 신입생들을 동반한다. 그리고 캠퍼스로 돌아와서 보고를 하는 반성의 시간을 갖는다. 또한 수반되는 소규모 그룹토론도 실시한다.

• **노스센트럴대학**

6주 FYI오리엔테이션과 일리노이 주 나퍼빌 시에 있는 노스센트럴대학에서의 전환세미나의 일부로서 팀티칭(교수진, 학생업무 행정가, 상급학생 지도자가 포함)은 첫 주 수업동안 5시간 봉사학습 체험에 신입생들로 이루어진 15~20명 규모의 모임을 이끈다. 이 체험의 목적은 대학봉사의 윤리에 대한 소개, 사회적 책임감에 대한 학생들의 인식 향상, 공유된 체험을 통한 학생들간의 공동체 형성, 1학년 학생들과 교수, 학교직원들과의 원활한 관계 형성, 주변의 지역사회 단체에 대한 소개 및 그러한 기관들과 연결될 수 있는 기회 제공을 목적으로 한다(S. Dodd, personal communication, June 1995). 1993년에 만들어진 이 봉사학습 시작프로그램은 노인 · 홈리스 가족 · 장애인들에게 봉사를 하고 있는 15개 이상의 지역기관과의 협력관계 형성이라는 결과를 가져왔다. 준비단계와 성찰활동은 FYI활동에 포함되어 있다.

첫 FYI단계에서 학생들은 봉사활동을 하게 될 기관에 대한 정보를 얻거나 기관 주변의 인구와 문제에 대해서 배운다. 그들은 또한 다음 단계를 더 완벽하게 수행하기 위하여 성찰 워크시트를 받는다. 그것은 봉사체험에 대한 토론수업에서도 이용된다.

집단활동을 위한 학생조직

기숙사 등과 같은 학생단체와 집단은 학생들에게 종종 일회성 단기간 봉사학습 체험을 통해 다른 이들과 교류할 수 있는 기회를 제공한다. 알파 피 오메가지부, 해비타트(Habitat), Circle K, 국제인권기구, Best Buddies, 여론조사그룹(PIRGs)*은 봉사활동이나 사회적 · 환경적 · 정치적 쟁점에 있어 좀 더 적극적인 현실참여를 증진시킬 수 있도록 학생들에게 흥미 있는 기회를 제공한다. 많은 교육기관에서 회원, 비회원, 일일 봉사학습 체험을 하는 다른 학생조직을 포함한 행사를 개최한다.

학생단체들에 의해 시작한 활동과 함께 학생생활연구소나 봉사학습센터가 계획한 특별한 행사나 프로그램에서는 학생들에게 많은 체험적 프로그램과 공헌활동 프로그램을 통한 봉사활동을 소개한다. 레기스대학교와 같은 교육기관에서는 개별학생과 학생단체, 선택과정으로 봉사학습 체험을 넣은 학부 수업에 다양한 지역단체 파트너들과 함께 기획된 월별프로젝트를 제공한다. 마케트대학교, 산타클라라대학교와 같은 학교는 다양한 봉사체험에 참여하는 식의 1회성 체험을 포함한다.

• 라파엘대학

펜실베이니아 주 이스턴 시에 위치한 사립 인문대학인 라파엘대학은 봉사활동, 지역공동체의 형성, 성찰을 위해 주마다 이루어지는 20개 이상의 자원봉사 프로그램이 있다. 기숙사 층별협력을 격려하고 학생들에게 이스턴지

---

* PIGs: Public Interest Research Group.

역의 봉사활동에 대한 소개를 위하여 초가을에 기숙사 층별모임에 의해 계획된다. 이스턴에 있는 어린이는 각 층마다 후원하고 조직한 놀이활동에 참여하기 위하여 캠퍼스에 초대된다. 행사 후 라파엘대학생들은 층별모임에서 지역 내 청년들과 함께 그들의 경험에 대하여 반성의 시간을 가진다. 이러한 행사참가는 지역사회에 기초를 두는 수업과 방과후 프로그램에 좀 더 적극적인 참여를 이끈다.

• 캔사스주립대학교

캔사스 주 맨해튼 시에 위치한 캔사스주립대학교의 SAVE* 학생단체는 학생과 캠퍼스로부터 몇 시간 이내에 있는 지역단체 간의 상호교류를 제공한다. SAVE의 목적은 학생들이 집을 지속적으로 보수해야 하는 인근지역의 노령자, 가난한 이웃과 어울리도록 하는 것이다. 최근 SAVE 학생들은 도심 주요거리의 모든 상점 정면의 페인팅활동을 지역주민들과 함께 하였다. 폭력예방연대(SAVE) 회원들은 매학기 학생들에게 캔사스 주 주민들의 생활에 직면한 문제와 요구를 알리기 위한 주말여행을 계획한다. 참가자들은 그들이 가게 되는 곳과 함께 일하게 될 사람들에 대한 이해를 높이기 위하여, 체험 전에 캠퍼스 모임을 통하여 작업프로젝트와 지역사회 문제들에 대해서 오리엔테이션을 받는다. 여행에서 캠퍼스로 돌아오는 동안 학생들은 지역활동의 참여 속에서 무슨 일이 있었으며 느낌은 어떠했는지에 대한 토론을 한다. 참가자들의 일부는 다른 비슷한 프로젝트를 통하여 SAVE 체험을 반복하고 나머지 학생들은 지도부가 되어 SAVE 기회를 증가시키고 지역의 지도자들을 만나며 오리엔테이션과 성찰활동을 이끄는 역할을 한다(C. Peak, personal communication, 1995).

---

* SAVE: Students Against Violence Everywhere(청소년 폭력예방연대). 학교와 지역사회 폭력예방프로그램으로 갈등관리, 범죄예방, 봉사프로젝트에 중점을 두고 있다. www.nationalsave.org

• **세인트루이스대학교**

세인트루이스대학교 지역사회 활동프로그램(SLUCAP)**은 다양한 단기 또는 초단기 봉사학습을 제공하는 학생단체이다. 학생참가자들은 지역의 식사프로그램에서 음식 제공, 교도소 방문 및 개인지도, 학대받는 아동의 가정일 돕기, 집수리, 겨울 연료용 장작패기 등을 한다. 행동을 취하고 그러한 행동형태를 통한 성찰은 SLUCAP 임무의 주요한 요소이다.

세인트루이스지역 봉사와 더불어, 자원봉사활동 후 SLUCAP 참가자들은 소모임을 통하여 빈곤 및 여타 지역적 문제의 근본원인에 대한 토론을 하고, 봉사목적과 체험에 대한 반성 그리고 함께 예배드리는 것을 중요시한다(S. Norman, personal communication, 1995).

• AmeriCorps/AmeriCorps VISTA

AmeriCorps는 모든 미국 시민이 나이와 학력에 관계없이 일년간 지역사회 봉사활동에 참여함으로써 교육장학금을 받을 수 있도록 하는 국가차원의 프로그램이다. VISTA 회원들은 주로 도시와 농촌의 빈민지역에서 각 지역단체와 협력하여 주택 재정비문제, 문맹문제, 지역 재개발문제 등의 분야에서 활동한다.

소 결

일회성 및 단기간 기초 봉사학습 체험의 성공여부는 많은 요소들에 달려 있으며 학생, 교수, 행정가, 지역사회기관, 봉사 수혜자에 의하여 다양한 방법으로 측정된다. 학생들의 흥미, 기대, 이전의 봉사경험과 더불어 지역의

** SLUCAP: St. Louis University Community Action Program.

자원과 요구에 대한 판단은 봉사학습프로그램 개발에 있어 중요한 출발점이다. 지역사회 협력자들과의 공동사업 추진과 목적 개발에 있어 봉사 수혜자를 후원하고 호전시키기보다 해를 끼치는 형태는 피하도록 해야 한다.

주의 깊은 준비와 세부프로그램 관리, 계획과정의 각 단계마다에 있어 학생들의 참여는 그들이 그 프로젝트에 적극적으로 임할 수 있게 하고 참가하고자 하는 다른 학생들에게 동기를 부여해 준다. 성과가 드러날 수 있고 학생들 속에서 공유될 수 있는 의미 있는 활동의 선택은 학생들에게 만족감을 주고 참가자들 사이의 친분관계를 형성한다. 잘 계획된 성찰기회의 제공, 참여하는 각 개인이나 단체들에게 책임 명시, 훈련·후원·지원 학생들의 인지과정 포함, 학생들과 지역사회의 성과에 대한 평가절차의 개발은 기초 봉사학습 체험을 계획하고 실행함에 있어 중요한 요소이다.

효과적인 일회성 및 단기간 봉사학습체험은 도전(다양한 사람들, 환경, 생점에서 접하게 되는)과 지원(신중한 계획, 단체활동, 학생지도자) 간의 균형을 가져다 준다. 비록 그러한 체험의 깊이, 효과, 목적이 제한적일지라도 그 체험들은 각 참가자의 인식 변화와 이후 봉사활동에 있어서 참여를 적극적으로 유도한다.

Chapter 06

봉사학습 연계교과과정의 실천

전통적으로 지역사회 봉사학습의 교육과정은 고등교육과정에서 오랫동안 지속되어 왔다. 친목과 박애주의 활동을 하는 여성종교단체인 YMCA, 캠퍼스의 행정적인 일을 담당하는 조직인 Circle K와 같은 지역사회 봉사는 학생들의 교실 밖 봉사활동과 관련하여 핵심역할을 해오고 있다. 많은 대학들은 학생들을 위하여 좀 더 발전적인 봉사학습의 경험을 찾았으며 봉사학습 교육자들은 프로그램 설계의 반영과 상호관계의 중요한 구성요소를 포함시키기 위해 좀 더 발전적인 프로그램을 기획하려고 노력하였다.

교실 밖에서의 봉사학습은 종종 우연히 일어나기도 하지만 구조적인 반영이 아닌 우연한 봉사학습은 학습의 질적인 면에서 학생들이 봉사학습에 몰두하는 것을 소홀하게 하거나 효과에 대해 의심하는 일이 발생할 수 있다. 교육과정 속에서의 봉사학습은 지역사회 봉사활동을 학생들이 직접 계획하고 요구하는 것을 원칙으로 하고 있다. 그렇다고 해도 봉사학습 모형의 1단계에서 2단계로 이동하기 위해서는 계획적인 조정이 필요하다. 봉사학습 교육과정에서 구조적으로 미흡한 환경을 보완하기 위한 일관성 있는 회의시간과 진행과정에서의 요구사항에 대한 완벽한 준비 등과 같은 일에 대하여 학생지도자, 프로그램 관리자, 봉사학습 교육자들에게 좀 더 많은 노력을 요구하게 되고 이러한 일들이 일어나는 것을 가능하게 하도록 교실은 학습의 장을 제공해야 한다.

계획과 실행

연계교과과정의 봉사학습프로그램 개발에는 6 단계가 있다.

지역사회의 발전, 학생 또는 조직은 선택된 지역사회를 돕고, 지역사회에 책임의식을 가져오며, 서비스를 위한 준비 및 프로그램 결과를 평가하고 성찰하는 6단계를 가진다. 모든 단계는 봉사학습프로그램 연계과정의 성공적인 발전을 위해서 중요하다. 각 단계는 다양한 구성원들에게 질적인 체험을 확실하게 하는 데 도움을 준다.

첫 번째: 지역사회 공간 개발

지역사회는 봉사학습프로그램의 어떤 효과를 위한 중요한 1차적인 출발점이다. 또한 프로그램은 종종 지역사회 전체에 발전을 가져오고 기관과 지역사회가 학생들의 배치를 필요할 때는 대학에 상담을 요청하게 된다. 프로그램을 결정하는 데 꼭 필요한 하나는 프로그램의 많은 기회를 어떻게 제공하느냐이며, 지역사회와 함께 어떻게 봉사학습을 실행할지 결정하는 것이다.

몇몇 지역사회의 기관과 함께 교육과정과 연계되는 봉사학습프로그램을 시작하는 것이 적당하며, 더욱 주목할 만한 일은 각 지역사회와의 관계에 적당한 비용을 지불할 수 있다는 것이다. 그것은 학생들이 직접 원할 수도 있겠지만 그들이 선택한 어떤 기관과 잘 맞을 수도 있다는 것이며 그것은 자원봉사에 많은 기회를 제공하기 위한 것일 수도 있다. 그러나 금전적인 보상을 지불한다는 것은 순수한 자원봉사의 본질을 손상시킬 수 있다.

몇 개의 기관을 선택하고 계약을 실행하지 않거나 포기하는 일이 발생하면 오히려 기관에서는 명부를 만드는 것을 제안할지도 모른다. 몇몇 기관에서 요구하는 것은 각 학생들의 유일한 관심 또는 학생들의 요구가 학생과 지역사회 단체와의 적절한 만남을 가능하게 할지도 모른다는 것을 의미한다. 학생, 기관은 차례로, 풍족하게 정보와 인력을 제공할 수 있으며, 만일 봉사체험에 보상이 제공된다면 봉사학습 지도자들은 심층적인 지식과 프로그램에 참가한 지역사회 기관과 자원봉사 학습과의 관계를 발전시키는 데 필요한 충분한 시간을 확보할 수 있을 것이다.

추가적으로 학생들의 위험 관리는 함께 일하는 학생들을 위한 기관의 선발을 위해서이다. 프로그램 행정관은 무엇인가 잘못되지 않도록 사전에 기관에서 적절한 조치를 취할 수 있는 위험관리 대처능력을 가지고 있어야 한다. 몇 년 전 내가 조지타운대학의 자원봉사센터에서 일하고 있을 때 센터의 많은 학생들은 무료급식소에 자원을 하였다. 학기 중에, 프로그램을 지원하던 학생들은 그들의 경험을 토론하기 위해 학교로 왔다. 무료급식소라 해도 종교적인 홍보는 하지 않았으나 신앙심이 깊은 한 여자가 식사 후에 종교적인 행사에 참석하도록 강요하였다고 했다. 또 학생들은 무료급식기관으로부터 수시로 좀 더 많은 봉사에 참여하도록 전화로 요구받았었다. 이러한 노골적인 기관의 요구는 학생들의 봉사학습에 대한 흥미를 잃게 하였다. 가장 힘든 것은 종교적으로 숭배하도록 하는 것이었다. 우리가 제안하는 것은 우리 학생들이 그 기관에 가는 것을 멈추게 하는 것이며, 너무 많은 기관에 함정이 있으므로 이들 기관을 선별적으로 감독하는 것이 필요하다는 것이다.

또 다른 중요한 문제는 지역사회에 봉사학습 기관을 설립할 때에 일을 처리하는 능숙함이 요구되며 단체를 선정하기 위한 표준을 결정해야 하는 것이다. 이러한 제안이 성립되면 다음과 같은 질문에 심사숙고해야 한다. 낮 또는 밤에 봉사를 할 것인지 깊이 생각하고, 봉사현장은 적당한가? 현장이 가까운가? 만일 그렇지 않다면 학생들이 어떻게 갈 것인가? 그 외의 배치 장소로부터 전혀 다른 기회를 제공하는 기관이 있는가? 학생들이 사람들과 함께 상호작용할 것인지 또한 그러한 문제가 학생들에게 도움이 되는 것인가? 프로그램 관리자들과 학생들이 함께 일할 것인가? 누가 그 단체에 책임자가 될 것인가? 봉사자와 그들의 클라이언트에게 긍정적인 태도를 가져다주는가?

또한 중요하게 검토해야 할 것은 지역사회에 질문을 하고 그들의 대답을 들어야 하는 것이다. 학생들의 지속적인 훈련을 뒷받침할 무엇인가와 그들의 일관된 봉사능력에 책임지고 학생 구성원들이 봉사할 것인지는 지역사회의 특별한 관심사이다.

가장 기본적인 것은 학생들에게 제공하는 실질적인 예산과 경험을 후원자들에게 할당해야 하며 확실한 것은 개인적으로 사람들에게 제공한 것이 잘못되지 않도록 합리적으로 안심할 수 있게 하는 것이며 최소한 한 번 정도는 대학에 전화를 하거나 또는 대표자들과 만나서 협의를 해야 한다. 또한 개인적인 기관들은 임무를 누가 할당하는지가 문제될 수 있다. 단순히 감독자는 오히려 학생을 위한다고 하면서 학습과정에 필요하다는 이유만으로 그들 스스로 알아서 경청하기를 바란다. 기관의 후원자들은 프로그램 평가에 봉사학습에 참여한 학생들과 함께 책임이 있을 수 있다. 현지훈련 기간 동안 그들과 함께 학생들의 경험을 통해 평가를 할 수 있다.

두 번째: 봉사장소 선택에 있어서 학생과 조직

조직과 기관이 봉사학습 장소를 준비하는 즉시, 학생들은 기관을 선택할 수 있다. 학생과 조직 모두를 위하여 서로가 상호작용하여 알맞은 배치 선택을 하는 것이 이상적인 방법이며 원활한 상호작용을 위해서는 직원과 학생 또는 학생 조직이 밀접하게 연결되어 일을 해야 한다. 그런데 프로그램의 대부분은 한정된 직원들과 한정적인 시간 때문에 종종 비현실적으로 인식된다. 사이트를 찾는 학생들을 돕는 방법으로는 학생이 자발적으로 탐구할 수 있도록 하는 좀 더 그럴듯한 자리에 있는 것이다.

이러한 탐구유형에 있는 학생들에게는 다음과 같은 질문이 적합하다. 즉, 자원봉사를 왜 원하는가? 흥미가 무엇인가? 어떻게 학기 중의 많은 주를 봉사학습에 참여하는가? 원하는 자원봉사는 일주일에 몇 시간인가? 봉사학습 장소까지는 캠퍼스에서 도보 거리 또는 대중교통으로 이동하는 것을 원하는가? 학기당 3개의 성찰활동에 참여할 것인가?

이 질문에 대한 학생들의 즉각적인 대답으로는 직원과 학생들은 봉사학습에 참가하는 잠재적인 자원봉사자와 직원들 또는 경험 있는 학생지도자들의 참가를 검토하여 적절한 장소로 학생들을 안내하고 그들에 대한 데이터베이스를 구축하고 종이파일을 기록하는 것이다. 학생들에게 소책자와 회보를 열람할 수 있도록 허락하고 다른 정보는 학생들이 배치장소에서 요구할 수 있는 것이 무엇인지 그림으로 명확하게 보여줄 수 있도록 기관에서 제공해야 한다. 추가적으로 대학의 자원인 학생들이 배치될 수 있는 다른 가능성에 대하여 배울 수 있도록 현지의 자원봉사센터를 방문해야 한다. 장래성이 있는 기관에는 지원이 많은 이유로 학생들의 선택의 폭이 좁아 순서를 기다려야 한다. 학생들이 무엇을 기대하고 있는지 감독, 안전, 그리고 책임에 대한 기초적인 질문에 관하여 감독자 또는 자원봉사 관리자와 함께 만날 수 있다. 중요한 것은 학생들이 배치장소에서 수행하는 일에 대하여 준비가 되어 있어야 하는 것이다.

세 번째: 서약 만들기

오리건 주 윌라멧대학에서 1994년에 자원봉사자들의 자질은 무엇인가 하는 질문에 3개의 중요한 특성이 자원봉사자에게서 나타난다는 것을 찾았다. 그것은 신뢰성, 학습의 참여, 동정심이었다(volunteer Guidelines, 1994).

모험을 하던 중 어떤 새로운 발견을 한 것처럼 흥분되는 일이었다. 학생들을 적당한 장소에 배치하는 것은 일반적으로 학생들에게 곤란한 일은 아니지만 처음에는 당황할 수 있다. 그러나 처음과 다르게 적응이 되면 문제가 되지 않는다. 불행하게도 학생들과 기관관리자들은 종종 서로가 기대하는 사항에 대해서 토론하지 않는 경향이 있다. 기관에서는 학생들이 자발적으로 그들의 학습에 전념하게 하지만 그들의 능력과 노력에 대한 답례는 하지 않는다. 대부분의 기관 자원봉사 관리자들은 기관에서 취급하는 인구와 여러 가지 문제에 대처해 나가고 배우는 것에 투자하여 학생들과 함께 일하는 것을 흥미 있어 한다. 동정심은 기관의 관리자가 찾은 3개의 특질 중 하나이다. 자원봉사자들에게 필요한 것은 클라이언트의 지지와 경청이다.

봉사를 실행하는 데 결정적으로 학생들에게 요구되는 것은 신뢰성, 학습의 참여, 동정심 등이며 이것은 학생들의 봉사학습 참여를 결정하고 학생들이 경험하는 내내 지속적으로 강화될 것이다. 자원봉사의 협약형식은 간단하지만 효과적이다. 그러한 협약의 목적은 기관과 학생들의 책임을 명확하게 결정하기 위한 방법이다. 학생들과의 협약은 학생들이 헌신적으로 투입하는 시간과 기간을 정해 놓고 기관은 학생들에게 제공되어 기대되는 것과 만일 그들이 주어진 시간에 자원봉사를 할 수 없는 학생들에게 책임을 다 하게 할 것이다. 그러한 서류는 학생, 기관의 후원자, 그리고 대학과 대학의 봉사학습 관리자가 서명한다. 일단 계약이 되면 기관, 학생, 또는 그룹과 기관은 미래에 발생할 문제에 대비하기 위해서 사본을 복사하여 각각 보관한다. 학생 또는 기관이 계약에서 지정된 책임을 다하지 않았을 경우 만일 문제가 발생하면 학교 안에서는 모든 단체의 경험을 재검토하는 회의를 열어야 한다.

네 번째: 준비

학생과 지역사회 모두를 위한 봉사학습 체험의 질은 학생이 제대로 준비되고 훈련되어 있는가에 달려 있다. 몇몇 기관들은 현지 훈련프로그램을 제공하고 있다. 종종 그것은 지역사회 기관의 지원과 함께 대학의 봉사학습 관리자가 훈련프로그램을 계획하고 실행하기도 한다. 훈련을 할 때 학생들은 누구와 함께 일하는지 그들 개인적인 정보에 대하여 배워야 한다. 그리고 기관과 학생들의 역할에 따라서 훈련은 1회 또는 계속적으로 진행할지도 모른다. 모든 자원봉사자들에게 스트레스로 다가오는 것은 기본적인 정보에 의존해야 하는 민감성, 기밀성, 그리고 기본적인 안전지침서 등 그들이 일하는 곳이 어디인지 배치장소와는 상관없이 중요하다는 것이다.

학생들을 위한 새로운 지역사회 또는 새로운 영역은, 그들의 개인적인 안전과 그들의 소지품에 대한 보안에 대하여 생각해 보도록 하는데 그것은 놀라움으로 다가올 것이다. 학생들은 기본적인 거리규칙을 모를 수도 있으므로 그들은 그 규칙에 따라야 한다. 그리고 합당한 경고와 위험신호를 인정하고 특별한 행동을 언제 보고해야 하는지 알아야 한다.

또한 그들이 봉사체험을 시작할 때에 학생들에게 반영의 개념을 소개하는 것은 그들이 일하는 부분에 있어서 필요하기보다는 오히려 반영을 확인하고 그들을 보조적인 정보를 돕는 데 필요하다. 그것은 염려되는 부분이며 사전에 미리 제거하고 지역사회에서 일하는 것에 대한 의미를 만들어 낼 수 있도록 그들이 봉사하면서 발생하는 의문에 대한 대답을 생각해 보고 실행 후의 성찰의 필요성을 강조해야 한다.

마지막으로 그들이 직면한 다양성의 문제를 이해할 수 있도록 돕는다는 의미는 지역사회에서 그들의 일을 위해 학생들을 준비시키는 것이다. 그것은 학생들이 인종, 사회 경제적인 지위, 나이 또는 정신적 · 신체적인 능력 등에 대하여 서로가 다르다는 것을 개방적으로 배우고 인식하는 준비가 되어 있어야 한다. 만일 그들이 학생들에게 이러한 준비교육을 시키지 않는다면, 그들은 갑자기 당황하여 위험한 상황에 처할 수 있으며 결과적으로는 부주의한 일로 기분을 상하거나 지역사회에서 철수를 하게 될 수 있다.

다섯 번째: 성찰

봉사학습프로그램이 학생들의 경험을 성찰하고 그것을 봉사에 실행할 수 있도록 하는 시간은 학생들의 학습과 발전을 격려하는 일이다. 교실 밖에서의 수업은 학생들에게 봉사학습 경험에 대해 말해주는 것으로 시간을 보내는 것과는 다를 수 있다. 봉사학습에 대해 학생들이 느끼는 감정과 봉사를 위하여 기본적으로 요구되는 문제점에 대하여 교실과 현장에서는 다를 수 있다. 확실하지는 않지만 경험에 대해서 말하는 시간에 봉사학습 동기가 유발되어 나타날 것이다. 다수의 학생들은 공부와 일보다는 단지 자원봉사 시간이 더 적을 것이라고 단순하게 생각할 것이다. 이것은 정확하다. 지역사회는 학생들과 접촉하기 전에 봉사학습에 필요한 여러 가지 구성요소를 정비할 필요가 있다. 학생들이 봉사학습이 무엇인지 알고 성찰을 받아들인다면 결과적으로 그들의 경험보다 더욱 부분적으로 완전할 것이며, 그 기회는 더욱 많아지고 참여하는 학생들도 증가할 것이다.

그룹토론형식으로 성찰할 때, 그 그룹은 한 시간 정도의 회의를 해야 하며 그 이상이 되어서는 안 된다. 학생들은 성찰을 하는 동안에는 신중해야 한다. 그들을 위하는 것처럼 말을 하며 종교적인 경험을 강조한다거나 종교적인 관념에 초점을 맞춘다면 학생들은 거부감이 생길 것이다. 가능한 한 많은 학생들이 참석을 하고 의견을 확인한 후 그에 대한 그룹 토의를 하도록 한다. 학생들의 생각과 의견은 좀 더 많은 학생들이 봉사장소에서 유용하게 사용할 수 있으며 학생들이 그룹활동 참가를 쉽게 결정할 수 있도록 한다.

마케트 대학교의 활동프로그램은 봉사학습프로그램 교육과정의 다양함을 위하여 복제를 쉽게 할 수 있도록 많은 제안적인 내용을 포함하는 성찰 안내서를 개발하였다. 안내서(Marquette Action Program Facilitators' Handbook, 1992)는 간단한 관찰에서 좀 더 복잡한 분석까지 성찰의 여섯 가지 구성요소로 학생의 활동에 도움을 줄 수 있는 내용을 소개하고 있다.

질문:
- 나는 누구인가?
- 왜 여기에 있는가?
- 나에게 중요한 것은 무엇인가?
- 나는 어디에서 왔는가?

관찰:
- 나는 무엇을 보고 있는가?
- 나는 본 것을 어떻게 기술하는가?(말하는 것을 통해 문제에 직면하기)

감정:
- 나는 무엇을 보고 들었으며 그에 대한 감정은 어떤가?
- 나는 왜 이런 방법으로 느끼는가?

해석:
- 내가 보았던 것을 나는 왜 보았는가?
- 내가 보고 들은 것이 무엇인지 특정 문화, 민족, 인종, 종교단체 등등 부분적으로 나의 가치와 경험은 어떻게 형성되었는가? 이러한 변화에서 나를 막는 방책은 무엇인가?

개인적인 분석:
- 나는 어떻게 그 문제에 속해 있는가?
- 나는 해결책을 찾기 위하여 어떻게 일했는가?
- 나는 제안과 배움으로 무엇을 선물할 수 있는가?
- 나는 어디에서 희망과 힘을 가져올 수 있는가?
- 희망이 존재한다는 사인은 무엇인가?

사회적인 분석:
- 사회와 정치적인 문제의 뿌리는 무엇인가?
- 가능한 해결책은 무엇인가?
- 누가 이 사회를 지배하고 있는가?

- 우리는 변화를 위한 힘을 가진 그룹으로서 어떻게 할 수 있는가?
- 현재의 상황을 변화시키기 위해 가장 큰 희망을 가져올 수 있는 기관/제도는 무엇이 있는가?

그룹의 보고를 듣기 위한 또 다른 아이디어는 역할놀이가 있으며 활용할 수 있는 적절한 성찰의 하나로 윙스프레드는 (봉사와 학습의 연계를 위한 훈련을 위한 만남으로) 봉사와 관련한 'Bafa Bafa' 와 'Starpower' 와 같은 가상게임 또는 'Class Divided or Freedom on My Mind(학급 나누기와 내 마음 속의 자유)' 와 같은 비디오를 보여주고 이해할 수 있도록 하고 있다.

만일 그룹토론이 가능하지 않은 경우에는 대체할 수 있는 것이 많이 있다. 전국 대학생 기숙사협의회(NIC)*는 성찰에 대한 구성원들의 다양한 스타일을 배우기 위해 회의를 할 것을 지시하고 있으며 봉사학습프로그램 공모전에서 고안된 5개의 우수한 프로그램을 각각의 장에서 제안하고 있다.

협의회는 다음의 내용을 제안하고 있다.

1. A '성찰함' 은 그들의 선택을 익명으로 할 것인지 아니면 공개할 것인지에 사용할 것이다. 자원봉사자들은 잘하고 있는지 그렇지 않다면 무엇이 그러한지 주목하게 되고 프로그램 관리자에 의한 코멘트에서 용기를 얻게 된다.
2. A '학기 중의 자원봉사 축제(mid-semester volunteer celebration)' 는 자원봉사자들이 무슨 일을 하는 지에 대해 이야기 하는 시간을 갖게 된다.
3. 지역사회 봉사 체험을 기술하는 하나의 단어를 사용하라. 학생들은 그들이 체험을 긍정 또는 부정적으로 기술해야만 했던 이유를 설명할 수 있다.
4. 일지를 쓴다. 프로그램 관리자 또는 자원봉사자들이 그들 하는 일에 대한 보람을 느꼈다면 그것은 격려되어야 한다.
5. '특색 있는 성찰(reflecting with color)' 학생들은 크레용과 매직펜을 사용하여 학생들의 예술적인 경험을 성찰한다.

---

* NIC: National Interfraternity Conference

학생들은 그들이 왜 특징 있는 심상을 그리거나 특정한 단어 또는 어구를 사용하는지 설명할 수 있어야 한다(T. Ledingham, personal communication, June 1995).

학생들이 좀 더 숙달되면, 평가에 컴퓨터 통신망과 같이 보다 더 광범위하게 컴퓨터 공학을 성찰에 사용할 수 있다. 학교의 통신망을 이용하는 토의 집단은 학생들이 이메일을 활용할 수 있고 그룹보다는 밤과 낮을 구분하지 않고 실시간으로 의견을 형성할 수 있다. 또한 컴퓨터 사용으로 인한 이득은 학교 내에서 학생들과 가진 철학적인 토론뿐만 아니라 학생들에게 그들의 경험에 대하여 말할 수 있는 기회를 가지게 한다는 점과 주변국가의 학생들도 같은 생각을 하고 있다는 동지의식을 느낄 수 있다는 점이다. 5장에서 기술된 성찰의 여러 가지 진행방법은 봉사학습 연계교과과정의 실천에 유익함을 가져다준다.

여섯 번째: 프로그램 평가

성공적인 프로그램을 개발하는 데 많은 노력을 하였음에도 보람을 느끼지 못했다면 그것은 프로그램 평가가 설계되지 않거나 개발 후에 실행되지 않는 경우이다. 이것은 성공적인 프로그램의 가장 중요한 양상의 하나로 지금까지의 단계는 프로그램이 끝날 때에 하는 첫 단계이다. 예산의 감소와 프로그램은 자세히 조사되고 검토되어야 한다. 잘 작성된 서류와 상세히 검토된 프로그램 평가는 정당화되기 위해 보다 잘 갖추어야 하고, 그렇게 되어야 실행할 것이다. 또한 포괄적으로 프로그램 평가를 실시하여 검증 되었다면 지역사회가 진정으로 필요로 하는 프로그램과 만날 수 있다.

평가는 다양한 형태로 사용할 수 있다. 자원봉사자 계약서 형식은 학기가 시작되면 지원자가 많아지고 평가양식은 학생과 기관관리자 모두에 의해 학기가 끝나는 무렵에 완료하게 된다. 평가의 목적은 학기 동안에 학생들 스스로 긍정적인 사고를 일으키고 향상시킬 수 있는 무엇인가를 찾는 것이다. 지역사회 기관의 관리자들은 감사의 방법으로 자원봉사 체험을 평가하기 위해 오찬에 초대될 수 있다. 학생들은 그들 단체에 부분 또는 개인적인 평가회의가 가능하다. 또한 간단한 조사는 학생들이나 기관에 보낼 수 있다. 조사는 학기말까지 실행되며 빈틈없이 철저히 실행된다. 그들의 조사를 돌려보내는 이들에게 작은 선물이나 무료식사 초대권을 보냈다면 그것은 아마도 동기유발을 위한 현명한 방법일 될 것이다.

창조적인 접근방법으로, 학생들은 전문적인 평가자의 역할규정에 따라 펜실베이니아에 있는 엘리자베스대학의 연구방법의 분류에 등록한다. 그들이 하는 일은 대학의 봉사학습 계획에 효과적인 학문으로써 포함된다. 또한 프로그램을 평가하기 위하여 차량을 제공할 수 있다. 캘리포니아에 있는 옥시덴탈대학은 학생지도자가 그들의 프로그램을 평가하는 것을 요구한다. 그 결과는 각각의 프로그램과 지역사회 단체에 대한 실질적인 정보와 함께 자원봉사와 지역사회 봉사센터의 연례보고회에서 간행한다.

실천사례

여기서는 정규과목과 병행할 수 있는 환경에서 봉사와 학습을 효과적으로 결합한 몇몇 프로그램에 대해서 살펴본다. 각 사례들은 전국 기관에서 제공된 여러 유형의 프로그램을 대표한다.

리더십 프로그램

많은 대학의 리더십 개발 프로그램은 리더십의 사회적 변화 모델을 포함하고 있다. 그 모델은 '공평, 봉사의 가치에 대해 단언하는 과정' 에 기초하여 리더십을 이해한다(A Call for Student Leadership, 1995, p. 7). 그 모델이 강조하는 최우선적인 가치의 하나는 시민성이다. "시민성은 개인이 환경과 지역사회와 확실히 연계될 수 있는 과정으로서 기술된다. 그것은 리더십의 효과로서 상호의존성을 인정한다. 따라서 시민성은, 효과적인 민주주의는 개인의 권리뿐만 아니라 개인의 책무성이 따른다고 본다." (p. 7). 봉사에 몰입하는 리더십 개발 철학은 수많은 프로그램에 기초가 되었다.

• **오하이오대학교**

오하이오대학교의 리더십 개발 프로그램에서 후원하는 리더프로그램은 네가지 성과를 가지고 있다. 리더십의 효과를 위해서 리더십 도전 모델 참여자들에게 소개하기, 개인 리더십과의 관계하에서 자기인식을 높이고 자기평가를 위한 기회 제공하기, 봉사학습의 개념과 가치 전달하기, 리더십 이론을 실제 적용하기 위한 기회 제공하기이다. 9주에 걸쳐 매주 2시간 동안 50~75명의 학생들이 대학과 지역사회의 리더들로부터 리더십과 봉사학습에 대해 학습하게 된다(Emerging Leaders Planning Guide, 1995). 각 학기마다 학생들은 재활용 산업체의 습지대에 있는 농장에서 온종일 보낸다. 이 기업은 비공식적으로는 비영리단체에 소유되어 있으며, 그 지역의 물품을 재활용하는 일을 한다. 학생들은 페인트를 칠하고, 덤불을 정리하고 울타리를 세우는 등 그 지역을 복구하는 일을 한다. 재활용 산업체의 책임자는 지역의 비영리기관의 중요성과 지역사회 구성원으로서 학생들이 해야 할 역할에 대해서 학생들과 이야기를 나눈다. 봉사하기 하루 전날 학생들은 지역사회 봉사센터의 장과 함께 봉사학습의 개념과 그들이 해야 할 일에 대해서 토의한다. 봉사 후 수업을 하는 동안, 센터의 장은 학생들을 그들의 경험에 대해 성찰하고 토의할 수 있는 시간으로 이끈다.

• **버몬트대학교**

자원봉사활동 프로그램은 학생들에게 그들의 리더십 기술을 개발할 방법을 제공해 준다. 학생들은 13개의 VIA* 프로그램 중 하나에 가입하여 가을과

봄 학기 동안 대학 리더십 리트릿에 참여하게 된다. 가을 리트릿은 조직의 목적과 목표 그리고 VIA 프로그램을 실천적으로 진행할 팀을 조직화하는 데 초점을 둔다. 봄 리트릿에는 프로그램의 새로운 리더를 모집하는 것과, VIA 프로그램과 연계하여 사회정의와 관련된 쟁점에 대해 인식을 높이는 시뮬레이션 훈련, 개별 집단들 속에서 성찰과정을 촉진하는 방법들이 포함되어 있다. 학년이 시작될 때에 학생들에게 후원을 제공해 주기 위해서 두 명의 학생이 VIA 프로그램을 함께 지도한다. 그 협의회의 장은 자원봉사 인정, 홍보, 예산, 모집을 조직화하는 데 책임을 진다. 프로그램의 책임자는 프로그램 리더들과 1대 1로 모임을 갖는다. 또한 학생 리더들은 조직에 영향을 주는 문제들에 대해 의논하기 위해 주마다 회합한다. 예를 들면, 기금조성, 업무계획, 자원봉사 관리, 스트레스 관리, 사회정의와 관련된 이슈(M. Rose, personal communication, November 1995) 등이 있다.

• **걸프코스트 단기대학**

플로리다, 파나마에 위치한 걸프코스트 단기대학은 시민성 개발 지도력 연구소를 통해 리더를 개발하고 있다. 켈로그 재단으로부터 기금을 조성받은 그 기관은 "시민의 리더를 변화유발자, 촉진자, 초석, 전달자, 그리고 협력자로서 특징 짓는다"(Building Citizen Leaders, 1994). 2학점의 시민성 개발 훈련프로그램에 등록한 학생들은 네 가지 기본영역의 수업을 받는다. 인식, 전환, 헌신, 행동이 그것이다. 인식영역에 포함된 주제는 '리더십 스타일, 가치, 다양성에 있어서의 장애' 등이다. 건강한 지역사회를 바라보게 하는 전환, 다양한 의사소통, 경청하는 기술, 헌신을 학습하는 동안 학생들은 시민을 변화 대행자로서 바라보게 된다. 행동 영역은 동기 부여, 권한부여, 설득, 협상, 변호, 목표 설정, 행동 계획을 포함한다(Building Citizen Leaders, 1994). 한 학

* VIA: Volumteers in Action

기 동안 학생들은 지역사회 봉사단체에서 적어도 6시간을 일하게 된다.

종교단체

거의 모든 주요 대학 종교단체의 사명은 봉사를 제공하고 봉사를 학생들의 발달과 연관 짓는 것에 두고 있다. 대학의 교목은 보통 이러한 조직의 자문가로서 봉사한다.

• 밴더빌트대학교

감리교의 대학 교목들에 의해 '급진적으로' 알려진 밴더빌트대학교 구호프로그램은 홈리스들이 동사하는 것을 막기 위해 노력한다. 겨울의 매주 일요일 밤마다 학생들은 15명의 홈리스들을 데리고 온다. St. Augustine' s Chapel에 그들을 데리고 가서 저녁식사, 샤워, 대화, 매트리스, 아침 식사를 제공한다. 그 프로그램에 참여한 80명의 학생들은 그들의 일에 대해 성찰하고, 설교, 성찬식, 기도식으로 통합된 주일 예배봉사의 여러 기회들을 경험하게 된다. 학생들은 또한 주마다 열리는 조직회합에서 그들의 경험과 특별한 관심사에 대해 이야기한다. 대학 구호프로그램은 전 도시의 봉사수단이며 또한 주교와 장로교의 대학 교목들도 또한 참여한다(M. Forrester, personal communication, June 1995).

• 툴사대학교

학생, 스태프, 지역교회 사람들로 구성된 에이즈환자를 돕기 위한 초교파네트워크팀은 에이즈 환자에게 교통, 식사, 방문을 포함한 실제적인 후원을 제공한다. 팀 구성원들은 광범위한 훈련을 수행하고 매달 팀 미팅에 참여한다. 에이즈환자를 위한 초교파네트워크는 학생들에게 지역사회의 기존 프로그램에도 참여할 수 있는 방법을 제시해 준다. 처음 그 팀은 폐쇄적으로 보였다. 왜냐하면 지역사회 구성원들은 대학과 일할 수 있는 방법에 대해 확신을 갖지 못했기 때문이다. 그 팀은 지역에서의 역량을 인정받아 미디어 시청 범위 내에서 에이즈 환자를 위한 초교파네트워크를 대표하도록 요청받았다 (L. W. Baskett, personal communication, March 1995).

• 인간성 회복을 위한 해비타트

인간성 회복 해비타트는 신앙 있는 사람들로 이루어진 크리스천 봉사단이다. 이는 가족들과 정착할 수 있는 좋은 집을 짓는 일로 세계적으로 잘 알려져 있으며, 학생들이 집단 속에서 육체노동을 제공할 기회를 제공해 준다. 해비타트는 참여를 희망하는 대학을 위해 지원과정을 거친다. 캠퍼스 지부들은 봉사라는 과정에서 신앙을 탐색할 수 있는 시간과 기도를 포함한 모임을 갖는 것에 동의해야 한다.

캠퍼스 지부를 만드는 대신 많은 학생그룹은 지역사회의 해비타트 지부와 합병한다. 베이트지역의 자문가인 베이트대학의 피터 테일러(Peter Taylor)는, 대학과 지역의 해비타트 간 관계가 강화될 수 있는 방법에 대해 세 가지를 제안한다. 첫째, 합병된 것과 캠퍼스 지부 간의 전달통로를 만들어라. 둘째, 가족 후원, 홍보, 자료수집 등 자원봉사 기회를 찾아라. 셋째, 가까이에 있는 합병된 곳이 협조적이지 않다면 다른 곳과 접촉하라. 특히 당신이 있는 기관이 대도시나 그에 인접해 있다면 더욱 고려해야 한다.

학생봉사단체와 프로젝트

모든 대학은 적어도 하나 이상의 학생조직을 가지고 있다. 이들은 하나 이상의 지역사회 봉사프로젝트나 지역봉사에 전념하는 조직들이다. 이들 중 몇몇은 봉사 체험에 대한 성찰과정을 가지고 있는데, 다음은 성찰요소를 개발해 온 프로젝트와 조직의 몇몇 사례들이다.

캘리포니아대학교(로스앤젤레스, UCLA)

The UCLA 지역사회 프로그램 부서는 로스앤젤레스의 봉사가 부족한 지역사회에 교육, 법, 사회, 의료, 학문적인 봉사를 포함한 학생 후원의 프로젝트를 28명의 학생 참여로 시작하였다. 이 프로젝트는 "지역사회와 일하는 동안 학생들은 지속적으로 학습하고, 질문하고, 분석하고, 대화하고, 듣고, 성찰하고, 비판하고, 일을 수행하기 위해 의식적으로 노력해야 한다는 가정에 기초한다. 학생들은 그들의 지역사회에 대한 답을 가지고 있다고 가정해서는 안 된다"(A Conscious Effort, 1994).

미국 인디언 개인지도 프로젝트, 아시안 치과치료 프로그램, 흑인 고혈압 환자 프로젝트 같은 UCLA 프로젝트는 다양한 인종에게 봉사를 제공한다. 두 개의 다른 프로그램인 흑인-라틴아메리카인 에이즈 프로젝트는 잘 알려져 있다. 흑인-라틴아메리카인 에이즈 프로젝트는, 에이즈는 '백인, 남성, 동성애적인 질병'이라는 오해를 불식시키기 위해 일한다. 자원봉사자들은 에이즈 환자들과 상담하며, 흑인과 라틴계 지역사회에서 정보와 콘돔을 보급하도록 훈련받는다. 라틴족이 라틴족을 돕는 모임은 미국에서 가장 낮은 교육획득률을 가진 것 때문에 잘 알려져 있다. LGL*은 대학 투어, 사회적·문화적 행사, 학생-학부모 회의, 학교 탐방, 워크숍, 직업적 역할 모델, 멘토십을 제공한다.

- Best Buddies

국제적 조직으로 앤서니 슈라이버(Anthony Shriver)에 의해서, 그가 조지타운대학교 학생이었던 1988년에 세워졌다. 이 조직은 공통 관심사에 기초한 우정을 만들어 내기 위해 대학생들을 발달장애가 있는 사람들과 연결짓는다. Best Buddies는 180개의 캠퍼스 지부를 위해 튼튼한 기초를 다져왔다. 하나

* LGL: Latinas Guiding Latinas.

의 캠퍼스 지부가 되기 위해서 그룹은 한 학년 동안 적극적으로 실천하고 헌신해야 한다. 학생 멤버들은 한 달에 두세 번 그들의 Buddies와 대면하고, 적어도 일주일에 한 번 전화연락을 하는 데 동의한다. 그리고 학기마다 그들의 Buddies와 두 개의 집단활동에 참여하도록 하고, 학기에 두 번 의무적으로 모임에 참여해야 한다. 'rap session' 이라 불리는 이러한 모임에서 자원봉사자들은 그들의 경험을 성찰하도록 동기화되고 후원과 충고를 받는다. 'College Buddy Director' 학생들은 전국, 그리고 지역의 Best Buddies 지부에서 훈련과 후원을 받게 된다. Best Buddies는 리더들이 매년 열리는 전국 3일간의 회의에 참가하도록 후원한다.

• **오하이오대학교**

오하이오대학교의 지역사회 봉사지원센터는 교과과정 및 정규 교과과정과 연계한 봉사프로그램을 후원한다. 그리고 성찰과정을 촉진하고 지역사회 구성원들에 의해 규명된 지역사회 요구를 충족시키며 대학, 지역사회에 기반한 조직과 협력적으로 일하고, 그들의 일에 대해 평가한다(Our Mission, 1994). 정규 교과과정과 병행할 수 있는 두 개의 봉사프로그램은 애팔 액션(Appal Action)과 SNAPPS(Special Needs Athletes Partners Program)이다. 애팔 액션은 아테네에 있으면서 애팔래치아 문화를 답사하지 않았다는 것을 깨달은 한 학생에 의해 시작되었다. 고등교육기관인 김나지움 페인트 칠하기, 오래된 전차 차고의 창 닦기와 같은 일을 하게 되었다. 그룹 멤버들은 한 달에 두 번 프로젝트를 계획하고 지역사회에서 제기된 쟁점을 논의하기 위해 회합을 하고 있다(Bortle, 1994).

SNAPPS는 지역사회에서, 특수아동이지만 보통학급에 참가하는 장애를 가진 아동들과 학생들 간의 공동 모험사업이다. SNAPPS는 특정 올림픽과 같은 운동경기를 위해서 일주일에 한 번 운동선수를 훈련에 참여시킨다. 자원봉사자들은 또한 다음 주를 위해 계획을 하며 모임과 활동, 시합에 대해 의

논하기 위해 매주 밤에 회합을 갖는다(Stephens, 1994).

• **플로리다주립대학교**

'프로젝트 프렌드십(Project Friendship)'은 가드슨 카운티의 히스패닉 이주민 지역에서 봉사기회를 가진 학생들과 연계된 봉사학습프로그램이다. 대학과 지역사회 파트너십 지원처의 후원을 받는 프로젝트 프렌드십은 교내 튜터링, 과제 보조, 성인 문해교육, 이주민 건강 클리닉, 아이들과 게임을 할 수 있는 금요 펀 데이(Friday Fun Day)의 다섯 개의 활동으로 구성되어 있다. 교직원들이 초청된 성찰학습 세미나는 격월로 열렸다. 성찰학습 세미나에 오도록 학생들을 모으는 것은 어려웠지만, 학생들은 그들의 경험에 대해 프로그램 리더와 동료들과 이야기할 수 있는 충분한 기회를 가지고 있었다.

• **모건주립대학교**

지역사회 봉사단체로부터 후원을 받는 KUUUMBA* 프로그램은 강도 높은 지도 프로그램이다. 그 프로그램은 볼티모어에서 첫 범죄자가 된 청소년들인 모건주립대학교 학생들과 연계되어 있다. KUUUMBA는 메릴랜드 주 변호사 사무실의 요청으로 볼티모어에 1994년 세워졌다. 45명의 모건주립대 학생들은 90명의 십대들과 연결되었다. 그들은 일주일에 두 번 캠퍼스에서 두 시간 동안 만난다. 그들은 모두 십대들의 사회적 기술, 읽기, 쓰기, 수학 기술을 향상시키고, 학생들의 리더십과 진로, 기업가적인 잠재력을 개발하기 위해 일한다. 지도자들은 제기된 쟁점을 의논하고 프로그램을 개발하며 계획에 따른 일과에 참가하기 위해 매주 만난다. 십대들은 한 달에 한 번 그와 유사한 쟁점을 의논하기 위해 만난다(D. Ikhinmwin, personal communication, November 1995).

---

* KUUUMBA: Kreating Urban Unity Utilzing Morgan and Baltimore Adolescent.

기숙시설

대학의 수적인 증가는 봉사학습 기숙시설이나 강당을 제공하게 되었다. 기숙형 봉사프로그램의 이점은 학생들이 함께 생활함으로써 봉사에 관심을 갖고 성찰과정을 조직화하며 봉사에 헌신할 수 있는 능력을 향상시킨다는 점이다. 다른 기관들은 특별한 봉사학습 강당을 만들기보다 봉사활동의 광범위한 영역을 개발하고 학생들이 기숙시설에서 이루어지는 봉사에 참여할 수 있도록 노력한다.

• **미시간주립대학교**

미시간 주의 오리엔테이션 프로그램 중의 하나인 '기숙시설에 참여하기'는 지역사회 기관으로 할당되었다. 학생들은 성찰하는 과정의 일부분으로서 각 시설에서 봉사에 참여하고 봉사장소에서 사진을 찍는다. 성찰활동에 있어서 사진을 활용하는 것을 훈련받은 시설의 리더들은 보고회의를 갖거나 팀별로 함께 스크랩북을 만든다(Chabot, 1994). 봉사학습센터의 실무자는 자원봉사자들과 함께 일하며, 지역사회에서 일 년 동안 봉사를 제공할 사람들을 모집한다.

• **조지타운대학교**

수도권 행동프로젝트(The District Action Project)가 몇 년간 그 수가 감소하면서 약 20여 년 동안 있어왔던 지역사회 봉사시설이 최근 새로운 관심을 받게 되었다. 22명의 학생들은 시설로 입소하여 생활하였고 자원봉사센터 실무자와 면담했다. 거주자들은 한 주에 5시간에서 7시간을 봉사하는 데 동의해야 하고 시설 멤버들에 의해 개발된 두 개의 수련회와 프로그램에 참가해야 한다. 각 룸메이트는 매년 봉사프로그램이나 사회적 · 성찰적 프로그램에 책임을 지게 된다. 시설 멤버들은 학기당 각 범주에서 적어도 두 가지 프로그램에 참여해야 한다는 것을 수용한다. DAP는 또한 캠퍼스 전국의 토론회를 후원한다. 이전의 주제에는 에이즈, 가정폭력, 유대인 대학살, 집단학살, 신앙과 사회적 변화가 포함되었다(C. Koliba, personal communication, October 1995).

• **호바트 앤드 윌리엄스미스대학**

이전 뉴욕대학 사교클럽 내에 있었던 'Residents of the Community Service House'는 대학 내 봉사를 위한 촉매제이다. 그곳에 살기를 희망하는 학생들은 그 시설을 이용한 많은 사람들이 그러했던 것처럼 두세 번은 신청을 해야 한다. 신청서는 학생들에게 봉사와 이전의 봉사경험, 'the Community Service House'를 위해 그들이 일하려는 목적에 대한 동기를 성찰하도록 요구한다. 매년 선택된 17명의 학생들은 매주 개인 봉사를 5시간, 매 학기마다 지역사회 봉사프로제트에 헌신해야 한다. 이전의 프로젝트에는 호반 정화, 지역의 어린이를 위한 파티, 음식 나누기, 오페라 하우스 청소가 포함되었다. 봄의 절정에 이루어진 '봉사를 축하하며... 제네바를 축하하며...' 란 캠퍼스 봉사 이벤트는 참여자들이 천 명 이상이었다. 모든 시설의 멤버들은 기획위원이었으며, 'the Community Service-House'는 기획 회합을 주최하였다(L.C. Turbide, personal communication, October 1995).

동호인/동아리회관

남학생, 여학생 사교클럽들은 자선적인 동기를 가지고 많은 시간을 헌신했으며, 물질적으로 기금을 조성했다. 봉사학습 교육자의 관심은, 그리스 정교회의 조직을 단순한 자선으로부터 봉사학습 참여자로 옮길 수 있는 방법에 있어 왔다. 전국 조직인 NIC는 각 지부에서 계획적인 방법으로 봉사학습을 교육하는 곳이다. 1992년 NIC는 'Adopt-a-School' 프로그램으로 시작했다. 그 프로그램은 1994년 180개 공립초등학교와 파트너십을 체결하였고 참여한 대학들이 170개로 보고되었다. 만 명 이상의 대학생들은 학급 담당자에 의해 위기 청소년으로 분류된 아이들과 1대1로 함께 하고 매주 적어도 한 시간을 헌신했다. 학생들은 자원봉사활동을 하기 전에 오리엔테이션에 참여해야 하고 학교에서 훈련을 받아야 한다.

참여에 임하기로 한 남학생, 여학생 사교클럽의 지부들은 'COOL' 의 사려깊은 지역사회봉사의 비판적 구성요소에 대한 논의를 한다. 지부들은 Adopt-a-School에 참여한 사람들처럼 이러한 모든 요소를 충족시키기 위해 노력하도록 기대되었다. NIC가 제안하는 성찰 기술은 '다섯 가지 단계: 성찰' 로 만들어졌다. NIC는 Adopt-a-School 프로그램이 학습에 대한 것이라는 것과 대학과 공립학교 간의 호혜적인 프로그램이라는 것을 확신할 수 있도록 노력했다.

필자는 봉사체험에 대해 성찰하는 시간을 갖는, NIC 프로그램 외부의 예들은 열거하지 못했다. 사례를 요청하는 이메일 메시지가 '봉사학습 분임토의집단'에 도착했을 때 어느 누구도 프로그램 사례에 대해 응답하지 않았다.

친교클럽과 다른 학생그룹이 자선활동으로부터 봉사학습으로 전환하는 데에 도움이 될 수 있도록 사례들 대신 몇 개의 간단한 제안을 했다. 첫 번째 단계는 자선의 명칭을 봉사학습이나 지역사회 봉사로 바꾸는 것이다. 이렇게 바꾸어진 것은 학생들에게 그것의 역할이 무엇이며 어떠해야 하는지 명백히 다른 메시지를 보내 준다. 봉사학습 교육자들은 이러한 학생 리더들을 위해 성찰과 호혜성이라는 봉사학습 요소를 설명해 주는 워크숍을 제공한다. 학생 리더들이 기본개념을 이해하면, 봉사학습 교육자들은 그들이 지역사회 관계성을 개발할 수 있도록 돕는다. 그리고 다른 사람의 삶을 개선해 나가기 위해 자신의 삶에서, 사회에서, 프로그램으로 반영되어야 할 변화의 필요를 결정하는 촉진자들이나 동료들과 봉사체험을 함께 할 수 있는 기회를 개발하도록 도울 수 있다. 친교클럽은 봉사학습과는 구별되는 점이 있다. 봉사학습은 그리스 정교회의 수련회나 워크숍, 새로운 멤버 캠프, 오리엔테이션 프로그램, 리더십 클래스, 멘토 프로그램, 인정과 축하, 봉사와 같은 기존의 프로그램 속에서 만들어질 수 있다(Albaneso, 1993, p. 6). 그리스 정교회 조직의 자선적 노력은 많은 비영리 조직의 재정적인 양호도를 확신하는 데에 강력한 힘을 행사해 왔다. 지금은 그리스 정교회의 자선과 봉사학습의 통합 범위를 확대할 시점이다.

대학생 스포츠 프로그램

운동프로그램에 있어서 봉사는 더 큰 가시성을 얻는다. 많은 코치들은 시즌 동안 그들의 선수들과 '공유' 하는 것에 대해 별로 달갑지 않게 생각할지도 모른다. 케어는 '전국 대학체육회'의 결정에 응해서 이루어지지만, 일부 코치들은 봉사와 스포츠를 결합하는 것에 있어 기대하지 못한 이점들을 발견하고 있다. 마치 자신감, 동기, 팀워크가 향상되는 것과 같은 것이다. "많은 선수들의 프로그램이 여러 방법으로 지역사회 봉사 속에 포함되었지만, 시민성과 공공 서비스에 대한 책무를 조장함에 있어 학생선수와 코치들을 활용하는 데에 더 큰 강조점을 두어야 한다." (Gerdy, 1993-1994, p. 32).

• 레들랜드대학교

레들랜드대학교 수석 풋볼 코치는 노인 요양시설이나 아동 병원과 같은 기관에서 이루어지는 과업들을 통솔하도록 부여받았다. 그 대학의 지역봉사학습사무실의 토니 뮬러(Tony Mueller)에 따르면, "성공은 기대되지 않은 방법으로 나타난다...... 그 팀은 하루종일 자원봉사활동을 하는 데에 시간을 보내더라도 경기에 임해서 신경질적이지 않다...... 팀은 또한 노인과 위기 청소년들이 경기에 참여할 수 있도록 초대한다. 초대받은 그들은 넓은 좌석을 배정받고, 대학의 총장을 만나게 된다" (T. Mueller, personal communication, June 1995).

• **메릴랜드대학교(칼리지 파크)**

각 학기마다, 학습영역에서 적어도 평점 B 학점을 유지하는 25명의 3, 4학년 학생 선수들은 '메릴랜드 팀'에 참가한다. 대학의 '체육학과와 정치적 리더십과 참여센터에서 후원받는 메릴랜드 팀은 동기를 부여할 수 있는 연설을 하도록 지역의 학교와 지역사회 기관으로 학생 선수들을 보낸다. 학생 선수들은 '사회과학대학'에 위치한 센터를 통해서 과정에 등록한다. 그들은 수업에서 연설에 대해 전문적으로 훈련받고 그들의 지역사회 경험을 토론할 수 있는 기회를 갖는다.

• **네브래스카대학교**

네브래스카대학교 프로그램은 학점을 제공하지 않지만 그럼에도 불구하고 성공적이다(Fernandez, 1994). '허스커 봉사활동' 프로그램은 학생들이 약물중독이나 알코올중독에 대한 예방의 중요성과 같은 주제들을 연설할 수 있도록 지역의 학교로 보낸다. 그들은 대학봉사조직들과 파트너십을 개발해 왔다. 네브래스카대학교의 운동선수부의 아카데믹 프로그램 조감독인 키스 짐머(Keith Zimmer)에 따르면, 협력은 신뢰로운 사회에 있어서 결정적인 것이다. 봄에 이루어지는 허스커 봉사활동 프로그램은 애교심에 초점을 둔다. 만 천 명 이상의 학령기 아동들이 교육적인 연설과 오락, 운동선수와의 만남을 위한 90분간의 프로그램을 보기 위해서 대학의 경기장을 가득 메운다.

소 결

봉사학습 연계교과과정의 개발에 따른 이점은 학생들이 평생 동안 봉사에 지속적으로 참여할 수 있게 하는 데 있다. 학생들은 그들 주변의 지역사회를 인식하게 되고, 대학은 지역사회와 가깝게 되며, 그들의 세계는 더 넓은 세계가 된다.

어떠한 효과적인 봉사학습프로그램이라 하더라도 그 기초는 준비, 훈련, 성찰이다. 이 장에서는 각 대학과 질적으로 높은 봉사학습 체험을 외부의 학교에 제공하기 위해 노력하는 전국적 조직들의 사례를 통해서, 봉사학습 연계교과과정을 개발할 수 있는 방법에 대한 아이디어에 강조점을 두었다. 많은 학생들이 연계교과과정 프로그램을 통해서 봉사학습을 발견하고 있기 때문에 대학들은 이러한 도전을 받아들이는 것이 중요하다.

Chapter 07

교육과정에서의 봉사학습

봉사학습을 교과과정에 포함시킴으로써 교육자들은 학생들이 더 많은 실용적 경험을 할 수 있는 기회를 주어야 한다. '일반적인 선(common good)'에 대해 경쟁적으로 늘고 있는 정의를 접하는 것이라든지, 사회문제에 대한 관점을 바꾸고 지식이 누구를, 무엇을 위해 존재하는가 하는 반문을 할 수 있게 하기 위해 교육자들은 학생들에게 이러한 기회를 부여한다. 봉사학습을 포함하고 있는 교과과정은 학생들이 과거의 교과과정상의 문제점에 대해 더 큰 질문을 하게 만든다. 봉사학습은 학생들이 특정 과목에서의 학습을 도와줄 뿐만 아니라, 그 과목이 어떻게 구성되어 있으며 실생활에 어떻게 적용될 수 있는지도 생각하게 한다. 또한, 이러한 이념적 도구에 영향을 받은 사람들과 함께 봉사학습의 추상적 개념을 평가해 봄으로써, 지적인 사색을 유발하기도 한다. 학생들은 내재된 다양한 의미를 접해 본 결과 각기 다른 지지론을 탐험했다는 것을 알게 된다.

교육과정의 봉사학습에 있어서 중요한 과제

교과과정에서의 봉사학습은 그 과목의 목적과 부합될 때 그 진가를 발휘한다. 만약 그것이 교과과정의 목표와 부합되지 않거나, 학생들이 그 교과과정을 배우는 데 도움이 안 될 경우 오히려 교육의 효율을 떨어뜨린다. 봉사학습을 교과과정에 융화시키기 위해서 교육자들은 그들이 맡고 있는 과정의 목적에 대해 다시금 생각해 볼 필요가 있다. 일단 교육자들이 봉사학습과 교과과정의 연결을 시작하게 되면 그들은 봉사체험과 교과과정의 목표를 고려하게 될 것이다. 비록 그 교과과정은 학문적 성과에 초점을 두긴 하겠지만, 교육자들은 또한 환경의식의 고취, 다(多)문화주의와 다원화, 대립의 평화적 해결, 사회건설과 같은 교육적 목적이 같은 봉사를 선택하게 될 것이다. 봉사학습은 교육자들이 어떻게 학생들을 교육시킬 것인가의 문제뿐만 아니라, 사회적 문제나 쟁점에 관련된 그들 자신의 연구와 학습도 고려하도록 한다. 봉사학습은 학생들의 학습 그 이상이다. 그것은 봉사에 가치를 부여하는 방식으로 지적인 전문가를 사회에 공급함으로써 수요를 충족시킨다. 게다가 교과과정은 도덕성 개발, 사회적 문해, 비판적 사고 기술 연마에 관련된 것일 수도 있다. 이러한 목적들이 대학교육의 보편적 목적으로 여겨지는 것이기 때문인데, 많은 교육자들이 교과과정의 목표로서는 언급하지 않고 있다.

봉사학습을 교과과정에 도입하기 위해서 교육자들은 자신의 과목에 대한 좀 더 광범위한 결과에 대해 생각해 보아야 한다. 고등교육기관의 운영방식에 따라서 봉사학습은 그 기관 내의 인종문제, 대학생들의 출신배경문제(town-gown) 등 문제를 해결하는 데 도움을 줄 수도 있다. 봉사학습은 학생들을 감독하거나 사회단체로부터 협조를 구하는 등의 추가적인 비용을 필요로 하기 때문에 교육자와 학교 운영진은 결과에 비해 비용이 초과되지는 않는지 의문을 가질 법도 하다. 비록 봉사학습의 도덕적 · 사회적 · 시민정신 함양, 지도자 능력개발, 사회경력 축적효과에 대한 연구는 좀 있지만, 학문적 성과에 대한 연구는 거의 없다. 1993년 이후로 학자들은 봉사학습의 학문적 성과에 대한 문제를 심각하게 생각하게 되었다.

말쿠스, 하워드, 그리고 킹(Markus, Howard, and King, 1993)은 '현대정치의 쟁점' 이라는 교과목에서 학부학생들이 공부하기 위한 실험모형을 사용했다. 봉사학습 부문의 학생들은 세계 현실에 봉사학습 개념을 적용해서 교과목 과제를 수행했다. 수강한 학생들은 봉사학습 개념을 적용하기를 즐겼으며 만족할만한 학점도 받을 수 있었다. 코헨과 킨제이(Cohen and Kinsey, 1994)는 학부과정의 '대중매체와 사회' 과목을 연구했다. 학생들은 봉사학습 구성요소로 이해가 용이한 두 가지 주요한 교과목 개념을 발견했다. 즉, 청중(봉사수혜자)과 메세지(봉사내용)이다. 또한 세번째 교과목 개념으로 시설(봉사처)을 들고 있다.

대학 윤리학과 학생들의 봉사학습 효과를 연구하는데 있어서 보스(Boss, 1994)는 봉사학습의 방법이 학생들의 도덕적 논의에 탈인습적 단계를 나아가는데 도움을 주는 것을 발견하게 되었다. 밀러(Miller, 1994)는 봉사학습을 적용하는 학부 심리학 교과에서 학생들은 현실세계의 문제를 해결하는데 도움을 받고 있음을 주지하고 있다. 이러한 비교학적 논의가 가능한 교과목에서 봉사학습은 학업성취를 증진시키는데 실제로 도움이 되고 있다.

벤더빌트대학의 드와이트 자일스와 재닛 아일러(Giles and Eyler, 1994)는 두 개의 다른 봉사학습프로그램 모델을 이용하여 그 효용성에 관한 연구를 실시했다. 두 개 중 하나는 봉사를 교과과정의 한 부분으로 활용하는 모델이었다. 학생들의 사회참여에 대한 초보자와 변별쌍(봉사를 교과 일부분으로 하고 있는 모델)의 설문에서, 연구자들은 학생들의 문제분석 능력, 즉 문제분석이 간결하고 명확한가, 또 분석의 초점이 추상적인가 체계적인가, 혹은 분석이 일반적인가 개인적인가에 대해 조사했다. 그들은 설문에서 가장 큰 차이가 '사회적 책임감의 개념' 으로 분석을 하는가 또는 '봉사학습의 개념' 으로 분석을 하는가였으며, 미래의 연구에서는 그들을 측정하기 위한 더 많은 방법과 개념이 필요할 것이라고 결론지었다.

어떤 교수들은 봉사학습이 교과목의 학문적 토대를 약화시키지 않을까를 염려하고 있다. 그러나 그러한 사실과 대조적으로 이러한 프로그램은 학생들의 지성적 노력의 수준을 향상시킬 수 있다. 지역사회에서 봉사활동을 수행하는 것이 교수가 어떤 교과목에서나 촉진해야 하는 비판적 대화와 결합되어질 때 학생들은 교과목의 중심에서 멀어지든, 가까워지든 간에 불구하고 학업을 성공적으로 이행할 것을 의심하지 않는다.

드로지(David Droge, 1995)는 일부 교수들이 봉사학습을 학과목에 도입하는데 주저하는 이유를 다음과 같이 설명하고 있다. 교과목에 있어서 엄격함이란 전통적으로 교재, 문헌선택, 시험, 그리고 유연함으로 보여지는 다른 학습의 기회들을 배제하는 것으로 간주하고 있다. 봉사학습을 채택하기 주저하는 사람들은 봉사학습이 전통적인 교실수업과 일정의 표준화와 예측가능성을 저해하는 것으로 생각해서 쾌히 수용하는데 망설이고 있다. 더우기 드로지(1995)는 봉사학습의 평가가 가지는 몇 가지의 딜레마를 다음과 같이 지적하고 있다: 봉사학습의 학생과제 평가준거는 아마도 전통적으로 조직화된 교과목보다 다양하고 폭이 넓다.

학생들은 원론적 지식의 영역 밖에 있거나 교수의 체험에서 학습할 수 없는 봉사체험의 이해와 안목들과 마주치게된다. 궁극적으로 봉사학습은 교수들이 강의실 안밖에서 권위와 통제력의 구성에 직면하게 된다. 봉사학습에 있어서 참가는 필히 담당교과목의 교수들의 통제를 따르거나 분담하는 것이 포함되고 있다. 우리는 교실 밖의 세상에서 일어나는 예측불가능성을 어떻게 돌파를 할 것인가? 우리는 교수학습계획서상에 언급이 없는 학습내용을 어떻게 이용할 것인가? 우리는 봉사학습에 대한 열정과 이론적 지식을 전수하는 책무사이의 균형을 유지할 수 있을까? 우리는 학생들이 수강 신청을 한 사람이라는 상황을 어떻게 미리 고려해야 하는가?—위와 같은 질문들은 교사로서 역할을 수행하는 데 있어서 당면과제다. 교실이 엄격함과 유연함으로 양극화되어 있는 상황을 타개하기 위해서는 대화를 시도할 필요가 있다.

봉사학습교과목의 필수과제는 교과목 강의해설서에 설명이 충실하게 진술되어져야 한다. 교수들도 강의 첫 시간에 학습목표, 봉사활동의 기대수준, 그리고 학점 이수에 필요한 필수적 혹은 선택적 사항을 명료하게 제시해야 한다.

교과과정의 봉사학습 선택

봉사학습은 모든 과목에 적용하게 되어 있는 것이 아니라, 실습에 병행하도록 되어 있다. 각각의 실습에서 교육자들은 다음과 같은 질문들에 대답할 수 있어야 한다. 봉사하는 목적은 무엇인가? 일반 시민들에게 봉사를 행함에 있어 기초적인 지식은 무엇인가? 이 실습의 이론을 이해시키는 데 서비스가 어떻게 이용될 수 있을 것인가? 이러한 질문의 결과로 교육자들은 실습과 봉사를 어떻게 연결시킬지 알 수 있게 된다. 봉사학습은 심시어 고전과목을 배우는 데도 사용되었는데, 학생들은 고전과목을 통하여 고대 아테네의 사회나 가족생활과 현대 미국 도시의 생활을 비교하게 된다. 봉사를 교육에 도입하는 어떠한 정형화된 모델도 모든 수업에 적합하다고 보기는 어렵다. 우수한 봉사학습프로그램은 학생들과 교수들에게 다양한 선택사항을 제시하여 그들이 유연하게 교과목의 목적과 부합시키도록 한다. 지역공동체의 욕구는 봉사학습 교과목 개발을 구체화한다.

4학점 선택과 독자적 봉사학습 이수단위

4학점 선택과 학생주도 봉사학습 모듈은 특정 교과과정의 구성에 포함되지 않은 봉사학습의 선택사항이다. 4학점은 일반적인 3학점에 부가적으로 작용하는데 교과목과 관련된 사회봉사를 지정된 시간만큼(1학기당 40~55시간) 하게 한다. 학생들은 교수진과 봉사학습센터 두 군데에서 동시에 인정하는 곳과 계약을 한다.4학점은 그 자체보다는 봉사에서 얻어진 결과를 내보이는 데 의미를 둔다. 교수진들은 학생들이 성찰보고서(봉사에서 얻은 것들을 쓰는 것)를 계속 쓰도록 하거나, 봉사 체험과 교과과정의 공통점을 써오는 숙제를 낼 필요가 있다. 메릴랜드의 로욜라 대학, 펜실베이니아주립대학교, 조지타운대학교 등과, 수많은 대학들이4학점 선택을 효율적으로 운용하고 있다.

4학점 선택을 사용하는 이점 중의 하나는 교수들이 봉사학습을 병합한 과정을 개설할 때까지 학생들이 기다릴 필요가 없다는 것이다. 학생들 스스로 시작할 수 있으며, 가끔은 학생들이 교수에게 봉사학습을 소개하기도 한다. 그렇게 되면 교수들은 자신의 교과과정에 4학점 선택을 적용시키기 시작할 수도 있고, 또한 봉사학습은 처음으로 포함될 수도 있을 것이다.

조지타운대학교의 자원봉사지원센터 소장인 크리스 콜리바(Chris Koliba)는 봉사학습을 배운 사람과 배우지 않은 사람을 뒤섞어 놓으면, 봉사학습을 배운 사람은 이러한 경험교육에서는 더 적극적이 된다고 말한다. 조지타운대학에서 4학점 선택의 적용을 받은 학생들은, 각기 다른 과정의 봉사학습 모임인 세미나에 꼭 참여해야 한다. 학생들은 그 세미나에서 왜 4학점 선택을 선택했는가? 봉사가 교과과정과 어떻게 관련되어 있는가? 자신의 경험에 비추어 봉사학습을 정의해 보라는 식의 요구를 받게 된다. 이러한 활동은 봉사학습이 광범위한 교육과정에 포함될 수 있음을 보여 주고, 교실을 자신의 삶의 과정을 배우는 곳으로 확대시켜 준다. 4학점 선택을 사용하는 데 있어 한 가지 단점은 그것이 교과과정에 병합된 것이 아니라 추가적으로 사용되는 것이라는 점이다(4학점을 하는 사람도 있고, 아닌 사람도 있을 수 있다). 만약 교육자들이, 봉사학습을 배우지 않은 사람들이 소외될 것이라는 생각으로 봉사학습을 배우는 사람들이 자신의 경험에 대해 토론하지 않는다면, 그들은 단체활동에서 얻어지는 성찰의 이점을 얻지 못하게 될 것이다. 반대로 교수가 이러한 토론을 하게 되면, 봉사학습을 배우지 않은 사람이 그것을 배운 사람의 생각을 이해하고 받아들이는 데는 상당한 시간이 소비될 것이다. 사회단체들에 대한 충분한 지식이 없이 4학점 선택을 선택한 교육자들은 학생들이 적당한 사회단체를 찾는 데 개인의 능력에만 의존하거나 봉사학습센터의 조언을 구하도록(학생들이 교수의 무능력으로 인해 고생하도록) 내버려 둔다. 만약에 그 대학에 봉사학습센터가 있다면 좋을 것이다. 하지만 봉사학습센터가 없다면 4학점 선택은 실현불가능하다.

4학점 선택이 교과과정에 봉사 항목을 덧붙인 것이라면, 다른 선택사항들은 교과과정과는 무관하다. 애리조나주의 메사지역대학은 50시간당 1점을 부여하는 독립적인 선택권을 적용하고 있다. 이 프로그램에 참여하는 학생은 두 명의 감독을 가지는데, 한 명은 교수진이고 다른 한 명은 봉사대상 단체이다. 그것은 교과과정이라기보다는 학생들에게 부여된 과제물이다. 학생들의 과제에는 학생들이 계획을 수립하고, 리포트를 쓰고, 공공정책과 봉사기관에서 개최되는 세 번의 세미나(사회활동을 통해 얻는 지식, 교훈을 주제로 하는)에 참석하는 것과 마지막으로 분석노트를 제출하는 것이 포함된다. 학생들은 이 선택권을 적용하는 실습이나 교수들 중에서 이 방면에 지식이 많은 사람이 개설한 과정을 선택한다. 이 선택권은 학생들이 유연성 있게 봉사학습을 여러 과목에 접목시킬 수 있도록 해주며, 교수들에게는 전체적인 교과과정의 수정 없이, 제한적으로나마 교육철학으로서의 봉사학습을 체험해 볼 수 있게 한다. 개개인의 학생들은 각각 다른 종류의 봉사를 선택하기 때문에 교수들은 한 명의 학생을 지도하기 위해서 훨씬 더 많은 일을 해야 한다. 또 다른 단점은 세 번의 세미나 외에 학생들이 의미 있는 학습을 할 수 있는 수업이 없다는 것이다.

서던 캘리포니아대학교의 JEP(the joint educational project)에서는 교과과정에 기반하지 않는 또 다른 봉사학습 교육방식을 적용하고 있다. PAs(student program assistants)의 협조를 받아 JEP 관계자들은 1개 대학에 700~1,000명 정도의 학생이 봉사학습과 수업을 연결시킬 수 있도록 한다. JEP는 방대한 숫자의 봉사업체와 관계를 맺고 있다. PAs는 매학기 시작 때마다 JEP를 학생들에 소개하고, 학생들의 흥미를 고려하여 봉사현장에 연결시켜 지원해주며 감독하고, 교수에게 제출할 리포트 작성을 도와준다. 그러나 학생들의 참가에 대한 점수를 주는 것은 JEP가 아니라 교수들이다. 이것이 다른 것과 구별되는 점은, JEP에 의해 개발된 학생들이 봉사현장에서 교훈을 얻을 수 있도록 도와주는 실습에 기초한 질문들이며, 또 JEP가 교수들이 교과과정과 학생들의 봉사를 연결하는 데 도움을 준다는 것이다. 이것의 장점과 접근법은 4학점 선택과 유사하다. 그것에 추가하여 JEP가 교수들로 하여금 그들의 학문적 목적과 사회경험을 접목시키게 하는 데는 어려움이 있다.

서설적인 봉사학습 교과목

봉사학습 개론에서는 학생들이 교수와 동료의 지원을 받으며 봉사를 체험할 수 있다. 자신들이 보고, 들은 것에 대한 토의 기회를 가짐으로써 학생들은 자신과 다른 생각을 가진 사람을 인정할 수 있게 된다. 봉사학습 개론에서는 문맹, 주택문제, 취업문제 등과 같은 한 가지 문제를 조명하기보다는 몇 가지의 문제들을 체험해 보고 그 문제들 사이의 연관성을 알게 된다. 이러한 개괄적 수업에서는 봉사 체험보다 학술적 학습을 더 중요시하긴 하지만, 학생들은 이 수업을 통해 봉사학습에 관한 관심과 흥미를 가지게 된다. 봉사학습 과정의 실습에 중점을 둔 것이 아니기 때문에 어떤 사람의 전공으로는 적합하지 않다. 예를 들어, 봉사학습 개론은 부수적인 것(교양과목)으로 생각하기 때문에 과학을 전적으로 전공하는 사람에게는 맞지 않다는 것이다.

플로리다 주의 브레바드 지역사회대학에서는 학생들이 32시간 봉사에 참여하고, 32시간 동안 세미나에 참여하는 방식의 수업을 운용하고 있다. 이 과정에서 학생들은 그들의 실습과 그로 인한 성찰을 통해 사회를 더 잘 이해할 수 있게 된다. 학생들은 중요한 사회문제를 선택하고 연구한 다음 50분간 수업에서 설명을 하고 다섯 장의 연구결과 보고서를 제출한다. 또한 수업에 참여하고, 3번의 시험, 개인과제물이 성적을 결정한다.

미시간 주의 알비온대학에서는 1학점 코스를 고수하는데, 자원봉사, 지역사회, 그리고 시민정신이 그것이다. 알비온의 1학점은 다른 대학의 4학점과 맞먹는다. 학생들은 학교 내의 사회단체에서 30시간, 이 수업에서는 공공봉사와 자원봉사의 가치를 연구한다. 그 연구는 자원봉사의 잠재력과 한계에 대해 연구하고, 한 사람이 평생 동안 필요로 하는 봉사의 양과 자신이 사회에 행하는 봉사의 양의 균형에 대해서도 연구한다(5장 참조).

봉사와 리더십을 연계한 교과목

봉사와 리더십을 연결한 프로그램이 여러 대학에서 실시되고 있다. 리치몬드대학의 '리더십 연구학부'는 이러한 프로그램을 몇 가지 가지고 있다. 그중 하나는 리더십과 사회운동이라는 과정으로, 학생들이 사회운동 속에서 리더십을 이해하고, 그 속에서 자신들의 역할을 이해할 수 있게 도와준다. 이 과정에서 학생들은 정책결정과정으로 주입시키기 위한 전략인 사회운동의 근본 이념을 배우게 된다. 법적 보호에 관해 공부하는 학생들은 정신건강에 관련한 단체에 소속해야 한다. 리치몬드대학의 또 다른 과정은 공동체에서의 리더십과 자원봉사자 과정으로써, 자원봉사자의 무수익에 대한 일반적인 이해와 리더십의 다양한 현상에 대해 이해한다. 이 과정에서 학생들은 사회의 자원봉사자 조직과 함께 일을 해야 한다.

불더에 있는 콜로라도대학에서는 입학생 중 60명을 선택해 '지도자 리더십강좌'에 참가시키는데, 이 과정은 4학기 과정으로 학생들을 각기 다른 봉사학습 현장에 투입시킨다. 참여자에게 500달러씩의 장학금을 한 학기마다 지급하는 이 과정에는 매년 500명 이상이 지원한다. PLC과정의 학생들은 수업에 참여하고, 현장에 참여하며, 강연회에 참여하는 3학점을 수행해야 한다. 4학기 중 각 한 학기는 특별한 주제를 가지고 있다. 개인의 리더십 개발과 리더십의 도덕성 개발, 사회문제와 리더십, 전세계적 문제와 리더십, 리더십의 수준 상승이 그것이다. 2학년 2학기에 PLC 학생들은 1주일에 12~15시간 동안 봉사 현장에 나가는 인턴십에 참여해야 한다.

과거에는 학생들이 신체 장애아를 대상으로 스키를 가르치는 자원봉사조직에 참여하거나 정부차원의 입법과정에 참여하기도 했다(PLC의 인턴십은 9장에서 다룬다). 메릴랜드대학교의 리더십 개발 프로그램은 대학 내 프로그램 운용 사무실에 설치되어 4학점을 수행하는 리더십 개발과정으로 모든 학생들에게 개방되어 있다. 이 과정 중의 하나인 사회활동과 리더십과정에서 학생들은 사회활동에서 필요한 리더십을 기른다. 사회활동 프로그램 사무실의 도움으로 학생들은 직접적으로 봉사에 참여한다. 최소 일주일에 5시간의 봉사활동과 책을 읽어야 하며, 토의수업에 참여하며, 성찰에 관한 보고서를 쓰고, 한 사람에 대해 리더십을 분석하고, 봉사의 역할에 대해 전기문을 써야 한다. 이 과정은 대학 프로그램 운영위원회가 운영한다.

필수 혹은 선택 교과목 구성요소로서의 봉사

봉사요소를 포함하고 있는 교과과정들은 대개 보고서와 수업시간의 발표 및 다른 과제물을 기반으로 하여 운영되고 있다. 이런 종류의 과정은 일반적으로 학생들의 사회문제에 대한 이해, 경험의 측면에서 자기개발, 사회활동을 통한 수입을 기대하기보다는 경험을 학습에 연결시키는 데 목적을 두고 있다. 학생들은 다양한 종류의 봉사를 체험하는데, 그것은 식당에서 음식 나르기 또는 학교의 정신지체아 개인지도, 운동장이나 공공장소 청소 등을 포함한다. 이러한 과정은 정규과목에도 영입된다. 예를 들면, 마이애미에 있는 플로리다 국제대학교에서는 영양학과 사회복지학 등을 포함한 많은 정규과목에 10시간 이상의 봉사를 할 것이 요구된다. 어떤 경우에는 일반적인 연구보고서 대신 자신들의 체험에 기반한 자유선택 과제가 주어지기도 한다. 자유선택 과제를 맡은 학생들은 대개 자신의 체험에 대한 진술이나 사회문제를 찾기 위한 분석보고서, 사회경험을 하는 데 있어서 어려웠던 점들을 쓴다.

사우스 벤드에 있는 인디애나대학교에는 스콧 세르나(Scott Sernau)라는 사회학 교수의 가족 과정이 있는데, 이 과정에서 학생들은 일주일에 4~8시간 정도를 가족과 연관된 조직에서 일해야 한다. 이 경우 봉사 선택은 지역사회기관에서 미리 결정하고, 학생들은 대개 입양아를 돌본다든지, 부모교육, 학교에 다니는 학생의 공부 도와주기 등 가족적 개념에 관련된 일을 한다. 학생들은 사회단체가 어떻게 사회수요에 대응하고, 수요를 충족시키는 데 발생하는 문제점들을 시험해 봄으로써, 그들의 경험과 수업내용을 연관 짓는 짧은 보고서를 제출한다.

로드아일랜드대학의 '행함으로 학습한다' 라는 코스에서 학생들이 봉사를 할지 안 할지는 선택사항이다. 이 과정에서 학생들은 그들이 직접 계획한 일을 함으로써 사회활동 능력을 기른다. 학생들은 사회단체 구성원들의 인터뷰를 제출하는 과제를 수행하지 않아도 그 과정을 통과할 수 있다. 이 수업은 노동자와 사회단체들이 문제점을 인식하고, 비판적으로 수용하고, 사회문제를 분석할 수 있게 도와준다. 교실에서 학생들 간의 토론은 학생들 각자가 다른 경험에 대해 이야기함으로써 사회문제에 대한 더 넓고 깊은 이해를 가져온다. 봉사를 필수과정으로 하느냐, 자유선택으로 하느냐를 결정하는 것은 중요한 문제이다. 봉사를 자유선택으로 둔 수업과 필수과정으로 둔 수업은 확연히 다르다. 또 문제점은 어떤 학생은 봉사에 참여하고, 어떤 이는 그렇지 않은 4학점 과정을 적용하는 수업에서도 야기된다. 어쨌든 봉사를 그 수업의 첫 번째 목표로 두는 것보다는 부수적으로 두는 것이 봉사학습을 학생들에게 소개하기 쉬운데, 그 이유는 학생들의 봉사에 대한 부담이 줄어들기 때문이다.

한 가지 혹은 두 가지의 봉사를 포함한 교과과정을 개설하는 데에는 교수들보다 학기 내내 일해야 하는 학생들이 시간을 더 많이 필요로 한다. 예를 들어, 무주택자나 정신지체아에 대한 한 번의 인터뷰보다는 한 학기 내내 이런 사람들에게 봉사를 요구하는 수업이 학생들에게 더 부담을 준다. 이러한 선택사항의 장점은 제한적이다. 일시적인 학생들의 봉사참가는 사회에 대해 부정적 인상을 심어 주고, 거기서 얻은 교훈도 그만큼 적기 마련이다. 또한 교수들이 봉사에 관한 과제와 수업내용에 직접 관련된 과제물의 균형을 맞추어 주는 것도 중요하다.

주요한 필수교과목으로서의 봉사

봉사학습을 교과과정의 필수코스로 지정한 몇몇 대학에서는 학교기관 차원의 봉사학습에 대한 비판적 관점을 수립해 놓고 있다. 유타대학교의 로웰 베니언 지역사회 봉사센터에서는 다음과 같은 비판적 관점을 수립해 놓았다.

1. 학생들은 봉사를 필요로 하는 개인, 학교, 사회조직에 대해 봉사를 공급한다.
2. 봉사 경험은 교과과정의 주제와 관련되어야 한다.
3. 수업에서는 학생들이 봉사 경험을 통해 어떻게 배울 수 있고 과목이 봉사와 어떻게 연관되어 있는지 설명하거나 지침을 하달해야 한다.
4. 수업에서는 학생들의 봉사 경험에서 얻은 교훈을 평가하는 지침을 가져야 한다.
5. 사회수요 및 봉사를 받는 사람과의 상호작용은 봉사를 받는 사람도 봉사의 가치정립에 포함시킨다.
6. 봉사의 경험은 시민정신을 교육하는 데 도움이 된다.
7. 수업은 학생들의 봉사 경험도 포함해야 한다.
8. 학생들이 해당 수업의 교수뿐만 아니라, 다른 동료들과도 지식을 교환할 수 있도록 하는 방법을 제공한다. (Service-Learning scholars Program, n.d.)

콜로라도주립대학교에서도 비슷하게 봉사학습의 성격을 규정해 놓았다(이는 2장에서 논의되었다). 봉사학습에 관심 있는 교수들이 한 달에 한 번씩 회의를 개최하여 봉사학습의 이러한 성격을 어떻게 교과과정에 넣을 것인지

의논한다. 이러한 성격 규정은 봉사학습을 다른 것들과 구별하는 데 도움을 주지만 교수들의 창조성을 저해할 정도로 엄격해서는 안 된다. 가장 중요한 것은 성격 규정을 할 때 교수들이 자기대학에서 직접 실시해야 하며 새로운 사항을 제안하면 봉사학습 과정에 도입시키기 위한 교수조직이 성립되어야 한다. 이러한 성격을 포함한 교과과정은 수업계획서에 봉사학습을 포함했다는 것을 규명해야 한다.

메인대학에서 3학점 과정을 운영하는데 이 과정에서 학생들은 사회수요에 창조적으로 대응하는 방법을 배운다. 학생들은 병원, 이웃에 있는 사회단체, 빈민구호소 등에서 건강한 사회를 만들기 위해 예술가만이 할 수 있는 일을 개발하여 운영한다. 이 과정을 담당하고 있는 레지나 켈리(Regina Kelly)는 사회의 병폐를 예술의 힘으로 치료할 수 있다고 믿고 있다. 예술가들은 정신적 상태를 보여 주는 영상을 이용해서 그들을 안정되게 만든다고 그녀는 말한다. 가시화(visualization) — 이 경우에는 환자들이 치료와 질병에 관한 태도를 나타낸다 — 는 고질병에 대해 긴장을 해소시키는 데 탁월한 효과를 보인다. 켈리는 창조적 활동이 어떻게 성장하고 변해야 하는지에 대한 모델이 되기 때문에 가시화는 중요하다고 말한다. 가시화가 예술적 측면에서 중요하기 때문에 봉사학습은 학생들이 다양한 환경에서 그것을 체험할 수 있게 도와준다.

펜실베이니아대학교에서 인류학과 생의학을 가르치고 있는 프랜시스 존스턴(Francis Johnston)은 봉사학습을 도입하고 있다. 학생들은 터너중학교 학생들을 대상으로 식사습관, 건강, 영양과 성장의 관계를 연구한다. 터너중학교의 터너 영양인식 프로젝트를 통해 학생들은 자신이 배운 이론을 사회 건강증진에 적용한다. 학생들이 주로 보는 책과 토론의 대상은 건강과 질병이다. 예를 들어, 건강의 가치라든지 영양과 성장의 상관관계, 건강프로그램의 개발과 적용, 방해요소 등이다. 16명의 학생이 영양섭취에 관한 원칙에 관해 6학년에게 가르치고, 4명의 학생이 식사습관에 대해 조사하면, 3명의 학생이 키와 몸무게를 측정하고, 또 다른 3명의 학생이 점심식사를 감독한다.

봉사에 중점을 두고 있는 교과과정에서는 바쁜 학생들을 제외시킬 가능성이 있는데 왜냐하면 자신의 생활이 바쁜 학생들은 과정이 요구하는 봉사의 양을 채우지 못하기 때문이다. 그럼에도 불구하고 교수들은 이런 형식을 더 선호하는데 이유는 그들의 수업내용을 이해시키고 학생들이 이론과 실전을 연결시키는 것을 원활하게 해주기 때문이다.

핵심교과과정에서의 봉사학습

Campus Compact(1994년)는 114개 대학이 최근 5년 동안 봉사학습을 그들 교과과정의 핵심으로 수용했으며 39%의 대학이 봉사학습을 운영하고 있다고 발표했다. 봉사학습을 교과과정으로 도입하는 데 있어 장점은 – 작은 학교에서 훨씬 쉽다 – 더 많은 학생이 봉사학습을 경험할 기회를 갖는다는 것이다. 봉사학습을 도입하기 이전에 학교당국과 교수들은 학생들이 참여할 수 있는 봉사가 충분히 있는가와 봉사학습을 뒷받침할 수 있는 능력 있는 교수와 연구진들이 있는가를 먼저 고려해야 한다.

밀워키에 있는 알버노대학교에서는 시민정신 함양을 위한 일반교육에서 학생들이 봉사에 참여하도록 한다. 일반적 선을 개발하고 활동하는 과정에서 학생들은 사회의 일꾼으로서, 시민으로서, 이웃으로서 자신의 역할을 알게 된다. 또한 개인으로서, 사회구성원으로서 자신의 역할을 조망할 수 있는 관점을 습득하게 된다. 교수들은 효과적 시민정신을 함양하기 위한 네 가지 이념 – 문제의 인지, 정보의 수집, 판단, 리더십과 사회소속 – 을 1학년에서부터 4학년까지 계속 교육한다.

오레곤 주에 있는 윌라멧대학교에서는 모든 1학년들은 4년마다 주제가 바뀌는 전 세계를 보는 안목이라는 '세계관 세미나' 에 참가한다. 최근의 두 주제를 보면 하나는 라틴아메리카이고, 다른 하나는 중동이다. 이 세계관 프로그램의 반 이상이 일회성 봉사학습을 포함한다. 예를 들어, 라틴아메리카가 주제일 때는 한 그룹의 학생들은 문헌을 참고하여, 환경보호캠페인을 벌임으로써 열대우림지역에 대한 환경문제를 탐험하고, 또 다른 그룹은 우드번 근교에 있는 히스패닉 이민자 농장에서 일한다.

스탠퍼드대학교의 신입생 영어프로그램과 하스 봉사센터의 합작 프로젝트에 있어 사회봉사에 대한 글을 쓰는 것은 필수적이다. 처음 6년 동안 1700명이상의 학생들과 100개 이상의 단체들이 이 프로그램에 참여했다. 1학년 학생들은 사회봉사단체를 선택하여 이러한 단체들에 대해 신문기사문, 제안문, 소책자 등을 만들기도 한다. 왜냐하면 교수를 포함한 독자들이 읽을 글을 써 봄으로써 장래에 그들이 해야 될지도 모르는 일들에 대해 경험을 쌓을 수 있기 때문이다. 보스턴대학(Boston College)의 오랜 전통을 가진 펄스 프로그램은 많은 종류의 봉사학습 과정을 제공한다. 그중에서 '개인과 사회적 책임' 이라는 과정에서는 기독교재단 학교로서 사회에 대한 철학과 이론에 대한 전체적 이해를 가르친다. 두 학기로 구성된 이 과정에서 학생들은 12가지의 학점이수 과제를 해결해야 한다. 이 과정에서 학생들은 빈곤, 편견, 소외감 같은 사회부조리를 겪고 있는 사람들과 직접 접촉한다. 철학과 이론의 전통적 방법으로 학생들은 사회부조리 척결을 위한 책임감을 쌓는다.

졸업요건으로서 봉사학습

1992년 루이지애나의 센티너리대학의 교수들은 봉사학습을 졸업필수 과정에 포함시켰다. 모든 학생은 최소한 30시간의 봉사학습 수업에 참석해야 하는데, 이 수업은 학교당국의 봉사학습 감독관에 의해 진행되고 봉사학습 , 전공의 학술적 연구, 봉사학습을 포함한 교육과정 등을 포함한다. 펜실베이니아의 웨인스버그대학에서도 비슷한 방식으로 봉사를 도입하고 있다. 학생들은 30시간의 봉사를 실시하여 일주일에 한 번씩 보고서를 제출하고, 토론 세미나에 참석하며, 마지막으로 종합한 리포트를 제출한다. 노스 캐롤라이나의 워렌 윌슨대학에서는 매년 20시간의 봉사를 실시해야 한다. 졸업필수 과정으로서 30여 년간의 전통을 깨고 이제는 감독관의 감독을 받는 봉사가 졸업학점으로 포함되었다. 학생들은 정기적인 세미나에 참석하고 봉사 실습에다가 이론과정을 통과해야만 한다.

1995년 가을 초, 노스캐롤라이나 센트럴대학에서는 졸업필수 과정으로 120시간의 봉사 실습을 포함시켰는데, 이것의 성과는 개인성적에 기록된다. 학생들은 '사회봉사 프로그램 사무실' 에 등록하여 봉사를 체험하고 일지와 포트폴리오를 제출한다. 1학년 때는 '개인성장과 개발' 이라는 과정을 통해 봉사 실습 필요치를 충당한다. 포틀랜드주립대학교에서도 봉사학습을 졸업필수 과정으로 편성해 놓았다. 1학년 때 세미나를 참석하는 것을 비롯해 전 교과과정을 통해 편성되어 있다. 포틀랜드주립대학교는 교과과정을 개설하는데 봉사학습을 중심으로 하여 전 과정을 재편성했다는 점에서 유일한 위치를 차지하고 있다.

봉사학습을 졸업필수 과정으로 포함시키는 문제는 열띤 논쟁의 대상이 되어 왔으며 때로는 법적 소송을 받기도 했다. 봉사학습 찬성자들은 봉사학습이 개별적인 대학공부를 효과적으로 종합해 주고, 또한 그것은 학생들의 학습과 자기개발을 상승시키고 책임감과 시민정신을 함양할 수 있는 중요한 기회라고 말한다. 반대의견은 강제적으로 무임금 봉사를 하도록 강요할 경우, 학생들은 억지로 적합하지도 않은 봉사를 행하게 되며 사회에 해를 끼치게 되어 부정적인 반작용이 일어날 것이라고 말한다. 또한 봉사 실습에 의미를 잃게 될 것이라고 말한다. 봉사학습을 졸업필수 과정으로 하는 데에는 심려 깊은 계획이 필요하다.

레비전(Levision, 1990년)은 교육기관들이 봉사를 도입하기 위해서는 학교의 설립목적과 봉사학습을 도입하려는 타당한 이유뿐만 아니라, 학교의 위치, 그 지역사회가 얼마나 지원자들을 감당할 수 있는지 여부와 봉사를 소비하는 단체들의 복잡한 관계들도 고려해야 한다. 추가적으로 봉사학습을 교과과정으로 도입하기 위해서는 이에 대한 교수들의 연구와 지원이 필요하며, 학생들의 봉사 실습을 평가할 수 있는 방안이 교수들뿐만 아니라 봉사 수요자와 학교당국에 의해서도 개발되어야 한다.

봉사학습 교과목 과정

교과목 클러스터 교수진과 학생 그리고 시민에 대한 교육효율을 높이기 위해 형성된 2~3개의 교과과정의 집합체로서 최근에 매우 인기 있다. 집합체는 2~3개의 과정을 같은 주제로 연결하여 공유된 과제물과 수업 그리고 다른 특별한 행사를 같이 한다. 학생들과 교수들은 서로 다른 개념들을 분석하여 과목 간에 연결을 만든다. 폐쇄적 클러스터(closed cluster)란, 학생들이 그 과정을 수료하기 위해서 집합체 내의 모든 과정을 수행해야 된다는 것이다. 개방적 클러스터(open cluster)는 반대로 따로 하나씩 등록해도 되고 한꺼번에 등록해도 된다.

교과목 클러스터로서 봉사학습을 운영하는 학교 중 매사추세츠 주에 있는 벤틀리대학은 5개 유형의 집합체를 운영하고 있는데 그중의 몇 개가 봉사학습을 포함하고 있다. 5개 유형 중 3개가 1학년을 위한 것이다. 그중 하나는 '컴퓨터통신과 사회' 라는 과목으로 2개의 교과과정이 통합되어 있다. 하나는 대중에 공개되는 신문기사와 같은 문장의 작문이며, 하나는 컴퓨터 교육과정이다. 그들은 그 집합체를 통해 작문과 컴퓨터를 공부하고, 컴퓨터의 능력을 무주택 시민이나 선거권이 없는 시민들을 위해 활용한다. 학생들은 무주택 시민에게 인터넷을 비롯한 프로그램 사용법을 가르친다. 또한 빈곤이나 컴맹, 정보기술적 측면에서 쓰인 수필도 읽는다. 벤틀리대학의 봉사학습 운영위원회(BSLP)는 1학년 시기에 봉사학습 과목에 대한 추천목록을 배포한다. 그 목록은 1학기의 사회단체에 대한 소개로 시작하여 사회단체에 참여하기로 2학년 과정에 계속되고, 이어서 3학년 과정으로 사회단체 참여에 기반한 수업, 마지막으로 4학년 과정에서 강력한 인턴십을 발휘할 수 있는 과정을 소개하고 있다. BLSP는 또 봉사학습을 가리키는 교수와 사회단체

간에 징검다리 역할을 수행하는 근로장학생을 운영한다. 또 약간의 보조역할을 함으로써 교수들이 봉사학습프로그램을 수립하고 사회의 반응을 수집하는 일을 돕고 있다.

교과과정 집합체에서는 교육이 집합적으로 이루어지므로 과거에 대부분의 학교에서 그랬던 것보다 훨씬 더 교수들 간에 협조가 필요하다. 비록 교과과정 집합체를 통해 – 봉사학습 효과와 교수들이 학생들을 인위적으로 상호작용에 투입시킴으로써 – 학생들은 단일 교과과정을 수강하던 때보다 더 많은 지식을 얻기는 하지만, 교과과정 집합체를 개선하는 데는 많은 시간이 필요하다. 봉사학습과 교과과정 집합체를 동시에 수용함으로써 상호 간에 잠재적인 효과를 발휘한다.

훈육적 캡스톤 프로젝트(Disciplinary Capstone Projects; DCP)

DCP의 목적은 특정 과목에서 지식습득의 상호작용을 유도하고, 이러한 상승작용을 보여주기 위한 것이다. 봉사학습과 통합된 것들은 실습교육에 효과적이다. 1991년에 브라운대학의 환경연구센터는 봉사와 로데 아일랜드의 프로비던스지역의 저임금 노동자와 결합한 프로그램을 개발하기 시작했다. 이러한 활동의 명시된 목적 중의 하나는 봉사와 교육, 배움을 통합하기 위한 것이다. 1994년에 이 연구센터에서는 지역사회환경봉사(community environmental service; CES)를 발족해 환경과학을 전공하는 학생들에게 봉사학습을 보급하기 시작했다. 환경문제 해결과정은 환경과학 전공자들이 4학년을 준비하는 데 도움을 주기 위한 것으로 대부분 3학년이 이 과정을 수강한다. 그들은 2주에 한 번씩 전체모임을 갖고 1주에 한 번씩 소그룹 모임을 갖는다. 1992년 봄에는 사회지도자(정부관리)의 협조를 얻어 프로비던스지역 중 가장 저임금 지역인 남부지방에까지 봉사 영역을 확대했다.

각각의 학생들은 한 블록을 선택하여 주택 건립조건, 토양의 중금속 함유량, 개간지의 토질, 가로수의 건강상태 등을 기록했다. 한 그룹의 학생들은 모든 집을 순회방문하면서 먼지와 토양 속에 함유되어 있는 납에 노출되는 것이 건강에 어떤 영향을 미치는지를 분석하기도 했다. 학생들은 재건축된 주택에서 납 함유량은 위험수준에 이르렀지만 운동장이나 공터에는 예상했던 것보다 훨씬 적어 위험요소는 없었다고 발표했다. 이 새로운 프로그램 운영의 결과로 CES는 선발된 학생들을 사회단체와 연결시켜 준다. 이런 학생들은 사회단체와 함께 주제를 선택하고 연구를 계획하여 결과를 도출해 낸다.

유타대학에서 '봉사학습 장학생' 으로 선발된 학생들은 400시간의 봉사실습과 14개의 학점을 이수해야 하고, 모든 종류의 봉사학습이 통합된 캡스톤 프로젝트(capstone projects)를 수행한다. 그들의 일지가 장학생임을 나타내 주고 학위수여식 때 장학생임을 인정받는다. 1995년에는 이 프로그램에 65명의 학생이 참가했다. 많은 종류의 캡스톤 프로젝트가 학생들의 전공과 창조적인 방식으로 연결되어 있다. 예를 들어, 무주택자에 대한 봉사에 참가하는 캡스톤 프로젝트의 한 학생이 무주택자 자녀를 위해 책을 발간하는 것을 들 수 있다. 또한 공학을 전공하면서 초등학생과 함께 하는 봉사학습에 참가했던 1995년에 졸업한 한 학생이 도시에 자연공원을 소성했던 예도 있다. 그는 공원의 언덕길을 가로질러 갈 수 있는 인도를 만들도록 디자인했다.

캡스톤 프로젝트의 봉사학습 접근은 학생들이 그들의 수업과 봉사간의 관계를 심도 있게 이해하고, 학문과 봉사의 관계를 이해하며 자신이 선택한 전공과 봉사를 어떻게 연결시키는지에 대해 도움을 준다. 캡스톤 프로젝트는 다른 봉사학습의 선택사항과 결합했을 때 가장 큰 효과를 발휘하므로 봉사학습을 처음 도입하는 학교에서는 이것을 사용하지 않으려 할 것이다.

봉사에의 통합연구

참여활동 연구나 봉사에 관련된 연구는 사회문제에 대해 연구하도록 하며 연구결과는 봉사학습 활동의 측면에서 해결방법이다. 참여활동 연구는 그것을 연구하는 동안 운영방식을 바꾸어 놓는다. 연구자는 정책을 연구하는 것이 아니라 자신이 만든 변화에 영향을 받은 사람들을 연구한다. 이 연구방식은 변화에 대한 사람들의 대응을 연구하기 때문에 학생들이 봉사와 시민정신의 관계를 이해하는 데 도움을 준다. 봉사와 연구 그 자체만으로는 기대한 결과를 얻을 수 없다. 연구를 위해 영향받은 사람들을 분석하고, 연구결과를 정책수립의 도구로 이용하는 것이 참여활동 연구의 진정한 목적이다. 참여활동 연구에 참가한 학생들은 봉사를 의존도에서 보다는 수용능력이라는 측면에서 조명할 수 있는 기회를 갖게 된다. 그것들을 미리 설정된 정책을 배제한 가운데 연구하기 때문에 미래의 정책을 수립하는 데 효과적이다.

사람들은 참여활동 연구가 자신들의 정책에 더 민감하게 반응하기 때문에 이 방법을 선호한다. 그러나 이것은 학사과정에는 적합하지 않다. 그 이유는 학교정책은 자동적으로 합성되지 않기 때문이다. 즉, 사회나 시민에 대한 정책은 반응이 금방 나타나기 때문에 연구가 쉽지만 학교정책은 반응이 비교적 늦기 때문에 연구하기가 어렵고 적합하지 않다. 또한, 시민들과 신뢰를 쌓고 정책을 수립하는 데는 오랜 시간이 걸리기도 한다. 필라델피아의 드렉셀대학교에서 사회학을 전공하는 학생들은 9~15개 정도의 학점을 이수해야 한다. 그것은 수업이 아니라 교수가 지도하는 어떤 연구과정이다. 학생들은 이 과정에 2학년 때부터 참여하게 되며 4학년 준비과정의 일환이 된다. 그중의 한 과정에서 학생들은 노년층의 수요를 판단하는 연구를 수행하기 위해 4학년들과 함께 일한다. 또 다른 과정에서는 학생들이 그 지역에서 발간된 문화인류학 도서를 읽고 감상문을 쓴다. 드렉셀대학교와 유사한 접근법으로 펜실베이니아대학교에서도 인류학을 두 그룹으로 나누어 가르친다. 한 그룹은 형질 인류학을, 한 그룹은 문화인류학을 연구해야 한다.

1993년과 1994년에 코넬대학교에서는 학생과 관심 있는 시민들이 그들 지역에 있는 고용차별에 대해 참여활동 연구를 실시했다. 그들은 고용차별에 대한 과거의 관행과 현재의 실상을 연구했는데 그것은 뉴욕주의 이타가

지역에 대한 교육자료를 만들기 위해서였다. 같은 해에 덴버의 레기스대학교는 자기 지역에 있는 저임금 문제를 연구하기 위해 참여활동 연구를 실시했다. 그들은 현존하는 대학기반의 봉사학습프로그램을 이용하여 청소년과 어른, 사회지도자와 활동가, 경찰 등 주민들을 인터뷰하는 연구팀을 발족시켰다. 이러한 연구는 편견을 버리고 더욱 더 연령층이 낮아지는 범죄들에 대해 연구하고, 여러 집단 간의 대화의 통로를 개척해 놓았다. 이 연구는 참가한 연구자들이 결과를 발표하고 현재 제기된 문제에 대해 토론하여 모든 가능한 해결책을 강구하며 미래를 위한 정책을 수립함으로써 결론을 맺었다.

노스캐롤라이나 센트럴대학교의 베벌리 워싱턴(Beverly Washington)이 가르치는 구전사(oral history) 과정에서 학생들은 연구와 관련된 봉사에 종사한다. 두 학기에 걸쳐 배우는 이 과정에서 학생들은 구전역사를 수집하는 기술을 배우고 그 기술을 적용하는 데 이는 미국 인문학 재단의 지원을 받는다. 또 그 기술은 지역사회 교회와 봉사의 역사를 연구하는 사람들에게 전달되고, 다른 대학에 이와 관련한 것을 연구하는 사람들에게도 전해진다.

캘리포니아 주 피저대학의 호세 칼데론(Jose Calderon) 교수와 베티 패럴(Betty Farrell) 교수가 담당하는 사회와 사회적 책임감이라는 수업에서 학생들은 관측자로서 학교 자치지역에서 일을 한다. 이 프로그램은 아시아와 라틴계열의 어린이에게 인기가 있다. 학생들에 의해 발견된 인종차별정책의 유형에 관한 연구는 수업에서 상호작용을 형성했다. 이 연구의 결과는 더욱 더 민감한 문화적 접근을 요하는 연구에 대한 허가를 학교당국으로부터 얻어냈다. 2학기째에는 다양한 문화에 대한 강의계획을 수립하기 위하여 교수들과 함께 일한다. 연구방법과 관련한 것들이 허가를 받는다는 것은 사회에 대한 중요한 봉사이다. 특히 연구노력의 결말을 간절히 바라는 사람들에게 있어서 그러하다.

이러한 연구와 봉사의 보급, 교육을 하는 데에는 조심스러운 계획과 조직이 필요하다. 학생들은 반드시 사회수요를 인지하고, 이에 대응할 수 있는 준비가 되어 있어야 하며 연구의 목적과 연구는 사회구성원들과 같이 수행되어야 한다. 예를 들어 학생들의 연구는 교수들의 연구와 직접적으로 연결되거나 사회구성원들이 원하는 것이어야 한다. 교수들의 참여활동 연구를 지원하고 촉진하기 위해서 학교당국은 반드시 교수들이 그러한 연구를 할 권리를 인정해 주어야 한다.

봉사학습 인턴십과정

미니아폴리스에 위치한 메트로폴리탄주립대학교에서는 학생들이 사회수요에 대한 봉사를 제공하고 그것으로부터 이론적 · 철학적 교훈을 얻는 방식의 교과과정을 20개 이상 개발했다. 이러한 인턴십은 정신분석학, 사회건강, 가족연구, 영어학을 포함한 여러 가지 학술적 연구를 포함한다. 그룹 인턴십은 같은 곳에서 일하는 학생들끼리 또는 같은 주제에 관해 연구하는 학생들 간에 결성되어 있다. 이러한 인턴십에 참여하는 학생들은 8명에서 10명을 넘지 않는다. 학교와 사회단체 간에 관계를 형성하는 데에는 특별한 관심이 부여되는데 사회단체는 학생들의 봉사공급을 수용한다. 학생들은 세미나를 통해 다문화적 성찰을 얻고, 연구방법을 계획하고 개발하며, 이론을 실전에 적용하는 법을 배운다. 성찰에 관한 세미나는 특별히 비판적인 사회문제와 인턴십의 참가기회에 대해 중점을 둔다.

펜실베이니아 주의 서스퀴해나대학교에서는 정신분석학 실습을 실시한다. 학생들은 아동복지, 범죄심리, 아동건강을 통합적으로 다루는 단체를 선택하여 한 학기당 125시간에 이르는 실습을 한다. 수업에서는 봉사의 특징과 원조관계 등을 토론한다. 최종 과제물로 학생들은 현재 사회단체들이 직면한 가장 중요한 문제를 연구하고 정신적 문맹을 찾아 해결방안을 써서 제출해야 한다. 인턴십을 운영하고 있는 학교에서는 봉사학습이 새롭게 관심을 가지고 계획을 수립해야 하는 낯선 것들은 아닐 것이다. 인턴십과 봉사학습은 두 가지 모두 효율적인 프로그램이라는 공통점을 지니고 있지만 봉사

장소의 신중한 선택, 명백하고 강제력 있는 과제물, 학생들의 일에 대한 감독과 감시라는 측면에서 봉사학습과는 구분된다. 교과과정에 병행된 학술적 성찰을 강조함으로써 학생들이 그들의 사회활동과 수업이 어떻게 연관되어 있는지 알게 하는 것은 중요한 변별적 자질이다.

또 다른 특징 중 하나는 사회적 책임감 함양과 도덕적 인간성을 형성하는 일반적인 교육의 목적이자 봉사학습이 추구하는 목표이기도 하다. 인턴십은 학생들의 관심분야에 대해 봉사학습을 공급하고 미래의 직업과 관련된 경력을 쌓는 것으로서, 이 결과는 봉사학습의 이점의 일부분일 뿐이지 봉사학습의 목적 그 자체는 아니다.

봉사학습: 전공 그리고 부전공

1993년에 프로비던스대학은 사회봉사를 교육하기 위한 파인스타인강좌를 개설하여 사회봉사에 대한 전공과 부전공과정을 운영하기 시작했다. 파인스타인강좌는 인간의 다양성, 사회정의, 인간조직, 시민정신의 이해에 원칙을 두고 운영되었다. 전공과정을 수료하기 위해서는 12개의 교과과정에 36개의 학점을 이수해야 한다. 과목편성은 다음과 같다. 핵심 4과정, 특수화(specialized track) 3과정, 리더십 기술과 사회활동 경험 3과정, 그리고 2학기 과정의 캡스톤과정이 그것이다. 특수화과정에서 학생들은 비영리기관 경영, 인간성, 사회과학 정책분석, 환경문제 중에서 선택할 수 있었다. 부전공과정은 6개 과정에 18학점만 획득하면 된다.

펜실베이니아 주의 슬리퍼리록대학교에서는 21개의 학점을 이수하는 봉사학습 부전공과정을 운영하고 있다. 학생들은 시민과 공공업무, 행정에 대한 소개, 사회봉사 활동에서 지속되고 있는 문제들, 비영리단체 경영 등의 여섯가지 과정을 꼭 수료해야 한다. 그중 절반은 사회조직에 관한 것이며 나머지는 실습을 위한 것이다. 실습과정에서 1주일에 10시간의 봉사 실습을 필요로 하는데 사회봉사단체의 책임감, 정책, 구조, 행동양식 및 기능을 가르치기 위한 것이다. 또한 수업에서는 봉사단체의 활동과 봉사공급 및 이론 등을 배우게 된다. 부전공과정에 있는 대부분의 과정은 봉사학습과 연관된다. 전공이나 부전공과정을 운영하기 위해서는 교수들이 이러한 새로운 프로그램이 포함된 특수화과정을 가르칠 수 있는 전문가여야 한다.

또한, 이러한 프로그램들이 많지 않기 때문에 교육자들은 봉사학습이 교육지침과 목적으로서의 위치를 점유하고 있는지 확실한 해답은 없을지라도 끊임없이 연구하고 토론해야 한다. 교육지침으로서 봉사학습은 전통적인 경험주의 교육과 유사한 점이 있다. 교육목적으로서 봉사학습은 다른 종류의 무상성 봉사와 구별 지을 수 있는 명확한 근거가 있어야 한다. 이 질문에 대해 어떤 식의 대답을 하더라도 전공과 부전공과정은 학생들이 전문화되고 일반화된 인간봉사에 대해 배우고 성찰할 수 있는 기회를 제공할 것이다. 그리고 이러한 프로그램들은 봉사와 전통적인 개념 간의 차이를 극복하는 데 많은 기여를 하게 될 것이다.

학생들은 그들의 선택권을 양자택일의 관점에서만 보아왔다. 학생들은 사회사업가나 변호사 둘 중의 하나를 택하라거나, 교수나 증권중개인중 하나가 되겠다고 말하라고 강요받아 왔다. 그러나 이 프로그램에서 그들이 무엇을 원하든지간에 그들의 능력을 창조적으로 사회 불이익을 당하는 사람을 위해 사용할 수 있게 할 것이다(9장에서는 학생들이 어떻게 가치를 정립하고 인생항로를 결정하는 데 봉사학습이 도움을 주는지에 대해 논한다).

사례와 적용

봉사학습의 선택에 대한 다양한 예를 들었지만 그것들이 전부는 아니다. 봉사학습은 교사 양성교육에도 적용되고, 사회봉사 사업교육에도 적용되며, 능력위주 사업에도 적용되고, 주택사업, 우수 학급, 졸업생 사업교육 등의 예도 들 수 있다.

소 결

봉사학습을 교과과정에 포함시켜 달라는 요청에 부응하고 있는 학교와 교육자들이 점점 증가하고 있다. 지난 20년간 대학에서 봉사를 보급하는 것은 현저하게 증가했지만 봉사학습을 도입하는 것은 학교의 입장에서 매우 힘든 일이었다. 봉사학습이 학생과 교수들의 교육적 목적을 같이 하게 하고, 일반적 선에 대한 수많은 정의를 접해 보게 하고, 그것의 심층에 있는 다양한 의미를 느끼게 해줌으로써 봉사학습은 교과과정의 핵심으로 자리 잡았다. 봉사학습의 학문적 효용에 대한 연구가 진행되고 이러한 봉사학습의 이점에 대한 추가적인 평가기구들이 생김으로써 대부분의 교육자들이 봉사학습을 교과과정에 적용하는 것의 중요성을 확신하리라 믿는다.

봉사학습은 미국 고등교육이 원래 자리를 찾은 것을 의미함과 동시에 미래로의 약진을 의미한다. 봉사학습은 변화에 대한 갈망과 저항을 동시에 가진다. 그럼에도 불구하고 1990년대에 연구, 교육, 그리고 봉사 방면에서 봉사학습의 새로운 장을 열었다. 봉사학습은 우리가 직면하고 있는 고등교육의 문제점－교과과정의 재편성을 포함－과 인구문제, 위기에 처한 사회문제에 대해 봉사학습의 효과가 간략하고 짧거나 깊고 오래가든지에 관계없이 결정권을 가질 것이다. 봉사학습은 풀리지 않는 문제를 풀기 위한 도구가 아니라, 그것을 교과과정에 통합시킴으로써 중요한 교육적 목적과 봉사의 목적을 동시에 충족시킬 수 있는 기회를 제공하는 것이다.

열정적인 봉사학습 체험

Chapter 08

학생들이 일회성이나 한시적인 봉사학습 참여로부터 떠나서 집중적이고 열정적인 봉사학습 체험은 학습과 인성개발을 위해 강력한 가능성을 나타낸다. 가정으로부터 원근각지에서 발생할 수 있는 익숙하지 않은 문화에 열중하는 것은 봉사학습에 참여하는 체험의 각기 다른 사람들과 봉사활동을 함께할 수 있는 기회를 가진 학생들을 겨냥한다. 그리고 그들은 함께 일하는 사람들과 결속력을 발달시킬 수 있고 그들의 삶을 움직이는 쟁점의 이해를 발달시킬 수 있다. 그들은 지역사회 당면문제를 알 수 있고, 그 문제에 영향력을 끼칠 수 있고, 그 문제에 가장 영향력 있는 사람들과 함께 대화와 문제해결에 참여할 수 있고, 그 문제가 발생한 이유에 대해 질문할 수 있다. 이 과정을 통해 그들은 교실에서 배운 이론을 실제 문제에 적용하는 방법을 알고 문제와 해결에 많은 학문분야와 관계가 있는 특징이 있음을 인식한다. 그들 봉사주체와의 대화와 반성에서, 학생들은 그들의 행동, 분석, 제안, 그리고 결정으로 취해지는 장기간 참여를 감지한다. 그들은 사회구조의 고정관념과 싸울 수 있고 인종차별주의, 성차별주의, 가난, 억압, 그리고 힘의 분배와 같은 사회정의에 도전하는 것들과 싸울 수 있다. 이런 경험들은 학생들을 사회적으로 책임 있는 시민정신에 평생 참여를 유도한다.

학생들이 지역사회에서 그들 자신이 열중해서 하는 핵심 봉사학습프로그램들은 교과과정 모델과 연계 교과과정 모델 둘 다를 포함하고 많은 형태들을 취할 수 있다. 대안적 휴식, 여름 경험, 인턴십, 독립 연구, 활동 연구, 그리고 전국적 봉사나 국제적 봉사, 프로그램 목표는 우선적으로 아카데믹하거나 발달적이어야 하고 시민의 의무와 시민의 권리의 가치, 신념과 사회정의에 대한 책무, 개인 발달과 리더십 개발, 훈련이나 여러 학문분야와 관련 있는 지식, 혹은 실제에 이론의 적용을 강조할 수 있다.

비록 '집중력' 과 '열중' 의 용어에 사소한 언어차이가 있지만, 그것들은 이 장에서 서로 구별 없이 사용된다. 봉사는 학생들이 학기와 여름과 같이 지속되는 기간 동안 중요한 부분의 시간을 −주 10시간 이상− 봉사 활동으로 참여하고 그럼에도 불구하고 일상적인 환경 내에서 그들 생활이 균형을 유지할 때 집중적 체험으로 여겨진다. 열중적 경험은 단순히 일하는 것뿐만 아니라 기간 동안 지역사회에서 생활하는 기회를 제공한다. 이들 경험은 한 주 만큼 짧은 기간이 될수도 있고, 여름, 학기, 혹은 더 길게 확장될 수도 있다. 이들 경험을 가짐으로써, 낯선 문화는 학생들 생활의 모든 일면을 위한 환경이 된다. 멕시칸 촌락에서 연구 학기, 가정학습, 그리고 봉사는 열중을 조성하는 것이다. 또한 중서부 농업지역에서 자라거나 지방대학에 있는 학생들을 위한 워싱턴의 다양한 문화적 지역에서 긴 학기인, 매주 10시간 인턴과정은 열중적 경험이 될 수 있다.

집중적 봉사학습프로그램을 발달시키는 데에 교육자들이 직면한 어려움들이 많이 있다. 바라는 결과를 성취하기 위한 프로그램 설계, 학생들에게 동기와 준비 부과하기, 프로그램 목표를 제공하고 봉사 제공자에 의해 정의되는 요구들을 언급하는 장소를 선택, 학생들이 생산적으로 그들의 생활 속에서 경험했던 변화를 통합하도록 적절한 사후경험 상담을 제공, 그리고 학생과 지역사회 모두에게 효과적인 평가 수행, 차이나는 목표들과 모델을 가진 봉사학습 프로그램의 교육적 예들을 사용하는 이들 도전의 논의를 통해, 그것을 충족시키기 위한 전략이 요구된다. 그 논의는 하나의 프로그램이 다양한 프로그램 요소들을 통합하는 방법을 기술하고 그것의 도전을 언급하는 사례연구로 끝맺는다.

구체적 성과를 위한 프로그램 설계

학생들의 학습과 발달 결과의 광범위한 범위는 잘 설계되고 신중하게 수행되는 집중적 봉사학습프로그램을 통해 달성될 수 있다. 이것은 시민교육 혹은 시민의식을 위한 교육, 개인 성장과 영적 발달, 비판적 사고, 가치 명확화, 이론과 실제의 통합, 내용에 기초한 지식의 적용과 질 향상, 그리고 직업적 기술과 실제적 기술을 포함한다.

핵심적 학생들의 봉사학습 체험은 더욱 심오하고 복잡한 것이 가능성 있는 결과가 된다는 것이다. 봉사학습 교육자의 역할은 프로그램의 의도를 분명하게 하고 그 경험 각각의 비판적 요소에서 그것들을 언급하는 것이다. 시민교육 의도를 가진 프로그램은 학생들에게 그들의 지역사회에서 실제적일 수 있는 사회적 책임감을 행사할 수 있는 방법을 발견하는 기회를 제공해야 한다. 사회정의 의도를 가진 프로그램은 철저한 실태의 조사, 권력이양(위임)의 분석, 그리고 문제의 근원에 변화를 가져오는 해결법을 촉진해야 한다. 개인 성장 결과를 의도하는 프로그램은 도전의 적절한 균형을 제공하고 학생들이 그들의 개인적 성장 문제에서 일할 수 있도록 지원하는 것이 필요하다. 그리고 직업적 발달 결과를 바라는 프로그램은 학생들에게 가치 명료화, 개인과 직업 선택 개선하기, 실용적 전문기술에 대한 기회를 제공하는 전략을 조직하는 것이 필요하다.

영적에 그리고 도덕에 기초한 프로그램들은 학생들이 높은 영적 힘, 세계, 그들 자신과 같은 사람들과 다른 사람들과의 관계를 조사하도록 돕는 방식들을 사용해야 한다. 그것들은 특별한 종교 오리엔테이션에 필수인 열정, 정의, 그리고 봉사와 같은 개념들을 반영할 수 있다. 또한 기도, 명상, 그리고 종교적으로나 영적으로 성장과 참여를 촉진하는 의식 혹은 철학적 교재들의 연구를 포함할 수 있다. 학문분야에 기초한 학문적 프로그램은 이론적 모델을 사용하고 지식과 기술을 적용하여 실제 사회문제의 맥락에서 가정을 검증하는 기회를 학생들에게 제공하는 과정을 통합하는 의도를 가질 것이다.

프로그램이 의도한 결과를 성취했다는 것은 놀라운 것이다. 학생들은 경험 있는 개인 성장과 명확화의 경험 없이 그리고 몇 가지 영역에서 새로운 지식을 얻는 것 없이 핵심적 봉사학습으로부터는 생길 수 없다. 지역사회 봉사를 지속하기 위한 영적 발달과 참여는 프로그램 의도를 개의치 않은 이들 경험으로부터 나온 결과이다. 그래서 의도에 대한 프로그램 작성의 논의는 봉사학습 교육자들이 학생들에게 결과를 제한하는 시도를 해야 한다고 주장하는 것이 아니라 프로그램의 초점과 설계가 성취를 위해 의도된 결과들을 위한 특별 지원을 제공한다는 주장이다. 의도된 결과가 무엇이든지 간에 다음에 나오는 프로그램 설계의 문제는 중요하다.

동기유발과 준비성

봉사학습 모델 사용에 있어, 하나는 핵심적 체험에 참여를 선택한 학생들이 단지 한 가지 쟁점이나 지역사회에 장기간 직접적인 봉사 참여를 결정함으로써 5단계의 세 번째인 실현단계로 나아갔거나 넘어섰다는 것을 가정할 수 있다. 이것은 종종 그들이 문화와 쟁점에 열중적 경험을 수행하도록 변화시키는 'Aha!' 경험을 위한 준비가 되었다는 것이다(Delve, Mintz, and Stewart, 1990, p. 15). 이 가정은 어떤 학생들에게 틀림없는 것일 수 있지만, 많은 학생들은 도달된 봉사 러닝 모델의 확실한 단계와 모두 일치하는 것이 아니라, 다양한 이유로 집중적 봉사 학습 참여에 동기화되는 것이다.

열광적 체험에 참여한 이유를 물었을 때, 서너 명의 봉사학습 프로그램 지도자들은 그들의 학생들이 다양한 이유로 그것을 한다고 보고했다. 그 학생들은 지역사회 봉사에서 경험을 가지지만, 반드시 봉사학습을 가지는 것은 아니다. 그들의 동기는 봉사학습 모델의 중간에서 마지막 단계의 특징에 제한되지 않는다. 예를 들면, 버몬트대학교에서 집중적 봉사학습프로그램 신청 학생들이 참여하는 이유로 "유용한 일을 하거나" 혹은 "다른 사람들에게 약간의 행운을 제공하기" 원한다는 것을 빈번하게 말했고, 조사단계에서 검증되었다(Delve, Mints and Stewart, 1990).

테네시 주 내슈빌 시 밴더빌트대학교에 위치한 대안적 휴식(alternative break)을 위한 자원조직인, '브레이크 어웨이(Break Away)'는 많은 학생들이 "근본적으로 삶의 변화와 그들이 가졌던 '최고의 주말'"이라고 그들의 경험을 기술한다는 것에 주목한다(Willete, Magevney, and Mann, 1994, p. 2). '최고의 주말' 현상에 관한 말이 캠퍼스에 재빨리 확산됨으로써, 대안적 휴식은 조사단계에서 그것들과 유사한 학생들에게 대중화되고 어필된다. 그것은 그룹의 일부인 봉사가 재미와 강제성 둘 다를 가지고 있기 때문이다. 몇몇 여름 프로그램에 참석한 그들은 모험, 또 다른 문화와 단기간 경험, 혹은 그들이 '어떤 좋은 일을 해야 하는' 곳에서 이전의 방학과 다른 무엇인가를 구할 수 있다. 그럼에도 불구하고 여전히 동일한 여행은 더 많은 발전된 단계에서 학생들에게 어필할 것이다. 언급된 더욱 복잡한 쟁점, 더욱 직접적인 봉사와 초점이 맞추어진 봉사, 더욱 매력적인 것의 실현, 활성화, 그리고 내면화 단계에서 학생들을 성장시킬 것이고, 아마도 그것들은 초기 단계에서 학생들에게 어필될 것이다.

교과과정에 기초한 대안적 휴식(alternative breaks), 독립 연구, 활동조사, 그리고 인턴십은 추가적으로 학생 동기를 주장한다. 봉사의 쟁점에서 아카데믹한 관심, 직업적 기술과 경험에 대한 바람, 그리고 이력서 작성, 미니애폴리스에 있는 아우크스부르크대학의 국제교육센터에서 인턴과 개별 연구자는 세계를 발전시키는 흥미 있는 문제 때문에 종종 등록한다(K, Lutifi, personal communication, March, 1995). 인턴십을 선택한 많은 학생들은 그들의 요구조건을 전부 갖추었고 그들이 특별히 관심을 가지지 않은 과정에 등록하기보다 더욱 실제적으로 무엇인가를 하기를 원한다. 국외 연구로부터 다른 것들은 야외학습을 발견했고, 그것의 경험을 지속하기 원한다. 봉사는 그들의 중요한 동기가 아니다. 수당, 교육바우처제도(educational vouchers), 그리고 업무 경험의 약속은 미국봉사단(AmeriCops)과 같은 전국 봉사 프로그램에 자발적인 참여자들에게 영향을 줄 수 있다. 산타페 지역사회대학의 전국 봉사시연 프로그램의 지도자가 인터뷰한 어떤 학생은 그들에게 미국봉사단과 고등교육은 사회문제 현장에서 그의 연루를 벗어나는 방법을 제시했다고 말했다(E. Bryer and M. Machen, Personal communication, November 1995).

브레이크 어웨이(Break Away)는 사회성의 다양성, 민족성, 성적 오리엔테이션, 종교, 사회경제적 지위, 그리고 학생 참여자들 사이의 교과목 수준들이 모두에게 경험의 질을 높인다고 주장한다(Willette, Magevney, and Mann, 1994). 학생들 경험수준의 다양성은 모든 학생들에게 경험의 질을 높일 수 있다. 실제적 경험에서 또 다른 사람들의 경험을 탐구하고, 봉사 경험이 적은 학생들은 지역사회와 상호작용한 더욱 발전된 상대방을 관찰할 수 있다. 산타페 지역사회대학 봉사프로그램에서 미국봉사단 회원들은 사회경제의 작은 사회와 산타페지역의 민족적 다양성을 나타내지만, 교차수정으로서 '쌍방향 멘토링(two-way mentoring work)' 을 통해 학문적으로 지적인 사람들과 더욱 친밀감이 생긴다(E. Bryer and M. Machen, Personal communication, November 1995).

많은 경험이 있는 학생들은 역할모델로서 제공되는 기회와 우연한 성찰 환경과 조직된 성찰 환경 둘 다에 개인적 봉사학습 여정의 깊이를 명료화하는 '가르치는' 기회를 가진다. 그래서 봉사학습 교육자들은 학생들 경험 범위에서 수행하는 활동을 설계해야 한다. 차이는 성찰적 과제나 교육과정의 과제를 위해 학생 팀을 만들고, 학생이 선도된 프로젝트를 통해 학생이 학생을 가르치는 것을 장려하고, 성찰활동을 유용하게 하기 위해 학생들을 할당하고, 학생 리더십 모델을 사용하는 것으로 학습과정을 조력하는 데 사용할수 있고, 더욱 훈련된 학생들은 그룹 리더십과 성찰을 위해 중요한 책임을 떠맡는다.

학생들이 결과의 다양성을 추구할 수 있고 차이 나는 발달 단계에서 그들 스스로 제시할 수 있는 인식은 신입생 모집전략에 관련된 봉사학습 교육자들에게 질문을 제기한다. 신입생 모집을 위해 사용된 프로그램 기술은 적용하는 사람에게 어떻게 영향을 미칠 것인가? 선행 봉사학습 체험, 언어 혹은 실제적 기술들, 혹은 전공지식 배경이 요구되는 것과 같은 참여들을 제한하는 것이 우선적으로 필요한가?

봉사학습 교육자들은 계획된 경험의 특성이 미리 결정된 경험의 수순을 가진 학생들의 참여를 제한하는 것을 어떻게 해야 할지 결정해야 한다. 만약 그렇다면, 선택을 위한 매개변수가 미리 정의되어야 하고, 신청이나 인터뷰 과정이 그들에게 언급되어야 한다. 대안적 프로그램은 모든 참여자들이 제공한 선행 봉사 훈련의 자격을 기준선으로 하도록 해야 한다. 예를 들면 L. E. A. D*(학습, 환경, 행동, 그리고 발견에 대한 기준)는 계획적으로 지역사회 학교에서 환경 봉사학습 활동을 조정하기 위한 전공과 가치의 다양성을 대표하는 학생들을 모집한다. 그 프로그램은 환경교육이나 봉사학습 둘 다 그들의 이해에 관해 어떤 과정도 없다. 대신 초기 훈련은 기초기술에 초점을 둔다(T. Pickeral and J. Morisette, Personal Communications, March 1995).

---

* L. E. A. D.: Learning, Environment, Action, Discovery

장소선택과 기획

지역사회 공간, 봉사 활동, 그리고 지역사회 구성원들과 학생들 상호작용의 범위와 질은 중대하게 그들의 성찰과 결과로 생기는 학습의 특성에 영향을 미친다. 이야기하는 것, 대화를 나누는 것, 일하는 것, 그리고 관계된 학생들과 문제해결하는 것은 성찰을 위한 중요한 촉매들이다. 비록 많은 환경들이 상호작용을 위해 풍부한 기회를 제공하지만 반추, 비판적 사고, 그리고 학습, 몇 가지 쟁점과 장소 선택은 다른 사람들보다 학생들에게 준비와 지원을 요구할 수 있다.

봉사학습 모델을 제안함으로써, 초기 발달단계에 있는 학생들은 거의 모든 활동이 육체적으로 집단에 기초하고, 문제와 쟁점의 상호작용이 관찰을 통해 나타나는 공간에 더욱 쉽게 조정될 수 있다. 이 그룹과 지역사회 구성원들과 우연한 대화나 조직적인 대화는 더욱 적당한 면 대 면 참여가 될 것이다. 환경적 일과 프로젝트는 이 수준에서 잘 되지만, 반면 임신한 마약중독자와 그들의 아이를 위한 그룹홈의 개개인에 대한 중재는 추가적으로 경험과 준비가 없는 학생들에게 적당하지 못하다.

장소를 선택하는 것에서 봉사학습 교육자들이 봉사학습 실천 사례의 원리(Wingspread Principle of Good Practice for Combining Service and Learning)를 따르는 것이 중요하다. "영향력 있는 프로그램은 그들의 요구를 정의한 것들을 수용한다"(Porter Honnet and Paulsen, 1989). 실제에서 이 원리를 받아들인 좋은 예는 인디애나대학교에 있는 브라이언트(Dé Bryant)에 의해 조정된 프로그램이다. 지역사회 심리학 활동연구 프로그램을 위한 장소를 확인했던 방법을 물었을 때, 브라이언트는 장소를 고르지 않았다고 대답했다. 그들이 그녀를 선택한 것이다. 지역사회 이벤트에 참석하고 실제로 듣기 위해 '길거리에 서 있고', 질문들에 대답하고, 전단지 배포를 통해 지역사회에서 실제적 존재를 확립하여, 브라이언트는 지역사회 요구에 관해 학습하고 지역사회 구성원들과 대화를 지속한다. 그녀의 프로젝트는 이 '사실 발견(fact finding)'으로부터 나온 것이고, 그것은 또한 그들의 요구에 있어 그녀의 모니터 변화를 돕는다(D. Bryant, personal communication, June, October, 1995).

프로그램과 지역사회 요구 둘 다를 충족시켜 주는 장소를 선택하는 것은 그 장소가 조직자의 홈 베이스로부터 멀리 떨어져 있을 때 도전적이 된다. 종종 장소 교섭은 특정 지역사회와 확립된 관계로부터 발달한다. 예를 들면, 버몬트 존슨주립대학에 자원봉사 활동 지도자는 그녀가 평화봉사단 단원으로서 제공했던 자메이카 공동체에서 대안 휴식을 조직했다. 그녀의 학생들은 그녀의 평화봉사활동 기간에 세워진 학교를 페인트하고 장식하는 것을 도왔다(E. Hill, personal communication, June, 1995). 잠재적 봉사학습 장소와 관계를 확립하지 못한 교육자들은 과거 경험을 통해 그와 같은 관계를 가진 교수진과 직원 동료들을 확인하는 시도를 해야 한다. 종교적으로 연계된 고등교육기관은 신앙 공동체를 통해 프로젝트를 찾을 수 있다.

활동조사 혹은 독자 연구에 학생들을 관련시킨 교수진들은 그를 자신의 연구 노력을 통해 관계를 확립했다. 직업의 네트워크를 통한 대화는 프로그램 지도자들이 봉사 장소에 관한 정부를 나누기 위한 뛰어난 방법이다. 인터넷 논의그룹은 장소를 평가하는 것에 유용할 수 있고, 그래서 몇몇 프로그램은 친히 잠재적 장소를 탐색하기 위한 예산자료를 가지고 있다.

많은 프로그램들은 제공하는 그룹을 방문하는 공공조직, 종교, 지역사회의 컴퓨터화된 전국적 데이터베이스인 브레이크 어웨이의 인터넷 은행(Break Away' s Site Bank)의 이익을 취한다. 다른 조직들은 개인과 그룹의 방학 기간 동안 장기간 봉사학습프로그램을 제공한다. 도시문제 해결을 위한 고등교육 컨소시움(The Higher Education Consortium for Urban Affairs; HECUA)은 미니아폴리스에 있다. 이곳은 지역적이고 세계적인 인턴십과 현장체험 둘 다를 제공한다. 비록 HECUA가 과거 경험에 기초한 기준을 제공할 수 있지만, 대부분 HECUA 인턴들은 그들 자신의 봉사 장소를 확인한다 (E. Bejarn, personal communication, June, 1995). 뉴욕에 소재한 봉사학습연대(Partnership for Service-Learning)는 해외와 사우스 다코타 지역사회 대표들과 가깝게 일한다. 그들은 코스와 주관대학의 직원인 현장 프로그램 지도자를 가르치기 위한 지역 내 전문학원을 활용한다. 그들 기관 배치는 "지역사회에서 이루어졌고 지역사회 사람들에게 그것들의 유용함에 대한 검증시간을 주선했다." (Partnership for Service-Learning, 1995-96).

성 찰

집중적인 봉사학습프로그램에서 성찰은 균형이 맞을 수 있고 그렇지 않을 수 있지만, 그러나 그것은 지속되어져야 한다. 그 환경과 관계 학생들은 전형적으로 그들의 전통적 사고방식과 심각한 불일치를 초래하는 열중(immersion)적 프로그램에 직면한다. 경험이 부족한 봉사학습자를 위해 불일치는 가치, 정의, 힘, 신뢰, 그리고 실제와 자신의 시각들에 관한 중요한 질문을 낳을 수 있다. 성찰은 학생들이 인지하고 그들의 학습을 통합하고, 개인적 발달 문제에 효과가 있고, 그들의 개인적 봉사윤리를 정의하고 불쾌와 불일치를 다루기 위한 것으로 설계되어야 한다.

경험된 봉사-학습자들은 이미 중요한 질문과 싸울 수 있고 그들의 성찰이 중요한 개인적 선택을 형성할 수 있다. 그들의 참여를 통해, 그들은 실제에서 그들의 봉사윤리를 시험해 볼 수 있고, 그들이 언급해서 선택했던 문제를 해결할 수 있다.

폴 고르만(Paul Gorman)은 " '끊임없는 질문의 연속', '당황과 두드러짐' 그것은 단지 문제를 제기하는 것이 아니라 그들에게 대답하도록 한다. 봉사는 교과과정이다."로서 봉사를 인용하는 이 과정을 요약했다(cited by Albert, 1994, p. 97). 성찰은 이 교과과정의 중요한 도구이고 체험과 의도 사이, 체험과 학습 사이의 관계를 유용하게 하는 것이다.

열중적인 프로그램에서 균형된 성찰을 위한 도구들은 다소 덜 집중적 봉사학습에서 사용된 그것들과 유사하다. 그룹과 개인 일지, 예술적 표현, 질문에 초점을 둔 주변 대화, 그리고 독서는 성찰 과정에 기여한다. 교과과정 모델에서 독서, 소개, 과제, 연구보고서, 그리고 다른 제출과제는 성찰을 위한 촉매로써 제공될 수 있다. 그러나 열중적 경험의 형태는 추가적인 성찰 방식들을 사용할 수 있다. 많은 봉사학습 교육자들은 성찰 전략상의 브레이크 어웨이(Break Away) 훈련 워크숍을 이용한다.

성찰 유형

학생들이 봉사학습 체험에 들어가기 전에 그들의 예상이나 기대를 평가하는 기회를 제공하여 성찰을 위한 맥락을 설정하는 것은 중요하다. 학생들은 스스로에게 편지를 쓰고 그것을 밀봉하고, 그들의 그룹 리더에게 남긴다. 그들이 되돌아갔을 때, 그들의 편지는 전달되고, 학생들은 다시 읽고, 그러고 나서 구두나 글로 무엇을 배웠는지와 관심사를 어떻게 변화시킬 수 있는지에 대해 성찰한다. 대안적으로, 학생들은 편지를 교환하는 그룹으로부터 파트너를 선택할 수 있고 그들이 되돌아갔을 때 함께 성찰할 수 있다.

봉사체험을 하는 동안, 그룹모임은 학생들의 체험과 성찰을 나누기 위한 '토의'에 학생들의 참여 기회를 제공한다. 그룹일지는 또 다른 성찰을 위한 효과적인 도구이다. 그룹일지는 중심적이고 접근하기 쉬운 위치에 있는 계승의 일지가 될 수 있다. 학생들은 일지에 그들의 성찰을 추가하고 반영하는 기회를 가지거나 프라이버시나 익명의 정도를 가지고 다른 사람의 성찰 대화에 참여하기도 한다. 그룹 일지를 위한 또 다른 포맷은 일반적 공간의 벽을 가로질러 펼쳐 있는 논리를 반영한다. 이들 '토의' 혹은 일지는 그날의 질문을 정의함으로써 혹은 특별한 질문에 초점을 맞춘 부분들을 형성함으로써 비구균형되거나 구균형될 수 있다. "나는 오늘 누구로부터 어떤 것을 배웠는가?" 혹은 "정의 개념은 오늘의 체험과 어떻게 관련 있는가?"

성찰은 종종 학생들과 지역사회 구성원들을 포함하는 활동으로 자극될 수 있다. 식사 혹은 레크리에이션 활동의 나눔에서 주도적 지역사회 구성원들의 반응에 학생들과 대화를 유용하게 하고, 그들의 지역사회에 관련된 쟁점을 논의하는 패널과 같은 형식적으로 균형된 이벤트까지 있을 수 있다.

모든 상호작용적 성찰 활동에서, 전체로서 그룹들이 상호작용의 규칙을 정의하는 것은 유용하다. 전형적으로 이것들은 모든 사람들에게 말하는 기회, 개개인으로서 그들을 판단하지 않고 다른 사람의 생각에 동의하거나 반대하는 것, 그리고 개인의 중요관점을 표현하기 위한 1인칭 진술을 사용하는 것을 제공하는 것처럼 상호 존중을 보장하기 위한 지침을 포함한다.

교과과정 프로그램은 종종 봉사 참여에 앞서 교재에 초점을 둔 수업 형식의 성찰 과정을 시작한다. 봉사 동안과 봉사 이후 수업은 봉사 장소에서 내용과 경험의 관계에 더욱 열성적인 성찰을 포함한다. 프로그램 초점이 더욱 공정하고 지속할 수 있는 세계를 위한 수단으로써 평화와 사회정의에 있는 아우크스부르크대학의 국제교육센터에서, 성별 환경과정에 있는 학생들은 멕시코를 여행하고 그곳에서 4주 동안 현지 가정에서 민박하고 개인 연구와 활동 조사를 한다. 교수진은 성찰을 위한 촉진자로서 역할하며, 반면 지역사회 구성원들은 현역 교사들이다. 대학에 돌아와서 학생들은 유사한 주제에 관해 매 학기 4개 과정에 등록한다(K. Lutfi, Personal communication, March, 1995).

콜로라도 주 덴버 시의 레지스대학교의 프로그램 의도는 예수회에서 신앙과 봉사의 관계를 평가하기 위한 것이고, 모든 학생이 사회정의, 신앙, 억압, 그리고 그와 관련된 쟁점에 초점을 맞춘 상위수준 정규과정에 등록하는 것을 요구한다. 과제는 존 카바나(John Kavanaugh)의 『빈곤의 양태』, 『그리스도의 모습(1991)』, 마틴 부버(Martin Buber)의 『나와 너(1958)』와 다양한 가톨릭 책과 같은 텍스트 읽기와 논의를 포함한다. 참여자들은 또한 여행준비와 그들의 주도적 지역사회와 관련 있는 사회적 문제를 언급하는 것이 구체적 집단에서 이루어진다. 수업은 앞서 7주간 행해지고 다음 봉사 프로젝트를 위해 두 번 만난다. 여행 기간 동안, 학생들은 그날 이벤트를 진행하기 위해 그리고 계획에 직접적으로 관련 있는 주제들을 논의하기 위해 밤마다 모인다. 예를 들면, "제1세계는 제3세계 경제에 어떤 영향을 미치는가?" 혹은 "제3세계에서 믿음의 역할은 무엇인가?" 최종의 학문적인 부분에서, 학생들은 각각 주최 집단에 대한 조사서류를 제출한다(J. Brige, personal communication, March, 1995). 사비에르대학교의 봉사프로그램은 신시내티 캠퍼스에서 3주간 진행되고, 그 뒤에 니카라과에서 90일, 그 때는 언어, 이론, 그리고 문화, 중심적 미국인 정책, 봉사학습의 수업들을 포함한다. 학생들은 주관 가족들과 같이 생활한다. 그 뒤, 학기의 마지막 주 동안 그들의 과정을 완료한다(S. Namei, Program description, November, 1994). 이와 유사하게 캔자스주립대학교는 여름 프로그램을 가지고 있다. 학생 팀은 준비과정을 취하고, 지역 혹은 국제 지역사회에서 일하는 것으로 10주 중 8주를 보내고, 사슬 성찰 과정에 되돌아온다(P. Bennett, personal communication, June, 1995).

성찰을 격려하기 위한 주택관리 사용

학생들은 계획하고, 여행하고, 그리고 오리엔테이션과 다 함께 사전 봉사 훈련을 경험하고, 그러고 나서 개인적 작업 장소나 그들의 동료들과 멀리 떨어진 장소에서 독립 연구를 떠맡을 수 있다. 몇몇 프로그램들과 열정적 프로그램을 주최하는 지역사회는 장소 공동체를 공급하는 그룹을 계획하고, 참가자들이 비구균형된 성찰을 위한 그룹과 재관계를 갖는 기회를 제공한다. 레기스대학의 로매로 기숙사에서 학생들은 그들의 과정에 영적 여행을 용이하게 하는 사감과 예수회가 있는 덴버 바리오에서 함께 생활한다. 그들이 제공하는 것들 사이 생활로, 더욱이 홈에서 가깝게 위치된 프로그램의 학생들은 성찰적 환경을 발달시킬 수 있다. 지향된 봉사 주거 홀들은 캠퍼스에서 유사한 이익을 제공할 수 있다.

그룹 공급에 대한 대안은 지역사회 주관자들과 참여자을 매치시키는 것이다. 버몬트대학교의 봄방학 프로그램은 지역 우림에 관광지를 만들기 위해 협력하고 있는 3개 지역 직능그룹을 대표하는 가족들에게 학생들을 배치했다. 학생들은 그룹 성찰에 관련 있는 봉사 장소까지 매일 그들의 차를 타고 가는 이점이 있었다. 봉사학습을 위한 파트너십은 종종 후원자 가족형을 이용한다. 그 주관 가족은 비록 반드시 제공된 특별한 집단의 일부는 아니지만 지역사회의 구성원들이다. 주관 가족 배치는 이해를 나누고 포함된 모두의 시야를 넓히기 위한 뛰어난 비형식적 집합지를 제공한다. 자원봉사는 유일하게 미국인 현상으로써 보여지는 몇몇 지역에서, 가족들은 학생을 주최하는 것에 의해 그들 자신의 나라의 사회적 문제에 새로운 시작을 얻을 수 있다. 이들 담화는 봉사의 의미를 다시 새롭게 성찰하는 학생들의 질을 높인다.

인턴십 성찰

인턴십 프로그램은 다양한 형태를 취한다. 어떤 것은 유사한 훈련에 기초한 코스를 제공한다. 다른 것들은 학생들이 그들의 관찰을 나눌 수 있는 많은 학문분야에 관련 있는 성찰적 세미나들이 있다. 이것들은 일제히 봉사 체험들을 가지고 있거나 그것에 앞서 혹은 후에 발생한다. 많은 프로그램들은 질문에 초점을 가진 비구조화되거나 구조화된 저널을 사용할 뿐만 아니라 독서, 쓰기 그리고 구술 성찰을 사용한다. 이들 도구들은 단독으로 혹은 결합하여 사용될 수 있다.

잘 하는 인턴십 프로그램은 명확하게 학생들, 장소 감독자들, 프로그램 조정자들을 위해 명확화된 경험들을 요구한다. 장소 감독자들은 지도자로서 제공되는 것이 가장 바람직하다. 이 역할에서, 감독자는 학생이 조직의 역사, 구조, 자료 확립을 성찰하도록 도울 수 있다. 그것의 내부정책을 탐구해

라. 봉사와 구성요소에 영향을 주는 거대 사회 쟁점을 평가해라. 그리고 일의 종류에서 그들의 생활을 보내는 다른 사람들의 경험된 도전들과 사람들의 동기를 이해해라.

성공을 위한 학생들의 잠재력은 개인 목표들의 개요를 말하는 강력한 학습계약과 장소감독과 협력을 발달시킨 봉사목표들을 명확히 말하는 계약 혹은 작업계획에 의해 증가된다. 그 문서들은 환경변화에 따라 바꾸어질 수 있지만, 계약은 작업경험과 성찰, 평가, 그리고 개인발달을 위한 기초를 기본적으로 제공한다.

애틀란타의 스펠만대학에서, 사회학과 학생들은 주 15시간, 장기간 학기 인턴십에 등록할 수 있다. 그 인턴십의 의도는 지역사회 맥락에서 사회학과 학생들의 지식 사용을 증가시키기 위한 것이다. 학생들은 인턴십 계약을 완료하고 그들의 기고나 감독자에게 일 기술을 제공하도록 요청받는다. 성찰과제는 역사, 목표, 고객 특성, 조직적 구조, 기금을 평가하는 철저한 기관 분석을 포함한다. 그들의 일지로부터 학생들은 주말마다 교수진 조언자에 리포트를 제출하고 사회학과 관련 있는 인턴십 경험의 한 면을 기록한다. 학생들은 그들 체험에 관해 분석적인 질문을 생각해 내고, 기술적으로 그것들에 대해 응답하고, 거대 사회학적 질문과 개념들을 기술적인 자료들과 관련시킨다. 마침내, 모든 학생들은 세미나에 참석하고, 그것은 그들 관찰의 논의와 그들 연구(조사)보고서 소개를 위한 장소로서 제공된다(H. Lefever, syllabus, March, 1995).

보스턴 소재 노스이스턴대학의 지역사회 봉사학습 프로젝트에 참석한 학생들은 12주 동안 한 주 40시간 주최 기관에서 일하고 그룹봉사 프로젝트에 참가한다. 모든 학생들, 교수진, 그리고 프로젝트 직원들은 이틀 훈련에 참가하는데, 그것은 자기 존중감과 다른 사람에 대한 애정의 의도를 가지고 설계된 것이다. 학생들은 또한 리더십과 다양성 훈련에 참가하고, 문제해결 연습을 하고, 일지 작성 독서과제를 완료한다. 매주 두 시간 성찰 시간은 보편적 사회적 쟁점을 논의하고, 비판적 사회적 분석, 비영리 영역의 이해 발달, 기록 개인 반추를 위한 기회를 제공한다. 최종과제는 학생들이 반추하고 그들의 경험을 평가하기 위한 최종 프로젝트의 소개이다.

버몬트대학교의 인턴십 프로그램에 있는 학생들은 지역사회 기관들에 의해 소개된 위치들로부터 매주 10시간에서 40시간까지 인턴십을 선택할 수 있거나 미국이나 해외에 걸쳐 있는 기관에 의뢰할 수 있다. 그 프로그램은 반추를 위한 맥락을 설정하기 위해 학기 전에 1시간 오리엔테이션과 세 번째 주에 봉사학습 조언자의 방문을 요구한다. 학생들은 조언자와 매우 빈번하게 관련되는 것을 유지하도록 격려되지만 요구되지는 않는다. 그들은 자기 경험의 개인 일지를 쓰고, 그것은 그들 인턴십 에세이를 위한 자료가 된다. 반추를 위한 '간편한 교과과정' 에서 '봉사학습 강독: 봉사에 대한 다양한 관점 성찰' (Albert, 1994)은 그것의 프로그램을 위해 개발되었고 최근 전국 체험교육학회에 의해 발행되었다. 주요내용으로는 봉사학습, 다양성, 가치 개발, 봉사의 철학, 기관 생태학, 지역사회와 개인주의 개념, 윤리학과 가치 형성, 그리고 국제적 이해를 언급하고 있다. 또한 다양한 학문과 관련 있는 교과과정은 비판적 사고를 위한 능력 개발, 자기와 사회적 자각, 그리고 지역사회적 책임을 개발시키기 위한 의도가 있다. 학생들은 중요한 성찰적 에세이를 가진 강독내용에 관련된 핵심적 질문의 선택에 반응한다. 그들은 자신들의 선택된 질문의 맥락에서 독서에 대하여 반응하고 그들이 인턴십(그리고 다른 관련 있는) 경험들로부터 사용된 예를 가지고 이렇게 하게 된 이유를 설명한다.

HECUA*는 도시환경에 사회적 쟁점의 초점을 맞춘 미네아폴리스, 라틴아메리카, 그리고 스칸디나비아에서 인턴십을 제공한다. 비록 프로그램이 특별한 주제를 가지고 있지만, 밑에 깔린 의도는 "지역과 세계 책임을 훈련하기 위한 기초로써 인간 상태의 이해를 촉진하기" 위한 것이다(E. Bejarin,

* HECUA: Higher Education Consortium for Urban Affairs. 도시문제 해결을 위한 고등교육 컨소시움

personal communication, June, 1995). 학생들은 주 2회, 하루 종일 세미나와 결부된 매주 10시간 인턴십에 참여한다. 첫 번째 세미나 시간은 노동, 경제, 지역사회 개발, 환경과 같은 인턴십 주제들에 관련된 읽기와 논의를 한다. 두 번째 세미나는 현장에 기초하고 교재는 도시와 그곳 사람들이 사용하고 있는 유사한 내용을 언급한다.

전국 봉사프로그램 성찰

미국봉사단(AmeriCorps)에 의해 예시된 전국 봉사활동(National service)은 열중적 프로그램의 또 다른 형태이다. 많은 미국봉사단 참여자들은 그들이 자신의 교육을 지속하면서 풀타임 직원으로 1년 혹은 그 이상을 활동하거나 파트타임 단체 구성원으로써 참여하고 있는 대학생들이다.

많은 미국봉사단 프로그램은 의도적으로 참가자들이 가시적으로 증명할 수 있는 결과들에 주의를 집중하도록 격려하고 우선 그들의 중재가 요구되었던 체계적이고 제도화된 사회악을 반영하는 봉사학습 전략들을 사용한다. 만약 참가자들이 도시 내 아동들에게 예방주사를 놓지만 그 아동들이 선에 적당한 예방의 의학 보호를 왜 받지 못했는지를 묻지 않는다면 혹은 참가자들이 성인에게 읽고 쓰는 능력을 가르치지만 그 성인들이 읽는 것을 배우지 못한 이유를 묻지 않는다면, 전국적 봉사 프로그램은 시민 책임을 확립하기 위한 의도를 실패할 수 있는데, 이유는 참가자들에게 알려진 그들의 역할 반영에 참여자들 참여가 실패할 것이고, 사회문제들을 해결하기 위해 일하는 실제적 시민권리 참여가 실패될 것이다.

남부 미네소타지역 청소년 활동 봉사단 프로그램의 'Mankato Cluster*'에 단체회원들은 미국봉사단이 위임 관리하는 훈련뿐만 아니라 시민정신 발달, HIV-AIDS 인식, 다양성, 그리고 봉사학습과 같은 구제들의 시간에도 참

* 상호작용을 통하여 새로운 지식과 기술을 창출할 수 있도록 기업 · 대학 · 연구소 · 지역사회기관 따위를 모아놓은 지역.

가한다. 봉사학습 훈련은 봉사와 학습 둘 다 그들 직업의 결과가 되어야 한다는 것을 학생들에게 이해시키도록 하는 목적이 있다. 단체회원들은 1회 그룹 봉사 이벤트를 계획하기 위해 팀에서 작업하는 것인 봉사학습을 심사숙고하여 실천한다. 앞으로 단계를 계획하는 것으로부터 성찰을 사용하여, 그들은 지역사회 접촉을 발달시키고, 관련된 쟁점에 관해 학습하기 위한 대화와 상호작용을 요구하는 모델을 준비하고, 평가와 성찰을 제공하는 다음 이벤트 과정에 참여한다. 봉사학습을 용이하게 하기 위한 훈련에서 지역사회 현장 감독자들과 직원들을 포함시키므로, 그 프로그램은 또한 작업현장에서 봉사 전략의 주입을 의도한다(C. Murphy, personal communication, June, 1995).

산타페 지역사회대학 실연프로젝트는 이미 언급된 것으로 미국봉사단(AmeriCorps)과 미국 봉사학습프로그램로부터 기금을 지원받았다. 이 두 개의 포커스를 가지고 프로그램 지도자들은 봉사학습을 그들의 노력의 통합적 부분으로 만들 수 있었다. 미국봉사단 회원들은 학교교육 기간이나 학교이후 공립학교 학생들에게 강의하고 지도한다. 봉사학습 참가자들은 학교나 다른 봉사프로그램에서 일할 수 있다. 어떤 사람들은 그들의 단계적 프로그램에 관련된 직접적인 봉사를 선택하고, 반면에 다른 사람들은 신입생을 모집하고 다른 자원봉사자들을 조직하는 조직에서 간접적 봉사를 한다. 비록 전국 봉사연합 지침이 전국적 봉사를 위한 그것들의 단계로 나타나는 학점을 얻도록 학생들을 지원하지 못하지만, 프로그램 지도자들은 학생들에게 요구된 봉사시간으로 900시간에 대한 6학점을 얻을 수 있게 효과적으로 처리한다(M. Machen, personal communication, November, 1995).

산타페대학에서 성찰은 많은 형태를 취한다. 봉사학습 참가자들은 봉사에 대한 그들의 이유, 그들의 개인목표, 그리고 그들이 선호했던 봉사장소를 성찰하도록 그들에게 요청하는 형태를 갖추고 시작한다. 그들은 또한 그들의 기관과 봉사계약을 추진한다. 그들이 등록되었을 때, 그들은 주마다 언급되어야 하는 일지 주제들의 수업개요를 가진 저널을 받는다. 학생들은 또한 그들의 기관들에 관한 성찰형태들을 갖추고, 그것은 다른 사람들이 접근하기 위해 파일로 계속해서 간직된다. 그들 모두는 또한 관련된 봉사학습 코스에 등록되고, 그곳은 그들이 성찰을 통해 코스 내용을 가진 그들의 봉사체험들을 통합한다.

산타페대학의 미국봉사단 회원들의 일지는 그들에게 그들의 배치와 그들이 그곳에서 관찰한 문제에 관한 질문을 요청한다. 그 프로젝트 조정자는 일지를 읽고 질문을 정리한 노트를 사용한 학생들의 성찰에 반응하지만, 일지의 개인특성을 강요하지 않는다. 그녀가 학생들이 직면하고 있는 도전들을 이해하고 상호 인간적 환경에서 편안하게 말로 표현할 수 없는 감정을 표현하도록 돕는 효과적인 방법이 일지라는 것을 그녀는 발견했다. 학생들은 또한 단체나 기관에 의해 요구되는 경과보고서를 위해 성찰을 부여한다. 프로젝트 지도자와 조정자는 많은 학생들이 시민정신의 윤리를 발달시켰다고 믿는다. 지난해 그들의 봉사를 완료했던 학생들 다수는 그들의 기관이나 유사한 문제를 언급하는 다른 것들에 봉사를 계속한다. 그들 중 몇몇은 새로운 단체 회원들을 지도하고 있다(E. Bryer and M. Machen, personal communication, November, 1995).

몬태나대학에 새로운 프로그램인 캠퍼스봉사단은 전국적으로 지역사회와 관련대학 그리고 종합대학교를 대표하는 20명 회원들이 등록하기를 기대한다. 그들의 임무는 그들 캠퍼스에 봉사학습을 촉진시키고 그들의 지역사회에 적합한 지역사회 프로젝트를 위한 자원봉사자들로서 신입 학생들을 모집하는 것이다(A. Vermon, personal communication, October 1995). 모든 회원들은 그들의 표현, 도전, 그리고 학습상황의 일지를 계속 쓰고 그들의 개인적, 직업적, 학업목표들에 초점을 맞추도록 요구된다(A. Vermon, personal communication, October 1995). 그 일지들은 성찰뿐만 아니라 연락과 회원들 발달을 위한 자료들을 포함한다. 그 프로젝트 지도자들은 달마다 일지를 모니터할 것이고, 캠퍼스에 기초한 감독자들은 주마다 그것들을 검토할 것이다.

펜실베이니아 주 전체 봉사전문가들은 시간제 미국봉사단 회원들과 31개 대학과 종합대학교 전일제 학생들 145명 참가자들로 구성된다. 고등교육기관에 기초한 프로그램들은 그들의 활동들과 그들의 성찰요구들이 다양하다. 그러나 지원조성금은 모든 회원들이 일지를 기록하고 적어도 한 개 봉사학습 코스를 취하도록 요구한다. 참가자들은 달마다 훈련과 봉사 수행 둘 다에 초점을 둔 성찰이 있는 정규적 모임을 갖는다. 해마다 3일간 협의회는 성찰과 훈련의 기회를 제공하고 학생들은 달마다 그들의 캠퍼스에 기초한 감독자들과 만난다.

봉사전문인력 고등교육기관의 하나인, 펜실베이니아대학교에서, 봉사학습 코스 학생들은 그들의 봉사와 관련한 훈련을 해야 하고, 그것은 종합대학이 원조한 지역사회 학교의 상징물이다. 그 성찰 형식은 코스에 따라 다양하다. 몇 가지 조사보고서는 성찰 도구가 된다. 다른 것들은 지역사회에 기초한 학습에 관련 있고, 그것은 그들의 조사와 경험에 기초한 지역사회 문제의 원인을 분석하고, 실행할 수 있는 문제해결을 제안한다. 그러고 나서 학생들은 다른 학생들이 그들 자신의 조사계획을 개발시키는 것에 참고될 수 있는 체험의 도서관을 형성하는 프로그램의 유산이 된다(A. Cohen, personal communication, October 1995).

재등록 학생의 지원

학생들이 집중적 봉사경험으로부터 완료하거나 되돌아갔을 때, 그들이 성찰적 과정을 계속하는 기회를 가지는 것은 중요하다. 그들이 즐길 수 있는 지역사회 결속력, 그리고 그들이 행했던 작업에서 수행의 감각을 느낄 수 있는 '높음' 에도 불구하고 그들은 종종 상반되고 불안하게 하는 감정들을 경험한다. 그들의 전통적 교실들은 관련성, 감수성, 문맥연결 부족을 볼 수 있다(Willette, Magevney, and Mann, 1994, p.37). 학생들과의 대화에서는 그들의 라이프스타일과 독특한 질문들과 전이 습관들과 관계들을 다시 계속하는 불편한 느낌을 심각하게 나타낸다. 그들은 체험을 나누지 않았던 사람들과 깊이 있는 그들의 체험에 대해 의사소통하기가 어렵다는 것을 발견할 수 있고 친구들과 가족들이 냉담함, 이해부족, 혹은 그들 이야기에 지루함을 보였을 때 상처를 받을 수 있거나 화날 수 있다. 그 결과로써, 학생들은 그들이 스스로 새로운 자각을 하기 위한 쟁점에 그들의 냉담함에 대해 엄격하게 친구들과 가족들을 판단할 수 있다. 많은 사람들은 철저하게 그들의 후원자들과, 지역사회들을 잊어버리고 새로 알게 된 친구들을 버리는 것에 대해 죄의식을 느낀다. 종종 그들은 그들이 경험했던 문제나 고통의 범위에서 압도되었던 것을 느낀다.

브레이크 어웨이(Break Away)*는 잘 설계된 교과과정 프로그램이 체험 후 지원에 대한 뛰어난 기회들을 어떻게 제공하는지를 기록한다. 그와 같은 코스는 학생들이 그들의 동료와 재결합할 수 있도록 하고, 반면 코스내용은 "그들이 탐구했던 사회적 쟁점의 근본원인을 언급히기 위한 도구들을 가진 환경에서 사고와 성찰을 위한 출구. 그들의 연구에 무관심한 느낌 대신에, 학생들은 해결의 부분으로써 그들의 학습을 알 수 있다......(그들을 따라서) 감정을 발산하고, 이론을 테스트하고, 문제해결을 생각해 내고, 그리고 더 나은 행동을 계획한다."(Willette, Magevney and Mann, 1994, p.38).

다른 전략들을 그룹 성찰에 참석하고, 사진을 교환하고, 간단하게 재결합하는 집중적 경험을 나누었던 학생들을 위한 특별한 모임을 포함한다. 어떤 그룹은 재결합과 그들의 참여를 계속 유지하기 위한 수단으로써 1회 봉사학습 경험에 참여시킨다. 그것은 프로그램이 계속된 지역사회 참여를 격려하는 이후 봉사 활동들을 제공할 때 유용하다. 지역기관들을 공정하게 대표하

---

* 테네시 주 내슈빌 소재 밴더빌트대학교의 대안적 휴식을 위한 자원조직임.

는 자원, 다른 직업을 돕는 지역사회 회원들, 그리고 미국봉사단을 대표하는 개개인들, 미국 자원봉사단(Volunteers in Service to America), 그리고 미국 평화봉사단(Peace Corps)은 학생들에게 그들의 참여를 위한 새로운 출구를 제공할 수 있다.

매사추세츠 주 윌리엄스타운의 국제협력개발기구인 IICD*는 자원봉사자가 지역사회에 기초한 제3세계 국가들의 발달프로젝트에 참가하는 결속력 작업프로그램을 제공하는 사영의, 비영리적 교육프로그램이다. IICD는 10명 혹은 12명 참여자들의 그룹들 그리고 참여자들이 같이 정의하는 준비 기간에 있는 교사 그리고 그들이 봉사를 위해 준비해야 하는 학습, 그리고 그들이 봉사를 수행하고 교사와 그룹에서 같이 만나는 국제적 기간을 포함한다. 후에 잇따르는 기간에 그룹은 그들의 학습을 반영하고 그들의 일지, 사진, 그리고 책, 기사, 필름 혹은 전시 속의 비디오들을 발달시키기 위해 윌리엄스타운에 되돌아오고, 그러고 나서 그것은 그들이 K-12 학교들, 대학과 종합대학, 무료식탁뿐만 아니라 시민과 교회그룹의 청중들과 나눈다. 그들이 관찰했던 쟁점에 관한 의식을 보편화함으로써 학생들은 그들의 경험들을 성찰할 수 있고 명료화할 수 있다(Institute for International Cooperation and Development, 1995-96).

요구 분석 평가

프로그램의 바라는 결과들이 그것의 구조와 전략들을 알리게 될 때, 평가는 쉽게 뒤따라온다. 둘 다 성찰의 프로그램 그 자체 과정을 포함하는 지속적인 과정이다. 이는 학생들이 그들의 봉사를 통해 그리고 넘어서 성찰에 참여 필요가 있는 것으로, 프로그램 직원과 교수진은 지속적으로 학생들과 지

* IICD: The Institute for International Cooperation and Development.

역사회에 피드백을 제공해야 한다. 학생들이 교실과 일지에서 성찰을 나누고 보고서는 학생들과 지역사회 둘 다에 질적인 평가와 모니터링을 제공하도록 도울 수 있다. 그러나 이들 성찰은 단지 학생들에게 조망을 제공한다.

명확한 기대를 포함하는 봉사학습프로그램 조정자들과 지역사회 대표자들에 의해 발달된 작업계획과 계약은 행했던 봉사를 측정하기 위한 양적이고 질적인 기준을 제공할 수 있다. 추가적인 과정은 또한 봉사의 효력과 관련성을 보장하기 위한 지역사회와 의사소통을 확립해야 한다. 비록 논문/보고서 평가가 중요한 서류를 제공할 수 있지만, 지역사회 후원자들과 실제적이고 열린 관계를 유지하는 것이 중요한데, 이는 원망한 상호 인간관계보다 더 나은 것은 아무것도 없기 때문이다.

프로그램들은 고등교육기관, 학생 그리고 주최 기관 사이 연락을 다른 방법으로 언급하지만 각각 파트너는 평가과정에서 중요한 역할을 가지고 있다. 이상적으로 3개 파트너들은 정기적으로 진행과정을 검토하고 전체 경험들을 성찰하기 위해 같이 만난다. 고등교육컨소시움(HECUA)은 최소한 학기동안 3자 만남을 가지고 있고, 스펠만대학의 사회학 인턴십 프로그램을 한다. 그러나 실제적으로 모든 대안프로그램이 그것 이상을 성취하기 위해 자원들을 가지고 있는 것은 아니다. 대안적으로 문서화된 평가, 학생들을 가진 모임이나 전화방문 그리고 정규직 주관기관들과 의사소통을 통한 정기적 모니터링은 유용하다. 많은 프로그램들은 지도자나 기관들이 정의된 간격에 그들 개인 인턴을 완료하기 위한 평가형태들을 제공한다. 그래서 피드백은 봉사기간 동안 적용될 수 있다.

추가적인 도전들

열중(immersion)적 프로그램들은 봉사학습 교육자들에게 다른 도전들을 제시한다. 많은 지역사회 대학들, 도시 종합대학, 그리고 많은 수의 파트타임 학생들을 가지고 있는 고등교육기관은 열중적 프로그램을 그들 학생들을 위해 계획하는 것이 어렵다고 보고하고 있다. 즉, 그들은 나이가 많은 경향이 있고, 적어도 파트타임 일을 하고, 더욱 많은 가족 책임들을 가지고 있기 때문이다. 이들 고등교육기관들은 이들 장애를 극복하기 위한 가장 성공적 방법이 전초적 코스에 봉사학습을 통합하는 것이라는 것을 발견하였다(G. Robinson, personal communication, June 1995).

지금의 문제는 그것의 여유가 있는 사람의 참가 제한으로 참가자의 다양성에 영향을 끼칠 수 있다는 것이다. 어떤 프로그램은 비용을 충당하기 위해 회비를 부과하고 필요한 사람들에게 학위를 제공한다. 다른 프로그램들은 참여를 위해 요구되는 자금 조달 부분을 형성하고, 상승된 돈을 가진 회비와 비용의 차이를 형성하므로 낮은 합리적인 등록회비를 고수한다. 팀 자금포함 프로젝트는 그룹 결속력을 세울 수 있지만, 그러나 그것들은 또한 에너지를 소비하고 있는 중요한 계획, 오리엔테이션, 훈련, 그리고 성찰활동들을 어둡게 하는 가능성을 가지고 있다.

신중한 계획은 예산된 비용의 개요를 말해야 하고, 부기시스템을 정의해야 하고, 그리고 재정책임이 어떻게 배분될 것인지를 명시해야 한다. 고등교육기관들은 또한 적격인 지역사회 공동체와 함께 하는 노동에 대한 노동연구 과제를 얻기 위해 재정원조의 적격인 학생들의 연방 노동연구 프로그램을 이용할 수 있다. 이점에서 그들의 교육을 지원받도록 돕는 일을 해야 하는 학생들은 지역사회의 봉사에서 그들의 노동시간을 사용할 수 있다.

다문화적인 언어훈련은 많은 국제적 프로그램과 국내 프로그램에도 중요하다. 교과과정 모델에서 훈련은 코스 작업과 통합될 수 있고 오리엔테이션과 성찰과정들의 부분이 될 수 있다. 많은 다문화교육은 봉사환경 내에서 발생할 것이다. 그러나 학생들이 그들의 봉사장소에서 기대해야 하는 것에 대해 부적당하게 지향할 때, 문화적 충격을 조정하거나 전적으로 기여하거나 그들의 경험으로부터 학습하기 위한 그들의 능력을 방해할 수 있다. 직원이나 학생 누구든지 간에 장소 리더들은 문화충격, 향수, 스트레스, 주관 학생의 잘못된 편견 등등의 경고신호에 훈련되고 민감해야 하며, 적절한 충고, 지원, 소개 조정, 혹은 변화를 가진 중재의 능력이 있어야 한다.

정책적 민감성은, 특히 국제적 환경에서 중요하다. 인디애나대학교 그녀의 '나이지리아에 있어서 사회행동 프로젝트(Social Action Project in Nigeria)' 가 거절된 후 머리글자로 된 SOCAT를 선택했던 방법을 이야기 했고, 그것이 고도로 정치화된 사회적응계획(Social Adjustment Plan)의 그것과 동일했기 때문에, 그것은 그들의 주관하는 지역사회에 대중화되지 않았다. 콜롬비아의 보곳에 그들의 사전 프로젝트 계획의 일부로써 HECUA는 학생 봉사학습 활동들이 지역적 불안의 이벤트 속에서 매우 급하게 움직일 수 있는 에콰도르에 부수적인 장소를 유지했다. 국내적으로 환경적 관심들을 가지고 있는 어떤 프로그램은 집촉학생의 명부에 나타난 이름들이 물과 관련된 쟁점에 관한 정보 수립에 사용되었던 개인들을 기술하기 위한 단어 사용을 삼가도록 요구되었다(R. Cairn, personal communication, October 1995). 다른 도전들은 여행, 주택, 식사, 면제, 여권, 책임, 쟁점, 알코올과 다른 약물에 관한 정책들, 개인 안정, 비상상태 대용과 같은 병참의 세부사항들을 포함한다(이들 쟁점은 11장에서 언급한다).

사례 연구

1990년 인디애나대학교에서 시작된 브라이언트(Dé Bryant)의 사회행동 목표는 "영향력 있고 적절한 지역사회 개발"을 촉진하기 위한 것이다(D. Bryant, course syllabus, 1995-96). 사회행동은 현장팀의 구성원들로서 학생들을 "도시 감퇴와 관련시킨 생활에서 심리학적이고 사회학적 문제들을 언급하는 적용된 조사 프로젝트를 설계하고, 수행하고 그리고 유포하기 위한 학습에 의해 지역사회 변화를 창조하는 것에 관련 있는 지역사회 심리학 코스이다(D. Bryant, course syllabus, 1995-96).” 코스를 위해 사용된 교재들은 훈련에 기초된 것이다.

중재의 이론상의 의도는 “네트워크와 그들이 널리 퍼진 혁신에 어떻게 영향을 미치는지... 그리고 문화(방법적 사회기능에 관한 사회적 규준들)가 중재의 창조에 어떻게 영향을 끼치는지”를 평가하기 위한 것이다(D. Bryant, personal communication, November 1995). 연구의 결과는 “미국과 나이지리아에 영향력 있는 지역사회 중재를 설계” 하는 데 사용되었다(D. Bryant, course syllabus, 1995-96). 브라이언트의 조사 접근이 진행과정에 초점을 맞춘 그녀의 의도, 혹은 방법 결함과 결과에 반대된 정보가 풍부한 사람과 권위적인 것들이 왜 실패했는지에 관해 종종 학습하는 곳 사이에서 다른 권위 있는 조사와 달랐다(personal communication, November 1995).

“지역사회의 요구들을 정의했던 방법을 이해하기 위한 ‘사실찾기’ (D. Bryant, personal communication, November 1995)의 2년 결과였던 프로젝트 활동들은, 미시간 주의 벤턴 하버와 나이지리아의 아바에서 이루어졌다. 지역사회의 의향과 접촉하여 취하는 브라이언트의 방법은 그것에서 실제적 역할을 수행하는 것이다. 그녀는 모임에 참석하고, 초등학교 교실에서 이야기를 하고, 유색인종의 진보를 위한 전국모임(National Association for the Advancement of Colored People)을 위한 자금 조달자와 같은 이벤트에서 사회를 보고, “지역사회에서 열리는 이벤트를 기초하는 언급되지 않은 문제”와 언급된 문제를 이해하기 위해 그녀가 참석함으로써 실제적으로 청취하고 있다(D. Bryant, personal communication, November 1995).

현장 팀들은 3주에서 5주까지 열중적 프로그램을 운영한다. 그들의 프로젝트는 주관 지역사회에 의해 사전 정의되고 그들이 지역사회를 세우는 것으로 상호 관련되는 경향이 있고 서로 지원한다. 청소년 지역사회 영화관은 존중감, 정체성, 그리고 심리학적 발달과 관련된 문제를 다룬다. 세대 간의 프로그램은 삶의 만족과 통제의 위치와 관련 있는 것으로 문화적 유산을 탐구하고 영화관 그룹에 대한 역할 수행을 창조한다. 파트너십은 기초적 사업과 개인 기술들을 발달시키기 위한 그들의 문화와 유산을 사용하는 것에 청소년들을 참여시키고, 반면 그들의 사업에서 번 돈을 영화관에 지원한다. 국제적 펜팔프로그램은 정체성과 자기 존중감의 역할을 탐구하기 위한 다양한 미디어를 통해 미국과 나이지리아에 있는 사람들을 연결한다. 교육 2000은 나이지리아 지역사회에 공공도서관을 설립하고 문화적 편견 없는 교과과정을 일으키기 위한 모델 기초학교(model primary school)를 발달시키고 수행하는 작업을 한다.

그 프로젝트는 그것들에 착수하는 교실의 시간들을 훨씬 넘어서 확장된 긴 기간의 목표들을 가지고 있다. 그들은 7년에서 10년 발달과정을 가질 수 있는 예상을 기지고 그것들이 설계되고, 후에 그것의 프로젝트는 지역사회 리더십으로 바뀌게 된다. 팀 구성원들은 그 프로젝트에 확장된 참여를 형성하고, 그들은 그들의 학기 프로젝트 지속으로써 매끄럽게 새로운 순환을 갖춘다.

대부분 학생들은 코스와 현장경험을 동시에 추구한다. 이 프로그램의 예외적인 형태는 그 현장에 참여하는 학생들이 3학기의 최소한 참여를 만들도록 요구한다는 것이다. 시간이나 돈 때문에 이 참여를 할 수 없는 이들은 지원직원으로서 참여할 수 있다. 지원직원은 최소한 1학기 동안 일하고, 나이지리아 문화와 역사, 다문화 심리학, 사회운동, 그리고 인종관계에 관한 문헌조사를 돕는다. 양쪽 장소들로부터 신문 공적 기록을 하고 데이터 입력 사무지원과 같은 프로젝트 기능들을 가지고 조력한다(D. Bryant course syllabus, 1995-96).

그 프로젝트 참여에 대한 학생 동기는 세 가지 범주로 분류해 볼 수 있다. 연구와 관련 있는 무엇인가를 위해 조사하는 학생들, 실제적 적용과 관련성을 가진 조사경험을 추구하는 학생들, 그리고 그들이 조사경험을 원하지만 그러나 오래 참여할 수 없기 때문에 지원직원으로 자원봉사하는 학생들, 약 1/3은 학점을 위한 등록 없이 참여하고 간단하게 경험을 얻기 위해 참여한다 (D. Bryant, personal communication, June 1995). 참여자들은 훈련의 다양성을 나타내고, 많은 사람들은 사전조사 경험을 가지고 있지 않다. 지역사회 프로젝트는 그들의 다양한 배경과 재능을 사용한다.

형식적 성찰과 프로젝트 진행 평가는 그룹 회원들이 그들의 경험에 관해 보고한 논의들을 브라이언트가 가이드한 요구된 팀 모임에서 발생하고 논의를 위한 질문들이 제기된다. 촉진자로서 브라이언트는 논의 흐름을 유지하고, 말하기 바라는 모든 사람의 참여를 보장하고, "존재할 수 있는 긴밀한 주제들을 발견한다" (D. Bryant, personal communication, October 1995). 그 성찰의 목표들은 이중적이다. 봉사활동의 효과를 강화하고 그 팀의 학생들의 학습과 발달을 촉진한다.

조사를 위한 기초를 형성하는 조정팀 기록에서 질적 자료 수집은 또한 유용한 그룹일지이고 그 자료는 (의사소통이 그들의 프로젝트에 어떻게 반응을 나타내고 그들의 프로젝트를 가지고 어떻게 성장하는지에 관한 관찰들) 자원봉사자 기록에 의해 분석되기에 충분할 만큼 명료하게 기술되어야 하기 때문이다. 그 조사자료는 또한 지역사회 중재의 일반적 평가를 위한 기록이 되고 지역사회 발달과 사회변화가 어떻게 일어나는지에 대한 조사의 핵심을 제공한다.

팀 모임은 브라이언트가 학생의 질적 진행과정을 평가하기 위한 장소를 제공한다. 그 평가는 수업요목에 명확하게 정의된 기준에 기초하고, 거기서 그녀는 "진행과정이 과정의 문제이다."라는 것을 인정한다. 그것은 문제해결, 브레인스토밍, 끈기, 일관성, 인내(적은 양이 아닌), 독창성을 포함한다(D. Bryant, course syllabus, 1995). 그 코스기술과 수업요목은 명확하게 팀조사 프로젝트의 지역사회 건설목표들을 기술하고 명확한 그 프로젝트 성공을 위한 팀 구성원들 사이 상호의존성을 강조한다. 팀 결과의 전체 책임은 학생들에게 있다.

점수는 주별 모임에 참석(40점), 조사자료의 진술(40점), 지역사회 프로젝트의 만족한 진행과정(40점)에 기초한다. 진행과정이 프로젝트 완성으로 증명되는 것이 아니고, 브라이언트가 인정하는 것처럼 "통제의 각각 사람의 요지는 그들의 노동이 다양할 것이다" 라는 것 때문이다(D. Bryant, course syllabus, 1995-96). 게다가 그것은 학생들 참여와 출석과 자료 진술 요구사항을 충족시킴으로써 증명되고, 그것은 '행했던 일을 가지지 않고' 성취하는 것이 힘들다(D. Bryant, course syllabus, 1995-96).

그 도전들 사이 이 프로젝트는 정책적 민감성과 자금 요구조건들이다. 브라이언트의 캠퍼스는 사회행동의 지역 작업을 위한 자금을 제공하고 인디애나대학교 시스템은 그것의 국제적 작업을 지원하는 것을 돕는다. 중재 프로젝트는 지역에 기반을 둔 사단법인과 종교와 시민그룹으로부터 공헌에 의해 지원되었다. 프로젝트 개발로서 발생하는 기대되지 않은 비용은 모든 지원 서비스에 의해 동등하게 책임진다. 학생들은 대개 국제여행을 위한 그들의 비용 중 반을 기부해야 한다. 또 다른 도전의 브라이언트 인용은 "이 종류의 지역사회 작업을 어떻게 해야 하는지에 관해 좀 더 학습해야 하는 실제 걸핍 학생들을 만족시키기" 위한 것이다(personal communication, June 1995). 때때로 그녀는 다른 요구들을 가진 사회행동을 균형 발달시키기 위해 학생들과 함께 일한다.

소 결

열정적인 봉사학습 체험들은 학습과 다른 영역에서 발전뿐만 아니라 지역사회 개발을 위한 좋은 기회들을 제공한다. 프로그램의 원하는 결과들에 관한 명료화는 그것이 계획에서 반성적 사고, 사후평가와 지원까지 모든 단계에 프로그램을 몰입할 때 참여자들과 제공된 지역사회 둘 다를 위한 결과들을 도출할 것이다. 프로그램 달성을 위한 잠재적, 비판적 요소들은 언급되어야 한다. 봉사와 공간 계획, 참가자 모집, 성찰활동, 재가입 지원, 그리고 결과평가, 몰입적 프로그램이 다양한 체험과 발달상의 준비성을 가진 참여자들을 끌어들일 수 있는 반면, 사려깊은 계획은 모든 수준의 참가자들을 위한 학습과 인성발달을 증진시키기 위한 차이점들을 인지한다. 질문, 문제해결, 가르치기, 관찰, 성찰, 역할모델, 그리고 대화 모두는 학습과 인성개발에 기여한다. 학생과 지역사회 구성원들의 역량개발에서 상호작용하고 봉사가 호혜적 관계의 만족이 될 때, 결과는 참여된 모두를 위해 활용될 수 있다.

봉사학습 체험과 졸업 후 체험의 통합

Chapter 09

사람들은 분열된 사고와 직업 관점, 관계, 위치, 그리고 전체적으로 일관성 있는 생활주기 선택을 하고자 할 때, 더욱 부유하고, 더욱 유용하고, 그리고 더욱 완전한 삶을 추구하게 된다. 지역사회봉사와 사회정의의 책무는 우리들 모두가 단지 사회복지 유형에서의 선택이 아니라 선택할 수 있는 삶의 한 방법 또는 다른 책무의 가장자리에서 행할 수 있는 분리된 활동으로서 선택할 수 있는 삶의 한 방법이다.

봉사학습에 참가한 학생들은 개인문제 내면에 더 큰 사회적 문제에 대해서 그들의 학습을 용이하게 하는 성찰과정에 참가할 수 있는 기회를 가지고, 지역사회는 그들이 참가하는 것을 필요로 한다. 학생들이 봉사, 지역사회, 그리고 관련된 사회적 문제에 대해 성찰하기 위해 일지, 교실 내 · 외 토론, 그밖의 독창적인 방법들을 이용할 때, 개인적 문제는 자신이 생각하는 인생의 선택에서 해소된다. 학생들이 봉사체험에서 가져오고, 발전하는 기술들을 인지하기 위해 학생들에게 요구하는 성찰과정의 요소들은 학생들 자신의 학습과 발달을 평가하고, 사회적 책임의 의미는 특히 학생들이 미래 개인의 직업선택과 인생의 결정을 내리기 위해 기초를 만드는 것을 돕는 데 매우 적합하다.

학생들이 대학 졸업 후 진로 선택에 대해 의식적으로 솔직하게 생각하는 단계는 학생들이 봉사를 통해서 인지, 성장, 또는 생활했던 가치에 대한 개인적 내성을 위해 풍부한 기회를 제공한다. 이것은 또한 학생들이 살아가는 것을 돕고, 생애를 통해 가치를 발전시킬 수 있는 지지적인 개인적 네트워크를 선택하고 창조하는 방향으로 이들 가치를 통합하는 방법에 대해 학생들이 매우 깊고, 진지하게 생각하도록 지지하기 위해 봉사학습 교육자에게 중요한 시간이다. 이는 더욱 적극적으로 봉사와 성찰에 참가하고 난 수십 년 이후에 발생한다. 그래서 학생들의 결정은 계속되는 개인적 발달과정의 일부분이라고 할 수 있다.

학생들의 직업과 생활주기 선택을 돕기 위한 노력은 5~8장에서 논의된 봉사학습 체험에서 조직하였고, 3장에서 제시한 학생 학습과 발달이론에 기초하였다. 게다가 대학 체험의 마지막 달에 설계된 특수한 프로그램과 활동들은 이런 중요한 결정의 순간에 학생들을 도울 수 있다. 만약 모든 직업에서 사람들이 봉사로 일생을 살 수 있다는 것을 받아들인다면, 이때 몇몇 직업은 봉사, 지역사회 참가, 그리고 사회적 정의에 대해 지지할 수 있는 기회가 될 수 있다. 학생들이 그들의 가치나 관심과 일치하는 선택을 하도록 돕기를 희망하는 봉사학습 교육자들에 대한 임무는 학생들이 그들 자신의 직업관심을 구별하도록 돕고, 어떻게 특별한 직업선택이 봉사를 위한 선택권을 제공하는지를 알 수 있도록 하는 것이다.

프로그램 계획목적과 학생들을 돕는 것을 위해서 봉사학습 교육자들은 학생들을 위한 졸업 후 선택권을 알아야 하고, 이들 각 선택권과 관련된 약간의 문제를 알아야 한다.

대졸자 국내/국외 봉사활동

많은 학생들은 대학졸업 후 1, 2년을 대학원에 입학하기 이전 변화로서, 직업을 가지기 이전 새로운 체험으로서, 그들의 에너지와 기술을 봉사에 초점을 두기 위한 기회로서, 또는 이들의 조화로서 풀타임으로 국내 또는 국제적 봉사에 참가하는 것을 선택한다. 수많은 국내봉사 선택권은 대학에서 봉사학습에 참가하지 않았던 학생들과 풀타임으로 그들의 대학 봉사학습 체험을 원하는 졸업 후 봉사체험에 도전하는 학생들에게 이용 가능하다. 이들 직업은 일반적으로 임금은 낮으나 그 밖의 낮은 보수보다는 풍족하다. 전일제나 시간제 봉사기회들은 미국봉사단(AmeriCorps), 미국 자원봉사단(VISTA)과 전국시민 공동체 봉사단을 포함하는 전국 봉사활동 연합에 의해 재정지원을 받는 미국봉사단 프로그램을 통해서 가능하다. 이 프로그램의 일하는 환경과 범위는 광범위하다. 특징으로 들 수 있는 것은 참가자들이 검소한 생활을 할 수 있는 수당과 미래 고등교육 또는 직업교육에 지불할 수 있는 봉사 후 장학금을 받는다는 것이다. 국내봉사를 위한 기회는 미국 교육 자원봉사단, 예수회 자원봉사단, 그리고 루터교 자원봉사단과 같은 단체와 다양한 기관의 프로그램을 통하여 제공된다.

대학생으로서 세계적 인턴십, 광범위한 연구 프로그램, 또는 다문화 봉사학습 체험에 종종 참가했던 학생들은 단기간 또는 장기간의 국제적 봉사기회를 가지는 것을 추구한다. 이런 대학체험이 부족한 학생들은 개인적 도전으로서 또는 대학생으로서 이들 선택권에 참가하지 않았던 것에 대한 보상을 위한 하나의 방법으로써 이들 프로그램에 관심을 가진다. 평화봉사단은 국제적 봉사기회의 폭넓은 제공으로 가장 잘 알려져 있다. 인간성회복을 위한 해비타트재단, 예수회 자원봉사단, 해외개발 네트워크는 개인을 전세계 봉사환경에 배치하는 데 초점을 두는 단체들이다(부록 B 참조).

대학원 교육

봉사학습에 참가했던 학생들이 학사학위 후 선택으로서 대학원을 생각할 때, 그들의 성찰이 봉사와 직업 연계에 가치가 있다는 점에서 수많은 문제들이 발생할 수 있다. 봉사학습 교육자들은 학생들에게 또 다른 교육적 환경에서 그들의 봉사참가를 계속할 수 있는 장소로서, 더 나은 봉사에 대한 준비로서의 대학원에 대하여 생각하도록 지지할 수 있다.

자기주도적 대학원 프로그램을 추구하는 대학생은 카탈로그를 검토하여 그들의 대학원 프로그램 학습목적과 교수진과 학생들의 프로그램의 연구관심과 지역사회 봉사참가에 관하여 대학원 입학사정관에게 질문을 한다. 봉사학습의 졸업생들이 대학원 프로그램으로 움직일 때, 그들은 그 단계에서 봉사학습을 위한 최고의 지지자가 될 것이다.

자기주도적 대학원 봉사학습프로그램

대부분 학문영역의 대학원 프로그램에서 학생들은 대학원교육에 봉사와 학습을 통합하기 위해 봉사와 전공과목을 연결할 수 있는 방법을 추구할 수 있다. 이 노력은 지역사회 참가에 대한 가치를 높이 두는 대학원 프로그램, 지역사회 욕구와 대학원생의 학습과 발달 사이의 잠재적 연결을 이해하는 봉사학습 교육자들, 연구와 봉사를 지역사회와 연결하는 교수, 전공영역과 관련된 봉사기회를 제공하는 대학원생 단체, 그리고 대학원 교육과정의 봉사학습 선택권에 의해 지지된다.

프로그램에서 봉사와 대학원 전공을 연결하기 위해 필요한 최소한의 요소는 봉사학습에서 학생들의 열렬한 관심과 봉사학습 참가를 통하여 프로그램 요구조건과 개인적 학습목적을 충족시키도록 학생들을 도울 수 있는 교수이다.

예를 들면, 통계학 박사과정생은 빈 건물을 어떻게 가장 잘 이용할 수 있는가를 알기 위해 인근 지역주민을 대상으로 조사를 실시할 것이다. 인간공학 대학원생은 병원환자들이 도움 없이 설 수 있는 의자를 설계할 것이다. 그리고 교육행정 전공학생은 지방 초등학교에서 방과후 교육프로그램에 대한 필요성을 평가하고 자문을 할 것이다.

봉사지원 대학원 프로그램들

대학원 프로그램은 점점 더 학생들이 봉사학습에 관심과 체험을 하도록 이끌고 있다. 몇몇 프로그램은 학생들에게 제공하는 봉사기회를 자랑스럽게 광고한다. 예를 들면, 스탠퍼드대학의 경영대학원은 대학원생의 2/3가 넘는 학생들이 매년 하나 이상의 활동에 자원봉사 하는 M.B.A. 프로그램을 통해 홍보한다. 스탠퍼드대학 경영학 인턴십 지원금은 정부나 비영리단체에서 여름 아르바이트를 하는 1학년 학생들의 낮은 임금의 지불에 영리 부문에서 일하는 M.B.A. 학생들은 기부금을 사용한다. 뉴욕대학 법과대학 출판부가 다른 기관과 구별되는 것은, 학생들에게 대중적 봉사를 가치 있는 것으로 지지하는 환경과 구역이라고 홍보하는 점이다.

보건교육센터와 연합해서 워싱턴대학은 의과대학 1, 2학년 학생들에게 빈곤지역 봉사지원 프로그램을 후원한다. 학생들은 지역사회 구성원과 1 대 1로 진료하고, 건강교육과 질병예방 프로그램을 실시하기 위해 지역사회에 배치된다.

애리조나 주 투손에 있는 애리조나대학의 차상위계층 지원프로그램(CUP)*은 지방 지역사회, 특히 미국 원주민 지역사회에 봉사를 희망하는 의과대학생에 의해 시작되었다. 이 프로그램은 여름과 대학기간 동안에 학생들에게 폭넓은 학점이수와 연계과정 봉사기회를 후원한다. 최근에 퓨 자선

---

* CUP: The Commitment to Underserved Population

재단(the Pew Chartable Trust)에서 20개의 권리를 그들의 프로그램에 봉사를 포함하기 위해 건강전문학교를 설립했다.

몇몇 전문 직업단체는 그들이 원하는 직업을 준비하는 대학원생들에게 봉사기회를 제공한다. 미국 의과대학생 연합회는 봉사를 제공받지 못하는 환경과 문화적으로 다양한 환경에서 봉사체험을 얻기 위해 건강진단과 그 밖의 건강 직업에 대한 수많은 프로그램을 후원한다. 예를 들면, 건강증진·질병예방계획은 건강교육을 확대하기 위해 여름동안 지역사회 보건소에 건강진단, 간호, 치과, 그리고 내과의사 보조학생을 두었다.

또한 대학원생단체는 봉사와 지역사회 참가를 위한 기회를 제공한다. 하버드 법대에서 공공적 쟁점과 관심을 가진 학생들은 여름에 그들이 관심가지는 일을 하기 위한 자금을 모으기 위해 과거 3년 동안 매년 경매를 실시했다. 하버드 법과대학생 봉사네트워크는 공공적으로 관심 있는 일을 추구하는 학생들에게 멘토십(mentorship) 프로그램을 후원한다. 그리고 무급 법률봉사 제공은 하버드 법대생이 보스턴 지역의 비영리기관과 정부단체에서 자원봉사할 수 있는 기회를 제공한다. 또한 공공금리 자문위원회는 학생들이 이러한 것들과 그 밖의 기회를 연결할 수 있도록 도움을 준다.

봉사와 관련된 대학원 프로그램

비록 봉사학습이 약간의 대학원 프로그램에 포함될 수 있다하더라도 봉사학습은 인생을 위한 준비로서 보여지며, 최근 대학원 프로그램 발달은 특별히 비영리조직과 자원봉사단체 그리고 자선과 같이 봉사와 관련된 분야에 초점을 둔다. 자선의 이해와 실행을 확대하는 데 그 목적이 있는 인디애나대학교 사회공헌센터는 연구, 조사, 교육, 그리고 공공 서비스의 폭넓은 프로그램을 제공한다. 그리고 다양한 수준의 프로그램이 즉시 이용가능하며, 여러 가지

복수학위가 제시되었다. 이런 선택권은 학생들이 자선행위 연구에서 예술학 박사학위와 다른 학문영역에서의 박사학위를 함께 추구할 수 있게 했다.

자선연구 또는 비영리 조직 경영에서 대학원 학위과정은 케이스웨스턴대학의 맨델센터, 샌프란시스코대학의 비영리 조직 경영, 뉴욕시립대의 사회공헌연구센터, 그리고 듀크대학에서 제공되었다. 그 밖의 많은 기관들은 그들의 경영학프로그램 안에 공공 또는 비영리 조직경영에 전념한다.

고등교육에서 학문연구와 지역사회 봉사의 결합을 촉진하고, 다른 나라와 다른 문화권들 사이에서 봉사학습 기회를 제공하는 뉴욕 시에 기반을 둔 단체인 봉사학습을 위한 연합은 렘튼연구소와 영국 런던대학의 조사연구소에 의해 제공될 국제적 봉사에서 예술프로그램의 박사를 육성하기 위해 1977년 가을에 추진되었다.

진로 선택에 있어서 학생 지원

개인(영리), 비영리, 그리고 공공부문직업 모두는 봉사를 위한 기회와 사회적 정의를 추구한다. 비영리와 공공부문 선택은 빈번하게 이들 목적을 제공하기 위해 만들어지지만, 신중한 직업조사는 시민과 지역사회 참가를 위한 기회를 제공하는 영리단체를 구별할 수 있다. 봉사학습 교육자들은 학생들이 기회를 알 수 있도록 하기 위해 그리고 세 가지 부분에서 직업의 찬성과 반대를 생각하도록 하기 위해 특별한 위치에 있다.

• 사적 영역(영리영역) 진로들

개인(영리)부문의 직업을 생각하는 학생들은 가치를 가지거나 또는 가지지 못할 수 있는 단체 환경에서 봉사학습을 통하여 학생들 자신이 얻는 가치를 어떻게 조직할 것인가에 대해 냉정하게 생각하는 것이 필요하다. 왜냐하면 영리회사들은 많은 직업을 제공하기 때문에, 아마도 많은 학생들을 일시적으로나 또는 영구적으로 이 부분에 고용된 자신들을 찾을 것이다. 봉사학습 교육자들은 학생들이 직업조사 과정 또는 고용된 이후에 발생할 수 있는 문제와 의문에 대해 도움을 줄 수 있다.

• 기업의 사명과 가치 분석

광산 또는 목재회사에 직업을 신청하는 환경개선 직종과 개인적 관심을 가진 학생 또는 무주택자 보호소에 포함되어 있으면서 지금은 지방 재정기관에 직업을 신청하는 대학원생을 생각해 보자. 구직자들은 직장에서 그들의 질적 능력을 평가할 수 있는 고용주를 기대한다.

봉사학습 교육자는 학생들이 다면평가를 위한 기회로서 면담과정을 보도록 돕고, 직업응시자가 공인된 사회적 책임정책과 그들 자신의 고용결정에 대한 계속적인 문제에 대하여 알 수 있도록 한다. 환경개선에 관심 있는 대학원생은 그 회사의 목재 대치정책에 대하여 목재회사 면담자에게 물을 것이다. 어떤 응시자는 지역사회 환경에 대한 회사의 재정적 또는 인적자원 공헌, 회사가 지역사회 내부의 환경을 개선하기 위해 실천했던 노력, 또는 고용주에게 근로시간 이후에 지역사회 봉사에 참가할 수 있는 기회에 대하여 물을 것이다. 회사의 사회적 책임에 관한 부가적 정보 또한 연례보고서와 출판물, 회사의 과거 또는 현재 고용주, 직업상담가, 무역단체 출판물, 그리고 언론 보도를 통해서 얻을 수 있다.

• 직원의 지역사회 봉사를 지원하는 기업

늘어나는 수많은 회사들은 직원들에게 근로시간에 지역사회 봉사에 참가할 수 있는 기회를 제공한다. 그리고 회사는 직원들이 직장생활 3년 이후에 지역사회 봉사를 실천할 수 있는 1년 유급휴가를 신청할 수 있도록 한다. 약 4백 명의 제록스 직원들은 무주택자 보호소에서 봉사하는 계획과 AIDS와 관련된 프로그램에 참가를 위해 미국계 인디안 거주지에 참가했다. 팀버랜드는 직원들에게 회사가 조직한 5개 지역사회 계획들 중 하나 이상에 참가하도록 매년 32시간의 유급휴가를 제공한다. 몇몇 법률회사는 기소할 수 있는 시간에 변호사 시간의 활용을 위해 공공적으로 관심이 있는 일에 대해 회사의 업무를 상세히 설명하는 공익을 위하는(pro-bono) 정책*을 펼친다. 보스턴대학의 기업과 지역사회 관계연구소의 봉사에 관한 정보관리자인 마이크 스티븐슨(Mike Stevenson)은 지역사회봉사를 위한 시간을 허락하는 회사들 가운데 대부분의 회사는 주당 최고 2시간 정도를 허락한다고 말한다.

많은 회사들은 직원이 그들 자신의 시간을 지역사회 봉사활동에 투자하도록 하고 그것을 지지한다. 최근에 버지니아의 전자테이터시스템은 지역사회 일을 해결하기 위한 계획으로 지방중학교와 연합했다. 체이스 맨해튼은행은 1995년 10월에 은행의 첫 번째 국제봉사의 날을 열고, 지역사회를 돕기 위한 기회로 직원들을 40개 도시와 13개국에 파견했다. 일리노이주 노스부르크에 있는 올스테이트 보험회사는 기업과 지역사회 봉사부문에서 뛰어난 회사에게 주는, 1995년 촛불재단이 수여하는 상을 수상한 6개 회사 중의 하나이다. 올스테이트보험의 46,255명의 직원들 중 75% 이상은 작년에 회사의 구조손길(Helping Hands) 프로그램에 참가했다. 이 계획은 무료급식소, 인근 요양소, 그리고 지역사회 전체의 재난대피소에 음식을 제공하였다. 또 다른 수상 회사인 수도 워싱턴에 있는 패니 맥 회사는 십대 상담, 병원환자 방문, 그리고 HIV–AIDS에 걸린 사람들에게 곡물배달 등을 포함한 계획에서 직원 자원봉사(Volunteer Employees) 프로그램을 통해 회사 직원의 36%가 참가했다. 많은 도시의 기업 자원봉사협의회(Corporate Volunteer Councils)는 미국공동모금회(United Way) 또는 자원봉사센터와 연합하여 운영되고, 지역사회욕구를 충족시킬 때 회사들의 참가를 용이하게 한다.

사회적 책무를 위한 기업의 지원

봉사학습 교육자는 학생들이 일단 회사에 고용되면, 그들은 회사와 직원

---

* Pro-bono정책은 공익활동 정책을 지칭한다.

모두가 지역사회에 참가할 수 있는 방법을 개발하기 위해 그들 고용주를 조장할 수 있다는 것을 깨닫게 도왔다. 만약 회사가 지역사회 봉사의 책무를 발전시키고 유지하기 원한다면, 회사중역진의 지지가 필수적이다. 지역사회 봉사와 사회적으로 책임 있는 업무에 대한 회사의 관심과 책무 증가를 추구하는 직원들은 직원 단체 또는 이런 관점을 지지하는 회사의 관리계급 조직을 통해 일할 수 있다. 심지어 신입사원은 지역사회 참가의 봉사가능성과 잠재적 혜택을 깨달을 수 있는 지도력을 위해 대학에서 봉사학습을 통해 획득한 통찰력을 이용할 수도 있다. 종종 직원은 자신의 일과 위치에서 알맞은 방법을 찾아내는, 사회적 책임에 대한 효과적인 지지자이다. 예를 들면, 음식 제조업자 또는 판매자는 과잉생산 또는 과다 저장된 음식을 지방 무주택자 보호소에 배달할 수 있다. 건강관리 단체 또는 개인병원은 지방 지역사회에서 무료 건강교육과 예방접종을 제공할 수 있다.

봉사윤리를 가진 많은 대학원생은 영리부문으로 나가기 때문에, 고용주의 근로위치 변경노력이 지역사회와 공공봉사를 위한 시간인정, 지역사회 욕구와 반응에 대한 회사정책, 그리고 근로시간에 조직됐지만 근로시간 이후에 수행되는 고용주 봉사계획과 같은 목적에 초점을 둔다고 믿는 것은 낙관적이고 합리적이다.

비영리 조직에서의 진로들

봉사학습 교육자들은 종종 봉사학습에 깊이 참가했던 학생들이 비영리부문 직업에 강한 관심을 가진다는 것을 발견한다. 비영리 단체는 일반적으로 직접적인 봉사, 후원, 공공교육, 또는 이들 활동들의 결합을 통하여 특별한 사회적 또는 환경적 필요성을 말한다. 비영리 행정, 프로그램 계획과 수행, 그리고 재정적 발달은 거의 모든 지역사회에서 이루어진다. 비영리부문에서 직업을 추구하는 학생들의 도전은 제한된 직업의 발견이고, 경쟁이다. 그리고 때때로 자금 미확보와 낮은 봉급의 생활은 이들의 직업과도 연관된다.

봉사학습 교육자들은 학생들에게 이런 정보를 전달하는 방법을 발달시키는 것으로 비영리 단체 내에서 구직공고를 병행하도록 노력해야 한다. 교육자들이 지역사회에 참가한 이들의 개인적 네트워크를 발전시킬 때, 그들은 열린 직업에 대하여 배우는 데, 그리고 직업을 찾는 학생과 그들을 연결하는 데 우수한 위치에 있다.

자원봉사 학생들은 그들의 일에 대하여 배우기 위해 단체직원과 개인적 접촉을 해야 하고, 구직공고를 구별해야 한다. 가족 봉사단체에 자원봉사하는 학생은 단체를 지휘하는 사회적 근로자와 사회적 일과 직업에 대하여 토론할 수 있다. 무주택 가족을 위한 보호소에서 자원봉사하는 학생들을 조직하는 학생은 무주택에 초점을 두는 직업 선택권에 대하여 직원에게 물을 수 있다. 또한 많은 지역사회는 집 청소, 미국공동모금회(United Way), 정보와 참조자원, 그리고 그 지역에서 비영리 단체에 대하여 알고 있는 그 밖의 단체에 자원봉사자를 둔다. 이런 것들은 가능한 직업에 대한 정보를 찾는 학생들에게 좋은 출발점을 제공한다.

비영리 부문에 관심 있는 학생들은 종종 지위, 돈, 그리고 권력에 의해 정의되는 성공에 대한 희망과 자금을 모으는 노력에 의존하는 빈약한 단체에서 낮은 임금으로 일하는 풀타임 지역사회 일을 통해 '진실로' 중요한 것에 대한 희망 사이에서 그들이 알고 있는 딜레마에 대해 말한다. 이들 딜레마는 부모와 동료들의 압력, 그들 자신과 가족들을 부양해야 하는 필요성, 그리고 교육과 대출 같은 그 밖의 요소에 의해 확장된다. 학생들은 그들이 고임금 직업에서 성공을 성취하는 데 필요한 개인적 특성을 가지고 있다는 것을 알고, 긴 시간과 많은 요구, 그리고 개인 부문보다 임금이 낮은 비영리 단체 직원들과의 개인적 상호작용을 통해서 안다. 이런 이미지에 적합하지 않는 비영리 단체에 관한 정보는 이런 모습을 확대시키는 것을 도울 수 있고, 이 같은 딜레마를 제거할 수는 없다. 봉사학습 교육자는 이들 문제를 생각하는 학생들에게 문제점에 직면해 만족스러운 개인적 해답을 찾고, 그들 자신의 예와 후원에 제공한 지역사회 구성원과 이야기하도록 지지할 수 있다.

공공 영역 진로

또한 비영리부문 직업에 관한 문제들의 대부분은 공공부문 진로에도 적용된다. 공공부문 취업을 희망하는 학생들은 정부관할, 학교시스템, 그리고 학생들이 관심 있는 개인단체의 간결한 고용계획과 절차에 대하여 배우는 것이 필요하다. 또한 학생들은 사회적 · 환경적 욕구에 대해 말할 때 정부의 역할에 대한 성찰적 토론에서 혜택을 볼 수 있다. 봉사학습 교육자들은 학생들에게 시민책임과 공공봉사에 대한 그들의 봉사지식이 이런 문제들과 어떻게 관련되는지에 대해 생각해 보도록 하는 공공정책 문제에 대한 캠퍼스포럼을 발달시키기 위해 기관의 공공정책센터에서 함께 일할 수 있도록 했다. 교육자들은 정부와 정치과학에서 봉사학습 과정의 발달을 지지하고, 학생들에게 일을 통해 정부를 체험할 수 있는 기회를 만들 것이다.

공공부문 직업을 생각하는 학생들은 정해진 봉사직업과 시민봉사 직업 그리고 각 직업을 찾는 다른 과정을 위한 기회에 대하여 배우도록 해야 한다. 예를 들면, 학생들은 정치적 파티 또는 공공분야에서 정해진 직업에 대한 동료로서 후보자 개인 캠페인에 참가하도록 조장되어져야 한다. 또한 봉사학습 교육자들은 학생들의 시민봉사 직업의 선택을 위해 지방, 주, 국가 정부의 고용절차에 대하여 알 수 있는 캠퍼스 직업센터에서 일하는 방향을 제시해 주어야 한다. 이로 인해 사회적 문제와 이 문제를 말할 때, 공공정책의 역할에 관심 있는 학생들이 그들 인생의 어느 시점에서 정치에 관심을 가지도록 조언해 줄 수 있다(부록 B 참조).

진로와 개인적 가치의 통합

봉사학습과 교육자들은, 어떤 직업 선택은 시민참가, 사회적 정의, 민주적 참가, 그리고 개인적 책임에 대한 가치들이 생활을 위한 장소(venue)일 수 있다는 것을 학생들이 이해하도록 도울 수 있다. 이런 관점에서 내과의사, 치과의사, 그리고 건강전문가들은 몇몇 사람들에게 무료 또는 저렴한 비용으로 진료해 줄 수 있고, 또는 국제적 건강 위기에 대한 반응으로 전문가들을 조직할 수 있다. 또한 공익사업회사 중역들은 겨울 동안 수입이 낮은 가정에서 공공시설을 끄는 것을 예방하는 공공정책을 지지할 수 있다.

봉사학습에 참가한 학생들을 돕는 가장 자연스러운 방법 중의 하나는 직접적으로 어떠한 직업에서 시민의식을 가진 시민들이 그들의 지역사회가 그들의 봉사계획에 공헌을 하도록 대표자를 요구하는 것을 제공하는 방법을 아는 것이다. 자원봉사자들이 먹을 수 있도록 식당에 피자를 요청하는 것, 나바호족 노인들이 나무를 벨 수 있도록 철물점에 체인을 요청하는 것, 또는 인근 가난한 이주민 마을의 학교에서 풍부한 과학프로그램을 제공받을 수 있도록 물리학 전문가를 요청하는 것은 학생들에게 그들이 지역사회 봉사에 참가함으로써(또는 참가하지 않음으로써) 인생의 모든 측면에서 개개인을 관찰할 수 있는 기회를 제공한다. 이런 체험을 한 후의 토론은 학생들에게 자신의 미래 직업에 대한 자신의 생각에 이런 사례들을 통합할 수 있는 방법에 대해 생각하도록 한다.

개인적 결단과 진로선택

매리 캐서린 베이트슨(Mary Catherine Bateson)은 『생활을 설계하라』라는 저서에서 직업 결정은 일, 집, 사랑, 그리고 책무의 기본적 물질로부터 끊임없이 향상되는 인생에서 통합된 전체의 일부분으로 가장 잘 나타난다고 주장한다. 인류학자인 베이트슨은 대학의 학문영역 선택이 사전에 계획되고 일생의 직업통로를 위한 단계를 가진다는 전통적인 인생 계획 수립에 의문을 가진다. 그녀는 현실은 풍부한 불변성과 혁신의 상황에서 만들어진 아주 풍부하고, 아주 복잡한 선택의 형태를 나타낸다고 주장한다. 그녀는 5명의 다양한 여성들의 삶을 통해 이들의 복잡성을 연구했다(Bateson, 1990).

봉사학습을 통해 발달했던 가치에 기초를 둔 인생을 기대하는 학생들은 인생에 대한 베이트슨의 통합된 관점에 혜택을 가장 잘 받을 수 있다. 그녀는 책을 통해서 봉사에 관련된 가치로 살아가는 능력은 관계, 근로책임, 그리고 가족, 지역사회, 자신을 위한 시간의 경쟁적인 요구의 상황에 존재한다는 것을 이해시킨다. 학생들이 계속되는 기초에 대해, 그리고 학사졸업 같은 중요한 시점에서 이러한 문제들을 생각하는 것이 필요하다라는 것을 깨닫도록 하는 것은 그들에게 상황과 인생을 결정하는 데 전체론적 접근을 돕는 것이다.

봉사학습 모델은 종종 모델의 향상된 단계에서 대학생들은 그들이 제공하고 인종차별주의, 계급주의, 그리고 경제적 공정에 대한 더 큰 사회적 의문을 불러일으키는 사람들에 대한 활동적인 책무를 나타내는 것으로 도전에 직면한다. 이러한 학생들은 그들이 걱정하는 문제와 그들이 봉사하는 사람들에게 많은 시간을 소비하는 이유를 이해하지 못하는 가족구성원과 친구에게서 저항감을 느낀다. 학생들은 그들 자신의 발달하는 관심과 그들의 행위에서 변화를 단순히 이해하지 못하는 사람들 사이의 분리를 기술한다. 또한 그들을 지지하는 근원은 그들의 관심과 책무를 공유하는 지역사회 구성원과 대학생들이라고 말한다(Delve, Mintz, and Stewart, 1990). 확실하게 그 밖의 직업과 인생에서 그들의 가치를 추구하는 졸업생들은 참가와 열정에 대해 유사한 도전에 직면할 것이다. 그러나 현재는 1일을 기초로 한 캠퍼스 봉사학습프로그램을 통해 제공되는 환경이 없다. 학생들은 그들이 사회적 정의와 도덕적 책무를 추구하는 데 덜 호의적인 환경에 직면할 수 있는 도전에 균형을 유지하도록 도울 수 있는 그들의 가치를 공유하는 사람들과의 개인적 관계의 중요성을 이해하는 것이 필요하다.

도덕적 발달에 대해 의문을 제기하는 앤 콜비(Anne Colby)와 윌리엄 데이먼(William Damon, 1992)은 계속적인 후원을 위해 관심 있는 사람들의 모임 창조의 중요성에 대한 통찰력을 제공한다. 그들의 연구 결과는 학생들이 사회적 정의 가치로 살아가도록 끊임없이 도울 수 있는 방법에 대해 고민하는 봉사학습교육자에게 유용하다. 콜비와 데이먼은 도덕적 책무 수준이 높은 삶을 사는 사람과 면담했다. 그들의 면담결과 중 하나는 일생에 걸쳐 그들 내담자의 도덕적 발달에 중요한 역할을 하는 지지집단과의 연합과 상호작용의 중요성이다.

지지와 가치공유의 문제는 학생들이 배우자 또는 파트너의 선택과 같은 장기간의 개인적 관계를 고려할 때도 중요하다. 유타대학에서 지역사회 봉사 연구에 일생을 보낸 로웰 베니언(Lowell Bennion)은 정규적으로 그 사람과 봉사계획을 수행할 수 있을 때까지 어떤 사람과 결코 결혼을 할 수 없다는 학생들에 대해 조언했다. 몇몇 학생들은 이런 충고를 재미있는 것으로 받아들였다. 그러나 그것은 장기간 관계발달의 일부분으로 개인적 가치를 탐색하는 것에 대한 필요성을 과소평가하는 것이다. 봉사학습 교육자들은 어디에서 살고, 어디에서 일할 것인가에 대한 신중한 결정을 하도록 돕기 위해 학생들과 함께 일해야 한다. 예를 들면, 시골환경은 도시환경과 다른 기회와 도전을 제공하고, 약간의 사회적 문제는 미국 또는 세계의 어느 나라에서 더 명백할 수 있다. 장소의 잦은 이동을 통해 지역사회의 다양한 형태에 대한 평가와 욕구에 대하여 배울 수 있는 기회를 제공받을 수 있다. 한편으로는, 단일 지역사회의 활동적인 구성원이 되는 것을 통해 강한 관계를 만드는 데 잠재력을 제공하고, 지역사회 발달에 중요한 개인적 공헌을 할 수 있다.

진로선택에 대한 성찰을 위한 기회 창조

봉사학습 교육자들은 학생들이 다양한 환경에서 중요한 직업과 인생선택에 대해 성찰할 수 있게 지지하는 방법을 설계할 수 있도록 해야 한다. 대학체험을 통하여 그리고 중요한 직업결정에서 이들의 기회를 제공하는 프로그램은 봉사학습에 참가한 학생들이 인생결정에 있어서 그들의 학습을 통합할 수 있을 것이다. 대학을 통해 봉사체험과 체험의 의미에 대해 성찰할 수 있는 기회제공은 학생들에게 직업과 인생선택에 대해 생각하는 것을 도울 수 있는 대학생 전략을 위한 필수적 기초를 제공한다. 첫해에 개인적, 집단적 성찰에서 직업과 라이프스타일 결정과 관련된 의문과 더불어 발달적 문제에 대해 성찰할 수 있는 기회들은 중요하다.

구조적 성찰 포럼

봉사학습프로그램은 이런 목적을 위해 특수하게 설계된 수업에 의해 직업과 인생계획 수립에 대한 학생들의 성찰을 조직할 수 있고, 강화시킬 수 있다. 이런 목적을 달성하기 위해 많은 형태가 이용될 수 있다; 여기에서는 두 가지의 모델을 평가한다.

스탠퍼드대학의 봉사학습센터의 초빙 멘토프로그램은 학생들이 직업과 라이프스타일 문제에 대해 생각하는 것을 돕기 위해 지역사회 주민들을 초대한다. 이 프로그램의 목적은 지역사회의 다양한 직업과 공공서비스에 체험한 사람들이 비공식적으로 학생들과 상호작용할 수 있도록 하는 것이다. 약

1주일 동안 캠퍼스에서 생활하는 멘토가 학생집단과 기숙사 토론과 상담 같은 구조화된 활동에 참가하고, 개인적으로 학생들과 이야기한다. 토론의 주제는 멘토들이 그들의 직업분야를 선택하는 방법, 그들의 가치와 생각을 유지하는 방법, 직업, 가족, 그 밖의 책임의 균형을 유지하는 방법을 포함한다. 멘토들로는 로스앤젤레스의 아프리카계 미국인 지역사회 조직가, 공원과 환경결정에 대한 지역사회 접근의 문제에 깊이 개입했던 국립공원 봉사관리자, 그리고 워싱턴에서 가난하고 무주택 환자를 돌보는 내과의사를 포함한다.

콜로라도대학교의 대통령 리더십 클래스는 학생들에게 그들의 개인적 가치와 관련된 직업선택을 생각하도록 또 다른 모델을 제공한다. 이 프로그램의 목적은 학생들이 그들의 직업관심과 개인적 열정에 기초하여 자신의 완전한 직업을 설계하도록 돕는 것이다. 35명의 프로그램 이사진은 학생들에게 2학년 2학기 인턴십 프로그램에 등록하기 위한 하나의 네트워크를 제공한다. 그들은 그들의 도보여행(walkabout) 단체의 리더십 스타일을 연구하기 때문에, 도보여행 학기 동안 학생들은 중대한 계획으로 주당 12~15시간 동안 일한다. 또한 학생들은 사회적 정의와 지역사회 봉사를 위해 그들의 가치를 체험하는 근로환경에 어떻게 맞추는가와 관련된 학습목표를 발달시킬 수 있다. 학생들이 인턴십을 마쳤을 때, 그들은 '주말 도보여행'에서 단체에 대한 리더십 스타일 분석에 대한 발표를 한다.

경력개발센터와 봉사학습프로그램센터의 파트너십

거의 모든 캠퍼스는 직업센터 또는 봉사사무실을 가지고 있고, 봉사학습 프로그램은 이런 사무실에서 주어진다. 만약 그렇지 않을 경우, 연합의 시작을 통해 학생들에게 신중한 직업과 인생선택을 도울 수 있는 봉사학습과 직업선택 능력을 향상시킨다.

적어도 봉사학습 교육자들은 직업센터 도서관원이 〈부록 B〉에 나열된 것과 같은 자료들을 획득하고 증가시키는 것을 도울 수 있으며, 직업봉사 사무실의 자료와 그 밖의 제공물을 이용하도록 광고할 수 있다. 직업센터 직원은 학생들이 이들 자료에 익숙해지도록 하기 위해, 또는 비영리 직업을 위한 기회를 토론하기 위해 워크숍을 개최할 수 있다. 더욱 활발한 연합은 봉사학습에서 활동적인 학생들을 위해 특수하게 개발된 특수 포럼을 할 수도 있다. 이 포럼은 본질적으로 성찰적이고, 가장 효과적으로 봉사체험을 나타내는 이력서 작성을 위한 실용적인 생각을 제공하고, 봉사와 관련된 분야에 대한 정보를 주며, 이들 접근들의 결합을 포함한다.

예를 들면, 휴스턴대학교 자원봉사 경력센터는 자원봉사 경력설명회라는 프로그램을 만들었으며, 그것은 많은 자원봉사 박람회와 유사하다. 이 프로그램에서 직업기회는 참가단체들이 직업계획 수립, 그들의 분야에서 전문직업 과정, 그리고 그들 자신의 직업체험에 대하여 학생들에게 이야기할 수 있는 대표자를 보내달라는 요청으로 이루어진다. 또한 계획수립가는 새로운 단체를 초대하고, 회계사와 법률가도 포함한다. 이 박람회는 '자원봉사 방법론과 자원봉사 영역' 과 같은 주제를 다루기 위해 휴식시간을 제공한다.

직업탐색 인턴십

많은 봉사학습 인턴십들이 직업탐색을 위한 기회로서 제공하는 것에 반해 몇몇 인턴십은 직업탐색 목적을 이루기 위해 특수하게 조직된다. 예를 들면, 미시간주립대학의 봉사학습센터의 직원들은 대학의 다양한 학문영역을 위해, 그리고 직업과 관련된 학습목적을 결정하기 위해 교수진과 같이 일하고 지역사회 욕구와 목적에 부합하기 위해 노력한다. 지역사회의 욕구와 목적에 부합했을 때, 일자리가 생기고 일자리를 신청하는 학생들에게 일자리가 주어진다. 봉사학습센터 직원은 교수와 단체들이 효과적으로 학생들과 단체의 목적을 설립하기 위해, 그리고 학생과 단체를 위한 일자리에 대한 평가를 하기 위해 함께 일하도록 한다. 뉴욕주립대학의 2학년 학생들은 그들의 학문분야에서 인턴십에 등록한다. 그들은 교수와 함께 하고, 일지에 성찰을 기록하고, 관련된 워크숍에 참가한다. 그리고 3학점을 이수하기 위해 125시간의 봉사를 수행한다. 뉴욕주립대학의 지역사회 봉사사무실은 직업봉사부서에 위치해 있으므로 대부분의 봉사교육 프로그램의 초점은 직업에 있다. 직업탐색프로그램에 등록한 학생의 90%가 비영리 단체에서 일한다. 시민책임과 사회적 정의 그리고 지식에 기초한 학문영역의 개념들이 성찰과정의 일부분이 된다는 점에서, 이런 인턴십들은 학생들이 서로 어떻게 보완하는지와 미래 직업선택에 어떻게 영향을 주는지를 알 수 있도록 도울 수 있다.

봉사학습 체험을 이력서에 기술하는 방법

대학시절에 봉사학습에 매우 적극적으로 참가한 학생들은 대학원 진학과 취업을 위한 고용주들에게 매우 호감을 줄 수 있는 풍부한 체험을 얻는다. 하지만 학생들은 이런 체험을 이력서에 적는 방법에 대한 지식이 부족하다. 봉사학습 교육자들은 학생들에게 정규적으로 그들의 지역사회 참가, 임무완수, 주어진 계획이나 프로그램에 이용했던 기술, 그리고 나중에 이력서 작성을 위해 중요한 계획의 날짜를 기록하도록 함으로써 학생들을 도울 수 있다. 이 기록은 학생들이 리더십 역학과 구체적인 임무 완수를 강조하는 이력서 항목을 만들 수 있다. 예를 들면 '인간성 계획을 위한 거주민 7명 집단의 리더로서 참가, 낮은 수입을 받는 사람을 위해 1주일에 6채의 집을 짓는 데 보조, 무주택자 보호소에서 150시간 근로, 그리고 무주택 인구의 일반적 오해에 대한 성찰적 보고 기록' 등이다.

학생들이 봉사학습 체험을 그들의 이력서에 기술하는 방법에 대한 생각은 또한 그들이 문제, 사회적 기관, 지역사회, 계획평가, 동기, 감독, 협동, 리더십과 동료애, 종족, 계급, 그리고 성에 대한 권력의 관계에 대하여 배운 것에 대한 그들의 생각을 넓히는 것을 지지할 수 있다. 비록 이러한 학습이 이력서에 기재되지 않더라도, 그것은 확실하게 미래 직업에 대한 학생들 결정의 일부분이 될 수 있다.

성찰기회로서의 추천서

봉사학습 교육자들은 취업과 대학원 프로그램에 신청하는 학생들을 위한 추천서 작성에 상당한 양의 시간을 소비한다. 봉사에서 활동적인 학생과 봉사학습 교수와 프로그램 직원 사이에서의 밀접한 관계 때문에 이런 추천서를 요청하는 학생들은 빈번하다. 학생들은 종종 캠퍼스 이외의 어떤 장소에서보다 봉사학습 환경에서 더욱 강한 관계를 가진다. 추천서를 요청하는 관계 형성을 통해 그들이 결정하는 인생선택을 위한 학생들의 생각과 계획을 토론할 수 있는 편안하고 안전한 기회를 제공한다.

유타대학교의 지역사회 봉사지원센터의 직원들은 정규적으로 추천서 요청이 직접적인 동기가 되는 학생들과 토론에 참가한다. 토론의 초점은 학생들이 그들의 대학원과정 또는 취업과 봉사학습 체험을 통해서 배운 가치와 기술을 어떻게 통합하는가에 대한 것이다. 토론이 끝난 후에는, 학생들에게 이런 통합을 하는 방법에 대한 그들의 최근 생각을 요약하여 간단한 진술문을 쓰도록 한다. 예를 들면, 학생들의 사회적 정의 윤리가 경제학 박사의 연구에 어떻게 포함될 수 있는가? 가난하게 사는 사람들에 대한 관심이 법조계 직업과 어떻게 조화를 이루는가? 등이 진술 되어 질 수 있다.

신뢰관계에서, 동시에 선택들이 임박했을 때 이런 내성의 형태는 학생들이 큰 문제와 이력서 작성에 대한 더욱 구체적이고 즉각적인 임무에 초점을 맞추도록 한다. 약간의 지지를 하는 조언가, 직업상담가, 학생봉사직원, 그리고 목사들은 비슷한 생각을 할 것이다.

졸업생 조직

졸업생 지역사회 봉사프로그램의 발달은 대학 캠퍼스에 봉사참가를 증가시키는 것으로 보인다. 봉사습관을 발달시켰던 많은 졸업생이 졸업생 집단에서 활동적으로 활동함에 따라 이런 종류의 프로그램은 계속 증가할 것으로 보인다. 이런 프로그램은 봉사참가에 일생을 투자했던 이전 학생들이 졸업생들에게 중요한 일생을 연결하는 것을 제공하고, 아마도 졸업생들이 인생의 어느 시점에서 사회적 정의에 대한 그들 대학의 책무와 재연결하는 것을 도울 수 있을 것이다. 비록 이들 프로그램의 대부분이 체계적인 성찰기회를 다루지 못하더라도, 거기에는 중요한 예외가 있다.

토론, 성찰, 생각 공유를 위한 기회를 제공하는 캘리포니아대학교의 봉사실천 교육프로그램은 학생들과 같이 일하기 위해 봉사와 관련된 분야에 취업한 졸업생을 초대한다. 이 프로그램은 노트르담대학교의 졸업생 사회적 관심포럼과 유사하다. 이 프로그램은 졸업생들에게 봉사와 관련된 토론에 참가하기 위해 사회적 문제, 교수진, 직원, 그리고 학생들과 함께 일하는 3일을 제공한다. 그들의 동창회에서 노트르담, 스탠퍼드, 그리고 유타대학에서와 같은 다양한 봉사학습프로그램은 학생들이 활동적인 졸업생과 함께 다른 도시에서 풀타임 봉사에 몰두하는 하계 봉사학습 단체를 만들었다. 선발된 학생들은 지역사회 봉사단체에서 일하고, 졸업생 총회 구성원과 상호작용하며, 그들의 봉사체험에 대한 성찰 일지를 기록하고, 그들의 하계 봉사 이후에 캠퍼스 봉사학습프로그램에 활동적으로 참가한다.

소 결

로버트 벨라(Robert Bellah, 1991)는 『좋은 사회(the good society)』에서 주요 사회적 기관은 그 속에서 우리들 모두가 개인으로서 어떻게 포함되고, 각 개인의 인생선택과 실용적인 인생체험과 사회의 형성에 어떻게 영향을 미치는지에 대해 강력하게 기술한다. 주요 사회적 기관으로서 고등교육기관은 활동적이고 사회적으로 책임 있는 시민으로 육성하기 위해 독특하면서도 사회적으로 중요한 책임을 가진다. 지식과 능력뿐만 아니라 우리의 지구촌 사회를 더 나은 사회로 만들기 위해 그들의 지식과 능력을 응용할 수 있는 바람을 가진 개인으로 육성하기 위해 대학에 대한 요구는 너무나 명백하다.

많은 고등교육기관들의 임무진술은 이런 책임을 성찰한다. 봉사학습프로그램은 기관에 이런 임무를 수행하고, 학생들에게 학습과 발달이라는 목적을 충족시킬 수 있는 독특한 방법을 제공한다.

학생들은 그들의 라이프스타일과 직업을 통해 시민으로서 책임을 완수하는 것은 어느 정도 기관의 사회적 반응이다. 이런 목적을 위해 정보는 학생들을 위한 다양한 대학원 교육과 직업 선택권, 봉사학습 교육자들이 학생들이 매우 합리적인 결정을 내릴 수 있도록 그들과 함께 일을 해야하는 방법, 그리고 대학이 학생들이 중요한 직업선택을 할 때 그들을 돕기 위해 개발했던 프로그램의 사례들도 제시되었다. 봉사학습 교육자들이 학생들이 결정하는 것을 도울 수 있다는 것은 미래 지역사회와 세계에 깊은 영향을 줄 것이다.

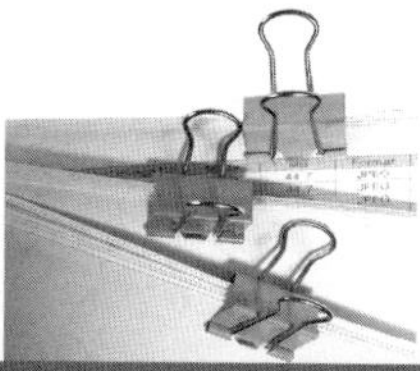

P·A·R·T

03 봉사학습의 쟁점과 과제

비록 봉사학습프로그램들을 위한 하나의 적절한 모델은 없을지라도 많은 행정상의 쟁점들은 모든 성공적인 봉사학습 노력들을 뒷받침한다. 1부와 2부에서 설명한 원리들과 프로그램 예들은 봉사학습 경험의 계획, 완성, 그리고 평가를 위해서는 필요하지만 충분하지는 않다. 사실 효과적인 조직화, 행정, 그리고 정책들이 봉사학습의 시작과 유지에 있어 가장 중대한 요소일지 모른다. 여기서는 봉사학습프로그램을 시작하는 것, 2부에서 설명된 모든 형태의 봉사학습 경험들을 지지하는 것, 그리고 프로그램이 지속되도록 보장하기 위해 봉사학습을 제도화하는 것과 관련된 쟁점과 과제를 다루고 있다. 마지막 장에서는 봉사학습의 미래를 확고히 하기 위한 행동에 대한 지침을 제시한다.

Chapter 10

봉사학습프로그램의 실행

모든 신규사업은 그것을 선도적으로 발전시키고자 할 때, 시간이 흘러도 지속가능한 프로그램의 초석을 세우기 위해 시간과 노력을 쏟이부이 프로그램 개발에 뛰어들어야 한다. 봉사학습의 역사는 강력하게 시도되었던 프로그램의 사례뿐만 아니라 확고한 설립취지를 형성하지 못해서 약화되거나 사라진 사례까지도 축적되어 있다. 여기서 제시하고자 하는 수많은 접근 및 제안은 수준 높은 봉사학습프로그램을 개발시키기 위해 많은 대학 및 대학교에서 진행된 광범위한 경험 연구에 근거하고 있다. 이 장의 초점은 성장가능성과 강점이 있는 프로그램을 시도하고 제도화하는 데 있다.

대학기관과 지역사회 환경 분석

봉사학습프로그램이 장기적으로 성공하기 위해서는 대학기관의 사명과 관련되어야 한다. 사실상 거의 모든 대학 및 대학교의 사명진술문에는 직·간접적으로 봉사에 대한 언급이 있다. 더욱이 대학기관의 봉사위원회는 입학 및 입학 절차, 총장의 연설, 동문들의 공적과 유기적으로 연결되어 있다. 봉사가 기관의 사명에 얼마나 적합한가는 그 기관의 본질에 따라 좌우된다. 종교적 계열의 기관, 지역 대학, 도시 대학교 및 국립기관 모두 봉사가 중추적 역할을 하고 있지만 봉사의 사명은 다양하다. 프로그램 모형을 개발하는 데 있어서 그 기관의 사명진술문을 면밀히 살펴보고, 기관의 사명에 프로그램의 초점을 맞춘 봉사학습 사명진술문을 세밀히 작성하는 것이 중요하다.

대학기관의 환경 및 문화는 봉사학습프로그램을 시작하는 데 있어 고려해야 할 중요한 맥락이다. 총장의 공약 범위, 주요 행정가들의 지원 정도, 기관의 학문적 초점, 캠퍼스 전통, 개혁을 위한 개방성, 교직원들의 의욕 자료조사, 교수 및 봉사에 대한 강조 등이 모두 프로그램의 개발에 상당한 영향을 줄 수 있다. 이처럼 상호 협조적인 교직원과 혁신적 교수법이 시행되는 기관은 봉사학습이 받아들여질 수 있다. 반대로 교직원들의 낮은 사기, 예산 삭감 및 경쟁적인 원리에 우선순위를 두는 것은 봉사학습에 비호의적인 풍토를 만들 수 있다.

학생 조직의 특성을 이해하는 것 또한 중요하다. 예를 들어 지역대학은 이미 지역사회의 일부분인 학생들을 끌어들이지만, 사립대학, 시골대학, 거주지근처 대학의 전형적인 학생들은 기관이 속해 있는 지역사회와의 연합에 우선순위를 두지 않거나 전혀 관심이 없다. 그 결과 다양한 형태의 학생들은 봉사학습 참가에 다양한 동기를 가지고 있을 수 있다. 자신이 속한 지역사회의 대학에 다니는 학생들은 그들이 새롭게 획득한 지식을 지역의 쟁점 및 관심사를 설명하는 데 적용하고자 할 수도 있다. 새로운 기관 및 지역사회에 속하게 된 학생들은 그들의 새로운 환경에 대해 배울 수 있는 기회로서 봉사학습을 보게 될 것이다. 대다수 학생들의 조건인 시간제나 전일제 학생, 전통적인 대학생 연령이거나 그보다 더 높은 연령, 고용 상태 등 모든 요소가 봉사학습 참여에 영향을 줄 수 있다.

초기 연구는 그 기관 내에 이미 존재하고 있는 지역사회 봉사와 봉사학습이 주도적으로 하고 있는 일과 프로그램 지지자들을 평가해야 한다. 카탈로그, 학생용 안내자료, 교원신문 및 학생신문은 기존의 봉사가 교과과정 속에 얼마나 구체화되었는지에 대한 정보 및 교과과정, 이전 과정과의 연결프로그램, 대학기관이 봉사에 가치를 두는 방식 등에 관한 약간의 정보를 제공해 줄 수 있다. 예를 들어, 카탈로그는 교육학 및 사회학에 봉사학습 요소를 포함한 과정이 있다는 것을 보여줄 수 있고, 신문기사는 학생과 교직원들의 우수한 봉사 사례를 강조할 수 있다.

모든 대학기관은 지역사회 봉사에 몰입하는 중핵적인 학생집단을 유지하고자 한다. 그들을 찾을 수 있는 좋은 방법은 Circle K, Habitat for Humanity, Best Buddies와 같은 봉사단체의 학생들을 통하는 것이다. 또한 대학의 남녀 학생 동호회 내에서 창립한다면 학생 지지자들의 토대를 확립할 수 있을 것이다. 가장 효과적인 프로그램은 봉사학습 과정의 시작에서부터 학생들을 주요 파트너로 인식하는 것이다.

또한 봉사학습 교과과정이 학습목표를 갖는다면 교수(faculty)들은 시작부터 함께 참여해야 한다. 존경받는 교수들의 지원은 프로그램의 신뢰도 및 통합성을 갖게 한다. 더불어 전통적으로 친봉사성향의 학문분야의 교수는 기계, 생물 및 컴퓨터공학 등과 같은 다른 학문분야의 교수들과 협력체제를 추구하는 노력을 해야 한다.

행정적 지원은 봉사학습프로그램을 시작하고 발전시키기 위한 필수 인프라를 제공한다. 주요 지지자들은 전형적으로 학사업무, 캠퍼스 선교 사역(campus ministry), 커리어센터, 학생회 활동, 홍보, 동문회 업무, 제도 개선, 재정 지원 및 인턴십 프로그램에서 도움을 줄 수 있다. 행정가들은 학교차량 지원, 훈련 및 이벤트를 위한 장소 제공, 출판 및 발송 서비스, 보도자료 지원, 기금 조성과 같은 이용가능한 기관의 자원 및 서비스에 대한 절차를 알고 있다. 이러한 개별적인 것을 이용할 수 있는 경험, 지식, 네트워크를 활용하여 대학 및 지역사회 내의 봉사학습에 총체적인 영향력을 적극적으로 발휘할 수 있다. 고위층 수준의 행정적 지원은 프로그램의 안정성, 재정 획득 및 공식적 지원을 형성하는 데 결정적이며, 대학 공동체의 구성원 전체가 참여하도록 도울 수 있다. 보다 상위의 행정가들은 그들이 발휘할 수 있는 파워와 영향력 때문에 봉사학습프로그램의 아젠다를 형성하고 장기적 성공을 가능하게 하는 비결이 될 수 있다.

효과적인 봉사학습은 지역사회의 요구를 반영하면서 중심적 역량을 가지고 계획된다. 프로그램 개발 초기단계에 거주민, 시의 관리자, 시민 사회단체 직원, 공립학교 직원, 지역 재단 및 사업가들을 포함한 잠재적인 지역사회 파트너들에게 조언을 구해야 한다. 지역사회는 학습결과가 그들의 요구와 부합되어서 더욱 빛을 발휘할 수 있도록 봉사의 주도적 활동을 형성하는 데 책임을 가져야만 한다.

프로그램 개발

다른 기관의 프로그램과 마찬가지로 주, 지역, 국가수준의 조직체 자원을 활용하는 것은 실질적으로 프로그램 모델 개발에 도움이 될 것이다. 기관 혹은 개인들은 이미 미국체험교육학회(NSEE), 미국고등교육학회(AAHE) 혹은 캠퍼스 이웃돕기연맹(COOL) 등과 같은 조직체의 구성원을 가지고 있다. 교재 및 출판 총서, 훈련자료를 만드는 것은 비용이 많이 들지 않으면서 유용한 일이다. 인근 대학의 봉사학습프로그램을 단체 방문해 보는 것도 프로그램 개발자와 지지자들에게 모델을 제공해 주고 네트워크를 발전시킬 수 있게 하며, 정보 및 아이디어를 수집하고 열정을 부여해 줄 수 있다. 봉사학습에 대한 적극적인 토의는 인터넷과 지역 혹은 국가위원회에서 이루어지고 있으며 그것을 제공하는 많은 조직체들은 [부록 A]에 설명되어 있다.

목표, 중점사항, 그리고 기대효과 수립

프로그램을 개념화하는 초기단계에서 학생, 지역사회 및 학교의 요구 성과를 개발하는 것은 필수적이다. 잠재적 학생들의 학습 및 발달 성과는 교과과정의 심도 깊은 지식, 예리한 비판적 사고, 리더십 발달 및 윤리적 의사결정 능력, 자아 존중감, 시민성과 사회적 책임에 대한 이해, 다문화 교육을 포함하고 있다. 지역사회의 가능성 있는 산출결과로는 지역사회의 강점 및 요구에 대한 더 나은 이해, 지역사회에 영향력 발휘, 서비스 전달체계 개선, 소외되고 서비스가 불충분한 집단에 대한 보다 효과적인 지지 등을 들 수 있다. 마지막으로 학교를 위한 성과는 학생들의 학습 증가뿐만 아니라 지역사회와의 관계 개선, 고등교육의 가치에 대한 지역사회의 인식 증가, 교수(teaching) 및 연구를 강화시키고자 하는 교원들을 위한 기회 제공 등이 있다.

봉사학습프로그램의 목표는 단기 목표와 장기 목표 모두 중요하다. 이러한 전망을 유념하여 정규 교육과정에 머무를 수 있도록 프로그램 개발을 도와야 한다. 그렇지만 계획은 장기적 전망을 가지고 충분히 유동적이어야 한다. 그래야 프로그램의 적합성에 대한 의문을 야기시키는 예상치 못한 기회들을 활용할 수 있게 되기 때문이다. 초기에 흥미를 유발하기 위한 기회가 너무 쉽게 제공되면 집중도는 높겠지만 마지막 단계에서 프로그램이 강화되기 보다는 고갈되기 쉽다. 예를 들면, 기금을 조성하여 장학금을 이용할 수 있지만 프로그램이 요구하고 있는 그 자체의 사명 및 방향과는 맞지 않게 개발될 수 있으므로 현명한 방법은 아니라는 것이다.

초기 프로그램의 방침에 따른 결정 중 하나는 봉사학습의 집중화나 분산화 방법이다. 가장 집중화된 프로그램은 학교, 지역사회 및 코디네이터간의 모든 유관기관을 포함하거나 모든 봉사학습 경험의 조정을 돕는 것이다. 이런 방법으로 프로그램 코디네이터는 더욱 집중적인 지역사회 파트너십을 개발할 수 있고, 봉사학습 경험의 결과를 통해 학생들과 지역사회가 더욱 밀접해질 수 있도록 모니터링 할 수 있다. 그러나 이러한 접근은 대도시의 연구중심의 큰 대학보다는 소도시의 작은 학교에 더 적합하다. 규모가 큰 대학의 교양 교육과정 및 기타 과정들은 이미 지역사회와 연결되어 있을 수 있으며, 그들의 프로젝트에 대한 감독을 포기하지 않을 수도 있다. 이러한 상황에서 봉사학습을 집중화하려는 시도는 자칫 역효과를 초래할 수도 있다.

또 다른 초기단계의 결정은 프로그램을 정규과정(curricular)으로 할 것인지, 비정규과정으로 할 것인지 혹은 양자에 초점을 함께 둘 것인지를 결정하는 것이다. 선택안이 학교의 조직적 구조에 포함될 때는 직접적인 의미를 갖게 된다. 만약에 학제적 과정과 강한 연관성이 있으면서 프로그램의 사명에 중점을 두고 있다면, 학장이나 교무처장의 직무가 학부과정내에 그 프로그램이 수용되도록 고려하는 일이 포함 되어야 한다. 교무처장 수준에서 이 일을 확고하게 하는 것을 통해서 봉사학습이 일개 학부과정에서 선점하는 것처럼 보이지 않게 하고, 보다 광범위한 영향을 미칠 수 있는 기회를 더 많이 제공해 줄 수 있다. 반면에 이렇게 하는 것으로 인해 봉사학습을 행정적으로 주도하는 듯한 인상을 주어서 결과적으로는 일부 교원들을 소외시킬 수도 있다. 다른 상황으로는 봉사학습프로그램이 특정 학문 내에 포함될 경우로, 특정 훈련과정이나 학과에 명성을 높이거나 긍정적 이미지를 줄 수 있기 때문에 장점으로 작용할 수 있다. 텍사스에 있는 세인트 에드워즈대학의 경우 초기에는 한 개의 학부과정 내에 봉사학습의 통합 교과과정을 목적으로 했었지만 그 후 봉사학습을 실시했던 학부의 교수들이 다른 학부과정에 있는 교수들을 위한 워크숍을 제공하면서 프로그램이 확대되었다.

만약 프로그램을 비정규과정에 초점을 두고자 한다면 학생들의 활동, 학내 거주생활, 교외 통근 서비스, 혹은 학생 서비스 책임자의 직무 등과 같은 학생들의 일상생활 영역의 다양한 부분을 가정생활과 유사하게 할 수 있다. 강한 종교적 전통을 가진 학교에서는 목사의 직분 혹은 캠퍼스 성직자들에 의해 실시될 수 있다. 두 과정 모두에 초점을 둔 프로그램은 학제적 혹은 학생들의 일상생활 단위에서부터 총장의 직무에 이르는 범위까지 제공될 수 있다. 일부 프로그램은 학제적 영역과 학생의 일상영역 둘을 병행하여 감독하는 방침을 가지고 있기도 하다.

새로운 개별 프로그램은 지역사회에 대한 자체의 오리엔테이션 과정을 결정해야 한다. 일부 봉사학습프로그램은 지역사회 도처에 있는 자원봉사 활동기회 제공을 위한 정보센터로서 시작할 수 있으며, 장기적으로는 선택된 지역사회 기관들과 파트너십을 개발하는 방향으로 발전하게 된다. 시작단계에서 지역사회 파트너와 호혜적 관계를 발달시키는 데 집중하는 것은 수준 높은 봉사와 학습의 장기적 이익면에서 성과를 거둘 수 있다. 가장 좋은 시도 중의 하나는 지역사회의 요구와 학습의 성과를 일치시키는 것이다. 유의미한 봉사학습에 대한 요구의 일반적 이해는 초기에 모든 파트너들에게 형성되어야 한다. 봉사와 학습 사이의 적절한 균형을 유지하려는 노력은 프로그램 개발의 모든 영역에서 재고될 필요가 있다.

포괄적인 프로그램은 기간, 집중도 및 요구사항이 다양한 봉사학습 영역의 광범위한 범위를 포함한다. 봉사학습 모형의 발달적 개념틀(Delve, Mintz, and Stewart, 1990)은 봉사학습 경험의 연속성이 학생들의 다양한 발달단계에서 제공되어야 한다는 것을 제시하고 있다. 단기혹은 초단기 경험을 통해 학생들은 봉사학습을 탐구하고, 활동과 성찰의 조합을 처음으로 경험하게 된다. 장기적 경험을 통해서 지속가능한 이행사항을 만들고, 호혜성의 개념을 이해하기 시작하고, 사회문제의 근원적 원인을 고찰하며, 세상과의 관계 속에서 그들 자신에 대해 학습하고, 의미 있는 공헌을 하게 된다.

대학생활도 마찬가지겠지만 그보다 우선적으로 봉사학습에 대한 학생들의 참여는 실질적으로 매우 다양하기 때문에 봉사학습 경험은 결국 학생들의 광범위한 경험과 조화를 이루어야만 한다. 그러나 초기에 소수의 본보기가 되는 사례에 초점을 맞춘 활동들은 보다 실행가능하고, 장기적 발달을 위한 지원을 제공할 수 있는 것이다. 신규 프로그램은 활동을 전략적이고 계획적으로 제공하기보다 가능한 한 많은 기회를 제공하는 성급한 접근을 취함으로써 종종 실수를 하기도 한다.

봉사학습프로그램은 시작단계에서 봉사학습과 관계된 모든 파트너－학생, 지역사회 파트너(학교, 지역사회 단체나 기관), 지역사회의 구성원, 학습을 코디네이트하는 교수진이나 직원들－를 위하여 경험을 유기적으로 연관 짓고 설정하는 작업을 함께 해야만 한다. 초기에 분명하게 정의된 경험 및 관계는 봉사학습의 고품질, 유의미성 및 지속가능성을 발달시킬 수 있는 확률을 매우 증가시킨다.

학생들을 위한 업무는 신청 및 선발절차, 체험기간 및 시간 약속, 감독 및 보고체계, 훈련, 오리엔테이션, 성찰, 평가, 봉사장소 선정, 수송 및 잠재적 위험에 관해 서술해 두어야 한다. 또한 학생들은 체험을 통해 얻은 잠재적 학습성과에 대한 인식을 통해, 그들 스스로 이것을 정의하도록 도와야 한다. 지역사회 파트너들은 자원봉사자 및 봉사자들의 봉사활동의 두 영역에서 신청, 선발, 오리엔테이션, 훈련, 감독, 모니터링 및 피드백하는 그들의 역할을 알고 있어야 한다. 즉, 프로그램에서 그들의 재정적 · 인적 자원에 대한 책임, 성찰활동에서 그들의 역할, 지속적으로 평가할 수 있는 방법에 관해 알아야 한다. 또한 지역사회 구성원은 봉사가 이루어질 시간과 장소, 피드백 제공방법, 관계를 통한 호혜적 역할에 대한 이해가 있어야 한다. 프로그램을 조정하는 교수진이나 직원들은 학생들을 위한 학습목표와 지역사회의 요구가 조화를 이루는 방법, 커뮤니케이션의 흐름, 품질 관리, 지속적 평가, 프로그램의 포괄적 관리 감독 및 모니터링, 안전대책, 학생 및 지역사회 모두에게 유의미한 경험을 줄 수 있는 그들의 필수적인 역할에 대한 이해가 되어져야만 한다.

프로그램 명칭과 실시장소 선택

전형적으로 프로그램 명칭을 결정하는 하나의 방법은 충분한 시간과 에너지를 쏟아붓는 것이다. 신뢰성 있고, 인식하기 쉽고, 접근성이 좋은 명칭은 학교와 지역사회의 문화, 그리고 정책적 시의 적절성에 대한 인식을 바탕으로 선택될 필요가 있다. 명칭은 간결하고, 사람들의 마음을 끌어당기면서 달성하고자 하는 프로그램의 이미지가 반영된 것이어야 하며, 프로그램이 성장해 가더라도 지속적으로 적절할 수 있는 것이어야 한다. 예를 들면 지역사회 봉사학습지원부, 봉사학습센터, 봉사와 실천, 가치와 봉사센터, 봉사와 학과공부의 통합, 신앙과 사회정의 연구소, 평화 연구센터... 등이 있다. 프로그램 업무를 담당하는 물리적 장소는 학생, 교수, 직원 및 지역사회 구성원 등 모든 이해관계자들에게 접근성이 좋아야 한다. 사무실은 찾기 쉽고 모든 이해관계자들이 편안하고 자유롭게 느낄 수 있는 곳에 위치해야 하며. 교직원과 학생들의 통행이 빈번한 곳에 장소를 선정해야 눈에 잘 보일 수 있다. 그리고 지역사회 구성원들도 사무실을 이용할 수 있기 때문에 주차문제도 고려해야 한다. 또한 학교는 다수의 교외 통근자들이나 봉사지역까지 수송을 책임져야 하는 상황까지도 중요한 요인으로 고려해야 한다. 인근 학교의 사무실과 봉사지역 역시 고려해야 할 요소이다. 장소를 선정할 때에는 학교 내에서 선정하기보다는 지역사회의 한 곳을 고려하는 것이 더 가치있다. 캠퍼스 내부에 위치하게 되면 프로그램이 학교 중심적이며 학습결과 주도적인 상황이 될 수 있다. 그러나 지역사회에 장소가 정해지면 봉사학습의 파트너로서 지역사회의 역할을 보다 강조할 수 있다. 여러 가지 이유로 지역사회에 장소를 정하는 것이 이상적이지 않을 수도 있지만, 이러한 선택에 대한 충분한 고려는 프로그램 목표와 우선순위에 대해 흥미로운 대화를 진행할 수 있게 해 준다.

인적자원과 재정적 자원들

시작단계에서 적절하게 직원을 구성하는 것은 프로그램의 장기적 성공에 있어서 핵심요인이다. 프로그램의 조정, 관리 및 품질에 대한 책임을 갖는 사람은 고등교육기관 및 지역사회의 기능에 대한 이해를 가지고 있어야만 한다. 프로그램 코디네이터에게 요구되는 또 다른 중요한 수준은 학자, 학생, 직원 및 지역사회 구성원들 사이의 신뢰성이다. 즉 조직화 및 계획능력, 봉사학습의 최상의 실천사례 이해, 재무관리 경력 및 평가와 측정에 관한 지식 등이다. 또한 지원금 신청서류 작성, 학습 및 발달이론, 조직 개발, 전략적 기획 및 지역사회 개발에 관한 지식이 있으면 유리하다. 코디네이터는 정보를 원하는 행정가나 교직원들에게 보고하고, 자원을 이용하며, 추가지원을 얻어내고, 프로그램과 봉사학습의 이점을 지지해야 한다. 봉사학습 코디네이터에 대한 직무명세서를 개발하기 위해서는 다른 학교에서 삭제한 명세자료도 포함해서 무에서 유를 창조하는 방식으로 만들어야 한다.

학교규모에 관계없이 봉사학습프로그램은 최소한 정규직의 직원이나 교수진 및 전일제 행정지원을 갖추어 시작하는 것이 이상적이다. 비록 이러한 형식이 항상 실현가능한 것이 아니겠지만, 이렇게 하면 학교의 약속이행 및 고품질의 주도성을 더 잘 입증해 줄 수 있다. 이러한 접근이 불가능하다고 판단 될 경우, 그 대안으로 다양한 직원들이 업무를 보는 것도 성공적인 방법이라는 것이 입증되었다. 또한 교수들의 관리하에 대학원생 조교를 채용하고, 행정직원들이 프로그램에 전념해야 할 시간의 일부분을 인턴의 도움을 받고, 미국 봉사지원단이나 미국봉사단 참가자들은 자원봉사자들의 도움을 받기도 한다.

자문위원회의 구성은 신규 봉사학습프로그램의 방향성을 제공하는 데 큰 도움을 줄 수 있다. 조직도를 만들기 전에 우선 그 프로그램 자체의 목적, 책임의 범위 및 구성원에 대해 충분히 생각해야 한다. 자문위원회는 사명진술문 및 비전진술, 장기 및 단기목표 설정, 봉사학습프로그램을 위한 장소 선정, 초기 지역사회 봉사파트너 형성 및 프로그램을 위한 기부금 조성방법 등을 개발하는 데 도움을 줄 수 있다.

인적자원에 덧붙여, 프로그램을 위해 재정적 자원도 정하고 할당되어져야 한다. 프로그램을 한번 시작하는 데는 사무실 보수, 전화, 컴퓨터, 서류정리함 및 사무집기 등의 설치비용이 든다. 대다수의 장비는 지역사회나 지역기업에서 기부받거나 학교 내부에 있는 것을 쓰게 된다. 프로그램이 지속되면 직원 급여, 수익, 공급, 월별 전화요금, 인쇄 및 우편비용, 판촉비, 봉사활동을 위한 교통비, 오리엔테이션 및 훈련비용, 자료수집 및 선전비용, 정기간행물 구독비, 각종 회의참가비 등을 지원해야 한다.

대부분의 프로그램은 지역 재단의 조성기금에서 공급된 일부 학교기금, 개인 기부자, 연방 및 주정부 공모프로그램, 학생회비 혹은 국가 및 주정부 보조금으로 시작한다. 그러나 안정적인 학교기금을 획득하는 것은 프로그램이 지속적으로 발전하는 데 필수적이다. 수많은 다양한 잠재적 기부자원들 중에 이사, 총장, 교무과나 학사지원처의 관리자, 교양학부, 학생회, 기숙사, 커리어센터 등이 있다. 창의적인 사례로는 펜실베이니아 주에 있는 앨러게니대학, 캘리포니아 L. A대학교, 캘리포니아 샌 루이스주립대학교가 있다. 이 대학들은 수업료 영수증을 포괄적 소득공제로 대체하여 학생들이 봉사학습프로그램을 위한 수업료를 배정할 수 있도록 하였다. 이는 봉사학습프로그램을 개발할 때, 대학 내 광범위한 협력의 독특한 기회를 제공하는 것이다.

대다수의 봉사학습프로그램들은 착수기금을 연방정부, 재단 혹은 기업기부로 보충하고 있다. 기부자원을 형성하는 첫 단계는 조사, 개발, 혹은 유용한 보조금을 조사하여 도움을 주는 지원사업 담당자와 접촉하고, 제안서를 준비하고, 예산, 총경비, 기부금 요청서 등과 같은 상세한 조언을 제공하는 것이다. 미시간 주의 호프대학에서는 봉사학습프로그램을 지원하기 위하여 지원서 작성법을 가르치는 교수가 봉사학습 지원금을 위한 실제 제안서를 작성하는 방법을 학생들에게 가르친 경우도 있었다.

지역사회 파트너들은 봉사학습프로그램을 시작하기 위한 재정적 지원을 얻는 데 결정적인 역할을 할 수 있다. 지역에 기반을 둔 재단 및 지방정부 기관들은 봉사학습프로그램의 활동이 그들의 목적을 달성하는 데 도움이 될 수 있다면 지원을 할 것이다. 프로그램은 지역연합 방식으로 연결될 수 있으며 자매결연기관으로써 기금을 지원받을 수도 있다. 학교가 속한 대다수의 행정구역에서 단과대학과 종합대학이 파트너십을 개발하여 그들이 받은 도움을 어느 정도 보답하고 있다.

프로그램 실천

일단 프로그램 계획의 개념틀이 형성되면 프로그램의 철학, 목표 및 핵심사항을 서술한 구체적 자료가 만들어져야 한다. 홍보담당자나 그래픽디자인부서에서는 로고, 브로셔 및 기타 자료들을 유용하게 만들게 된다. 마케팅 경험을 원하는 인턴학생들은 유용한 자원이 될 수 있다. 또한, 컴퓨터관련 전문지식이 있는 교수, 직원 및 학생들은 인터넷과 웹에 유용한 프로그램 정보를 만드는 데 도움을 줄 수 있다.

프로그램 그 자체만으로는 팔리지 않는다는 것을 명심하는 것이 중요하다. 거기에는 명백하고 전문적으로 프로그램의 사명, 목표 및 구성요소를 광고하는 계획된 마케팅 노력이 필요하다. 마케팅 전략은 캠퍼스 내부자원 및 외부자원 둘 다를 포함하여 프로그램 촉진전략을 개발하여야 한다. 즉, 현재 학교 내부에 있는 사람들과 잠재적인 학생, 교수, 직원, 학부모, 동문, 지역사회 거주자 및 단체, 그리고 잠재적 기부자들까지 포함한다. 홍보담당자, 광고개발자, 동문 담당직원들은 이미 학교의 자원을 판매촉진하는 과정을 알고 있으며 도움을 줄 수 있는 위치에 있다.

프로그램의 초점이 정규과정, 비정규과정 혹은 둘 다이든 지 간에 봉사학습 경험의 유용성에 대한 학생들의 인식을 일깨우는 것은 중요하다. 일반적인 채용전략은 컴퓨터, 게시판 이용 그리고 학교와 지역사회 매체, 수강생 및 집단에게 프레젠테이션, 우편물 발송, 구내식당이나 학생회관 및 자원봉사

설명회 등에 부스 설치를 통한 공고 등을 이용한다. 카탈로그와 스케줄의 방향은 봉사학습을 포함한 과정을 만들어야 한다. 5장에서 설명된 일회성 프로그램은 교수 및 직원들과 마찬가지로 학생들에게 봉사학습을 소개하는 데 효과적일 수 있다.

경우에 따라 학생들은 봉사학습프로그램에 참여하기 위해 공식적인 신청과정을 거칠 필요가 있다. 일회성 프로그램을 위해서 학생들의 사전등록을 받을 필요가 있을 수도 있고 없을 수도 있다. 신청절차에 봉사체험의 기간, 집중도 및 필요한 기술을 반영할 필요가 있다. 프로그램을 위한 필수적인 이행수준을 지켜야 한다. 그러나 너무 위압적으로 해서 흥미를 가지고 있는 학생들을 좌절시키는 원인이 되도록 해서도 안 된다. 법무팀에서는 학생들에게 예상되는 장애와 위험에 대한 이해를 구체화할 수 있도록 양식을 만들어서 그들에게 서명하도록 하는 지원을 제공할 수 있다.

지속가능한 봉사학습프로그램 개발을 위해서는 효과적인 학생 채용 및 배치가 요구되며, 관리시스템이 적절하게 유지되어야 한다. 대학 내 커리어 센터, 인턴십 지원실, 혹은 협동 교육과정은 이미 적용할 수 있는 체계를 갖추고 있다. 봉사학습 코디네이터는 참가학생 수를 묻는 학교 행정직원의 질문에 답할 수 있는 최소한의 유효자료를 가지고 있어야 한다. 학생들의 상황(배치 및 대기자 리스트)을 알려주는 방법은 항상 이용가능성이 용이해야 한다. 또한 지속적인 감독채널이 확립될 필요가 있다. 봉사학습 배치를 조정하는 교수나 직원들은 봉사장소에서 행해지고 있는 것을 모니터링해서 일자별, 전체 일정별 경험에 대한 학생 및 기관의 만족도 수준을 알고 있어야 한다.

우선 학생 배치 및 신청을 위한 필수능력, 지식 및 감각이 확립될 필요가 있다. 학생들에게는 프로그램이 실시될 장소에서 그들의 역할, 책임과 한계, 예상되는 위험, 봉사지역에서 발견하게 될 문제점, 동태적 특징, 문화에 대한 지식, 적절한 태도, 행동 및 복장상태, 봉사를 받게 될 사람들의 품위 및 가치에 대한 존중, 호혜성 등을 설명해 주는 구조화된 훈련이 필요하다. 장기간의 배치를 위해서 지속적인 훈련은 학생들의 기술과 능력을 연마하는 데 필수적이며 적절한 것이다.

성찰은 봉사와 학습을 연결하는 핵심요소이다. 성찰이 없다면 봉사는 단지 그냥 봉사이다. 봉사경험을 통한 성찰은 학생들의 학습을 인지적이고 정의적인 것으로 연결해 주며, 선수학습과 경험을 연결시켜 주고, 세상에 대한 새로운 감각을 만들어 준다(봉사학습 경험의 광범위한 성찰의 전략적 접근은 5장에서 9장에 걸쳐 다루어진다).

승인은 프로그램 및 개별 성취를 인정하고 학생들의 봉사학습 경험을 종결하는 시점에 중요하다. 전통적으로 전국 자원봉사 주간인 4월 셋째주가 그 해의 성취결과를 반영해서 축하해 주는 기회를 만드는 가장 좋은 시기이다. 승인은 주목할 만한 공헌을 한 학생 표창이나 장학금, 만찬이나 리셉션, 학교신문이나 지역신문 보도, 졸업식에서 특별 임명, 성적증명, 총장의 감사 편지, 지방자치장의 상장 및 선포, 우수 봉사학습 과정을 개발한 교수 및 봉사학습에 참여한 연구진 포상 등으로 할 수 있다.

평가전략 수립

봉사학습프로그램의 핵심개념에서 평가는 포괄적인 개념들의 일부로 구성될 필요가 있다. 만약 계획적으로 이루어졌고, 사려 깊게 계획되었으며, 더욱이 명료한 기술이 발휘되었다면 평가를 통해 프로그램의 지속가능성과 가치상승의 사례가 형성되도록 지원해 줄 수 있는 자료를 산출해야 한다. 프로그램 코디네이터들은 종종 경험 부족, 전문성에 대한 인식 부족, 시간상의 제약 혹은 부족한 자원으로 인해 포괄적인 측정 및 평가를 하는 데 서툴다. 그러나 고등교육기관 및 지역사회는 이 영역에서 최상의 지식 및 경험자원을 보유하고 있다. 프로그램 코디네이터는 자문위원회와 함께 프로그램의 성공과 기대효과를 주도적으로 예견하여야 하고 구체적인 활동영역을 점검하여야 한다. 성과는 학생, 지역사회 및 학교의 관점에서 평가되어야 한다. 또한 예상치 못했던 성공과 관심까지도 계획되어야 하고, 자료로써 기록되어야 한다.

평가는 공식 혹은 비공식적일 수 있으며, 양적 평가나 질적 평가로 이루어질 수 있다. 비공식 질적 평가는 학생들이 성찰의 기회를 갖는 평가회, 일지, 리포트 및 포트폴리오로 할 수 있다. 보다 공식적인 질적 평가방법은 포커스 그룹 인터뷰나 구조화된 질문지를 가지고 학생 및 지역사회 대표자들에게 실시할 수 있다.

양적 평가는 참가자 및 영향을 미친 사람들의 수에 관한 통계적 증거를 제시해 줄 수 있다. 또한 프로그램의 결과로 봉사수요가 더 높아졌는지, 아니면 더 이상 봉사에 대한 수요가 없는지를 나타내 줄 수 있다. 양적 자료를 얻기 위해 시간을 투자하는 것은 장기적으로 프로그램의 효과에 대한 신뢰성을 획득하는 데 장점이 될 수 있다.

지속적인 품질 개선이나 총체적 품질 관리(TQM)는 봉사학습프로그램을 형성하는 데 장점이 될 수 있다. 지속적인 평가를 통한 이러한 접근은 프로그램을 사정하고, 비평하며, 끊임없이 개선하도록 해 주는 하나의 사고방식이다. 지속적인 개선전략에는 네 가지의 기본단계가 있다. 이해관계자 및 그들의 수요 확인, 지속적인 개선목표 설정, 프로그램 실행방법 점검, 개선을 위한 활동 수립이다(Office of Evaluation, Corporation for National Service, 1995). 학교의 기획과 및 영업과에서는 조언과 지원을 해 줄 수 있다.

봉사학습프로그램은 가장 중요한 성과물, 강점, 관심영역, 파트너십, 배치, 과정 신청, 프로그램 평가결과, 장기목표 등을 포함한 연간보고서를 만들어야 한다. 봉사학습프로그램에 대한 미디어자료를 스크랩하여 보관해 두면 보고할 때 중요성과를 빠먹지 않고 포함시키기 쉽다. 연간보고서는 총장, 모든 파트너(교수, 직원, 학생 및 지역사회 대표자들), 기부자, 잠재적 자매결연 대상자 혹은 신규 파트너들에게 배포되어야 한다. 가능한 한 봉사학습프로그램의 성과물은 학교의 연간보고서에서 강조되어져야 한다.

프로그램 평가의 또 다른 중요한 종류는 봉사학습의 성공과 실패에 관한 코디네이터들의 성찰이다. 봉사학습프로그램의 시도는 도전과 보상 두 가지 모두 해당된다. 지역사회의 요구 및 문제를 다루는 것은 불가항력적인 것이며 지원금을 위한 제안서는 거절될 수도 있고, 지지적인 총장, 교수, 학생 리더들은 이동될 수 있다. 반대로 지원금이 안전하게 확보되거나 신임 총장이 등장해서 종합적인 봉사학습센터를 만든다면 프로그램의 확대는 신속하게 진행될 수 있다. 때때로 성공적인 프로그램은 학교의 세력 형성 혹은 지역사회로부터 증가된 요구에 직면한 상황의 줄다리기에서 그들 스스로가 찾아내는 것이다. 열심히 일하는 프로그램 코디네이터는 이렇게 발생한 변화를 제때에 반영하여 장기적인 지지를 얻는 방법으로 삼을 수 있을 것이다.

소 결

각 기관은 독특함을 가지고 있기 때문에, 두 개의 봉사학습프로그램이 정확히 똑같은 방식으로 시작되는 것은 없다. 그럼에도 불구하고 그들의 기초원리, 핵심요소 및 기본전략들은 유사하다. 장기적으로 성공하는 프로그램으로부터 알 수 있는 것은 대학기관 및 지역사회 맥락 내에서 프로그램을 안정화시키기 위한 초기 노력, 건전한 실용적 기반의 틀 개발, 전략적 주도요소 및 정규적 평가 실시가 필수적이라는 것이다. 이러한 단편들은 프로그램이 미래에도 지속가능하면서 그 자체의 발전을 위한 지침을 제공해 줄 수 있는 토대를 형성하는 데 시초가 되고 있다.

Chapter 11

봉사학습프로그램의 효과적인 운영

봉사학습프로그램의 지속성과 성공은 효과적인 관리에 달려 있다. 봉사학습은 올바른 진행이나 판단에 의해 진행될 수 있을 것이다. 그러나 관리적 차원의 중요한 관심이 없다면 그것은 또 하나의 일시적 교육의 유행과 실패한 사회적 프로그램이 될 것이다. 이 장에서는 새로운 것이거나 기존의 것, 교과과정 또는 정규과목과 병행한 교과과정, 학생주도 또는 교사중심에 이르는 봉사학습의 모든 형태에 영향을 미치는 쟁점을 다루고 있다. 그리고 봉사학습프로그램 운영상의 근본적인 어려움, 고려되어야 하는 인적자원의 문제, 다양한 종류의 봉사학습프로그램에 내포된 도전들, 프로그램을 효과적으로 운영하는 데 필요한 프로그램 연구 등을 언급하고 있다.

봉사학습프로그램 관리는 복잡하다. 왜냐하면 그러한 프로그램들은 고려할 수 있는 모든 부분들과 관련되기 때문이다. 대학 대표자들 및 대학행정가—교무처장, 학생생활담당, 자원봉사 코디네이터, 대외협력처, 기숙사 사감—들은 봉사학습 관리에서 몇 가지의 업무에 관여해야 한다. 그러한 관리자들은 봉사학습 과정을 가르치는 교수진과 봉사프로젝트를 조직하는 학생 지도자들과 협력적으로 일을 할 필요가 있다. 그러한 일들은 위험관리자, 즉 자동차 공동관리자와 개발부 직원도 참여할 것이다. 대학 측은 시민, 지역기관의 직원들, 정부관료 및 대표자들, 경찰, 학교 등을 포함하는 지역사회의 구성원들과 함께 계획을 조정해 나갈 것이다. 생산적인 관계는 연방, 주, 지역 정부기관, 개인 및 비영리기관들을 포함하는 재정자원과의 관계 속에서 성립한다.

다양한 관리구조들은 일반적으로 봉사학습프로그램 운영에 적용되고 있다. 어떤 교육기관들은 여러 실무진들로 이루어진 종합적인 봉사학습센터를 운영하고 있다. 때로는 학생들의 관심과 업무적인 일 외의 학문적인 행정단위에서 조화를 제공하기도 한다. 그 외에 개인적인 재능을 가진 구성원 또는 학교의 관리자들이 대부분 책임을 가지고 있다. 이러한 모델과는 관계없이 관리적 차원의 쟁점은 기획의 성공에 생명과 같다.

봉사학습프로그램 운영의 당면 과제

봉사학습 관리자들은 봉사학습 운영에 있어 복합적인 상황에 의한 많은 도전에 직면하게 된다. 학생, 교수, 지역사회 문화는 각각의 봉사학습을 위한 환경을 설정함에 있어 현실적인 방침을 가지고 있다. 효과적인 관리는 그러한 현실성 있는 정책의 이해와 주요 관계 및 파트너십의 형성에 중요하다. 계획과 조정은 봉사학습 조정에 가장 중요한 위치에 있다. 프로그램의 수립과 유지에 영향을 미치는 결정들은 명확한 목적과 확실한 평가과정을 필요로 한다. 이 부분에서는 봉사학습프로그램 관리에 있어 정책적, 맥락적인 현실성에 대한 고찰을 하고자 한다.

봉사학습의 제도적 역할과 지역사회 배경

봉사학습 관리자는 지역사회, 지역사회의 자원, 도전, 주요 후원자들과의 정치적인 역학관계와의 이해가 앞서야 한다. 그들은 학습적 측면과 참여한 학생들의 봉사학습 체험에 대한 발전적인 성과에 있어 기관들과의 이해관계와 균형을 이루는 것이 필요하다. 관리자는 또한 지속적으로 교육적 측면과 관리상의 균형을 이룰 수 있도록 조정해야 하며 기관들의 문화적 차이를 조정하고 관리상의 책임과 교수들의 자발성 간의 조정, 그리고 공공봉사활동 오리엔테이션과 학술적인 오리엔테이션 간의 조정이 필요하다.

관리상의 내부적 도전들은 프로그램 개발로 극복할 수 있을 것이다. 만약 봉사학습이 주요 대학이나 대학교의 관리자와 교수진, 지역사회 구성원과 학생들의 지원이 있다면 최상의 조건이라고 할 수 있다. 그러한 모든 지원자들이 초기의 기동력으로서 관여하지 않는다면 첫 번째 단계들은 참여의 보장과 다른 지원의 형태에 초점을 맞추어야 한다. 만약 봉사학습이 사회적·실질적·교육적 이유로 교수나 관리자에 의해 시작된다면 지역사회의 개발과 학생참여 개발은 다음 단계에서 이루어져야 한다. 만약 지역사회 구성원들이 교육기관의 참여를 요구한다면 지역사회의 요구와 대학의 자원들이 잘 부합되는지를 판단하는 것이 중요하다. 학생들이 처음 지역사회와 관계를 가질 때 관리자들은 학생들이 실제로 할 수 있는 봉사활동이 무엇인지를 결정하고 대학 내의 어떤 자원이 요구되는지를 평가해야 한다. 또한 관리자의 관리 및 책임의 범위를 정하는 것도 필요하다.

목표 설정과 계획

전략적인 계획은 프로그램 개발에 유효한 틀을 제공할 수 있다(Bryson, 1988). 그리고 조직적인 지시를 명확하게 할 수 있는 체계적인 방법 및 임무와 내부적인 강점 및 약점, 외적인 위협과 기회를 인식할 수 있는 체계를 제시한다. 임무와 분석은 전략에 무엇을, 왜, 어디서, 언제, 어떻게로 이어지는 장기적인 목표의 개발을 유도한다(Below, Morrisey, and Acomb, 1987). 체계적인 교육과정에 참여하는 학생들은 의미 있는 학습기회에 경험을 갖게 되며 지역사회 구성원들은 다른 지역의 계획에 적용하는 영향력 있는 형태를 배우게 될 것이다.

프로그램 개발과정에 참여하는 많은 사람들은 대학의 에너지가 적당한 곳에 가장 잘 활용될 수 있는 다양한 아이디어를 가지고 싶어 한다. 그리고 많은 이들은 현재의 도전에 대해 다양한 업무를 우선 배정한다. 비록 그것이 어렵다고 해도 프로그램 방향 설정과 정치적 문제에 있어서 가능하면 많은 입장을 수용할 수 있는 초기전략이 중요하다.

목표 설정은 다양한 이유로 중요하다. 그것은 계획을 하는 그룹이 프로그램 계획단계에서 경쟁적인 요소들 간의 일치점을 찾도록 한다. 또한 부족한 시간, 공간, 돈이라는 자원 활용에 있어 우선권을 설정하는 데 중요한 역할을 한다. 아마 계획과정에서 목표를 명확히 해야 하는 가장 중요한 이유는 책임과 관련이 있다. 지역사회기관의 관심에 기초한 목적과 모호한 종류의 것들에만 책임을 지는 것은 불가능하다. 예를 들면 '지역사회 젊은이들의 생활증진', '가족유대 강화'와 같은 것이다.

중요한 목표는 시작단계에서부터 명확히 하고 가능성 있는 특정한 프로그램에 초점을 두어야 한다. 가령 '학생들의 교육증진'과 같은 모호한 목표는 측정이 가능하도록 '6개월 동안 각 학년에서 현재 읽기를 할 수 있는 학생들을 22%에서 35%올리기'와 같이 목표를 정하는 것이다. 때문에 잘 설정된 목표 뒤에는 많은 조사와 심사숙고한 계획이 남아 있고 그러한 계획은 성공이나 실패 그리고 기금이나 프로그램 결과에 대한 체계적인 의사결정이 좌우한다. 프로그램에 참여하는 대학생들을 위한 명확한 학습목표들은 목표 설정과정의 한 부분이 되어야 한다. 그러한 목표들은 학생들의 지적, 개인적 그리고 직업적 개발, 특정 과정 내용과 관련된 지식을 내포할 수 있다.

대학차원의 조정

캠퍼스 조정관리는 봉사학습 관리에 중요한 요소이다. 다른 주도성에 대한 지식 없이 개별적인 주도권이 종종 대학에서 발생하고 있기 때문에 비능률성, 중복, 기회상실이 초래되기도 한다. 봉사학습에 대한 중앙집권적인 권한은 바람직하지 않으며 조정은 분명 잠재적인 이득이 있다.

가장 분명한 것은 자원들을 분배할 수 있는 능력이다. 조정은 또한 대학 지도자들이 지역사회와 접촉을 가능하게 하는 데 중요하다. 다른 중요한 이득은 학생들의 관심과 학문적인 요구 모두로부터 봉사학습 영역의 개선을 위한 지식교육이 있다. 여전히 상대적으로 학문적인 영역에서는 봉사학습에 대한 것들이 전혀 없다. 또한 학회에서조차 유용한 정보체계가 없다. 조정은 봉사학습프로그램 개발을 위한 기존 정보의 공유와 발달을 이끈다.

예산은 정밀한 조사에 의해 이루어지기 때문에 자원의 중복은 삭제 대상 1순위가 된다. 이는 비효율적인 자원 활용이 이루어지거나 보이는 곳은 프로그램의 중복요소를 제거하기보다는 프로그램 자체를 전체적으로 제거할 수 있다. 대학의 조정 노력의 실패와 관계되는 가장 심각한 비용은 지역사회에서의 신용상실이다. 지역구성원들은 분명히 교육기관의 다양한 대표자들이 서로 협력하여 일하거나 적어도 서로의 활동을 알고 있다고 기대할 것이다. 자기들만의 벽속에서 무지한 상태로 있는 교육기관들은 아마도 지역사회 구성원들에게 회의적인 시각으로 비칠 수 밖에 없다.

만약 높은 수준의 대학 관계자들이 조정의 실행에 있어 설득될 수 있다면 다른 단체들도 기꺼이 참여를 하고자 할 것이다. 만약 그러한 리더십이 불가능 하다면 조정을 장려하는 봉사학습 관리자는 공개적이면서도 비공식적인 방법으로 접근해야 할 것이다. 대학의 조정은 제공할 수 있는 모든 봉사기회(예를 들면 학술단체, 기숙사 생활, 남녀 학생클럽, 학생 지역사회 봉사조직)를 포함해야 한다. 때문에 직접적인 봉사와 조사활동에 관련되는 교수진의 참여도 중요하다.

조정은 또한 연방 근로학생 지원프로그램 관리자를 포함한다. 근로학생 지원프로그램은 점점 더 많은 학생들을 위한 지역봉사에 들어가고 있다. 가까운 대학과 전체적인 지역에서 동창생들의 지역사회 봉사활동을 지원하는 동창생 봉사활동 간부, 비영리기관에서의 활동경력이나 대학원(대학졸업 후) 봉사기회를 증진시키고자 하는 전문적인 간부, 또는 집중적이거나 부분적인 것에 기반을 둘 수 있는 인턴십 등에 조정자들이 포함되어야 한다. 왜냐하면 인턴십은 지역기관이나 비영리조직에서 발생할 수 있기 때문이다. 기관들의 업무파악에 특정한 흥미를 가지고 있는 외부관계 고문은 지역사회에서 그들의 활동에 대한 정보를 수집하고자 한다.

봉사학습 고문단들은 조정과 전략적인 계획 모두를 제공할 수 있다. 그러한 고문단은 교수, 학생, 지역사회 구성원, 대표자를 교체하는 것과 봉사학습 관리자들의 후원을 포함한다. 조정은 또한 새로운 봉사학습 관련과정을 승인하고 추가적인 봉사학습 과정의 개발에 초점을 맞춘 교과과정 영역을 확인하는 것으로 봉사학습 교과과정 위원회를 통하여 발생한다.

그러한 교육기관들은 봉사학습 발전을 위한 전략적인 방향을 설정하는 집중화된 조정위원회로부터 협조를 받을 수 있다. 다른 형태의 조정은 좀 더 유착적이고 방법적인 형태에서 만들어지는 지역조직과의 접촉을 확보할 수 있도록 개발되는 것이다. 만약 조정이 유용한 요소를 제공한다면 경쟁적인 이해관계의 조화와 제거의 방법이 개발될 필요가 있다.

지역사회의 파트너십 개발

봉사학습프로그램의 성공에는 대학과 지역사회 간의 강한 유대관계가 있어야 할 것이다. 그러한 관계들에 대한 역사와 필요성은 교육기관의 형태, 위치, 전통에 의해 변한다. 봉사학습프로그램에 대한 책임이 있는 관리자들은 교육기관과 지역사회 사이의 관계적 특성에 대해서 가능한 한 많이 파악하고 있어야 한다. 대학에 지역사회와의 관계를 책임지고 있는 고위 실무자가 있는가? 만약 그렇다면 그들은 개인의 업무특성, 지원할 수 있는 자원, 지역사회 내부로부터의 비판에 대해 이해하는 것이 중요하다. 그런 회원들은 다른 임원들과 가능한 중요한 관계를 가져야 하며 아울러 잠재적인 제도에 관심을 가져야 한다는 것을 지적한다. 대학에 지역사회와의 관계를 위한 책임 있는 높은 수준의 제도는 있는가? 그렇다면 개인적인 일과 지역사회 내부로부터의 지원과 비판에 대한 근본적인 특징을 이해하는 것이 중요하다. 실력 있는 구성원들은 지역사회를 위하여 조사연구나 봉사활동을 하고 있는가? 그렇다면 그러한 과정에 봉사학습 경험이 있는 학생들이 참여할 수 있는 기회를 제공할 수 있다. 다른 방법으로 몇 가지의 관계적인, 즉 봉사학습은 지역사회와 좀 더 건설적이고 협력적인 관계를 시작하게 될 것이다.

봉사학습에 기초를 둔 대학들은 대학에서의 관리상의 도전이 중요한 학사일정에 의한 혼란을 최소화시키는 것이다. 이는 실제적인 지역참여를 난처하게 하는 어려움 중의 하나이기 때문이다. 전형적으로 봉사학습에 기반을 둔 대학에서는 한 학기 또는 반 학기에 걸쳐서 일주일에 몇 시간 정도를 학생들이 봉사학습에 참여하게 하고 학기 말에는 학생들의 참여가 끝날 것이다. 그러나 지역사회의 현실적인 문제는 여전히 남아 있다. 어린이 프로그램의 경우에(봉사학습을 위해 가장 자주 참여하는 곳) 자원봉사자들의 주기적인 참여의 특성은 어린이들에 대한 실망을 신중히 고려해야 할 만한 자원이 된다. 특별한 프로젝트의 개발은 계절휴가 동안에 실행될 수 있는 특별한 프로젝트의 개발, 여름에 지속적인 펜팔관계의 형성 등으로 개별적인 교사나 멘토의 범위를 넘어서는 프로그램에 대학생들의 참여 확대는 주기적인 변화에 적응을 할 수 있도록 돕는다. 이처럼 1년 동안 직원 또는 근로학생들은 여름이 지난 후 봉사자들의 손실에 의한 간격을 창조하여 메울 수 있도록 할 것이다.

프로그램 평가

활동중심적인 프로그램 관리자들은 체계적인 방법으로 그들의 성과적인 영향을 평가해야 하지만 그들은 관리상의 필요에 시간을 할애하지 않는 것에 대해서 거의 인식하지 못하고 있다. 1990년도의 봉사학습 연구아젠다는 학생들이 봉사활동을 가는 지역 그리고 학생들의 학습과 발달의 측면에서 봉사학습의 영향에 대한 연구가 부족함을 지적한다(Giles, Porter Honnet and Migliore, 1991).

크론바하(Cronbach, 1980)는 사회적 프로그램의 효율성에 대해서는 "전형적인 학문적 논의는 좀 더 현장중심적으로 변화되어야 한다. 그리고 학자들 간의 논쟁보다는 그들 간의 신뢰를 가질 것을 요구한다."고 주장한다. 외부적인 자금원들을 유익하게 쓸 수 있게 하려면 그것의 평가와 책임이 강조되어야 한다. 그래서 봉사학습의 영역은 해야 할 것과 하지 않아야 할 것에 대한 정확한 이해가 이루어져야 한다.

평가와 연구 둘 모두 봉사학습 활동을 평가하는 것을 포함한다. 평가는 가치 평가와 결정과정을 돕도록 한다. 연구는 가정을 설정하고 사실을 찾아야 한다(Brown, 1979). 바이스(Weiss, 1972)는 다음과 같이 진술하였다. "평가와 연구의 목적은 프로그램에 대한 이후의 결정과정을 돕고 이후의 프로그램 결정과정의 개선을 돕도록 설정된 목표에 대해서 프로그램의 결과를 측정하는 것이다." 그녀는 평가와 연구의 차이에 대해 좀 더 명백하게 설명한다. "평가는 이용을 위해 예정되었다. 기초연구는 지식 생산을 강조하고 보급되지 않은 과정에서의 활용과 적용은 제외된다. 평가는 마음속에서 생각한 것을 밖에서 시작하는 것이다."

연구는 봉사학습의 두 가지 목적을 파악하는 것이 필요하다. 어떤 평가 프로젝트는 지역사회 관점에서 학생 봉사자의 제공이 효과적인지에 대해 결정하는 것이 목적이 될 수 있다. 반면 다른 이들은 좀 더 학생의 학습과 발달을 위한 매개로서 봉사학습의 효능에 대해 생각할지도 모른다. 목적 설정과정은 봉사활동에 대한 평가와 결과의 판단에 중심을 맞출 것이다.

메디안 제코비 그레이(Maryann Jacobi Gray)에 따르면 랜드출판사와 미국봉사학습연합이 후원하고 교수들을 위한 행동과학과 관련하여 대학교육 프로그램은 평가가 내부 프로그램 개선을 목적으로 하는지, 대외적 신용성을 목적으로 하는지 그리고 봉사학습의 결과가 투자하기에 적합한지에 대한 증거제공을 명확히 하는 데 유용하게 사용된다. 증거 제공을 목적으로 하는 프로젝트는 대조나 비교집단을 통하여 실험원리나 실험 설계에 주력해야 한다. 프로그램 개선을 위한 조사는 계획을 하는 데 있어 엄격한 동일수준을 요구하지는 않는다. 엄격함의 종류 없이, 조사자는 변화를 찾는 확실함이 프로그램과 어떤 다른 외부요인 탓으로 돌리지 않을 수도 있다. 미국의 봉사학습프로그램을 위한 국가적인 평가, 대학교육 프로그램은 개별 대하 간에 비교할 수 있고 모델로서 제공할 수 있는 좋은 내용들을 확인하는 데에 유용한 지역봉사활동의 실제에 대한 기준적인 데이터를 설정하는 데 목적이 있다(M. Gray, personal communication 1995). 소규모의 연구체계는 참여한 학생들을 위한 다양한 봉사학습 성과를 설명한다.

브라운(Brown, 1979)은 평가프로젝트에 있어서 일곱가지의 위험성(미흡한 설계, 매우복잡한 평가 설계, 상세한 데이터 수집의 간과, 평가자의 경험 부족, 수집된 데이터의 활용 실패, 프로그램 개선보다는 프로그램 보호에 초점을 두는 것, 미흡한 성과 발표)을 설명한다. 모든 분야에 걸친 실제적이고 신중한 계획에서는 그러한 위험성들을 피해야 한다. 또한 평가는 직접적으로 프로그램 목표와 기대되는 성과들과 관련되어야 한다.

프로그램 마무리

봉사학습 관리자들이 직면한 가장 어려운 결정 중의 하나는 프로그램을 언제 종료하는가를 결정하는 것이다. 그러한 결정은 프로그램 개발에서 이용된 동일 기준에 달려 있다. 즉, 지역의 현안들을 충족할 수 있는 프로그램 역량은 이용할 수 있는 자원들을 가지고서 지역사회의 이득과 기대되는 학생들의 학습성과와의 일치를 가져다 준다. 만약 프로그램에 대한 학생들의 흥미가 미약해지고 회복될 수 없다면, 또는 지역사회의 참여자가 감소한다면 도전과 자원들 사이의 조화는 아마도 더 이상은 없을 것이다. 이때 프로그램을 종료하는 것이 옳을 것이다. 또한 문제가 되는 것은 평가의 결과들이나 프로그램 효과가 전혀 없을 때이다. 비록 그 프로그램이 대중적으로 인기가 높다고 할지라도 만약 프로그램에 든 비용이 적합하지 않거나 신용을 얻을 수 없다면 관리자들은 교육기관의 자원들이 효과적으로 활용되지 않음을 보여주는 상황을 무시할 수 없을 것이다. 지역사회와의 장기간의 관계를 위해서 프로그램에 적절한 믿음이 있어야 한다.

좀 더 문제가 되는 것은 프로그램 자금이 바닥날 때이다. 그리고 프로그램을 지속시킬 자원들이 없는 경우이다. 대부분의 성공적인 프로그램들은 항상 그러한 상황을 피하기 위해 자원을 탐색한다. 자금이 없다면 관리자들은 지역사회 구성원들을 만나 후원자금 없이 성사시키기 위해 실행할 수 있는 것들에 대한 결정을 해야 한다. 만약 학생들이 지속적으로 자원봉사 활동을 할 수 있다면 지역사회 자원봉사자는 관리적인 역할에 책임이 있다고 여길 가능성이 있다.

인적자원관리와 개발

봉사학습 관리자들은 다양한 인적자원의 문제들에 도전해야 한다. 그들은 학습자로서 그리고 봉사활동 제공자로서의 학생들을 고려해야 하고 학생들이 적절한 준비와 훈련을 할 수 있도록 해야 한다. 교수나 다른 대학 직원에게서 도움을 받거나 주는 것도 필요하다. 그리고 동시에 호혜적인 방법으로 지역사회와 관련을 가져야 한다. 갈등 해결을 위한 접근도 신중히 고려되어야 한다. 만약 봉사학습이 유지되어야 한다면 학생, 교수, 지역사회 지도력의 개발을 통한 지속적인 접근이 있어야 한다. 또한 승인과 참여, 그리고 지도력을 보상하는 방법의 개발이 중요하다.

모집과 훈련

봉사학습의 시작단계에서는 새로운 참가자들이 지속적으로 필요하게 된다. 왜냐하면 학생들은 졸업을 하거나 다른 이유로 이동을 하기 때문이다. 신규모집을 위한 노력은 전체 프로그램에서 가장 기본적으로 이루어져야 하는 것이다. 봉사학습 교과과정은 봉사학습 과정 등록에 의존하게 된다. 교수진들은 봉사학습 과정에 흥미를 두는 학생들에게 관심을 가질 필요가 있다. 그러나 그들은 학생들을 위한 기회를 증대시키는 기술에 익숙하지 않을 수 있기 때문에 관리자들은 그러한 부분을 도울 수 있다. 대학신문에 봉사학습 기회에 대한 공고 기재, 학생단체에 직접 공고, 봉사학습 과정에 흥미를 줄 수 있도록 하는 소책자 발간 등을 관리자들이 도울 수 있다.

개별적인 봉사학습 프로젝트는 그들 스스로 신규모집을 해야 한다. 그러나 자원봉사자 신규모집은 박람회, 자원봉사자 정보센터와 같은 대학 전체가 노력을 하여 도움을 줄 수 있다. 학생들과 교수의 흥미를 촉진시키기 위한 혁신적인 방법은 '대체교사' 프로그램이다(교수들이 수업을 빠져야 할 때 그들은 교수 부재시 만들어 놓은 봉사학습에 대한 프레젠테이션을 하게 된다).

어떤 자원봉사자 프로젝트는 학생들에게 전문화된 프로그램을 요구할 수 있다. 자원봉사자들과 지역사회 또는 기관들이 함께 한 평가는 훈련에 필요한 것을 정확하게 지적할 수 있다. 봉사기관의 예산이 삭감되었을 때 자원봉사 · 조정자의 기능은 다양한 기관 직원들에게 분산될지도 모른다. 대학프로그램 관리자의 주요한 역할은 기관이 요구하는 훈련에 대한 이해, 봉사를 할 수 있도록 학생들을 준비시키는 것, 봉사활동을 하는 동안 중요한 조건들의 결정, 봉사환경의 일반적인 도전에 적응을 할 수 있는 봉사 전 프로그램의 제공 등이다.

이전의 자원봉사자들은 중요한 자원이 될 수 있다. 그들은 그들 자신의 일지 및 현장에서 성공하기 위해 필요했던 것에 대해 상기해 보는 초기 성찰을 이용할 수 있다. 또한 다른 이들을 교육 경험으로부터 습득한 학습은 더욱 강화시킬 수 있다.

관리상의 준비를 위한 노력들은 교수들과 협조가 이루어져야 한다. 교수진은 봉사학습 과정에서의 학습목표를 충족시키기 위해 봉사경험에서 오는 수준 높은 성찰을 기대할 것이다. 어떤 프로그램에서는 교수진의 전문적인 지식이 봉사학습 경험을 위한 매우 중요한 준비가 될 수 있다. 예를 들면 전문적인 기술이나 방법론을 이용하는 건강관련 프로젝트나 개인지도 프로그램은 자원봉사자들이 활동을 하기 전에 좀 더 철저한 준비가 요구되는 것이다.

리더십 개발

정규 교과과정과 병행하는 프로그램에서 봉사학습프로그램이 잘 개발된 대학들은 지도력 프로그램 이용과 봉사학습 학생 지도자를 위한 특정 프로그램 개발을 통한 학생 지도력 개발에 관심이 있다.

성공적인 모델로 새로운 학생을 위한 강력한 사전 오리엔테이션 봉사학습프로그램이 있다. 이 프로그램은 경험이 있는 학생 지도자들이 새로 들어오는 1학년 학생들에게 교육기관이나 지역사회에서의 봉사학습을 소개하는 것이다. 참가를 결정한 새로운 학생들은 보통 지역사회 경험을 한다. 그리고 이러한 프로그램은 그들에게 바로 실제 대학수준의 봉사학습에 참여가 가능하도록 한다. 왜냐하면 그들의 이러한 출발은 종종 봉사학습에 참여한 학생들이 좀 더 빨리 프로그램 지도자가 되게 하기 때문이다.

학생 지도자들을 지원하는 비형식적이지만 효과적인 방법은 봉사학습 프로젝트 지도자들이 직면한 문제에 대해 함께 토론하는 '지도자 토론회' 이다. 이러한 토론회는 서로 잠재적인 장애를 극복하는 방법을 개발하고 성찰의 기회를 증가시키는 데 기여한다. 여러 학생 지도자들에게 공통된 도전에 대한 평가는 준비, 성찰, 신규모집, 마케팅과 같은 주제들을 전문화한 워크숍을 위해 매우 필요한 것이며, 만약 충분한 자원이 있다면 그룹의 해체는 강력한 학습경험이 될 것이다. 또한 학생들이 참여할 수 있으며 계획적인 일을 돕고 워크숍 추진과 프레젠테이션 작업에 참가할 수 있는 국가적 · 지역적 회의가 있다.

대학생 직업체험 협의회에 의해 조직된 모임의 중점은 학생 지도력 개발에 있고, 어떤 주제에서는 여러 교육기관에서 경험이 부족한 학생들을 위해 경험 있는 학생들을 두 교수의 지도하에 이루어지는 토론과 훈련중심의 봉사학습 세미나를 제공한다. 다른 학생들을 위해 지도력 개발 기회를 제공하는 데 경험 있는 학생들을 활용하는 것은 지역사회, 봉사, 시민권에 대한 그들 스스로의 학습의 범위 확대가 충분히 가능한 능력을 가지고 있다는 가정하에 이루어진다.

다수 대학에서는 주요 학생 봉사활동 배치에 있어 프로그램별 지도자에 의존하고 있다. 그리고 봉사학습프로그램에도 예외가 없다. 기숙사 보조원, 오리엔테이션 지도자와 같은 보조교사들을 통한 봉사학습프로그램을 위한 지도력의 제공은 봉사학습프로그램을 의미 있게 지원하도록 한다. 중의적 연속성과 책임감을 주기 위해 학생 조정자, 진행자에게 임금을 주고 있다. 만약 학생 지도자들이 연방정부의 근로학생 활용에 적합하다면, 대학은 재능 있는 학생 지도자들을 참여시키려 할 것이다. 그러한 학생들의 몇몇은 봉사학습에 참여할 수 없게 될 수도 있다. 왜냐하면 재정상 일을 해야 하고 근로학생 활용자금의 5%는 지역사회의 요구를 다루는 일에 할당되어야 한다는 연방정부의 근로학생 활용규정이 있기 때문이다.

학생들로 조직된 봉사학습프로그램의 전형적인 스트레스는 학생 설립자, 지도자들이 졸업을 하거나 다른 프로젝트로 옮겨갈 때이다. 개별적인 프로그램은 고문위원단의 활용을 통해서 변화를 예상하고 다루는 것이 좋다. 모든 봉사학습프로그램에서 보편적인 목표는 중요한 사람들의 손실을 막는 것이 될 수 있다.

대부분의 교육기관은 봉사학습에 교수들의 참여를 위해 여러 전략을 활용한다. 처음으로 접근하는 것은 전문적인 활동과는 별개의 지역사회 봉사에 관여하고 있는 교수들을 확인하는 것이다. 그러한 교수는 그들의 직업(vocation)과 부업(avocation)을 어떻게 통합하는지에 대해 알지 못할 수도 있다. 새로운 교수 오리엔테이션 프로그램에서 봉사학습 관리자들을 통한 참여는 봉사학습 기회에서 정보를 제공하는 탁월한 방법이 될 수도 있다. 대학 전체에 메일이나 인터넷 메시지는 가장 폭넓게 대중에게 접근하게 한다. 토론에서 이미 봉사학습에 관여하고 있는 교수와의 동료관계 형성은 또한 네트워크의 확대에 도움을 준다. 교수진의 흥미를 끌기 위한 봉사학습 관리자들의 효과적인 방법 중의 하나는 경험이 있는 학생들을 중심으로 한 그룹형성을 지원하고, 그러한 과정이 성찰을 통해 이루어지도록 하며 교수들과 그것들을 공유하도록 하는 것이다.

교수들은 진정으로 학생들이 수업시간에 경험한 것을 실제 주변생활에 적용해 보고자 하는 동기화된 학생들로부터의 제의에 관심을 보인다. 학생은 그때 대학 심포지엄, 세미나, 봉사학습에 대한 보고회에 교수들을 끌어들일 수 있다.

좀 더 높은 수준(대학)의 교육기관에서는 봉사학습이 주변적이라기보다는 중심적이기 때문에 지속적인 개발을 위해 지도력을 제공할 교수진에 의해서 강조가 될 것이다. 관리자들은 봉사학습의 통제권을 양도하는 것에 대해 마음 내켜하지 않을 수 있다. 그러나 교수 지도력이 없이 그것은 대부분의 교육기관에서는 주류에서 밀리게 된다. 다행히 학생들은 봉사학습의 트랙들을 수립하기 시작하고 그러한 주제들에 대해서 회의나 일지에 보고서를 제안하고 있다. 미국 대학교육학회, 독립대학협의회, Campus Compact의 가상대학과 같은 기관들은 국가적 차원에서 봉사학습에 교수지도력의 개발을 꾀하고 있다.

최근 Campus Compact의 조사에 의하면 많은 교육기관들 중 1/3은 대학 교수들의 종신재직권 결정에서 봉사활동을 고려하고 있다는 것이다. 대략 1/4은 교수 오리엔테이션에 봉사학습을 포함하고 있다. 봉사와 관련된 노력들에 상을 수여하고 지역봉사에 참여하는 교수들에게는 자유로운 시간을 할애하고 있다(Miller and Steele, 1995).

지역사회 구성원들과의 호혜적인 관계를 위한 생산적인 방법은 지역사회 지도력의 개발에 기술적인 원조를 제공하는 것이다. 공공정책, 사업, 경영, 사회학 등에 전문적인 지식을 가지고 있는 교수진과 관리자들은 지역사회의 관심을 이끌 수 있는 시민중심의 정치조직 건설을 원하는 지역사회 구성원들을 원조할 수 있다. 지역의 학부모-교사 협의회와 같은 단체를 시작으로 하여 시민연합, 교회조직, 지도자 협의회와 같은 단체들은 대학과 지역사회의 파트너십 개발을 돕는다. 지도력 연수는 자원, 문제 평가, 목적 설정, 효과적인 지지, 정치적 과정에 참여할 수 있는 방법 개발에 중심을 두고 처리될 수 있다. 정부에서부터 지역사회 조직들에 이르기까지 유용한 지역자금 원천의 확인은 과정의 한 부분이 될 수 있다. 발전적인 지역사회 기관들은 그들 지역사회에서 다른 개선 프로그램에 대한 지원을 제공하기 위해 준비될 수 있다. 또한 지역사회 구성원들과 지도자들, 봉사학습 관리자들의 협력은 지역사회 기관들과의 관계 개발에 힘써야 한다. 교수진과 봉사학습 관리자들은 대학생의 학습과 발달을 위한 봉사학습의 가능성을 이해시키기 위해서 기관 자원봉사 조정자들을 위한 훈련과정을 제공할 수 있어야 한다. 기관의 대표자는 대학 교수진이나 지도자들을 만나기 위해, 그리고 학생들의 봉사학습 경험의 영향에 대한 것을 듣기 위해 대학에 초대될 수도 있다.

갈등 해소

준비와 훈련을 제공하는 노력에도 불구하고 학생 자원봉사자들과 지역사회 구성원, 지도자 또는 기관과의 갈등은 부득이하게 일어날 수 있다. 아마도 지역사회의 구성원이나 기관의 직원은 자원봉사자들의 역할을 이해하지 못하거나 자원봉사자들이 그들의 영역을 침범했다고 불쾌해 하거나 학생들이 자원봉사자로서의 역할 범주를 넘어섰거나, 아니면 기관 직원들을 비평하는 말들에서 갈등을 유발시킬 수 있다.

봉사학습 관리자들은 학생들과 기관 직원이 그러한 문제가 발생하자마자 갈등을 해결할 수 있도록 도와야 한다. 메그 스톨로지프스(Meg Stolezfus)에 따르면 사회봉사연구소의 봉사학습 조정자, 관리자들은 필요한 때에 적절한 역할이 준비되어야 함을 알고 있다고 언급한다. 그들은 지역사회와의 적극적인 관계와 참가한 학생들을 위해서 학습경험이 되는 갈등상황에 대단한 관심을 가지고 있다(personal communication, 1995). 관리적 차원의 관여 없이, 학생은 경험으로부터 물러나거나 지역사회가 해결되지 않은 갈등의 결과로 교육기관에 대한 실망을 할 수도 있다.

인증제와 보상체계

봉사학습에서 학생과 교수의 참여 및 성취에 대한 적절한 승인제도의 개발은 다른 자원봉사 활동에서의 참여에 대한 승인과는 다르며 보다 복잡하다. 적합한 학생 승인은 참가기회와 자금을 포함시킨다. 그리고 대학이나 지역사회 심포지엄에서 교수와 지역사회 파트너들과 의미 있는 관계개발이나 교수들 간의 학술적인 조항을 만들고자 하는 전국대회에서 발표를 할 수 있다. 또한 학위수여식에서 프로그램 책자에 특별한 기록이나 봉사학습에 실제로 참여한 것을 나타내는 수여증의 선택권이 주어지기도 한다.

교수 승인은 좀 더 어렵다. 종신적인 지위를 받게 되는 교수는 종신직과 승인 결정에 중대하게 작용하는 봉사학습에 대한 평가 속에서 승인이 이루어진다. 교수 승인의 다른 형태들은 상, 교수–직원 신문에서의 논문, 교과과정 개발을 위한 소규모 연구지원금, 과목 면제, 연구 지원 등이 있다.

봉사학습프로그램의 유의사항

대부분의 봉사학습프로그램들은 여러 가지 측면에서 관리상의 특별한 도전들이 있다. 이러한 부분은 학생주도 봉사프로그램, 졸업 필수조건으로서의 봉사학습, 징계수단으로서의 봉사학습, 원격 봉사학습 등 다양하다.

학생조직과 학생주도 프로젝트

학생조직과 학생주도 봉사학습프로젝트에 조언을 함에 있어 가장 어려운 것은 책임감과 자발성 사이의 적절한 균형을 갖추는 것이다. 책임성에서 중요한 요소들은 안전과 보호, 대학 자원 활용의 문제이다. 자발성은 중요하다. 왜냐하면 학생주도 조직과 프로젝트는 학생들에게 결정권을 행사하고 지도력 기술을 개발할 수 있는 기회를 제공하기 때문이다. 너무 과도한 책임감으로 인한 부작용은 학생들의 지도력 향상을 방해할 수 있다. 또한 너무 시나친 자발성은 지역사회 구성원과 학생들에게 위험할 수 있는 부적합한 기준들을 초래할 수 있다. 경험이 많은 지도자들과 학생활동 전문가들은 다른 관리자들에게 대학에서의 리더십문화 보급에 대한 것을 알려 줄 수 있고, 그러한 활동을 잘할 수 있는 방법들을 알려준다.

균형을 이룰 수 있는 한 가지는 자발성을 발휘함에 있어 한계선을 설정하는 것이다. 예를 들면, 프로그램 기준들에서 성찰은 필수적인 요소이다. 그러한 성찰을 함에 있어서의 방법들은 그 그룹에서 자유롭게 선택할 수 있고 새로운 것을 만들 수도 있다. 기준은 단체가 적절한 재정 활용과 그들의 프로젝트에서 생길 수 있는 위험성을 확인해야 하고, 그러한 위험성을 최소화할 수 있는 계획서를 제출하도록 규정한다. 목록의 실제적 승인은 매우 중요하다. 교수진과 졸업생은 관리자들보다는 덜 위협적이다. 그리고 동시에 봉사학습경험에서 교육적인 측면을 강화할 수 있다. 이것은 고문들이 하는 역할에 대해서 학생 지도자들을 교육하는 것을 포함한다. 교수진들은 학생주도 프로젝트를 충고함에 있어 서툰 접근을 할 수 있다. 관리자들은 프로그램 목표와 방향성을 결정하는 데 있어서 학생들의 주장을 지지할 필요가 있을지 모른다.

종종 학생들은 봉사학습프로그램에서 지도자역할에 저항하기도 한다. 왜냐하면 그들은 행정적이고 관료적인 관계에서 이루어지는 것이 아닌 봉사활동 시간을 원하기 때문이다. 동시에 학생단체들은 종종 비계층적인 조직 형태를 채택하기도 한다. 그러한 요소들은 책임감을 약하게 할 수도 있다. 그리고 중요한 임무를 무시하는 경향이 나타날 수도 있다. 고문들은 관리상 의 책임감을 확대시킬 수 있는 순환적인 리더십 개발을 학생단체에게 권유할 수 있다. 이 모델들은 어려움이 있을 수 있지만 리더십과 조직에 대한 강력한 학습효과를 줄 수 있기 때문에 권장할 수 있다. 관리자들은 또한 질 높은 봉사를 하는 데 있어서 관리상의 세부역할을 올바르게 파악하도록 학생들이 지역사회에 있는 조직책과 봉사활동 제공자들과 인터뷰를 할 것을 권유한다.

학생단체에게 충고를 하는 데 있어서도 가장 난처한 도전 중의 하나는 리더십 변화에 도움을 줄 수 있는 방법을 결정하는 것이다. 경험이 많은 지도자들은 종종 관리자들의 지나친 관여에 민감하게 반응한다. 떠나는 학생보다는 남아 있는 학생들에게 연속적인 계획에 대한 책임을 지울 수 있도록 하기 위해서 리더십역할에 흥미가 있는 학생들에게 참여하도록 하는 것이 효과적인 방법이 될 수 있다.

졸업 필수조건으로서의 봉사학습

봉사학습에 대한 필요성이 교육적 사명의 중심설정에 있어서 기본 토대를 형성하기 위한 본보기가 될 수 있다. 많은 관리상의 문제들이 졸업을 위한 봉사학습의 요구에 대한 결정과 관련된다. 봉사학습 경험의 교육적 영향력이 어떤 학생들에게는 부정적일 수 있다. 만약 그것이 명령적이라면 정말로 불만이 있는 참가자들에 의해서 진행된 수업들은 정형화된 형태만 강화될 수 있다. 그리고 시민권에 대한 권리와 책임 등에 냉소적일 것이다. 또는 잠재적으로 부정적인 결과만을 강조하게 될 것이다. 추가적으로 클라이언트와의 대면이 내키지 않는 자원봉사자, 스태프, 봉사 기관에서 온 다른 자원봉사자들의 부정적인 태도에 대한 충격을 최소화하기 위해 프로그램 문안에서 대학들은 모든 학생들을 위해서 충분한 배치에 대한 개발과 모니터를 할 것인지를 결정해야만 한다. 기관과 기관직원들과 떨어져서 활동에 참여하게 되는 간접봉사자의 활용, 또는 봉사현장에서 활동은 하지만 직원들과는 직접적인 접촉이 없는 봉사자들의 활용은 자발적이 아닌 마지못해서 하는 자원봉사자들을 배치하는 방법으로 충분한 배치 개발의 방법으로서 고려되어야 한다.

강제적이고 의무적인 봉사학습을 수행하는 것은 지역에서 요구하는 시간과 모든 조건을 충족하는 데 신뢰를 쌓기 힘들며, 요구조건을 완료하는 것은 시간이 걸리고 비싸다는 것을 증명하고 있다. 만약 학생들이 선정된 봉사학습 과정에 등록해야 한다면 그 과정을 가르치는 교수진들은 학생들의 봉사활동 활용시간을 탐색하는 데 원조가 필요하다. 필수과정일 경우 획득된 학점과 성적은 성적증명서에서 확인된다. 필수적으로 해야 하는 봉사활동이 만약 자율적이기보다 강제적이라면 위험성은 없을 것이라는 가정 속에서 의무화가 더욱 강화되었다.

징계수단으로서의 봉사학습

몇몇 대학들에서는 법적 위반행위를 한 학생들에게 강력한 교육경험으로서의 봉사학습을 실시하는 것을 볼 수 있다. 뿐만 아니라 부적절한 행동에 있어 지역사회에 반환의 형태로 제공되기도 한다. 봉사학습 처벌이 학생과 지역사회에 이득이 될 수 있다고 할지라도 지역의 이해관계와 학생들의 학습목표 모두 그러한 처벌을 지시하는 결정과정에서 신중히 고려되어야 한다. 봉사학습 처벌에 기관의 직원이 해야 할 것은 사법적으로 조치를 받은 학생들에 대한 민감도를 기록하는 것이다. 어떤 기관에서는 그런 학생들을 환영하고 그들이 할 수 있는 적절한 역할들을 찾는다. 많은 경우 봉사학습 요구에 대해서 부적절한 태도를 가지고 있는 법적 처벌대상 학생들이 직접 또는 간접으로 참여하도록 해야 한다. 학생들이 처벌로서의 봉사학습 이후에도 지속적으로 봉사학습에 참여하고 이후 봉사학습프로젝트의 대학 지도자가 되는 경우는 사법처리에 의해 강제된 봉사활동의 잠재적 영향력을 증명하는 사례가 된다. 봉사학습의 다른 형태로 봉사활동 수행 그 자체가 기대한 학습효과를 줄 수 있다고 생각하기 보다는 처벌의 내용에 있어서 조직화된 성찰과정의 설정이 더 중요하다.

원격 봉사학습

봉사학습에 교육기관의 깊이 있는 참여방법은 집중적인 봉사학습프로그램의 개발과 지원이다. 점진적으로 대중화되어가는 대안 프로그램과 국내 및 국제, 여름 또는 학기간 장기적 · 집중적으로 이루어지는 원거리 프로그램의 관리는 복잡하다. 그리고 프로그램의 운영은 항상 학교로부터 광범위하게 영향을 받는다. 그것은 특별하게 복잡하거나 프로그램의 다양한 운영상의 문제점들에 대해 신중하게 관리를 해야 한다(현장 개발, 참가학생 선발, 재정, 출장, 숙박, 음식, 공급품, 기후, 교통수단, 건강, 책임 문제 등등).

이러한 집중적인 문제들은 이동과 투숙에서 비용이 많이 든다. 많은 경우에 자원봉사자들은 그러한 비용을 스스로 지불해야 하는 경우가 있다. 다른 프로그램에서는 소규모의 기금이나 개인 후원자들에 의해서 조성된 기금이 있을 수 있다. 개별적인 참여자들은 후원을 할 스폰서 모집이 필요할 것이다. 또는 단체기금 조성 프로젝트를 위해 협조해야 할 것이다. 학생들은 또한 지역의 교회나 기증된 승합차에서의 투숙, 다른 보급의 형태와 같은 내부 봉사제를 이용할 수 있다.

출장은 집중적인 봉사학습프로그램과 관련된 부분 중에서 가장 비용이 많이 든다. 특히 국제적인 이동은 특별히 비용이 많이 들고 복잡하다. 장거리 출장은 가능한 많은 준비가 필요하다. 여행자에게 충고할 것은 경험은 그다지 중요하지 않다는 것이다. 그리고 그것은 그룹의 정돈과 경쟁을 유도하기 위해서도 필요한 일이다. 때로는 구걸을 하는 경우도 있다. 어떤 경우를 보면 조지아대학의 자원봉사그룹은 남아프리카에서 1년 동안의 봉사활동 동안에 왕복항공권을 구입하여 되돌아와야 했지만 그들은 파산을 하였고 돌아오는 항공권을 새로 구입해야만 했다. 표면적으로 출장은 많은 봉사 기관 때문에 더욱 복잡해 질 수 있다. 멀리 떨어진 지방에 위치해 있을 때는 대중교통수단을 이용한다. 정부기관의 사무원이나 지방의 기관에서 일하는 스태프와 함께 일을 하는 경영자는 그들이 출발하기 전에 학생들에게 제공할 정보가 준비되어 있어야 한다. 최소한 도착하기 전에 도움을 줄 수 있어야 하는 것이다.

국제적인 기관에는 자원봉사자들을 위한 비자를 요청해야 할 것이다. 이러한 과정은 출발 전 주의사항에서 유의해야 한다. 각 나라마다 제도가 달라 혼란을 가져올 수 있으므로 특별한 여행을 위해 철저히 준비해야 한다. 추가적으로 몇몇 지역은 면제를 위해 계획서를 요구하기도 한다.

거리가 먼 지역에서의 자원봉사자들의 투숙에 있어서 한 가지 방법은 개별적으로 또는 두 사람이 짝이 되어 집과 음식을 마련하는 것이다. 이러한 모델은 지역주민들과의 진정한 상호관계를 갖게 한다. 그러나 배치에 대한 통제를 어렵게 하고 지역사회 주민들에게는 친절함을, 학생들에게는 적응력을 요구하기도 한다. 다른 방법으로는 교회나 학교, 종교단체와 같은 공공기관에서 자원봉사자들이 함께 투숙하는 것이다. 공동체 삶에서의 경험은 학생들과 그룹의 반추적 사고를 촉진하고 협력하는 관계를 위해 건설적인 방법일 수 있다.

음식은 원거리 배치에서 어려운 측면이다. 그리고 학생들에게 여행 전에 기대하는 것에 대한 정확한 상황이해를 시키는 것은 매우 중요한 일이다. 요리할 수 있는 시설이 있는 단체생활 시설에서 자원봉사자들은 음식 준비, 제공, 뒷정리하는 것을 돌아가면서 책임을 나눌 수 있다. 메뉴는 즉시 사용하기 좋은 재료나 포장음식으로 미리 준비한다.

고향에서 멀리 떨어진 곳에서 아주 다른 문화와 함께 한다는 것은 학생들에게 그들의 음식에 유연성을 가지고 특별한 가족과 주택에 머무르게 하는 것으로 매우 중요한 일이다. 학생들이 지역의 음식과 자연스러워지고 그들의 생활 안에서 함께 하는 것은 그들의 문화에 익숙해지고 있다는 것이다. 채식주의자, 예를 들면 다른 지역에서 새로운 채소를 먹는다는 것은 많은 가능성을 가진다.

기후는 신중히 고려해야 하는 사항이다. 자원봉사자들은 날씨 상황과 난방기기와 온수사용 가능과 같은 지역의 물자를 사용할 수 있는지 자세히 알아야 한다. 학생들이 참여하게 될 프로젝트에 대한 정확한 이해와 관련되는 요소들은 현명하게 준비할 수 있도록 한다. 종종 휴대장비의 제한은 다른 동료나 투숙을 제공한 사람들에게 불편한 일을 발생시킬 수 있다.

건강과 관련된 문제는 특히 병원시설이 없거나 수질이 오염된 지역봉사 현장에서 매우 곤란한 부분이다. 그러므로 학생들 스스로가 자신의 건강관리를 위한 철저한 준비가 있어야 한다. 자원봉사자들은 지역의 영어구술능력이 있는 의사들의 명단을 가지고 있으면 좋다. 만약 가능하다면 어떤 이들이 집으로 돌아가야 할 때 결정 지시를 할 수 있는 후속방침이 있어야 한다. 책과 훈련시의 자료들은 이용할 수 있게 준비되어 있어야 한다. 그것은 준비과정에서 반드시 필요한 부분으로 중요하게 검토해야 한다. 특히, 비상사태 때의 자금은 예측 못할 사건을 위해 따로 설정해야 한다.

민감한 문제 중의 하나는 알코올과 약품의 사용이다. 지역에서의 법률은 대학에서의 법률과 다를 수 있다. 그리고 자원봉사자들은 그러한 사실을 인지하고 있어야 한다. 학생들과 관리자들은 학생들이 알코올과 약품이 허용되는 프로그램을 원하는지 그리고 프로그램 정책에서 실패에 대한 처벌은 무엇으로 할 것인지를 결정해야 한다. 대안프로그램은 강력하게 알코올 예방수칙을 숙고해야 한다. 학생 자원봉사자들은 낯선 곳에서의 공동 책임이 있으므로 그러한 곳에서의 규율 설정을 신중하게 해야 한다.

책임관계는 원거리 현장에서 상당한 주의를 요한다. 종종 학생들의 현장에 대학 책임자들이 동반되지 않는다. 그리고 단체의 모든 안전에 영향을 주는 결정들에 대한 책임이 그들에게 주어질 것이다. 여행, 알코올 사용, 도구 이용, 특정 프로젝트가 지니고 있는 기본적인 위험성과 관련되는 책임은 모두 신중히 고려되어야 한다. 책임을 최소화하는 최고의 방법은 프로젝트가 가지고 있는 위험들에 대한 오리엔테이션과 훈련을 통하여 그러한 요소들을 최소화하는 것이다.

봉사학습의 효과적인 운영과 과제

여러 실제적인 고찰들은 봉사학습의 성공이나 실패를 좌우할 수 있다. 봉사학습 개발에 있어서 많은 대학의 협력자들이 있음에도 불구하고 이해에 대해서는 일반 봉사학습 관리자들의 수준이 떨어진다.

봉사학습프로그램 자료은행

교과과정과 정규학습을 병행하는 봉사학습을 지속시키는 중요한 단계는 봉사학습 기회와 관련된 목록 개발과 유지이다. 많은 교육기관에서 봉사학습 관리자들은 교수, 학생조직, 개별 학생들을 위한 여러 형태의 봉사활동을 제공한다. 전형적인 상황에서 교수는 그들의 연구관심과 관련되는 지역사회

관계를 개발하고 학생들을 위한 봉사학습 기회를 이끈다. 그러나 좀 더 일반적으로 교수는 지역사회와의 관계 구축을 위해, 그리고 그들이나 학생들이 이용할 수 있는 봉사학습 기회 자료은행을 제공하기 위해 봉사학습 관리자들에게 의지한다(좀 더 특별하게, 어떤 경우에라도 그들과 학생들이 유용하게 사용할 수 있는 봉사학습의 자료은행을 제공하기 위한 지역사회 구축과 관리자와의 실질적인 관계 유지). 이러한 자료은행은 봉사학습센터, 학생활동부서, 대학의 부서들, 학생조직을 포괄하는 관리상의 다양한 근거를 가지고 있다. 최근의 새로운 혁신은 콜로라도대학교의 봉사연합(service link), 로드아일랜드대학교에서의 봉사활동 기회증진을 위한 이메일 활용이다.

교육기관들은 자원봉사자들의 활동에서부터 봉사학습 기회에 이르기까지 변화를 추구하기 때문에 자료은행의 특징은 좀 더 관리상의 주의 증대를 요구한다. 학습성과에 대한 고려 없이 나열된 판에 박힌 자원봉사자 개방이 싫다면 봉사학습 기회는 학생들에게 확실한 학습이 가능하도록 요구한다. 배치된 곳에서 학생들로부터의 피드백은 부적절한 봉사학습 현장을 확인할 수 있게 도와야 한다.

미흡한 훈련이나 오리엔테이션을 제공하고 학생들에게 훈련평가를 허락하지 않는 경우, 단지 자원봉사자들에게 사무보조만을 수행하게 하는 경우, 너무 많은 시간을 요하는 경우, 학생들이 해야 할 역할의 중요함에 대한 이해를 도울 수 있는 내용을 제공하지 않는 경우 등을 확인할 수 있다. 관리자들은 자료은행에서 부적합한 봉사활동 현장들의 삭제가 가능한 합리적인 방법을 개발해야 한다.

자료은행을 유지하는 가장 효과적인 방법은 데이터를 정리하고 리포트를 산출한 데이터베이스 소프트웨어를 가지는 것이다. 미주리 주에 있는 록허스트대학은 마이크로소프트 오피스와 액세스 데이터베이스를 이용한다. 그것은 봉사에 참여한 학생들의 다양한 리포트와 개별적인 성적증명서를 교직원이 산출할 수 있게 한다. 오스틴에 있는 텍사스대학교의 파일마커 프로는

600명의 개별 자원봉사자들의 직무 설명서와 함께 220개의 기관에 대한 목록이 있다. 또한 참여한 개별학생들과 학생조직에 대한 데이터베이스를 관리하고 있다. 서부 버지니아에 있는 베다니대학은 인구학적 정보, 트레이닝, 자원봉사자의 할당, 승인에 대한 부분들의 탐색 및 주무된 리포트의 산출을 하는 자원봉사정보 소프트웨어를 사용한다. 서비스 소프트웨어는 자원봉사의 성과에 대한 기록 및 봉사활동에 대한 시사적인 내용들로 이루어진 라이브러리도 함께 내장한다. 최근의 업그레이드는 서비스를 좀 더 빠르고 훨씬 더 활용도를 높이게 하였다. 도서관원과 컴퓨터 프로그래머들은 주문된 소프트웨어 개발에 있어서 최상의 파트너가 될 수 있다.

추가적으로, 현장이나 자원봉사자들의 배치에 관한 정보와 함께 자료은행은 봉사활동에 참여하는 학생들과 지역사회 구성원에게 흥미를 줄 수 있는 다양한 정보도 가지고 있다. 이러한 것들은 허가와 신청과정에서의 요소, 봉사학습과 관련된 학문, 이후에 있을 봉사학습에 대한 세미나 및 회의와 국가정책 쟁점에 대한 정보를 포괄적으로 포함할 수 있다.

교통편

대학이 위치한 장소에 의지하였을 때, 봉사활동 현장으로의 수송은 해 볼만한 일이다. 도시 내의 대학들은 대중교통수단에 의지하게 된다. 그러나 도시 내의 봉사활동 현장은 종종 대중교통수단으로 잘 이루어지지 않을 때가 있다. 가령 공공관리차량으로 접근하는 것은 헌혈프로그램을 들 수 있다. 그리고 여러 다양한 사용자들의 요구는 동일한 차량으로 충족될 수 있다. 차량의 위험은 성공적으로 운전자 안전과정 비상사태 훈련을 마친 사람들에게 운전 특권을 한정하는 운전자 증명 프로그램을 통해서 관리될 수 있다. 어떤 교육기관들은 지역의 법 집행기관들과 함께 위험한 운전자들을 가려내기 위해서 운전기록을 체크하기도 한다.

보조금이나 개인기금은 봉사활동에 이용되거나 다른 대학 사용자들과 공동 관리를 하는 12~15인승 차량을 구입하거나 임대하는 데 사용하기도 한다. 체육, 기숙사 생활, 식사 서비스, 그리고 나머지 다른 대학부서에서는 종종 많은 차량을 가지고 있어서 봉사학습프로그램에 지원될 수 있다.

지역 운송기관에 봉사학습프로그램에 참여하는 학생들을 위해 탑승권을 기부하도록 요청하는 것도 좋은 방법이다. 학생활동기금은 또한 수송지원을 도울 수 있다. 그리고 종종 어떤 교육기관에서는 학생주도로 수송 봉사계약을 지원하기도 한다. 지역사회로부터의 기금은 프로그램이나 훈련을 위해서 어린이들을 대학에 수송하는 데 사용될 수 있다. 또는 어떤 교육기관은 지역의 자동차대리점으로부터 차량 대부를 받거나 저녁, 또는 주말활동 동안에 학교버스 이용이 가능하도록 하고 있다. 대부분의 봉사학습프로그램들은 차를 가지고 있는 학생들과의 카풀에 주로 의존한다. 그렇지 않으면 대학에서 보행권 안에 있는 지역에 자원봉사 활동을 집중하기도 한다. 상황이 어떠한지 또는 개인차량 사용에 부적합한 것은 없는지, 자원봉사자들이 어린이들을 수송할 수 있는지, 안전예방조치가 필요한 것은 무엇인지에 대해서 사전에 결정하는 것은 매우 중요하다. 공공차량의 이용은 자원봉사자들의 사용 적합성에 대한 방침에 의해 좌우된다. 방침은 차량의 오용과 비상사태 진행에 대한 처벌도 포함하고 있다.

포괄적인 수송정책은 여러 쟁점의 범위를 다루어야 한다. 가능하다면 그러한 정책은 대중수송에 이용될 수 있도록 해야 하며 학생들이나 다른 사람들이 수송비용의 현금 지불을 변제받을 수 있는 상황의 고려도 있어야 한다.

재무관리

봉사학습 관리자들은 많은 프로그램 및 사람들과의 문제로 인하여 재정관리에 할애하는 시간이 상대적으로 적음을 알 수 있다. 그러나 적절한 재정관리는 프로젝트 전체의 성공이 느슨한 재정 관리에 의해 위태로워지지 않기 위해서 우선적으로 해야 할 문제이다. 봉사학습프로젝트는 종종 외부기금으로 착수하기 때문에 관리자들은 개인 기증에 대해서는 대학재단의 교직원과 함께 그리고 정부기관의 보조금에 대해서는 후원프로그램 담당자와 함께 프로그램 관리를 조정해야 한다. 보조금의 요구는 다양하다. 그러나 보통은 기금이 쓰일 수 있는 상황에 대해서는 엄격하게 판단한다. 연방보조금은 구체적인 회계절차를 요구한다. 그리고 사적인 기증과 함께 기금 사용내역이나 기금 사용계획에 대해서 문서화하고 실제 사용에 있어서는 신중하게 모니터를 요구한다.

재정 관리에 대한 원조는 많은 출처로부터 사용될 수 있다. 대부분의 교육기관들은 연방보조금, 간접비용의 사용내역을 기록하기 위해 계약직 관리자들을 고용한다. 전임 예산 관리자들이 있는 대학의 부서들은 봉사학습프로그램을 지원할 수 있다. 또한 학생들의 추진비용이나 재정 관리자들을 위해 최소 임금을 지불한다. 이것은 프로그램의 집행을 돕기 위해 실용적으로 배치할 의무가 있다.

위험관리

봉사학습프로그램과 관련되는 위험이 많다. 그리고 위험을 싫어하는 관리자들은 그러한 활동에 참여를 피하려고 할 것이다. 그럼에도 불구하고 위험은 학생들의 활동 속에서 발생할 가능성이 높고, 협력적인 관리자들은 위험요소의 기피가 아니라 관리의 차원을 언급하게 되는 것이다. 사실상 학생들의 체육프로그램보다는 봉사학습 활동에서의 위험이 덜하다. 만약 전문적 기술, 훈련, 적절한 기구의 부족으로 인하여 활동이 안전하게 수행되지 않는다면 기피현상은 위험 관리에서 적절한 방법이 될 수 있다(Tremper and Rypkema, 1994). 자원봉사프로그램에서는 두 가지 중요한 위험요소가 있다. 자원봉사자들로 인해 발생되는 위험과 자원봉사자들에게 해를 주는 위험이 그것이다.

어떤 지역에서는 자원봉사자들이 초래할지도 모르는 해에 대한 책임으로부터 그들을 자유롭게 할 수 있도록 설정된 자원봉사자 보호법률을 제정하였다. 그러한 법률은 주마다 다양하다. 난잡한 행위, 무모함, 고의적이고 방종한 행위를 제외하고는 대부분의 주에서는 자원봉사자들의 행위를 보호한다(Tremper and Perry, 1994). 자원봉사자들은 또한 그들이 일을 하는 기관으로부터 노동자보상법에 의해 보호받는다. 비영리 위험 관리센터에서는 정보를 줄 수 있는 간행물을 제공하고 있으며, 보험 · 법적 책임 · 비영리 기관과 자원봉사자 프로그램을 위한 위험 관리의 다양한 측면들에 대해서 조사를 한다.

안전은 모든 이들의 직무이다. 그러나 분담된 책임은 책임회피나 책임감의 저하를 가져올 수 있다. 왜냐하면 어느 누구도 안전을 위해 무엇을 해야 하는지 알지 못하기 때문이다. 모든 이들에게 책임이 있다는 생각에서 어느 누구도 사고에 대한 책임이 없다는 헛된 기대로 바뀐다면 안전성에 대한 문제가 사방으로 흩어져 모호하게 되어 버린다(Grose, 1987). 성공한 봉사학습 관리자들은 그들의 교육기관에서 위험 관리 직원, 보험 관리자, 위험에 대한 적합한 관리를 지원하는 법률 변호사와의 긴밀한 관계를 확인한다. 그들은 위험요소를 찾아내고 합리적인 예방조치를 내리기 위해서 기관동료, 지역사회 지도자들과 성공적인 파트너십을 형성한다. 예를 들면 효과적인 자원봉사자 교육, 적합한 자원봉사자 및 봉사지역의 선정, 적당한 봉사활동 현장관리, 기권자들에 대한 현명한 판단 등 성공적인 파트너십을 형성해야 한다.

기권자들에게 책임을 제한하는 것은 자원봉사자들을 교육하는 데 있어 도움이 될 수 있다. 그들은 적절한 신중함을 발휘했고, 학생들이 특별한 상황에서 위험자체를 인지했으며, 예방책을 명확히 언급한 사실을 설명할 수 있다. 교육기관이나 개별적인 관리자들이 무명의 위험에서 벗어나도록 시도하는 사람들은 프로그램 관리에 대한 책임 때문에 실행으로 인한 실패에 대응하는 보호막이 없다. 법원은 그러한 경우에 기권자들을 변호할 수 없다. 그들의 동원은 충분한 지식이 없는 지도자들의 안전에 대한 잘못된 정보를 줄 수 있다. 무엇보다 법적 책임의 범주에서 위험을 최소화하기 위한 프로그램 관리방법이라고 할 수 있다.

위험과 관련된 자원봉사자 교육은 보통 책임이 봉사학습 관리자와 기관의 자원봉사 조정자 사이에 분담된다. 전일제 대학생들은 종종 시간제 학생들에게 상처를 입힐 수 있다는 것을 숙지해야 한다. 그리고 도전적인 일이나 위치로 제기되는 위험한 일에 대해서 경험이 없을 것이다. 어떤 학생들은 새로운 환경이 생소하여 그것이 위험하다는 것을 인지하지 못할지도 모른다. 기초적인 개인 안전 워크숍은 의식의 강화뿐 아니라 위험을 막는 간단한 기술을 제공할 수 있다. 범죄의 표적이 될 수 있는 학생들의 자극적이거나 야한 장식이 있는 복장의 착용에 관한 논의도 필요하다. 학생들은 폭행사고, 차량사고, 심한 부상이 발생하였을 때 대처하는 방법을 알아야 한다. 대학의 위험 관리자들에게 그러한 문제가 넘겨지기까지 그들은 문제를 스스로 해결하려고 해서는 안 된다. 중요한 사항들과 문증을 남겨야 한다(Madsen and Walker, 1983).

높은 범죄율을 가지고 있는 지역에서는 기관의 신분증명이 새겨진 차량으로 이동하거나 그룹단위로 일하기, 프로그램 관련 셔츠나 모자 등의 착용으로 위험을 감소시킬 수 있다. 관리자들은 지역사회의 구성원들과 지도자들이 학생 자원봉사자들의 존재를 인지하고 그들을 보호하고 있는지를 확인해야 한다. 그렇다고 안전에 대해서 과도하게 주의를 기울일 필요는 없다. 그러나 만약 지역사회의 구성원들이 자원봉사자들의 안전에 대해 무관심하다면, 교육기관과 지역사회의 관계는 위태롭게 된다.

소 결

봉사학습프로그램의 관리자들은 성공적인 프로그램 수행을 위한 심도 있는 기술을 가지고 있어야 한다. 그들은 지속적으로 참여한 학생들을 위해서 바람직한 학습과 발전적인 성과, 지역사회의 요구 및 흥미에 주의를 기울여야 한다. 이러한 것들이 기본이 되면서 관리자들은 종종 대중매체의 주목을 받는 경우를 생각하여 관리상의 작은 문제에도 관심을 가져야 한다.

대학에서의 봉사학습은 역사적 그리고 조직적 부분들과 연결이 되어 있기 때문에 교육과 관리 사이의 경계를 모두 걸쳐서 이루어진다. 잘 관리된 봉사학습프로그램은 함께 하는 일 속에서 새로운 사람들과의 관계 형성, 대학 간의 결연, 각기 다른 학문분야들 간의 교류를 할 수 있는 좋은 기회를 제공한다. 지역사회 파트너들과 함께 총체적인 문제들에 대응하는 것은 교육기관과 지역과의 관계를 강화시킬 뿐만 아니라 교육기관에서는 관리상의 어려움을 함께 풀어나가는 동료로서 지역사회에 대한 인식을 강화시킬 수 있다. 봉사학습 관리자들은 증명된 사람들이기 때문에 봉사학습이 관리상의 어려움이 있더라도 그들은 탁월한 운영을 통하여 가장 가치 있는 프로그램이 될 수 있도록 해야 할 것이다.

Chapter 12

봉사학습과 교육과정의 통합

교수는 그들의 교수법으로 수많은 비판적 결정에 부딪힘으로써 봉사학습의 통합을 추구한다. 몇몇의 특별한 사회봉사 학습자와 다른 이들로 하여금 어떤 때에 조심스러운 태도를 불러일으키는 것은 교수법의 기능과 기술에 의해 주어지는 것이다. 조사자는 교육과정의 봉사학습이 학생의 학습을 개량할 수 있다고 제시한다. 하지만 획득은 재능에 있어서 약간의 희생을 요구하며, 그러한 시간은 새로운 교수법을 익히는 데 소비하게 되고, 불안은 과정의 방향의 정도를 넘어 덜 조절되며, 교습과정으로 협력된 지역사회 동반자의 기호논리학적 복합성이 증가된다. 마침내 몇몇의 개인적 교수법은 사회봉사학습을 가까스로 통합하는 데 성공적 교수법을 통합할 수 있지만 대부분은 어렵게 찾아서 시작하거나, 즉각적인 지지 없이는 이 노력을 유지하기가 어렵다.

교과과정에 봉사학습 과정을 포함하는 결정

일반적으로 그들은 봉사학습 과정의 두 가지 기본이 되는 형태이다. 그것들은 학생들을 보조해 주는 것으로 그들이 항상 고용되어 있는 봉사중심 과정 봉사로부터 배우고 반영되어진 속에서 고안된다. 그리고 그들을 훈련하고, 봉사 향상 내용중심 과정으로 인한 보다 효과적으로 도달할 수 있는 목적의 내용, 그들이 학습학과 제도화 사이를 인식할 수 있는 방법에서 구별되어지기 때문에 이들 두 가지 형태를 구별할 수 있도록 도와준다.

봉사중심은 봉사에 대해 전체적으로 배우기 위해서 고안된 것이다. 그 중 최고는, 이들 과정이 경험적이고 귀납적인 학습은 지식에서 경험으로 바꾸는 과정이라는 가설로 시작된다. 봉사는 학생들 개개인과 단체적인 그들의 구조적 반영에서의 참여를 통한 지식으로 인한 경험으로부터 다루어진다. 어떤 과정은 보다 총체적이고 정확한 방법으로 주제와 목적 범위의 '지식'을 재연결하기 위하여 의도적으로 설계할 수도 있다. 파커 파머(Paker Palmer)는 지식을 "우리가 필요한 알 수 있는 거리감과 친밀감 속에 주제와 목적 사이에 춤추는 것이다."라고 정의하였다.

과정은 봉사에 대해서 보다 발전된 규칙적인 반응을 보이는 기회를 찾으려는 학생들의 흥미와 질문이 발전함으로 인한 숙련도에서 만들어진다. 몇 년 동안 로버트 콜즈(Robert Coles)는 하버드에서 사회적 성찰에 관한 문헌이라고 이름 지어진 곳에서 과정을 생각해 왔다. 몇몇 회의분야에서는 학생들이 사회봉사에 관련되는 것을 아껴두었다. 학생들은 그들의 봉사 경험에서 기초적인 독서물을 표시하곤 한다.

기초적 내용의 교육과정은 선재되어 있는 과정의 결과를 얻기 위해 봉사를 통합한다. 기초적 분야를 가르치는 교수들은 경제적 교육내용을 때때로 자유로운 교육에서 세우는 방법과 같이 봉사를 통합할 때도 있다. 그러나 그들은 보다 더 내용의 결과를 가지고 한다. 교육에 근접해서 관찰하는 리 설만(Lee Shulman, 1991)은 "공공봉사 활동이 자유로운 예술과 과학의 구성요소를 잊지 않도록 생각될 수 있다."라고 제안했다. 사회학자 짐 오스트로(Jim Ostrow)는 자신의 교육과정을 이렇게 두고 있다. 집 없는 사람들과 함께 한 학생들이 한 봉사는 이러한 방향의 첫 단계이다. 이러한 전망으로부터 봉사활동은 특별교육이나 교육지표를 교재의 제공을 할 과정에서 통합한다. 이민에 대한 역사와 정치과학의 과정은 제2외국어로 영어를 할 수 있는 학생과 교사를 둘 것이다. 이민자와 함께 구전으로써 역사를 발달시킬 것이다. 그렇지 않으면 현저하게 늘어나는 이민자의 이웃의 사회중심에서 도움을 찾을 것이다. 생리학 과정에서는 무거운 금속의 자원을 분석하고 찾는다. 그리고 시 과정은 시를 쓰기 위해 상급학생들과 짝을 이룰 것이다. 이러한 봉사교육의 유형은 두드러진 현상으로 봉사는 대학의 자유로운 안에서 중요하다고 검증된 지식과 기술을 촉진시키는 의도라고 할 수 있다.

봉사중심과 내용중심 봉사학습 진행을 비교하는 것은 목적의 의문을 야기한다. 특별한 코스에 봉사와 교육을 합친 의도가 무엇인가? 교수의 명확한 이유가 보다 더 봉사와 교육의 결과에 성공적일 것이다. 벤틀리 대학의 에드워드 질럿코스키(Edward Zlotkowski, 1993)는 "당신의 과정의 목표는 무엇입니까? 어떻게 봉사가 그것을 성취하는 데 도움을 줍니까?" 라는 질문의 시작과 함께 봉사를 배우는 새로운 능력을 의논하는 과정에서 2~3가지의 과목을 고르는 것에 그 과정의 기초적 목적에 초점을 두어야 할 것이다. 예를 들어 1890~1920년을 통해 살펴본 역사의 목적은 그 기관은 중요한 사진의 내용적 지식을 얻는 것이고 시간과 과정의 원리를 알아내는 것이다. 서두의 생리학과정에서 그 목적은 주기율표의 기본적 원리를 통달하는 것일 것이다. 그리고 에너지의 보호라는 단어는 실용적이고 철학적인 의미를 이해하는 것일 것이다. 두 번째 질문에 대한 봉사의 중요한 역할을 이해하는 것으로 어떻게 학생들이 '그것을 얻었는지' 알 수 있는가? 기초적인 내용의 과정에서 능력은 교육방법론 중에 모르는 것과 같이 심한 각축을 벌인다. 어느 것이 가장 효율적인지는 강의, 논평, 공부, 봉사학습 등 여러 가지 중에서도 봉사학습이 몸소 가르침으로써 영향을 줄 것이다.

교육과정 최고에 있어서 봉사는 진정하고 구체적인 학습을 만드는 방법일 수 있고, 지식이 인지되는 가치가 전도되는 것이 증가하고, 학급의 과업을 임하는 성적책임을 소개하고 있으며(읽기, 토론 참가, 시간 내 과제물 제출) 호기심은 비판적 사고를 운영하여 자극하고 있다.

잠재적인 지역사회의 영향으로는 긍정적이든 부정적이든 양쪽과 밀접한 관계가 있지 않다고 말한다. 강한 지역사회 협력을 요구하기보다는 건강한 봉사학습의 교육과정을 제시하는 것이 나으며, 양쪽(봉사 중심과 내용중심)이 지역사회에 영향과 학생에게 배움을 줄 것이다. 학습에 대한 관점에서 교수를 편안한 감정으로 생각할 수 있다면 지역사회의 동반자로서 분명하게 진행할 수 있을 것이다. 사실 협회 또는 지역사회는 의미를 부여하기 위해서는 장기적인 영향을 주어야 하는데, 학생들에게 질 높은 봉사를 부여하기 위해서는 내용중심에 깊이 관련되어 있어야만 결과를 얻어낼 수 있을 것이다.

봉사학습 교과과정개발에 있어서 주요한 결정사항

일단, 한 능력 있는 구성원이 봉사학습에 참여하기로 결심한다면, 다른 결정의 차례는 순서가 필요하고, 어떻게 봉사를 정의할까 하는 철학적 범주로부터 어떻게 모니터와 학생에게 봉사의 가치를 할 것인가 하는 실제적인 것까지가 있다.

봉사란 무엇인가

봉사의 개념은 경쟁과 복잡함이다. 개개인에 따라 봉사의 기본개념 요소들의 분류를 보면 가족들과의 경험 등을 포함하며, 계층과 배경, 사회경제적인 신분, 인종 또는 민족, 종교와 신앙심, 삶에 있어서의 지역사회와 이전의 경험들을 가지고 어려움을 겪고 있는 사람들에게 봉사를 한다. 즉, 곤경에 빠져 있는 사람에게 봉사를 한다(Fitch, 1987; Koppi, 1992; Winniford, Carpenter, and Grider, 1995).

봉사의 양쪽의 견해를 보면 연속체, 혹은 패러다임을 만드는데, 관용, 기획관리, 사회변화라는 세가지 요소들을 포함한다. 흔히 교수는 (그리고 학생들) 반추와 봉사에 관하여 의미 있는 것으로 더 포함하는데 그들은 연속체에 관하여 이해할 것이다. 기획 관리의 중점과 함께 사회변화에는 최고의 헌신과 관용, 동정 등이 개개인의 활동으로 이루어 져야 한다. 연속체의 대략적인 활동은 두 가지 측면으로 말할 수 있다. 지역사회에서 삶의 질을 취하는 데 있어서 쟁점의 근본적인 요인들로는 책임감과 투자의 등급을 함께 관련하여 이바지한다. 하나가 연속체에 따라 움직인다면, 그것은 사람과 조직과 함께 연관되어 더욱 깊이 포함되고, 그 근원이 개인적 혹은 제도적 문제에 원인을 추구하여 더욱 더 깊이 들어가는 것으로 수많은 에너지를 구성할 것이다.

아마 논리적인 이미지를 연상할 것인데, 단지 봉사를 이해하는 방법으로는 좋지 않다. 그 대안으로는 봉사의 개념인 세가지 패러다임을 놓을 수 있다. – 관용, 기획관리와 사회변화 – 그리고 지식, 봉사의 이러한 유형들은 무결해야 하며, 아주 빈약한 것에서부터 무결해야 한다. 인류학자 클리퍼드 기르츠(Clifford Geertz, 1973)는 이러한 패러다임의 말들을 확실하게 해석하여 조절해야 한다고 하였다.

계획을 세우고 관리하는 단계에 있어서 중요한 부분들은 항구성과 일관된 노력, 그리고 권위와 권한이 수반된 능력과 필요로 이루어진 사회정체성으로 다루어져야 한다. 사회변화 패러다임의 많은 부분은 교육을 받는 사람들이 스스로의 흥미에 의해 활동하고, 사회적으로 시민권을 박탈당해 왔던 사람들에게 권한을 실어주는 것을 다룬다. 반면에 사회변화에 대한 내용이 빈약한 부분은 편협한 정치적 입지를 가지게 하거나, 타인의 수중에서 지배당하는 위치를 점하게 하여, 사람들이 거짓된 생각을 가지기 쉽게 한다. 이 패러다임이 추구하는 학습목적은 학생들로 하여금 자신에게 가장 적합한 봉사의 패러다임을 스스로 확인하게 도와주는 것이며, 그럼으로 인해서 그들 각자가 좀 더 완성된 자세로서 그 패러다임을 실행할 수 있도록 격려하는 것이다.

그러므로 봉사를 어떻게 이해하는가? 라는 문제는 직접적으로 가르치는 방법에 대한 의미를 함축하고 있다. 봉사를 하나의 연속체로서, 혹은 일련의 패러다임으로서, 혹은 또 다른 인과적이고 일관된 방식으로 여기든지 여기지 않든지 간에 각자가 이 봉사를 이해하게 되는 것은 주어진 교육과정의 목적에 부합되는 서비스유형을 선택하는 과정에 있어서, 그리고 그 봉사가 제공하리라고 예상되는 영향을 규정하는 데 있어서, 그리고 성패를 가늠해 주는 기준을 선정하는 데 있어서의 중요한 단계이다.

교재로서의 봉사

봉사가 교육과정에 통합되는 방식을 고려하는 데 있어서, 봉사를 교육과정을 위한 '교재' 의 의미로 받아들이는 것이 유용한 생각일 수도 있다. 봉사는 전통적 의미(가장 널리 받아들이는 의미로서, 교육과정에 동반되는 글로 쓰인다는 의미)에서의 교재라는 뜻은 아니다. 하지만 이렇게 생각함으로써 약간의 실용적인 이득을 볼 수 있다. 우선 봉사는 그러한 방식이 포함된 학습의 잠재적인 측면에서 보았을 때, 글로 쓰인 저작물과 동일하게 취급된다. 둘째, 교재로의 유추를 통해서 그 교재가 교육과정에 적절한지, 그리고 필수적인지, 선택적인지를 교수가 판별해야 함을 함축한다. 또한 교재와 동일시함으로써 교수는 학생들에게 그 교재를 읽고, 분석하며, 논의할 수 있는 조직체계를 제공해야 함을 나타낸다. 마지막으로 교수에게 학생들의 교재에 대한 학습정도를 평가할 필요성을 가지게 한다.

교육과정의 목적에 근거를 두고 각각의 교수가 내린 봉사에 대한 정의와 결정은 그 교육과정의 교재로서의 적절한 봉사유형을 만들 수 있게 해준다. 예를 들어, 봉사활동은 직접적이어야 하는가, 즉 학생들 간에 직접적인 상호활동이 수반되어야 하는가? 학생들이 봉사를 받는 환경의 집단에 속해 있지만 동료집단과 직접적인 접촉이 없는 위치에서나, 그 봉사를 받는 사람들과 장소에서 육체적으로 멀리 떨어져 있는 위치에서 봉사는 간접적으로 될 수 있는가? 학생들이 봉사를 받는 환경의 집단에 속해 있지만 동료집단과 직접적인 접촉이 없는 위치에서나, 그 봉사를 받는 사람들과 장소에서 육체적으로 멀리 떨어져 있는 위치에서 봉사는 간접적으로 될 수 있는가?(Delve, Mintz, and Stewart, 1990) 교재로서 주방에서 음식을 제공하는 것이 적절한가? 아이들을 위한 박물관에 대한 시장조사나, 요양원에서 거주하는 사람들의 능력을 구두로 듣고 수집해 오는 것은 어떠한가? 점점 증대된 문헌자료들은 이러한 질문들에 대해 답을 구하는 데 교수를 도와줄 수 있다(Howard, 1993; Campus Compact, 1994; Jackson, 1994; Kraft and Swadener, 1994; Troppe, 1995). 봉사의 유형을 분류하는 특성 중에 일관되게 사용하는 하나는 교육과정의 목적에 관한 명료성이다.

봉사: 강제사항인가, 선택사항인가

일단 봉사가 교재로써 선택된다면, 교육과정에 어떻게 포함시킬지에 관한 여러 가지 문제들이 거론되어야 한다. 전통적으로 써 왔던 교재에서와 마찬가지로 봉사는 다소 중심적인 위치를 차지할 수도 있으며, 적지 않은 수업시간이 학습을 하는 데 소요될 수도 있다. 봉사가 교육과정에서 중심적인 위치를 좀 더 많이 차지하면 할수록 그 교육과정의 조직은 좀 더 직접적으로 체계화될 것이다. 그리고 봉사로부터 학습에 소요되는 시간이 많으면 많을수록 다른 내용을 이용할 수 있는 시간은 점점 더 줄어들 것이다. 이것은 특별하게 여길 만한 문제는 아니다. 왜냐하면 교육과정에 있어서 폭과 깊이에

차별을 두어 선택하는 문제는 필수적으로 따르는 것이기 때문이다. 봉사중심이 되는 교육과정에 있어서, 봉사학습의 목적은 봉사경험이 담고 있는 다양한 의미의 계층을 푸는 데 좀 더 중심을 두고 외부적인 요소는 좀 덜 사용하는 것이다. 이러한 목적으로서의 봉사는 중심적인 교재가 되고, 교사와 학생은 교육과정 전반을 통해 함께 읽게 된다. 그 외에 봉사경험에 대한 전후관계를 파악한다든지, 학생들이 그것에 관해 심층적으로 생각해 보아야 할 것이 있다든지 할 때에는 부가적인 교재가 채택된다.

내용중심의 교육과정에서 이 문제는 다소 차이가 있다. 왜냐하면 봉사는 몇 개의 교재 중 대표적인 하나이기 때문이다. 즉 첫 번째 결정을 내려야 하는 사이에 봉사가 선택적인지 필수적인지를 판단해야 한다. 봉사는 일반적으로 다음 세 가지 중에서 하나를 선택하는 교육과정의 선택사항으로 이용되어 왔다. 고정된 진학제도 내에 있어서의 외부학점, 과제를 위한 또 다른 대안, 혹은 네 번째 선택과목 학점으로 인식되고 있는 추가적인 이수과정의 학점을 따기 위한 수단, 그리고 만일 봉사와 반영비율의 협의가 이루어지면 학생들은 정기적인 이수과정에다 외부 학점을 더 할 수 있는 선택권을 가지게 되는 것이다. 이처럼 봉사를 선택적으로 실시하면 다음과 같은 이점이 있다. 즉 모든 학생들이 이런 식으로의 학습을 선택하지 않아도 되도록 재조직할 수 있으며, 교과목에서 설정하는 시간배정을 줄일 수 있고, 봉사장소와 교수의 관리시간을 좀 더 줄일 수 있다.

이와는 반대로, 엄격한 4학점 선택과목에 있어서 선택 봉사는 동료교수가 없는 각각의 교수들이 기초적인 교육과정을 가르치고 있을 뿐만 아니라 수많은 독립적인 연구계획을 관리하고 있다는 느낌을 지울 수 있게 한다. 더군다나 만일 봉사가 선택적이라면, 그에 상응해서 교재도 선택적으로 만들어준다. 한 학급이 교재를 읽는 비율로만 따져 보았을 때, 이것은 봉사 경험을 수업에 토론으로 이끌게 하는 데에 더 많은 어려움을 주며, 잡지나 신문 등의 단일적인 학습 매개물에 더 의존하게 할 가능성도 있다. 게다가 많은 교수들이 학생들의 봉사경험이 충분히 강하기 때문에 일단 봉사에 관한 토론이 시작되면 한정을 짓기가 어렵고, 봉사경험을 한 학생들과 하지 못한 학생들 사이에서의 견해 차이와 상이한 경험으로 인해 학생들 사이를 가를 수 있다고 불만을 토로한다.

또한 봉사는 필수적인 과정이 될 수 있다. 필수 봉사는 일반적으로 학생들이 그 교육과정에 투입하는 노력의 상당부분을 소비하게 하는 것을 의미하며, 또한 그 수업을 받는 학급의 체재는 토론과 반성이 촉진되도록 구성되어야 함을 의미한다. 게다가 필수 봉사는 봉사활동을 위한 장소의 수요가 증가됨으로써 교육과 정상계획의 복잡성을 훨씬 크게 할 수 있고, 더 많은 모임과 관리시간을 요하며, 문제점(예를 들어, 학생들이 봉사를 하지 않고 그 지역 관리자와 학생 사이에 싸움이 날 경우)이 일어날 수 있는 가능성을 증가시킨다.

봉사의 만족수준은 어떠한가

다음 문제는 어느 정도의 봉사가 필수적 혹은 선택적으로, 학생들에게 요구되는가에 관한 것이다. 통학학생, 고연령, 시간제, 일, 저소득에 해당하는 학생들과 수업을 하는 교수들은 그 학생들에게 추가적인 짐을 지게 하고 싶어 하지 않는다. 그들은 학생들이 봉사에 투자하는 시간이 가족에게서, 직장에서 혹은 여타 책임을 지고 있는 일에서 떼어놓는 시간이라는 사실에 대해 염려한다. 교육과정에 있어서 교재에 상응하는 학습으로써 한 번 더 고려해 보고, 또한 동일한 기준으로, 교실 수업 이외의 학습으로 필수적인 것으로서 봉사를 고려해 보면 유용한 사실을 알게 된다. 예를 들어, 3학점짜리 교육과정으로 일주일에 세 번, 50분씩 수업한다면, 매 한 시간의 수업은 2시간에서 3시간 정도의 교실수업 학습과 맞먹는다. 만일 3시간의 봉사가 매주 필요하다면, 이것은 3시간에서 6시간 정도의 과외학습을 하는 것이다. 이때, 이 학습에는 독서와 연구조사, 작문의 활동을 수반한다. 비록 밴더빌트대학교의 드와이트 자일스(Dwight Gyles)와 재닛 아일러(Janet Eyler)가 학습결과에 영향을 주는 변수로써 봉사의 지속기간과 강도를 별개로 할 것을 제안한 연구 계획을 통해 중도적인 입장을 표명하는 일도 있었지만, 학습결과를 입증하는 데 필요한 봉사의 최적 양이나 강도에 관한 어떠한 경험적 자료가 존재하지 않는다는 사실을 주지하는 것 또한 중요하다(Giles and Eyler, 1994).

봉사 경험의 시간 배정과 지속기간은 각각의 교육과정에 있어서의 봉사의 역할에 따라 크게 변동될 수 있다. 예를 들어 초보단계에 있는 여성들의 교육과정에서는 봉사의 목적이 일련의 문제들로 인해 노출될 수 있고, 이 문제들에 의해서 영향을 받는 사람들에게 직접적으로 드러날 수 있다면, 한 시간씩 네 번의 봉사경험으로 수업이 구조화되는 것이 매우 적절하다. 이러한 체험으로는 위기관리센터, 집 없는 사람들을 위한 보호소, 정당 후원회, 그리고 예술관이 있으며, 모두 여성에게 초점이 맞추어지는 곳에서 봉사가 이루어진다. 이 학습법은 연구나 정책 입안에 있어서 직접 경험의 중요성을 강조할 수 있다. 역으로 말해서, 그 과정을 지속적으로 수행하기 위해 각 학생들이 이들 기관들 중 하나에서 일주일에 3시간을 봉사하게 되는 교육과정이 있을 때, 이것은 적합한 것이 될 수 있다. 또한 4개의 기관들 사이에 유사점과 차이점을 끄집어내 토론을 벌이게 하는 과정에도 적합할 수 있다. 그리고 오랜 시간의 경험은 또 다른 것을 가르쳐 준다. 즉, 경험의 범위를 경험의 깊이로 바꿔주는 것이다. 생활하기에 바쁘고 빠듯한 학생들에게는 봉사의 선택이 용이해야 하며, 광범위한 예정과 생활양식이 조절되어야 한다. 그리고 차량이 없는 학생은 학교나 대중교통이 이용가능한 지역으로 가까운 장소가 배정되어야 한다. 그리고 자식을 가진 독신 학생의 경우, 낮에는 아이를 돌보면서 밤에는 집에서 수행할 수 있는, 혹은 아이가 있어도 괜찮은 곳에서 할 수 있는 일이 필요할 것이다.

봉사 참가학생들의 자기성찰을 위한 구조적 지원

허친스와 우츠도르프(Hutchins and Wutzdorff, 1988)는 반추를 “자신의 경

험에 비추어 뒤돌아보며 곰곰이 생각할 수 있는 능력, 그 경험으로부터 다른 경험과 관련하여 어떤 의미나 지식을 도출할 수 있는 능력"으로 정의한다. 그리고 그들이 결론짓기를 "반추할 수 있는 능력은 경험을 학습으로 변환하는 것이다."라고 했다. 봉사가 교육과정에 있어서 어떠한 역할을 하든, 어떤 교육과정이 봉사에 토대를 두든 혹은 내용에 토대를 두든지 간에 거기에 상관없이 반추는 학생들의 학습과 발전적인 결과를 이루기 위해서 핵심적인 것이다.

반추는 학급토론을 통해서, 혹은 각 개인의 논리에 근거해서 일어날 수 있다. 학급토론은 토론이 진행되면서 학생들이 경험을 이야기할 때 교수에게 학생들의 뜻을 지지하고 고무하는 기회를 제공한다. 그리고 학생들에게는 자신들의 봉사와 교과의 목적 사이에 연관성을 파악하는 데 도움을 준다. 또한 수업시간은 학생들로 하여금 자신이 찾은 연구자료나 봉사의 대상이 되는 환경에서 실제 일을 수행하는 데에 적용할 수 있는 이론, 혹은 완전히 이행하는 데에 투입된 계획들을 설명하는 유용한 시간을 마련해 줄 수 있다.

신문이나 간행물은 흔히 봉사 경험의 감정적인 반응에 주로 초점을 둔 유형의 반성에 사용된다. 간행물은 봉사를 하는 동안 발생할지도 모르는 학생들 나름의 가치기준에 있어서의 감정과 도전정신을 학생들 스스로 관찰할 수 있게 해 주는 손쉬운 영역의 자료이다. 일부 교수들은 복식 기입하는 일지의 작문에 대해 상술하고 있는데, 이것은 교재로써의 봉사경험과 이것과는 다른 영역의 교과의 독서에 관한 반추를 요구한다. 이러한 연구접근법은 학생들이 그들 자신과 자신의 감정적 반응에서부터 자신들이 관찰한 그보다 더 큰 문제들인, 사회문제나 사회정의와 부정의 근원적 원인으로 시선을 돌리게끔 하는 데 유용하다. 그리하여 학생들은 자신들이 학교에서 배운 것과 실제 세상에서 일어나는 문제들이 어떤 연관이 있는지 파악하게 된다.

게다가 교수들은 자주 학생들에게 봉사 경험과 학교에서 배웠던 내용을 연관지어서 논문을 제출할 것을 요구한다. 그러한 논문들은 학생들에게 비판적 사고의식을 심어주는 기회를 마련해 주는 반면, 실제 일부 학생들은 이론과 실제 사이의 중요한 연관성을 찾는 데에, 그리고 어떤 현상에 대해 단순하고 일차적인 분석을 하는 시각에서 복잡하고 다원화된 분석으로 이끌기 위해서 상당한 지도가 필요하다.

평가와 학점 부여

교재로써 유추해 보는 봉사는 평가와 학점 부여에 관해 고려해 볼 때, 유용하게 쓰일 수 있는 개념이다. 교수들은 자주 자신들이 학생들의 봉사를 직접적으로 관찰할 만한 기회가 드물다는 이유로, 그리고 학생들의 활동이 지역사회를 기반으로 하는 관리, 감독에 있음으로 해서 형성평가를 하기 위해 필요한 학생들과의 관계정립이나 시간이 없다는 것을 곤혹스러워 한다. 그래서 그들은 학생들의 봉사경험의 성패에 기여하는 요인들은 학생들의 힘으로는 다루기 힘든 것이라고 인식한다. 비록 이러한 걱정스런 관심사가 실제적이고 중요한 문제이지만, 교재로써 유추해 보는 봉사는 학생들의 평가와 학점 부여가 경험 그 자체에 있지 않고, 경험으로부터 배우는 것에 토대를 두고 있다는 것을 암시한다. 학생들은 교재를 얼마나 잘 읽었나라는 것으로 학점을 부여받는 것이 아니라, 그 교재를 통해서 그들이 배운 것을 설명해 보이고, 문제를 해결하는 과정에 그들이 배운 것을 어떻게 적용할 수 있는지, 혹은 다른 개념들과 그 교재의 개념을 어떻게 통합하는지에 의해 학점을 부여받는 것이다. 단적으로 말해서, 이것은 학습을 평가하는 적절한 수단을 구체화하고 체계화하는 방법의 문제로서 봉사학습에만 국한되는 유일한 문제가 아니라는 것이다.

평가, 사정, 그리고 등급의 부여에 관련된 갈수록 늘어나는 문헌들을 통해서 봉사학습 교육과정에 잘 부합되는 몇 가지 선택사항을 기술하면 다음과 같다. 사례연구, 포트폴리오, 자기 평가, 팀 학습, 공동사회 학습 등이다. 그리고 최근의 책인 『교실평가기술』(1993)에서 퍼트리샤 크로스(Patricia Cross)와 토머스 안젤로(Thomas Angelo)는 교실평가에 대한 연구를 기록하고 학생들이 어떻게 하면 많은 분량을 잘 학습할 수 있는지를 가능하게 하는 데 도움을 줄 수 있는 몇 가지 아주 유용한 기술들을 상세히 설명하고 있다. 리처드 크라프트(Richard Kraft)와 제임스 크럭(James Krug)이 쓴 『대학에서 봉사학습의 연구와 평가』(1994)라는 수필은 특별히 봉사학습에 연관된 평가문헌을 요약해 놓은 좋은 책이다. Campus Compact의 『봉사학습 과정에 있어서 학생의 수행평가』(1995)는 봉사학습 교육과정에서 발생되는 독특한 몇 가지 문제들에 대해 좀 더 심도 깊게 다룬다. 마찬가지로 평가기술 프로그램에 관한 풍부한 문헌은 봉사학습의 성과를 평가하는 데에 연관이 있다. 여기에 특별히 유용하게 쓰일 수 있는 자료는 다음과 같다. 봉사학습프로그램 평가(ACTION, 1978), 봉사학습을 위한 자기주도학습 실천(Shumer and Berkas, 1992), 봉사학습프로그램 평가(Neal and others, 1994) 등이다. 평가를 다루는 문헌이 담고 있는 공통된 주제는 평가를 하려는 것이 무엇인지를 명확히 히는 것, 연관성 있는 유용한 자료를 불러일으킬 측정수단의 조심스러운 사용, 그리고 배운 것에 따라 자진해서 수행하는 자발성이다.

평가와 학점 부여의 맥락에서 볼 때, 교재로 유추해 본 봉사는 몇 개의 즉각적인 한계를 지니게 된다. 첫째로, 전통적인 의미에서의 교재를 학생들이 읽지 않는 것과 그들이 자신들의 봉사책무를 빼먹는 것은 엄연히 다른 문제이다. 봉사의무에 부응하지 못한 경우에는 그 즉시 지역사회가 필요로 하는 것을 만족시킬 수 없으며, 그 사회의 자료들을 허비할 수 있고, 지역사회와 교육기관과의 관계를 위협할 수도 있으며, 더 이상 기대할 수 없을 정도로 상황은 점차 악화되어질 것이다. 그러므로 봉사 수행을 확실히 보증하고 불참이나 계획 변경을 사전에 수습하는 방식을 개발하는 것이 필요하다. 일부 교수들은 봉사 수행에 기본점수로 이수학점의 어느 정도(100점에서 20점을 부여)를 배정할 것을 주장한다. 그리고 만일 봉사가 수행되지 않을 경우에(점차 급속하게 증가하고 있다)는 이 기본점수를 학생들에게 부여하지 않는 것이다. 다른 교수들은 '필수적이고 충분한 조건' 접근법을 시험해 오고 있다. 이 방식에서 교수들은 각 교육과정을 이수하는 데 필요한 조건은 봉사의 완전한 이행이 요구하는 사항이라고 말하고 있다. 봉사의무를 완전히 수행했는지 판가름할 수 있는 정보로는 학생들 스스로의 보고에 의해서, 대상지역의 관리자에게 전화로 질문을 통해서 더 정형화된 방법으로 학생들과 지역관리자에 의해 서명된 근무시간 기록표와 서면보고서를 통해서 알 수 있다. 또 다른 방법으로는 조교나 지역사회에 기반을 두고 직장을 다니면서 학생신분인 노동자들과 같은 다른 학생들을 이용해서 각 지역을 관리 · 감독하게 하고, 봉사의 질에 있어서의 약속 불이행 등 발생 가능성이 있는 여타의 문제점들은 학생들과 관리 · 감독자와의 사전 조율에 의해서 최소될 수 있을 것이다.

봉사학습 교과과정을 위한 제도적 지원

학부 교수, 학부장, 대학 부총장에 의한 봉사학습에 대한 제도적 뒷받침은 다음의 세 가지 이유로 해서 필요하다. 첫 번째, 봉사학습에 시행하는, 혹은 시행하고자 하는 교수에게 전문적인 개발을 제공하고, 두 번째로는 봉사 지역을 개척하고 조정하는 데에 필요한 조교를 교수들에게 제공하며, 마지막으로 봉사학습을 후원하고 그것의 학구적인 진실성을 확실히 보증하는 정책들을 입안하기 위해서 필요하다.

스탠퍼드대학교의 도널드 케네디(Donald Kennedy)와 오하이오 웨슬리언대학교의 데이비드 워렌(David Warren)의 초기 저서는 Campus Compact의 조사에서 봉사학습에 임하는 교수와 행정가들이 맡게 되는 다섯 가지 주요역할에 대해 제안하고 있다. 첫째, 교수는 조언자, 참여자, 역할 모델로서 공공부문과 지역사회에 봉사를 행하는 학생들을 능동적인 자세로 고무시키고, 촉진시켜야 함의 중요성, 둘째, 학생들은 자신의 봉사경험을 학업과 관련지어 생각해 볼 필요성, 셋째, 사회적 책임과 연계되는 중요한 사실이나 전통, 그리고 비판 가능한 문제들을 학생들이 이해하고, 또 향상시키는 중요한 수단으로써 봉사학습을 대학의 교육과정으로 인지하는 것, 넷째, 공공부문과 지역사회 봉사에 참여하고, 특히 봉사와 학습의 통합을 꾀하는 학생들을 뒷받침하고, 또 직접 참가하는 교수들을 위한 행정적인 보조와 인정, 혜택의 중요성, 마지막으로 교육기관의 지도부, 즉 총장과 주요 학장들에 의해 지역사회 봉사에 임하는 교수의 역할이 인정되고 지지되어야 하는 점이다(Stanton, 1999). 이후의 저서는 이 다섯 가지 역할의 중요성을 강력하게 뒷받침한다.

대학생들의 지역사회 봉사의 발기는 역사적으로 볼 때, 학생부서와 대학 내의 부서에서 나온 것이다. 그래서 이들 부서들이 학생들의 봉사활동에 대해 이미 경험한 바 있으므로, 대학의 봉사학습 과정에 소요되는 수요에 대한 시행의 보조를 해 준다. 하지만 대학 내에서 학문적으로 소요되는 수요가 늘어남에 따라 팽팽한 긴장상태가 가중될 수 있다. 학생부서의 자료에 대해 부당하게 세금이 부과될 수 있고, 학생부서와 대학의 담당부서 사이의 관심사가 갈라질 수 있으며, 교수의 참가로 인해 이전에 세워진 지역사회와의 역동적인 관계에 변화가 생길지도 모른다. 그리하여 최악의 상황이 된다면, 봉사학습에 대한 교수들의 비판으로 인해 이 과정은 엄격함이 없다는 '증거' 로서비학원가의 영역과 결연을 맺게 되는 상황이 벌어질지도 모른다. 이러한 사실로 비추어 볼 때, 봉사는 교육과정에 통합되는 과정 중에 어디를 제도상의 보조를 위한 기반으로 정할지에 관해 주의 깊고 현명한 결정이 필요하다.

일부 교육기관에서는 학생지원부서 혹은 캠퍼스 신앙상담센터(Campus ministries)가 계속해서 주도적 역할을 해 오고 있다. 다른 곳에서는 교무처가 주무부서가 되어오고 있다. 그리고 대부분의 많은 교육기관에서는 양자가 자료를 공유하는 협력관계를 유지하고 있다(Morton, Troppe, 1996). 부총장의 후원을 받는 인디애나-퍼듀대학교는 종신직 교수진과 교수의 업무를 보조하기 위해 새로 창출된 직원들에 의해 이끌어지는 봉사학습 부서를 설립했다. 미시간 주에 있는 칼빈대학은 봉사학습 부서를 교수와 학생 양자가 협력하여 운영하도록 부서원 간의 사기진작 시간도 허용해 주었다. 이렇게 채택되는 조직구조에도 불구하고, 교수들은 자신들의 일에 행정부서가 보조를 해 줄 것이라는 시각으로 봉사학습에 임하고 있다는 비판이 일고 있다. 콜로라도 주의 레지스대학의 린 몬트로세(Lynn Montrose)는 다음과 같이 지적한다. "봉사학습프로그램의 활력을 불어넣기 위해서는 교수들의 강한 책무감이 필요하다. 교수는 봉사학습프로그램의 소유자라는 인식을 가지려는 경향이 있어서 대학의 교육과정에 있어서 자신들은 반드시 필요한 사람으로 여긴다."

교수연수

봉사학습에 관심을 두고 있는 교수들을 위해 자주 쓰이는 봉사학습 확인과 교육프로그램 중에는 교수회의, 강연시리즈, 연수회, 그리고 세미나가 있다. 이들 단기간 프로그램들은 여름 동안 봉사학습 강좌나 여기에 참가하는 대학생들 간의 정기모임과 같은 집중적인 활동과 결합할 때, 대부분 좋은 성과를 보인다. Campus Compact의 가상 대학이나 봉사학습을 실시하는 선별된 교수들의 조직, 전미 고등교육 연합, 그리고 경험교육을 위한 전국적 사회와 같은 전국적 모임에 교수들을 참가하도록 보조하고 격려하는 것 또한 유용하다.

교수의 계발을 위해 구성되는 효과적인 프로그램은 학교마다 다양할 것이다. 하지만 일반적으로 그러한 노력은 교수들에게 어필이 될 때 가장 효과적이다. 대부분이 교수들로 구성된 위원회는 학교 내의 문화 · 정치적 환경을 이해할 것이고 교수직의 구성인이 되는 것이 어떤 의미인지를 (그들의 학과, 학부, 그리고 학교 사이에서의 균형, 교수와 연구, 그리고 봉사 사이의 균형) 충분히 밝히는 경쟁적 사리의 주장에 관한 언변술에 뛰어날 것이다. 또한 교수는 학생들이 생각하는 봉사학습에 대한 핵심적인 문제를 잘 이해할 것이다. 즉, 교육기관의 목적에 봉사학습이 잘 부합되는가? 학생들이 교육과정에 있는 봉사에 참여하면 더 많은 것을 배울 것인가? 지역사회의 문제를 다루고 밝히는 데 어떤 연구가 효과적인가? 등의 문제가 이에 해당한다.

교수 개발을 위한 또 다른 효과적인 수단으로 자료수집이 있다. 어떤 한 지역에서 책, 소책자, 표본이 되는 개요서, 평가도구, 기사(특히 학과 내의 봉사학습에 관련된 것), 잡지, 연구문제, 그리고 모델을 수집하는 것은 기술적인 보조자료를 이용하는 데 좋은 시발점이 된다. 그리고 단일 항목의 대량 수집된 자료는 학교 내에서의 체면이나 존경심에 관심을 두고 있는 교수에게 안심을 줄 수 있다. 학교 내 사서들은 그러한 자료를 수집하는 데 기꺼이 도와줄 것이다. 미국 체험교육학회(NSEE)와 지역사회 대학에 의해 집계된 출판목록(최신판)은 자료를 수집하는 데 있어서 좋은 자료가 될 것이다.

교직원 지원

교육과정으로 봉사를 시행하는 데에는 교수진에게 많은 시간의 투자를 요구할 수 있다. 특히 지역사회 협력의 향상과 학생들의 봉사에 대한 관리, 모니터, 그리고 행정적 문제를 처리하는 과정에서 많은 시간이 필요하다. 이러한 문제의 모든 영역에, 혹은 일부에라도 강력한 보조가 뒤따르면, 시간이나 수고를 상당히 줄일 수 있어 봉사가 교육과정에 안착하는 데 도움이 될 것이고, 교수의 입장에서 보면, 학생들의 학습 결과에만 집중할 수 있도록 해 줄 것이다. 봉사지역의 확인과정에 교수에게 보조를 해 주는 것은 학생처에 기반을 둔 봉사학습센터가 그 봉사를 학업에 통합하는 교수의 수고를 뒷받침해주는 이상적인 방법이다. 교수는 또한 운송과 보험업무에 관련된 정책을 돌봐 줄 안내자가 필요하다. 이러한 보조가 없다면, 교수는 자주 가르치는 것 · 연구 · 논문작성 · 위원회의 일과 같은 다른 전문적 요구로부터 시간을 도둑맞고 있다는 느낌을 받게 된다. 이러한 보조는 전문직원, 대학원생이나 학부생을 가르치는 조교, 봉사학습에 경험이 있는 학생들로부터 받을 수 있다. 이들은 수당을 받거나 받지 않을 수 있다. 일부 교육기관에서는 교수들이 여름기간 동안 교육과정 개발에 헌신하도록 수업이나 행정적인 격무로부터 일부 제외시켜 주는 중장기 계획을 수립한다.

봉사학습 지원정책

일반적으로 교수를 봉사학습에 참여토록 하는 보조정책으로는 세 가지 유형이 있다. 첫째, 교수의 직접적인 필요성에 의해 모임을 갖도록 고안한 유형, 둘째, 교수들의 봉사학습에 대한 관심이 증대될 때 일어날지도 모르는 문제들을 취급하는 유형, 마지막으로, 장기간에 걸쳐 봉사학습을 지원하는 유형이다. 직접적인 문제는 봉사학습 과정에 있어서 안내지침의 개발, 봉사학습 과정의 명칭에 대한 확립, 그리고 4학점 선택제와 같은 선택형 학점제의 고안과 같은 것을 수반한다.

중급규모의 정책문제는 교육과정 위원들과 이외 봉사학습의 가치에 관해 정책을 입안하는 학자들을 포함한다. 게다가 그들은 그 과정에 대해 배웠든 배우지 않았든 간에 형식적인 결정을 내린다. 그리고 교육과정 위원들과 유사한 정책 담당자들은 흔히 새로운 학문적 시발을 위해 긍정적 혹은 부정적 분위기를 조성하는 데 주도적인 여론창구의 역할을 담당한다. 분위기는 초기 이후 계속해서 제도적 후원을 받을지 못 받을지를 결정하는 중요한 요인이다. 봉사학습에 관해 교육과정 위원들은 — 흔히 학문적인 엄격함에 강조를 두는 데 — 긍정적인 분위기를 마련하는 데 크게 공헌하고, 새롭거나 혹은 크게 수정되는 교육과정에 대한 인가과정을 순탄하게 해 준다.

장기간의 문제들은 임기를 결정하는 정책, 승진과 결부된다. Campus Compact의 발견에 따르면 "봉사학습이 효과적으로 제도화되는 가장 확실한 지표는 교수보상제인데, 이것은 봉사를 승진이나 임기를 보장해 주는 정책을 받아들이고 있다는 것이다. 봉사학습에 참가하는 교수는 연구의 재확인, 수업, 봉사, 그리고 그들을 평가하는 방식에 관심을 두고 있는 많은 후원자들 중 일부에 지나지 않는다. 예를 들어, 참가활동 연구는 연구가 실제 사용되는지, 혹은 지역사회에 대한 봉사인지를 깨닫게 하는 인식을 불러일으킴으로써 지지될 수 있다. 수업의 평가는 학습결과를 측정하는 다양한 방식과 함께 확대될 수 있다. 그리고 교수가 내리는 봉사의 정의는 지역사회에서의 삶의 질을 향상시키는 일을 포함해서 확장될 수 있다. 또한 교수가 어떤 지역사회의 발전양상과 관련된 연구문제나, 특정 사회에서 봉사를 하며 시간을 보내도록 허용하는 안식년 프로그램의 개발에 대한 잠재적 가능성도 존재한다. 승진과 임기 보장정책에 대한 변화와 확대는 학내의 교수문화의 변화와 맞먹는다. 그러므로 전형적으로 갈수록 어려운 과정이다. 보이어(Boyer, 1990), 린턴(Lynton, 1995), 그 외의 사람들의 저서에 의하면, 미국 고등교육 학회와 고등교육을 위한 뉴 잉글랜드 자료센터가 최근에 수업, 연구, 봉사의 재정의로 봉사학습의 관계에 관해 진지한 논의를 시작하고자 했다.

소 결

봉사학습의 커다란 매력 가운데 교수들에게 작용하는 것은 좀 더 심오한 지적 대화에 참여할 기회가 부여된다는 것과 그 대화 속의 윤리 · 도덕적인 함축적 의미를 탐구할 기회가 제공된다는 것이다. 그것은 또한 더 많은 지역사회를 이러한 대화 속에 참가하도록 하며, 그 속에 담긴 함축적 의미를 표면으로 이끌어 낸다.

봉사학습은 고등교육에 있어서의 엄격함과 일반적으로 불만을 가지며 수업시간에 관심을 가진 교수들이 증가하는 것을 반기고 있다고 널리 말하고 있다. 제도상의 자료에 대한 경쟁은 몹시 격렬하지만, 봉사학습이 약속한 바를 강요하면서 상대적으로 적대적인 환경에서 지배적인 문화와 경쟁하고 있다. 반대로, 봉사학습은 광범위하고 특정한 교육목표를 달성하는 데 실용적인 수단이며, 학생들과 교수의 원동력을 지역사회와 국가적으로 긴급한 우선적인 문제에 초점을 맞춰 쏟아붓도록 도와준다.

교수들을 위한 기술적인 보조로써의 자원의 필요와 더불어 점점 더 증가하는 봉사학습은 학부장에서부터 총장까지의 고급 인력과 상이한 수업방식에 대해 인정하고 보상해 주는 방식을 찾고, 동등한 과제를 배정하고, 학생들의 학습에 대해 여러 가지 방식으로 평가하고, 지역사회가 필요로 하는 것으로부터 나온 의제에 대한 교수연구의 보조, 위원회 활동부터 지역사회 활동에 이르는 지위와 임기에 있어 봉사의 의미를 보다 확대할 필요가 있다. 그 외에 봉사와의 통합을 위임받고자 하는 교수의 직급에 대한 향상과 보호가 필요하다. 이러한 노력이 결실을 맺게 하기 위해서는 봉사학습이 지식의 적용과 탐색에 의해 지역사회와 일치단결하여 사회학교로서 대학에 새로운 비전을 제시해 주어야 한다. 그럼으로 인해 더 나은 세상으로 나아갈수 있을 것이다. 결국, 봉사학습의 성패는 이러한 기대에 대한 기여도에 의해 판별될 것이다.

Chapter 13 봉사학습의 제도화

자원봉사자들이 사회적 활동 프로그램에 참여할 때에 지역사회 봉사에 참여하는 많은 학생들은 대학봉사실천연합을 통하여 학교와 대학들은 각 프로그램의 확실한 지속과 성장으로 연방정부의 지원과 사회적 신뢰를 기대했다. 그러한 대부분의 프로그램은 사라졌지만 그들의 자존감과 희생은 중앙의 변화를 이끌어 냈다.

현재의 봉사학습은 좀 더 겸손하고 좀 더 목표가 명확하게 흐르고 있으며, 교육적 책무의 방향에 따른 행정상의 미약함, 또는 지역사회에 정착하지 못한 봉사프로그램 지도자도 주의 깊게 투자하는 것을 배워나갔다. 그들은 또한 새로운 일을 만드는 우수한 자원봉사자 관리자들도 봉사에 대한 확실한 보장을 요구하며, 희생적이고 재능 있는 구성원들은 지역사회 기관을 재조직하고 활동적인 학생들은 지도자로 변화하는 것이 또 하나의 학교의 역할로 당연하게 생각하고 있다.

다행히도 봉사학습프로그램은 누구든 1년 동안 참여해야만 하며 이는 학생들 역할에 중점적인 일이고 그들의 지역사회에 대한 기부는 주목할 만한 일로 전국적으로 실시하게 되었다. 그들은 프로그램을 운영하는 동안 또 다른 것으로부터의 서로 다른 차이를 대충 보는 것처럼 보이지만 우선적으로 사회봉사를 실행하는 것은 책임과 학습 그리고 봉사와 봉사하는 상호간의 관계적인 믿음 사이에서 시작한다. 그럼에도 불구하고 그들의 필요한 제정에 따라 프로그램을 나누는 특성에 관하여 몇 가지 유용한 것이 있다.

프로그램은 제도적인 임무와 문화 외에도 다른 것으로부터 영향을 받는 발전적 성장의 가장자리보다는 성장의 중심에 제도적 계획이 포함되어야 한다는 것을 알고 있다. 그들은 고위직 관리자들의 확인뿐만 아니라, 학생들의 호기심과 능력을 인정하며 양쪽 모두 즐겁게 받아들인다. 제도적 활력과 구조를 신뢰하면 조직의 구조는 다양화되고 변화한다. 이러한 모든 것은 많은 다른 학교 관계자와 더불어 관계를 맺게 된다. 우수한 프로그램의 계획은 지역사회 기관과 조직으로부터 협력적인 신임을 얻게 될 것이며, 그들의 계획된 프로그램은 지역사회의 장기간 투자로 인하여 오래도록 일하게 될 것이다. 정규 교육과정과 다양한 창의적인 방법의 교육과정은 봉사와 연결될 것이며, 학습을 분명하게 하는 발전적인 성과를 명확하게 보여 줄 것이다. 그들은 기업가와 같이 특별한 공급원처럼 보이나 신뢰할 수 있는 자금을 가지고 있어야 한다. 결국, 그들은 일상적으로도 조직을 배우고 끈임없이 성과의 평가와 효과를 향상시키고 실행할 수 있는 프로그램평가를 지속적으로 실현해 나가야 한다.

조직의 사명, 문화 그리고 계획과의 접맥

봉사학습에서 한 가지 요구되는 것은 종교적 참가와 활동 및 책무는 학교와 대학에서 편안하게 활동할 수 있는 환경을 만들어 주어야 하며, 이것은 학교의 매우 많은 일 중에 한 가지라는 것이다. 루터 교단의 미니애폴리스에 있는 아우크스부르크대학의 교훈은 '봉사를 위한 교육' 이다. 대학의 핵심적 가치는 봉사와 학문적 연구를 결합하기 위한 최근의 제도적 계획으로 "봉사학습과 봉사활동의 영향으로 인한 기독교적 가치와 의무를 학습할 좋은 기회를 학생들에게 부여하며 봉사학습은 모든 행위의 원천이다." (Augsburg College Plan for Integrating Service Learning and Academic Study, 1993, p. 2)를 강조하고 있다. 로드아일랜드에 있는 프로비던스대학은 가톨릭계로 '파인슈타인 사회봉사연구소(Feinstein Institute for Public Service)' 는 책임과 의무를 가지고 있으며 이는 "지역사회의 일반시민과 학교에서의 교양교육 과정에 지역사회와 관련한 교과를 개설함으로써 학교와 통합하여 지역사회를 더욱 활기 있게 하는 유대관계를 강화하고 있다. 학교를 신뢰하는 책임의 중심에 봉사가 있으며 봉사는 종교적 신념과 윤리적 가치를 낳았고, 이러한 제도는 봉사를 실행하게 하며 지역사회에 대한 봉사는 일반시민의 중요성과 지역사회에 반영할 수 있는 연구를 위한 주위환경을 제공한다" (Feinstein Institute for Public Service, n. d).

대중적 제도와 개인적 제도는 종교적 참가를 가지지 않고도 그들의 다양한 임무로 시민봉사를 포함할 수 있다. 애틀랜타에 있는 스펠만대학은 다양한 임무를 학생들에게 서서히 가르쳐 준다. 이는 "사람들이 지역사회 내의 복수문화를 올바르게 인식하고 그들의 생활과 모든 지역사회를 긍정적으로 바꾸는 것에 대하여 감각적으로 책임을 가져오게 한다."는 것이다. 노스다코타대학은 "국가와 지역사회의 주인으로서 책임의식을 가지고 봉사학습에 참가하며, 학생들 자신에게 평생학습의 기회와 다른 사람들에게 봉사하는 것을 위임하는 것으로 학생들에게 용기를 준다." 만카토주립대학은 좀 더 특별함을 요구한다. "우리가 가지고 있는 많은 가치는 우리 자신에게 좀 더 넓은 세계에서 활동할 것을 요구한다. 예를 들면 문화와 지식을 전수하는 예술적인 기회, 지방과 지역사회에 전문적인 견해를 요하는 건강관리와 같은 전문가의 헌신, 책임 있는 시민정신 등과 같이 기획된 봉사활동뿐만 아니라 지역사회를 위한 우리의 봉사활동 약속을 지속해 나가는 것이다. 우리는 올바른 사회성으로 건설적인 훌륭한 일에 공헌하며 사회의 비평에 책임을 질 것이다. 우리는 지역사회 구성원으로서 또 다른 모든 봉사에 활기 있는 학습이라는 하나의 의미로 만카토주립대학의 구성원들을 기대한다."

학교와 대학들은 카네기 안에서 가상의 소리과제를 가지고 학생들에게 각 문화의 독특함과 개성으로 즉석에서 표면상 가장 비슷하고 적당한 소리를 만들라고 할 것이다. 학생들은 그들 각자의 문화에 따라 각각의 문화의 벽은 현대적 유리나 벽돌로 덮을 것이며 거리를 가로지르는 도시풍의 불규칙한 옥수수밭이 될 것이다. 학생들은 밤이면 가족이 있는 집으로 가기도 하고, 또 다른 학생들은 저소득층이 사는 가까운 이웃도시로 가기도 하며, 다른 대부분의 학생들은 쾌적한 합숙소로 돌아갈 것이다. 개개인의 학생들은 그들의 재능으로 국제적인 명성을 얻는 즐거움을 누리거나 아니면 가족과 함께 생활할 수 있는 생계수단을 위한 몇 개의 강습소를 설립할 것이다. 학교에 입학하는 것은 강습소 설립을 위한 생산활동의 원동력이나 교사가 되기 위해 준비가 부족한 학생들 훈련에 중점을 두게 된다. 이러한 모든 생각은 학생들 세계의 미래모습이 될 것이다.

효과적인 봉사학습 모델은 참가하는 개개인의 고유한 문화와 정서적인 주위환경, 책임과 의무뿐만 아니라 그들 모두와 지역사회 간의 완벽한 조화가 이루어져야 한다. 서든대학과 A&M대학은 1991년부터 역사적으로도 암흑기가 많은 루이지애나주의 배턴루지에서 60시간의 지역사회 봉사참여를 필수조건으로 학위를 받을 수 있었다. 대학과 지역사회 사이에 가장 중요한 근본적인 제안점은 지역사회가 사회적 문제의 현주소라는 점이다. 학생들이 봉사학습을 함으로써 세 가지의 이점, 즉 **실질적 경험, 직업적 기회와 일자리 찾기, 개인적 성취** 등의 좋은 경험과 충고의 기회를 가질 수 있다(Southern University and A&M Collage Center for Service Learning , n.d.). 플로리다에 있는 브레바드지역의 대학은 220개의 교과과정에 봉사학습을 필수로 이수해야 하며 4년 과정 동안에 봉사학습 연구를 준비하는 학생들의 개인적, 학문적 발전과 직업적 선택에 있어서 봉사학습 경험은 중요한 가치로 작용한다(Brevard Community Collage Center for Service Learning, n.d.). 대다수의 다른 영역에서도 학생들을 위해 봉사학습 목표를 강화하고 진보주의를 지향하는 인문 대학의 리더십과 시민성 기술을 강조하고 있다. 테네시주의 투스쿨럼대학은 봉사학습프로그램을 '시민예술 프로젝트' 라고 부르고 있으며 리치몬드대학의 젭슨 리더십학부' 에서는 리더십 개발의 중요한 구성요소로 봉사학습을 필요로 한다.

많은 대학들은 정규과정에 봉사학습을 포함하고 있다. 그 밖에 다른 중요한 연구기관에서도 중요한 프로그램을 지속하기 위해 개발 중에 있다. 다른 프로그램에 대하여 검토하는 것은 아직까지는 학부강좌에 개설된 학생들의 계획된 프로그램에 대한 성과평가 정도다. 이는 봉사학습프로그램을 일깨우는 것으로 봉사학습의 자각을 가져오고 영향력 있는 폭 넓은 범위에 교육적 성과의 의미를 가져오며, 동시에 봉사의무를 제도적으로 실행한다.

뉴저지 주의 라마포대학은 지역사회 주민이 제도적으로 사회적 책무, 문화, 그리고 봉사학습의 계획된 과정을 누가 이행해야 하는지 예를 들고 있다. 라마포대학은 26년간 인문학을 중점적으로 가르쳤던 대학으로서 줄곧 체험학습의 분명한 공헌을 찾고 있었다. 학교를 지탱해 주는 네 가지 의무 중 한 가지로서 체험학습을 강조하고 있다. 분명한 것은 연수와 함께 작업장에서의 협조적인 교육과 자신의 역할 안에서의 빠른 학교채용 프로그램, 즉 봉사학습은 학습과 일상생활을 연결하는 방법으로 채용을 빠르게 하고 있다. 봉사학습프로그램은 체험학습프로그램을 촉진시키며, 전문가적인 계획과 경험적인 일을 연결하는 교육과정을 위하여 학생처에서 단계적으로 통합적인 일을 하고 있다. 기관의 승인을 받은 프로그램은 기관예산을 통해서 투자되며 직원과 학생들이 조심스럽게 새로운 일을 시작한다. 학교문화는 재능 있는 학생들을 연수하는 과정에서 투입하거나 협동적인 프로그램을 교육하는 학생들을 후원하는 데 사용되며 그것은 학생들이 봉사학습에 관심을 갖도록 하는 것을 어렵지 않게 한다. 약 20개의 학부과정에 각 학기에는 필수 수강 과목으로 봉사학습을 포함하며, 학교의 직원들은 학생들의 봉사학습 현장에 대해 많은 도움을 준다. 학생들의 교양과정은 미국의 학생 문해봉사단에서 처음 시작되었다. 봉사학습의 교육과정 부문은 교강사의 책임 있는 수업의 새로운 규칙이다.

체험학습은 정규 교과과정에 무엇보다도 우선되며 강요된 책무이고 봉사학습프로그램의 요구는 예산계획에도 중요하게 취급된다. 자원봉사관리자가 지시하는 봉사학습을 실행할 때는, 사무 직원이 승낙하는 필요한 곳에서 필요에 의해 지속적으로 활동해야 한다. 교육과정프로그램을 끝낼 때에는 학교는 학생처장이나 담당교수가 학교 교육과정으로서의 교양과목으로 대신 인정하는 것을 결정하게 한다. 흥미와 재능이 있는 진행과 지도로 해마다 학생들의 참가는 증가하고 이러한 봉사학습 과정은 학생들에게 특별한 성장을 가져오고 새로운 지역사회 회원으로 공공기관의 리더십을 제공하게 된다. 개인적인 기관은 다른 방법으로 그들의 의무를 실행한다. 예를 들면 스탠퍼드대학교의 봉사공약은 1985년 대중 봉사센터에서 확립된 스탠퍼드 학생들의 의미있는 사회적 봉사의 방법과 도널드 케네디 총장의 통찰력 있는 희망의 결합에서 기인한다. 스탠퍼드대학은 캘리포니아 지역사회와 연결되지 않으며 다만 연구중심 대학이다. 그러나 과학적이고 지성을 필요로 하는 세계 속의 지역사회이며, 봉사학습의 발전은 연구책임과 대중봉사에 진실한 학생들의 반응으로 봉사학습을 유지하고 있다. 때문에 1989년 샌프란시스코의 하스(Haas) 가족은 기부를 아까워하지 않았다.

'하스 사회봉사센터' 는 학생들에게 장학금을 주고 팔로 알토지역의 사회적 문제에 대한 봉사와 기관 개설을 위한 자원으로 대부분 쓰였다. 지금은 3,000명 이상의 학생들, 직원, 교수진, 정책 수립자, 지역사회 구성원, 국민들에게 국제적으로 자발적인 모임들을 맺어준다. 센터는 '사회봉사 지원정보 센터' 를 중심으로 하며 학생들의 다양한 봉사단체와 대학 프로그램으로는 스탠퍼드 자원봉사자 네트워크, 지역사회 봉사수기 프로젝트,이스트 팔로 알토 하계 아카데미, 라벤우드 스탠퍼드 튜터링 프로그램 등으로 구성되어 있다. 구성원의 능력에 따른 일과 학생들의 봉사 결성은 40개의 각기 다른 교과 연구과정을 통하여 센터의 '봉사연구 연합' 을 만들었다. 제도적으로 지원하는 봉사학습의 가능성에 대한 토의를 시작으로 하여 어느 대학이든지 봉사학습프로그램의 건전한 발전을 시작할 수 있으며 프로그램 모델의 선택은 문화적 제도와 일치해야 한다. 계획적인 과정 안에 있는 봉사학습의 변천은 책임선상에 있으므로 비평적이고 적정한 예산을 기반으로 하는 발전과 직원들로 하여금 미래의 발전적 구조의 제도적인 규칙을 이해하고 캠퍼스가 있는 전 지역사회 주변에서 받아들여져야 한다.

다양한 고객의 지지를 수립하고 발전시키기

봉사학습프로그램은 다양한 기관 선정의 집합소이고, 여러 가지의 서로 다른 기록을 가지고 있으며 성공적인 프로그램은 관계적인 많은 공통점을 가지고 있다. 그들은 많은 단과대학과 함께 튼튼한 결속으로 발전을 지향하였고, 순서대로 다양한 지지자의 지원을 받아왔다.

봉사학습프로그램을 시작하면서, 학교의 노력으로 이미 어디에서든 봉사학습이 존재하고 성립할 수 있다는 것을 발견하는 것은 중요한 일이다. 심지어 작은 조직에서도 사제의 사무실을 찾는 것은 놀랄만한 일은 아니며, 전문적인 일을 하는 센터, 학생활동, 그리고 학문적인 부분에서도 봉사학습프로그램의 발전은 각각의 일에 독립적으로 발전을 하였다. 학부 구성원들이 지역사회, 즉 직업센터의 직원들, 사회적인 일의 프로그램을 위하여 봉사 현장에서 체험교육의 스승으로, 정치과학분야를 위한 연수 조정자와 센터의 경력직 직원들과 접촉하면서 배운 것을 실험해 볼 것이다. 또는 간호프로그램을 위한 센터의 지도자는 가까운 지역사회에서 효과를 거두고 있으며, 지역사회와 결합을 하는 경우도 있다. 종교지도자는 사회생리학, 교육학에서 교육과정의 발전을 조명해 보기도 한다. 이미 철학적 기반으로는 봉사학습 기회를 쉽게 묶을 수 있는 방향을 탐색한 바 있다. 이렇게 중복적인 노력은 가치 있는 자원을 낭비한다. 게다가 개별적으로 지역사회기관의 50개 프로그램 관리자를 접촉할 때는 좀 더 난처하게 할 수도 있으며, 이러한 접촉은 신입생들을 협동적이기보다는 좀 더 경쟁적으로 만들 수 있는 위험이 있다.

시간을 투자하여 다른 내부의 지역주민들과 함께 관계를 촉진할 만한 가치가 있다. 좋은 봉사학습프로그램은 많은 지역주민의 흥미를 불러일으키며 봉사학습의 목표는 많은 지역주민들의 목표와 하나로 엮이게 되고, 모든 이익을 포함하게 된다. 예를 들면, 관리직에 있어서 지역사회 봉사체험과 함께 학생들이 필요로 하는 것과 채용에서 기준으로 활용하는 도구처럼 봉사학습 프로그램은 강력한 가치를 요구한다. 공적인 일을 수행하는 사무실은 학생들에게 역량을 개발할 수 있는 새로운 조직의 이름에 대하여 알 필요가 있다. 학생회는 학생참여를 촉진하고 참여 후 만족하는 프로그램을 지원하며, 학생신문도 친목과 의미 있는 필요한 곳에 봉사할 수 있는 기회가 많은 흥미로운 이야기를 원한다. 훌륭한 지역사회의 유지는 의장과 이사회의 책임과 관련이 있다.

뉴저지공과대학은 다양하게 변화한다. 뉴욕의 빈민가에 위치한 공립과학대학, 벤틀리대학, 보스턴 주변에 위치한 동양무역학교는 학교와 기구의 조직과 관계를 기초로 한 모범적인 봉사학습프로그램의 발전적인 방법을 발견했다. 뉴저지 공과대학은 전문적인 과학기술을 기초로 한 지역의 사업가와 비정부기구가 함께 하는 파트너관계를 항상 유지한다. 재능 있는 많은 연구자들은 주제와 학생 연수 그리고 교육적인 일자리 기회를 위해 학교 안에 매우 많은 동아리를 만든다. 유사한 프로그램을 시작하는 것보다는 뉴저지 공과대학의 지역사회 사무실과 공공봉사와 같이 학생과 재능 있는 과학전문가뿐만 아니라 지역사회 발전과 그들의 능력을 연결하는 지역사회기관과 함께 제도적인 관계에 있는 단단한 구조에서 시작할 수 있기 때문이다. 뉴저지 공과대학의 봉사학습프로그램은 경쟁적인 직업시장을 위하여 준비를 강화하는 동안 학생들은 사회적 능력의 발전과 지도자로서의 능력을 가능하게 한다. 오래된 건축설계 사무소에서 학생들은 비정부기구의 한 업무인 '어머니들과 AIDS에 걸린 아이들을 위한 휴식처를 설계하는 곳' 에서 일을 했다. 컴퓨터 과학을 공부하는 학생들은 뉴저지 공연예술센터에서 컴퓨터 설계를 도왔다. 봉사학습을 관리하는 학생들은 캠퍼스 안에 첫 번째로 10대의 노숙자 사업을 설립하기 위한 일을 도왔으며, 의과대학 과정의 학생들은 많은 병원에서 환자를 조사하여 데이터를 수집 · 정리하는 발전적인 일을 하였다.

학생들은 경험을 통해 얻은 교육과정에 믿음 있는 태도와 신용으로 연합적인 작업 연구, 주택장학금(주택건설을 하는 지역사회 기관을 위하여 낮은 급료로 여름 동안에 전일제 근무를 한 학생들에게 주는 상학금), 자원봉사자 정보교환소, 특별한 자금공급 프로그램 등의 계획적인 일을 맡게 된다. 뉴저지 공과대학의 봉사학습은 협력적인 관계에서 일을 하면서 초자연적인 힘을 발휘하며 학생들이 지역사회에 참여하는 것은 대학수준에서 모두 중요한 일이다. 봉사학습프로그램은 제도적으로 지명된 가장 특별한 교육과정이고 의장의 연설과 정기적인 기록은 주목할 만한 일이다.

벤틀리대학의 봉사학습프로그램은 모든 제도적 부분에서 지원을 받는다. 프로그램은 한 학기에 20개 과정을 총 망라한 포괄적인 프로그램으로 1990년에 학과에 구성되어 경험적인 학습으로 성장을 하였고, 1,500명 학부 구성원 전체가 50시간 이상의 봉사학습에 참여한다. 에드워드 즐로코브스키(Edward Zlotkowski)는 벤틀리 봉사학습 프로젝트의 관리자로서 벤틀리 프로그램의 성공을 위한 성과를 내부의 코디네이터로 하여금 상황을 설명하게 한다.

> 적당한 시기에, 무엇을 가능하게 할 것인가? 이 대답은 제도적으로도 중요한 문제일 뿐만 아니라 개인적으로도 곤란하고 복잡하며 계획적인 발전이자 뜻밖의 행운일 수도 있다. 명확하고 어떤 방법으로든, 한 가지라도 좀 더 중요한 요소는 발전적인 일을 시작할 때는 포괄적으로 체계화해야 한다. 지역사회의 비전은 벤틀리 교육과 뚜렷이 구별되는 주요 특징들을 구별하여 관계를 시작해야 한다. 이러한 비전은 '위원회'를 통하여 캠퍼스 전체의 일을 포함한 모든 일을 정당하게 해결하기 위해 벤틀리대학 봉사학습프로젝트(BSLP)는 공무상 존재해야만 하는 것이 설계를 쉽게 하고 모든 프로그램의 실행에 발전을 가져온다. 이런 의미를 가지는 것이 일들에 따라, 가능할 때는 언제나 능력 있는 학생들과 협력하게 한다. '학습 지역사회'라는 조직은－지역사회의 중점이 되는 일과 연결되는 다른 부분으로부터의 과정과 봉사에 참가하여 주어지는 임무, 즉 여러 분야가 관계되는 봉사 연수는 고등학교의 봉사지도자와 대학이 좀 더 좋은 장학재단과 연결되어야 한다. 일주일에 한 번씩 참여하는 학교의 1년 프로그램의 지역사회 봉사에 지역사회기관의 동료들은 주거지역의 개선과 지역사회의 일에 모든 대학이 참여하고, 여기에는 대학의 총장과 지역사회의 대표자 뿐 아니라 비서, 서기 등 모든 직원이 지속적으로 수행하려고 노력한다. 이렇게 궁극적인 범위에서, BSLP는 모든 대학에서 보증하고, 이 프로그램과 연결되는 많은 기관은 확실한 믿음을 가지게 되었다. 결과적으로 우리는 실현 가능성이 없다는 것을 예상하면서도 협력하면 이룰 수 있다는 것을 정식으로 발견했다[Zlotkowski, 1993, pp. 47-48].

뉴저지 공과대학과 벤틀리대학의 봉사학습프로그램은 공약을 만들어 많은 기존의 작은 관계에서 내재적인 유권자들과 복잡하고 긍정적 가치가 있는 관계로 발전했다. 좋은 봉사학습프로그램과 함께 하는 다른 협회는 대학의 모든 학부로부터 동료들 간의 지원을 촉진하게 한다. 그래서 새로운 총장, 학장, 또는 학생들을 위한 업무나 대표자의 도착과 같은 행사 또는 교육과정을 검토하거나 독학사 수료장을 인증하여 허가하는 것은 더 좋은 봉사학습프로그램 발달에 발전적인 기회가 될 수 있다.

지역사회 조직과의 협력

봉사학습운동을 시작한 초기에는 학교와 대학의 행정관들은 학생 누구나가 지역사회 봉사활동을 하는 것에 대해 좋은 생각이었다고 하는 것이 종종 허구라고 하였다. 지역사회에 보내지는 학생들이 당연히 생각해야 되는 것은 지역사회에 대하여 무엇을 알고 있는지, 학생들이 어떤 능력을 가지고 있는지 협의가 필요하다고 보았다. 또한 지역사회 기관들은 학생들의 더 많은 능력 배양과 배움을 위하여 연구실에서 깊이 생각했다. 이와 같이 기관의 봉사를 이용하는 것은 때때로 봉사와 학습을 생각하는 것보다 연구를 위한 주제로서 볼 때도 있다. 부분적으로 지역사회 기관은 가끔 시시하거나 반복적인 단순작업에 학생들을 이용하였고, 그들은 학생들에게 실행하는 중요한 규칙을 교육하는 것을 인정해야 했다. 지역사회 조직의 좋은 교육과 봉사학습 교육자들의 영향은 학교와 지역사회가 함께 하는 상호 관계적 발전으로 나타나고 좀 더 세련된 결과를 가져왔다. 예를 들면 메리 워싱턴대학, 버지니아에 있는 저마나 지역사회대학 (Germanna Community Collage), 오렌지 카운티고등학교와 많은 지역사회 조직과 함께 교육의 발전과 우호관계의 발전을 가져왔다. 세 곳의 교육제도는 프레드릭스버그와 스포트실베니아, 오렌지 그리고 버지니아의 근교에 위치한 클피퍼스에 봉사학습 문화를 창출하여 버지니아대학 봉사학습 지원연맹으로부터 허가를 받았다. 일년 동안의 학문과정에서 200여 명의 학생들은 지역사회 구성원 1,000명 정도를 도왔고, 50여 명의 선생님들도 또한 그들을 도왔다. 20개 지역사회 파트너 대표자, 고등학교 선생님, 그리고 대학의 모든 학부는 모두 하나로 이어졌으며, 지역사회 지도자들은 좀 더 견문이 넓어지게 되었고 그들은 모든 권한을 부여받게 되었다.

봉사학습프로그램을 설립하여 제도적으로 요구하는 것은 장기적으로 지역사회 관계자들과 일의 수준을 확립하는 것이다. 예를 들면, 지역사회의 설계, 프로그램을 함께 수행하는 대학, 직원들의 현실 등 양쪽 모두 실행하는 프로그램에 대하여 직시하고 실용적인 수준을 갖추는 것이다. 공평한 행정부, 대학과 지역사회의 임원, 조직행정 관리자는 정책적 문제를 이사회에서 만나 의견을 나누며 상호간의 유익한 활동을 계획하는 것과 마찬가지로 자금 조달도 행정부에서 하게 한다. 이사회의 평의원들은 상호적 활동을 계속 유지하며 자금 수령을 하고 지출을 승인하기 위해 만나게 된다.

학교와 대학들이 봉사학습프로그램을 더욱 강화하기 위한 한 가지 방법으로는 지역사회 조직과 공동 협력하여 실행할 수 있는 일을 찾아 이사회에서 자문을 받는 것이다. 이사회는 봉사학습프로그램의 목표를 신뢰하고 학교와 대학의 문화에 참가하여 범위를 넓히고 다양함을 갖는 것이다. 버지니아의 제임스 메디슨대학의 이사회는 지역사회 직원을 포함한 학부 구성원 모두와 대학생, 대학원생, 지역주민을 대표하는 대의원, 평가기관, 봉사학습 코디네이터들에게 충고와 자문을 한다. 웨스턴 몬타나대학은 교육적이고 환경친화적이며, 대중의 안정과 따뜻한 인간미를 필요로 하는 재능 있는 학생들의 다양한 훈련 등의 교육을 대표하는 지역사회 구성원으로 이루어진 이사회를 가진다. 시애틀의 워싱턴대학교 이사회는 고등학교, 정부, 전문직, 법인 조직과 비영리기구의 지도자들에게 지역사회를 위하여 조언과 자문을 한다. 몇몇 조직은 다수의 이사회를 가진다. 뉴저지 공과대학은 학부교수와 학생들로 이루어진 이사회와 지역사회 기관으로 이루어진 2개의 이사회를 가지고 있다. 데이톤대학은 3개의 이사회를 가지고 있으며, 이는 봉사단체와 각기 다르게 연결되어 있다. 28개 봉사조직을 대표하는 의장들의 모임은 봉사를 위해 주어진 주제를 토론하고 지도력을 발전시키기 위해 한 달에 한 번 만나는 기회를 가진다. 학부 교수와 학생들을 포함한 이사회의 충고는 교육과정에 봉사학습을 구체화하는 방법을 고찰하기 위해 1년에 두 번 만난다. 길거리연합(Street Coalition)은 학부 교수, 학생, 지역사회 대표자로 이루어지며 오리엔테이션, 훈련, 반영, 그리고 평가를 거친 프로그램이라도 하루에 한 번 즉흥적인 방법으로 답사한다(Cha and Rothman, 1994).

이사회의 자문은 그들의 제안이 효과적일 수 있다는 것을 명확하게 하기 때문이다. 그들은 의사소통을 위하여 중추적인 역할을 하고 무엇보다 봉사를 우선으로 하는 것은 수동적일 수 있으며 봉사학습 관리인의 노력에 의한 활동일 수 있다. 만일 이사회 구성원이 자금 조달에 참가를 기대한다면 그들은 그들의 규칙에서 시작되었으며, 자금 조달을 필요로 하고 또한 알고 있다면 한 사람이라도 활동을 하러 갈 것이다. 그와 더불어 직원, 학부 교수와 학생들, 지역사회 동료들이 요구하고 있는 것을 기억할 필요가 있으며 그들의 충고는 주의하여 귀 기울여야 하고 의회가 지출을 승인할 때 따라야 한다. 어느 이사회든, 활동을 어떻게 하든, 당연한 것은 아니며 많은 지위를 이용한 관계적 발달은 사회적 지위를 얻지 못한다.

정규교과과정과 연계교괴과정에 통합된 봉사학습

봉사학습을 한데 묶어 제도적으로 제공하고 학문적으로 신뢰할지 신뢰하지 않을지는 학생들이 참여하여 결정하게 한다. 봉사학습은 수단으로서 문자를 사용하는 것처럼, 상호 관계적으로 비평하고 반영하는 공약으로 사회 전체를 위한 활동으로 결합한다. 봉사와 교과과정을 결합하여 배우는 것이 전적으로 가능하다고 해도 설계를 하고 수행하여 성취하는 성과가 있었다면 학생들의 지식과 발전적인 성과를 반영하여 분명하게 밝혀야 하고, 그렇게 할 때에는 본질과 학습의 범위가 교육과정에 통합되게 해야 한다. 구성과정 수행의 반영은 쉽고 명확하게 한다. 추가적으로 꾸준하게 봉사학습에 참여하는 학생들과 개인적인 봉사자들에게는 봉사학습에 좀 더 믿음을 주며 이는 교육과정에 편입되어 제도적으로 학생들에게 중요한 영향을 주어야 한다. 많은 학교와 대학의 예는 그들의 정규 교육과정과 통합 교육과정에 봉사학습의 구성요소가 성공적이었다는 결과이다. 브레바드 지역사회대학의 봉사학습프로그램인 코코아(Cocoa), 플로리다의 팜베이대학은 캠퍼스 안에서 봉사학습에 접근할 때 어느 것에 행동을 취하는가와 봉사학습 접근의 중요한 구성요소를 가질 수 있는 학생들이 어떻게 논증할 수 있는가이다. 봉사학습을 위한 브레바드센터의 코디네이터는 학점을 취득하지 못한 봉사자에 기회를 주고 있다. 지역사회에서 봉사한 일을 현금화시켜 주거나 봉사학습과 학문적 연구를 통합하고 있는 180개 이상 과정에서 4개 과정에 직접적으로 연구 봉사하게 한다. 1988년 이후로 8,089명의 학생들은 245개 또는 연구과제로 279,000시간 이상의 봉사를 하였고, 75%의 학문적 신뢰를 가져왔다. 다른 제도는 교육과정의 일부에 봉사학습을 중심적으로 구성하는 것에 봉사학습 요건을 만족시키기보다는 오히려 중심을 형성하게 하는 것을 선택한다. 펜실베이니아에 있는 웨인버그대학에서 모든 학생들은 30시간의 봉사를 포함한 포괄적인 봉사요구를 실행해야 하고, 매주 일지를 작성하고 연구실 토의에 참석하며, 주간신문을 발행한다. 프랭클린 마샬대학의 학생들은 펜실베이니아에 작은 개인 기구를 가지고 있는데, 경험을 통해 얻은 학습에서 요구되는 사회적 능력을 세 단계로 보고 있다. 그들은 어느 것에서 중요한 문제를 입증하느냐 하는 쟁점에 15시간을 강연하는 것을 수용하고, 봉사경험으로부터 얻은 기록에 초점을 맞추어 학습을 한다. 애리조나에 있는 챈들러-길버트 지역사회대학은 영어과정에 봉사학습을 편입하고자 한다. 또한 봉사학습 경험에 학생들이 참여해야 할 과정은 그들이 계획했던 직업과 지역사회와 관계가 있다. 위스콘신주 메디슨에 있는 작은 카톨릭 대학인 에지우드대학은 20년 동안 봉사학습의 선두적 수준으로 중점적인 역할을 요구하고있다.

프로그램 범위와 학위과정의 전문적인 부분으로 봉사학습을 제도화한 대학도 있다. 산타크루즈 소재 캘리포니아대학에서는 지역사회에 대한 체계적인 연구로 학생들이 어느 것을 준비했고 그것들이 어떻게 바뀌었는지 지역사회와 관련한 연구의 대부분을 제공하고 있다. 밴더빌트대학은 사람들 대부분이 여러 분야와 관계가 있고, 조직은 경험학습을 하는 구성원의 필요에 의해 발전하며 대부분 모든 학문에 봉사학습을 포함한다. 스탠퍼드대학교의 공공서비스분야 학자초빙 프로그램은 일반시민의 봉사경험과 관련된 자존감을 조사하는 것으로 학생들이 찾는 것을 지원한다. 일리노이주립대학교는 자아존중감 프로그램의 구성요소로서 봉사학습을 필요로 한다.

활동하는 대부분의 기구는 챈들러–길버트처럼 교육과정과 정규 교과과정의 표제에 '두 다리로 봉사학습 현장에서 도약하라' 라는 구호를 가지며 일치·단결하여 함께 쌓아 올린 노선을 대부분 선택하는 봉사학습을 제도화한다. 모두 일할 수 있다는 것을 나타내는 것으로 안전할 뿐 아니라 근본적인 자금 제공도 존재한다.

중점적 자금 제공과 기업가 정신

특별한 자금 없이 프로그램을 계획하는 것은 봉사학습의 이로움에 대하여 열성적인 행정관들도 놀란다. 많은 기관들이 모두 연맹기금에는 의지할 수 없으며 비용 견제와 다른 예산 집행을 축소하여 일에 전념하는 것을 어렵게 한다.

봉사학습을 위한 자금은 학부의 발전과 자원을 위하여 없어서는 안 되며 학생, 금융 원조, 프로그램 스태프 등 모든 수단을 동원하여 제공받는다. 비록 개인적인 학부 구성원의 설계와 그들의 일상적인 교과과정 또는 교과과정의 한 부분으로 봉사학습을 가르친다 해도 독립적인 연구 지위를 갖는다. 학교와 대학은 탐구를 강화하고 봉사학습을 늘리는 방법으로 학부에 자유로운 시간을 제공하고 특별한 보상을 제공하는 방법을 찾는다. 학부는 직업발전에 필요한 모든 조건을 지원하며 승진에서 봉사학습의 인정과 승진자격을 주는 기술적 원조는 대단히 중요하다.

사회경제와 관련된 학과의 모든 학생들은 봉사학습 참가의 기회 자체가 가치있다. 비록 작업연구 기금연맹이라도 직업적으로 지역사회 봉사와 캠퍼스 밖의 일은 학생들을 위해 지원하는 회비를 사용할 수 있다. 중간 정도 성적의 많은 학생들은 연구를 위해 바람직하지 않으며 대학 비용의 값을 치르기 위해 필요하다. 점점 더 많은 기구는 봉사에 참여하는 학생들을 위하여 가능한 한 재정적으로 안정된 창의적 조직을 찾는다.

신입생과 학생들을 지원하는 봉사학습센터와 함께 일하기 위해 사무실을 허가하는 것은 이상하지 않으며 누구든 대학에서 봉사의 공약을 보였던 방식으로 지속적으로 봉사하는 것을 기대할 것이다. 밴틀리대학은 누구든 고등학교에서 지역사회 봉사를 해야 하는 것으로 학생들 각각에게 지속적으로 할 수 있도록 여섯 번에 걸쳐 5,000달러의 장학금을 지급한다. 오하이오 주에 소재한 영스타운주립대학, 풀만에 소재한 워싱턴주립대학, 그리고 클리블랜드의 존 캐롤대학도 유사한 장학금을 제공한다. 마이애미의 배리대학은 지역사회 봉사라 해도 학생들에게 대여해 주고 회수하도록 하고 있다. 학생들이 봉사에 참가하면 200달러에서 700달러까지 융자를 해준다. 프로비던스대학 파인스타인 연구소는 장학금을 원조해 주고 미국봉사단의 구성원으로 받아들이는 것을 허락한다. 지역사회 봉사프로그램 중 장학금을 지급하는 것으로 가장 오래 된 것 중의 하나는 1982년에 익명의 선물에 의해 7만 달러가 넘는 자금을 조성한 코넬대학이 있다. 그 프로그램은 한 학년 동안에 여름에 실시하는 일반적인 봉사훈련뿐만 아니라 1년 동안 2,500달러의 특별 연구비를 제공한다.

자금은 프로그램 스태프와 필요경비를 제공하고 봉사학습 효과를 강하게 하는 또 다른 중요한 구성요소이다. 종종 봉사학습프로그램은 만기가 되는 비용을 지출하기 위하여 제도상의 자금을 제공하고 경영하여 회전해야 하는 데 직원은 지출만 하고 성공적인 프로그램을 운영하지 못하는 경우가 있다. 많은 봉사학습프로그램 평가는 직원 배치와 학생 성과평가를 학부에 가져오며 일시적으로 지역사회 협력을 위해 시작하는 일을 지원하고 봉사학습 설계에 다른 학부와 함께 일하기도 한다.

벤틀리대학은 봉사학습프로젝트에 장학금을 받는 학생들을 스태프로 이용하여 설계를 한다. 프로그램에서 1학년 학생들은 대인관계기법 워크숍 시리즈에 참가하여, 시간 관리와 의사소통 그리고 그들의 기술을 용이하게 사용하여 반영하는 것을 배우고 비영리조직과 지역사회 기관에서 대체로 일주일에 10시간의 일을 한다. 프로그램에 학생들이 참여하여 활동함으로써 그들은 캠퍼스와 지역사회에서 위대한 지도자 규칙을 배우고 학부와 더욱 밀접하게 일하게 되며 프로젝트 매니저와 교과과정 코디네이터로서 봉사하고 특별한 봉사학습프로젝트의 진행을 용이하게 한다. 그들은 또한 국가와 국제적인 회담에서 BSLP를 대표하며, 대표 발언을 하고 의견을 반영하게 하여 제도를 개정하는 것을 촉진한다. 학생들은 프로그램에 3년 또는 4년 동안 참여하면서 발전적이고 강력한 용기를 북돋아주고 그들 득유의 봉사학습을 통한 협동과정에 참여한다(Bentley College Service-Learning Project Scholarship and Grant Opportunities, n.d.). 봉사학습프로그램을 위해 일하면서 학생의 지도력은 지속적으로 발달하고, 헌신하며, 스태프가 되기에 적당해진다.

필요한 것을 제공하는 프로그램과 훈련감각은 일반에게 알려진 것과 마찬가지이며 지나칠 수 없는 문제나 정보는 봉사자가 기관을 통해 운송한다. 10장과 11장에서 현물의 기증을 통하여 비용을 충당하거나 자금을 획득하기 위한 제안을 했다. 단지 하나의 공급원으로부터 자금을 수령하여 봉사학습프로그램을 제도화하는 것은 이례적인 일이다. 1993년 Campus Compact의 봉사학습에 참여하는 구성원들의 설문조사를 보면, 봉사학습프로그램 수의 1993년에 80퍼센트 이상 조사에서 4년 전보다 중요한 것은 50

퍼센트 이하가 자금을 제도적으로 수령하여 발전했다는 것이다.

다양한 공급원에 기초한 우수한 프로그램은 안전한 자금 기반에 기초한 기업가적인 공급원 때문임에 틀림없다. 미시시피 주의 투갈로에서는 봉사학습의 자금 조달과 프로그램의 수혜자를 찾는 노력에 총장실은 항상 열려 있다. 메릴랜드의 외곽 프로스트버그주립대학에서 실시하는 봉사학습프로그램은 협약체결 계약서와 지역사회 문제의 현황보고서를 교환하며 함께 협력하는 것을 강조한다. 메릴랜드의 로욜라대학은 봉사에 참여하는 학생들을 위한 학문적 지원과 대학원 과정의 우수한 학생들의 발전을 위하여 사무실을 제공하고 지원하기 위해 '가치와 봉사센터(Center for Values and Service)'는 백만 달러 기금을 목표로 하고 있다. 미시간의 알비온대학은 자금 확보를 위하여 의회에 학생들을 보낸다(Cha and Rothman, 1994). 광범위한 개인적인 기증은 스탠퍼드 안에 있는 봉사학습센터의 기반을 조성하였고, 유타대학, 프로비던스대학, 워싱턴 대학 등은 대학의 생활조합을 통하여 융자받거나, 기금을 지원받으며 단체나 개인적인 기부 등 어느 것이든 자금지원을 받는다. 봉사학습은 지역사회의 비영리기구와 함께 하며 강한 동료관계는 지원을 하는 기관 모두에게 유익함을 가져오고 봉사학습에 영향력 있는 기금이 가장 효과적으로 적용된다는 것에 동의한다. 예를 들면 클라크 애틀랜타대학은 애틀랜타에 있는 혼다사와 협약을 하였으며, 애틀랜타 프로젝트는 살기좋은 애틀랜타 보전단(Greater Atlanta Conservation Crops)의 다섯 개의 지역사회 교육의 연결망을 구축하고, 미국 도심개발연합(City Cares of America)의 지방과 젊은 자원봉사자들에게 훈련을 하고 배치장소를 제공하는가에 협의를 하였다. 협력에 제공되는 자금은 도심에 있는 초등학교의 10~15세 정도의 위험에 노출되어 있는 어린 불량배들을 교육하는 데 사용하며 이 같은 노력은 50개 단체 구성원들에게 신용을 획득하게 하였다. 이같은 교육은 각각의 대학, 고등학교, 중학교 학생들을 모두 포함한다. 위험한 문제임에도 매력적인 해결을 위해 상당한 훈련이 제공되며 이는 프로그램의 근본 취지에 맞는 교육의 질을 향상시킨다.

지금까지의 내용을 요약하면, 훌륭한 봉사학습프로그램 관리는 그들끼리의 경쟁보다는 오히려 그들 기구들과 함께 노력하여 자금 조성을 하는 것이 더 중요하다. 다양한 출처에서 자금제공 상품을 찾는 것은 프로그램의 유용성을 허락하고 제도의 존재를 위한 유지에 필요하다.

학습조직으로서의 봉사학습프로그램

자금 조달 프로그램의 대부분의 문제 중 한 가지는 사용가능한 프로그램을 정착시키기 위해서는 시간이 너무 짧으며 자주 누군가가 많은 시간을 가지고 생각하면서 결정해야 한다는 것이다. 대다수 학생 문해봉사단, 학생들을 배치하는 데 그들 시간을 소비하여 서류를 작성하고 자금 지원의 지속적 연장을 위하여 제안서를 작성하는 등 이러한 과정은 "무슨 일을 하며, 왜 우리는 그런 일을 해야 하며, 그리고 어떻게 길힐 수 있는지?" 등의 그들의 기초적인 질문에 대한 대답을 하지 않을 수 없기 때문이다. 확실히 봉사학습프로그램은 각각의 많은 다른 프로그램에 질 높은 교육이 필요하게 되고 많은 사람이 동참해야 하며 충분한 자금이 필요하다. 우수한 프로그램은 되풀이되는 그들의 자포자기를 위한 탐색과 탁월한 프로그램을 구분하게 한다. 학생들이 봉사경험으로부터 배운 것을 돕도록 학생들에게 자극하는 성찰과정을 거치는 것은 주목할 만한 방법이다.

가장 중요한 성찰의 한 가지로 기대되는 것은 학생들과 지역사회에 영향을 주는 프로그램 평가이다. 거의 모든 프로그램이 중요한 부분에 학생 또는 재능 있는 구성원에 의해 때때로 특별하게 일관된 승인과 품질을 분석하는 것은 아주 중요한 일이다. 내부학습과 같은 "신입생 지역사회 봉사활동 평가"(Eyler, Giles, Schmiede, and Martin, 1995)와 간행물인 "대학생 지역사회

활동의 영향: 인성적, 사회적, 인지적 성과"(Giles and Eyler, 1994)가 결과를 말해주고 있다. 스탠퍼드대학 하스센터는 해마다 '평가와 성찰'에 부분적으로 보고서를 포함하도록 한다. 보고서 기록으로서 하스센터 프로그램 평가는 설계를 제공하여 학생들을 조직하고 봉사활동에 직원들의 의견을 반영하고 있으며, 이러한 내용은 비공식적으로 추가되고 직원과 학생들에게 지속적인 컨설팅을 하는 전문가의 평가는 필요에 의해 발생하는 자료수집 효과를 허락하며 근본적으로 좀 더 비공식적인 평가 관리를 위한 책임이 있다.

스탠퍼드대학과 밴더빌트대학은 전국적으로 첫 번째 참가자로서, 3년 동안의 조사연구 주제가 '고등교육 증진'이며 자금을 조성하는 일이라 해도 중등 교육과정 후 발생하는 봉사학습의 다른 모델의 문제점을 조사하여 설계하였다. 버지니아대학 인턴십프로그램은 대학 졸업생 중에서 장기간의 봉사학습 효과에 관한 전문적인 연구를 맡게 되었다. 벤틀리 봉사학습 프로젝트는 주요한 연구원인 교직원을 포함하며, 다양한 독창성으로 전략을 바꾸고 봉사학습 본질에 프로그램 평가와 경험을 통해 얻은 조사 연구결과의 관리를 위하여 책임 있는 관리를 추천하는 연구자가 있어야 한다. 밴더빌트대학, 스탠퍼드대학 등은 복잡한 연구를 포함하는 봉사학습프로그램이 어쩌면 어려운 것처럼 보일 수 있다. 이는 재학생뿐만 아니라 재능 있는 졸업생들에게 관례적인 실행과 성과에 있어서 프로그램에 비판적인 반영적 활동을 하는 참가자가 될 수 있다. 1990년대 봉사와 학습을 결합하는 연구 아젠다는 부분적 대화를 시작하면서 사용될 수 있는 사려 깊고 체계적인 조사 질문방법을 제공한다(Giles, Porter Honnet, and Migliore, 1991). 2장에서 논의한 원리는 벤치마킹을 위해 유용하게 사용할 수 있다. 최신의 가장 소규모의 프로그램이라도 자료를 보존하고, 그들 자신의 역사를 기록하는 학습조직이 되는 것으로 시작할 수 있다. 모든 프로그램은 대학생을 비롯한 모든 학생들에게 발전적인 기회일 수 있으며 봉사학습 실무관계자에게는 현재의 가장 큰 문제와 미래의 목표를 토의하게 하며 그들 일상적인 업무로부터 거리를 두고 생각하게 하는 봉사학습과 밀접한 관계를 맺게 한다.

학습조직 효과의 또 하나의 특징은 대학생 및 모든 학생들의 탁월한 우수성과 지역사회의 공적을 인정해야 한다. 봉사학습프로그램을 인정하는 가장 일반적인 유형은 그들의 우수한 자질을 인정해 주고 학생 개개인에게 보상을 주는 것이다(Cha and Rothman, 1994). 약간의 금전적 보상도 있다. 메릴랜드 대학에서는 학장이 '당신은 차별화된 프로그램을 만들 수 있다' 라는 프로그램에 참가한 학생들에게 평가증서를 개인적으로 발송한다. 그리고 지역사회 봉사프로그램 사무실에서는 봉사에 참여하는 학생들의 활동과 관련된 사진과 특징들을 연속적으로 학생신문에 게재했다. 대학생들과 실무담당자들이 봉사를 수행하는 동안 동등하게 인정해야 할 가치가 있다는 것을 중요하게 생각하지 않는 때가 종종 있다. 스펠만대학에서는 어떤 방법으로든, 자네타 콜 총장이 우수한 봉사를 수행한 학부 학생과 스태프를 위하여 학장상을 수여했다. 시상은 대학의 연차회의에서 수여했었다(Cha and Rothman, 1994).

소 결

미국 고등교육 안에 봉사학습의 제도화는 지금보다 1960년과 1970년도에 제도화되었으며 많은 학교와 대학들은 과거를 기반으로 배웠고 좀 더 협력적으로 되었으며 좀 더 발전적인 프로그램을 창조하였기 때문에 직접적으로 그들의 사회적 기구의 임무와 문화를 하나로 묶을 수 있었다. 학교와 대학들은 지역사회와 함께 협력하고 신뢰할 수 있는 참가자들을 기반으로 봉사학습을 발전시켰다. 그들은 학위과정과 함께 정규 교과과정을 통하여 모든 기관이 제공하는 봉사학습을 통합하고 있다. 봉사학습프로그램은 노력하여 안정된 자금을 확보하며 자체평가와 평가를 통한 반영이 매력적이다.

21세기에 접근하면서 결정적으로 봉사학습의 제도화를 어떻게 이루어나가는가 하는 것은 일반 대중적인 삶과 시민현장에 활동적으로 참여하는 것이며 학생으로서의 임무를 촉진하여 활동하는 것이다. 예컨대 올바른 사회적 성장을 달성하는 책임에 대한 국민으로서의 반응, 즉 고등교육은 학생이 개인적으로 흥미로운 시간의 극복과 변화를 가져오는 것에 대하여 극복할 수 있도록 학생들을 돕는 방법을 찾는 것이다. 프레드 뉴먼(Fred M. Newmann)은 그의 에세이 『성찰적 시민참여』에서 시민정신에 영향을 주는 다섯가지 수준의 특징을 설명하고 있다. 만연되어 있는 불확실성과 모호성에 직면해 있는 학생들을 보며 공공정책과 개인적 활동에 대한 도덕적 선택을 할 수 있도록 포용력을 가져다 주며(결정된 정책과 목표활동을 전략적으로 활용하고, 성실과 책임에 대하여 강화하지 못했던 그들의 개인적 임무를 명료화하고, 신뢰할 수 있는 사람이 되고, 보다 큰 사회의 규칙에 대한 진지한 대화를 한다) 학생들을 도와야 한다는 교육자들을 믿는다.

고등교육의 제도에서 상상하기 어려운 것은 시민으로 졸업하는 목표를 가지지 못하는 것이며 현명하게 민주주의 규칙에 대한 헌신과 대중적인 삶에 참가하게 할 것이다. 다른 중심적 가치를 통하여 보다 더 그들의 임무를 보여주려 하는 학교와 대학들을 위한 좀 더 효과적인 방법으로 봉사학습을 제도화해야 한다.

Chapter 14

대학교육에 있어서 봉사학습의 과제와 전망

이 책이 갖는 목표의 내용은 고등교육기관에서의 봉사학습에 대한 포괄적 이해와 봉사학습이 학생에 대한 발달과 학습 그리고 지역사회에 대한 역량강화와 증진, 이 두 가지를 통하여 어떻게 의미있는 성과를 달성할 수 있는가를 논의하는 것이다. 앞의 장들에서 바람직한 봉사학습 과정과 프로그램(예를 들면, 학교와 지역사회 환경에서 봉사학습의 성공, 프로그램 개발과 유지를 위한 관리운영)을 만드는 데 있어서의 기초와 원리에 대하여 논의하였다. 그러나 여전히 봉사학습은 상대적으로 새롭고, 미래를 결정하는 데 영향을 미치는 프로그램을 개발시켜야 한다. 장기간 동안 살아남기 위해 봉사학습은 주변적이기보다 중심이 되어야 하고 부분적이기보다 조직화되어야 하며 약하기보다 강해야 한다. 이 장에서는 대학교육에서 봉사학습의 미래전망과 밀접한 관계가 있는 다섯 가지 과제를 알아보고자 한다. 봉사학습을 수행할 때, 사람들은 봉사와 관련된 대학교육의 책무를 쇄신하고 대학교육에서의 변화를 지원하며, 봉사학습의 효율성을 증명하고, 초·중등 교육과 대학교육과의 관계를 강화하며 봉사학습을 조직화하기 위해 일해야 한다. 모든 것이 함께 할 때, 이 과제들은 봉사학습이 학교와 지역사회, 학생에 대한 혜택을 계속 유지할 것을 보장하는 활동을 위한 지침을 제공할 수 있을 것이다.

대학교육의 봉사규정 갱신

사회문제가 점점 복잡하고 심각해짐에 따라 고등교육은 학교의 봉사에 대한 역사적 책무를 갱신하여야 하고 사회적 책임을 수행해야 한다. 새로운 지역에 대한 요구와 빠르고 효과적인 적용은 실용화되고 강화되어야 한다. 그라이너(Greiner)는 이러한 현상에 대한 이해, 새로운 시각의 틀, 생각과 해결에 대한 위기와 혼동에 대해 반응하기 위한 도구로서 기술하고 있다. 그것의 주요기능이 새로운 지식의 개발과 적용이기에 필연적으로 대학교육은 사회적 요구에 반응하는 위치에 있어야 한다. 더불어 플레터(Plater)는 "지역사회는 대학이 그들의 새로운 지식을 적용하고 문제 해결에 전문성이 있어야 할 책무를 가질 뿐 아니라, 즉각적이고 증명할 수 있는 트렌드에 책임을 가질 의무가 있다."고 주장하였다.

1장은 대학교육의 노력은 사회문제를 해결하는 데 있어 대학의 역할 확장을 요구하는 것임을 시사하고 있다. 미국 대학교육학회(AAHE) 회장인 럿셀 에저톤(Rusell Edgerton)은 미국 대학교육학회가 '봉사학습에 참여하고 있는 대학'의 주제인 사회의 요구와 고등교육의 역할과 연관 된 임무에 대한 과정을 설정할 것을 추구함을 천명하였다. 에저톤은 이런 주제를 추구하는 것은 미국 대학교육학회가 구조화되지 않은 현장으로 개입되는 것임을 인식하고 있다. 봉사학습에 참여하고 있는 대학은 교수법과 연구보다 교수진이 하는 다른 부가적인 것과 봉사학습의 확대 노력은 간단한 문제가 아니다. 교수와 연구의 전통적인 관심은 사회의 요구에 있는 것이 아니다. 교수와 봉사에 대한 정의에는 전통적으로 대학에 대한 교과과정 또는 책무 설계, 학문적 모임에서의 지도자 역할을 통한 봉사나 학문에 대한 봉사가 포함된다. 에저톤은 "봉사학습 활동에 참여하는 대학은 우리가 해야 할 — 가르치고, 연구하며, 전문적 범위를 능가하는 — 것과 더 큰 지역사회의 요구와 관련되었다면 변화하기 위해 요구되는 모든 결정적 임무를 깨닫는 것" 이라고 주장하였다. 그러한 도전은 질 높은 수준에서 우리가 이미 가졌던 임무에 대한 더 많은 생산성과 설명력을 갖게 하는 일로서 간단한 것이 아니다.

보이어(Boyer)는 대학교육은 교수의 학식을 재정의하여야 한다고 믿었다. 오늘날 우리가 간절히 원하는 것은 연구, 종합, 실천, 교수법을 통한 지식의 인식인 학식이 무엇인가 하는 더 포괄적인 관점이다. 보이어는 학식이란 "지식이 먼저 발견된 후에 적용되는 것임을 부정하는 역동적인 과정," "사람들이 마음속에 가지고 있는 과정은 더욱 역동적이다."라는 맥락의 적용에 관심을 가지고 있다. 새로운 지적 이해는 의학적 처방에서 심리치료로 의뢰인을 돕는다든지, 공공정책을 구성하고, 건축물을 디자인하고, 공립학교와 함께 일하든지 아니든지, 적용이라는 그 행위로부터 출현하였다. 이런 활동에서 이론과 실제는 서로 상호작용하고 어떤 것은 다른 것을 개선하게도 한다. 보이어의 학식에 대한 정의는 "지식이 개인과 학교 그리고 나아가 사회문제의 학문적 조사를 위한 아젠다를 정의할 수 있는가" 를 돕기 위해 어떻게 적용되는가를 문제시한다.

데보라 허쉬(Deborah Hirsch)와 어니스트 라이톤(Ernest Lyton)은 "학교의 기본적 임무에 기여하는 교수의 전문적 식견에 기초한 작업" 의 의미에 대한 교수진의 전문적 봉사와 유사한 재정의를 필요로 한다고 하였다. 그런 후 그들은 교수의 전문적 봉사에 대한 개념화와 봉사학습 세계와 교수의 학식 사이를 연결하는 다리를 넓히기 위한 단계를 진전시킨다. 만약 보이어에 의해 언급된 학식 적용에 대한 교수의 관심이 학생을 봉사학습에 들어가게 하기 위한 기회를 만든다면, 그 후 연구, 교수, 그리고 봉사는 각각 생명력 있고 효과적이게 하는 방법에서 서로 관련성을 맺게 될 것이다.

교수의 교수법, 연구, 봉사의 새로운 정의는 봉사학습의 유지와 발달을 위한 비옥한 토대를 제공하기 위해 필수적이다. 그러나 교수역할의 대안적 개정, 정책의 촉진과 보존, 그리고 보상구조도 요구되고 있다. 미국 전역에 산재된 고등교육기관은 총체적 품질관리, 전략적 계획, 재설계과정, 그리고 그들의 사업을 대체할 수 있건 없건 재구성 노력에 개입되며 봉사학습 지지자처럼 봉사학습에 우호적인 교수역할과 보상에 대한 변화에 기여할 수 있는 이런 기회를 잘 사용하여야 한다. 아울러 이런 변화를 가져오게 하는 데 노력하는 미국 대학교육학회(AAHE) 같은 전국적 전문조직의 노력을 지원하여야 한다. 봉사학습의 미래는 상당부분 이런 변화 노력이 사회문제 해결과 지역사회 요구의 접근을 지원하는 대학교육의 역할에 의존하고 있다.

대학교육개혁의 지원

대학생과 고등교육시설의 학생은 드라마틱하고 빠른 속도로 변화한다. 전통적인 대학생(18~20세이고 전업 학생이며 기숙사에 살고 있는)은 오늘날 미국 대학생의 15% 정도이다. 지금은 성인 학생이 고등교육기관의 새로운 다수를 구성한다. 학부에서 파트타임으로 재학하는 학생이 거의 반이며 매년 학사과정의 40% 이상이 파트타임 학생으로 채워지고 있다. 학생들은 인종, 민족, 사회 경제적 지위 등의 많은 방법으로 더욱 다양해진다. 더욱이 학생은 대학 등록금의 인상과 연방의 학생보조금의 삭감으로 대학에 재학하는 동안 재정적 압박을 받게 된다. 2/3가 넘는 대학생이 주 20시간 이상 일을 하고 학생들이 선호하는 학습 형태의 변화도 기록되고 있다. 찰스 슈뢰더(Charles Schroeder)는 이런 선호된 학습양식은 추상적인 것을 반대한 것이며, 대다수 교수에 의해 선호된 성찰양식이고 교사와 학습자 간의 상이한 성장을 창조하는 것이라고 하였다. 학생에 대한 이런 변화에 대한 자극은 학습환경의 심각한 변화이다. "우리는 학생들이 학습하는 장소에서 변화를 목격하고 있다." 학교교실에 제한되었던 학점 이수과정은 작업장에서도 이루어지고 사무실, 공장, 호텔이나 집에서도 이루어진다. 기술정보 권력에 의해서 강화된 교실학습은 한 학교의 단거리를 넘어 마을까지, 주를 지나 국가 전체에까지 확장되었다. 얼마나 많은 학교가 장소로서 대학개념의 심각한 변화를 이해하겠는가? 얼마나 많은 교수가 학생에 대한 새로운 교육에 대해 생각하겠는가? 더불어 기술의 존재와 출현은 정보의 사용과 접근을 용이하게 하는 영향력 있는 도구이다. 컴퓨터와 컴퓨터 네트워크는 상상과 창조, 분석, 그리고 의사소통의 새로운 능력을 제공하는 것이다.

미래에 학생이 배우기 위해 학교에 입학하는 요구가 줄어들 때, 교수의 역할과 대학의 역할도 바뀔 것이다. 트위그(Twigg)는 고등교육시설은 조직 내에서 학생의 경험과 적절한 도구적 자원을 갖는 것을 계속 도울 것이라고 지적했다. 교수는 선생으로서가 아니라 멘토, 집단 기획 지도자, 그리고 도구적 경험설계자로서 계속 중요할 것이다. 수업기술은 학습과 교수법의 도구가 될 것이며 선택적 협동도 증가할 것이다.

봉사학습이 고등교육시설에서 이런 도전을 잘 대처할 수 있게 하기 위한 노력은 미래에도 살아남을 수 있을지를 결정하기 위한 요인이다. 봉사학습 지지자들은 학생과 학습환경에서 변화를 표현하는 효과적이고 실제적인 방법으로써 봉사학습을 진전시켜야 한다. 예를 들어, 봉사학습이 지역사회나 학생이 이미 열중하였던 작업환경에서 행하도록 설계될 수도 있다. 봉사학습 개입에 대한 선택은 학생이 다양한 생활양식과 스케줄을 수용할 수 있도록 만들어질 수 있다. 그것은 학생 수가 증가하는 선호된 학습형태에 대한 적극적 학습의 유형이다. 그리고 그것은 교육체험 설계자와 집단기획 지도자로서 교수의 역할 개선과 양립할 수 있는 것이다. 선택적 의사소통은 개인과 집단 반성을 용이하게 하는 방법으로써 발전될 수도 있다.

대학봉사학습의 효과적 실천

1991년 3월 봉사학습을 위한 연구 아젠다를 설정하기 위해 존슨재단의 윙스프레드 컨퍼런스센터에서 국제기관으로부터 교육자, 연구자, 봉사학습 실천가, 기금 대표, 정부관리, 학생, 봉사학습 실무자들이 모였을 때 그들은 지역사회와 학교에 학생의 지역사회 봉사에 대한 개발, 학생학습에서의 봉사학습 효과에 대한 질적, 양적 연구의 적용의 부족을 발견하였다. 봉사학습 효과에 대한 연구는 표준화된 도구가 거의 없고, 변인을 정의하고 구체화하는 것이 어려우며, 봉사란 다양한 환경에서 이루어지고, 다양한 임무를 포함하며, 결정하기 어려운 보편성이 있고, 통제와 비교가 가능하게 분배되지 않았고, 횡단적 연구가 자체를 통한 효과 측정에 필요하기 때문에 도전되는 것이다. 그리고 프로그램에 대해 진행되는 노력을 갖게 하는 압력에 대한 느낌은 많은 실천가들이 측정할 수 있는 목적과 지역사회나 학생의 결과를 위한 목표를 위해 간단하지는 않다.

일반적으로 서술적 연구는 그 범위가 작고 일반화에 대한 잠재적인 한계가 있다는 것에 동의한다. 대부분의 연구는 학생이 개입된 봉사의 결과, 경력, 개인에 초점이 맞춰져 있다. 수집된 많은 자료들은 이야기 꺼리가 되고 자기 기술적인 것이 된다. 연구들은 교실학습과 관계된 학문적, 인식적 목표를 측정할 것을 시도하지 않는 교실 밖 학습을 강조한다. 지역사회 봉사 제공자 또는 지역사회 자체의 발달에 대한 봉사학습의 효과에 초점을 두는 데는 거의 없다. 연구는 단시간의 효과 또는 장기간 행위를 예측하는 사람에게 가장 밀접한 단기간의 사용을 측정하고자 한다. 한 연구는 학생의 90%가 봉사학습이 교실수업보다 가치 있었다고 밝히고 있다. 이런 결과는 크라우너(Crowner)와 밀러(Miller)의 연구에 의해서도 지지된다. 다른 이들은 지역사회봉사가 학생의 도덕 발달을 지원하고 자기-존중감 설정에 효과적이라고 지적한다. 그리고 최근 연구는 특별한 과정과 관련된 봉사학습은 학생의 학습과정 만족을 증가시킨다는 것을 제안하기 시작한다.

다른 주목할 만한 발달에는 대학생의 시민적 가치, 기술, 태도, 그리고 아래에 제시될 다음 방법에 대한 이해에 있어서의 봉사학습의 영향에 대한 3년간 전국적 연구가 포함되어 있다. 벤더빌트대학교의 아일러와 자일스는 20개 대학의 학생 1,500명으로부터 자료를 모으고 분석한 바 있다. 이 연구는 봉사학습에 대한 학생참여가 차이점을 만든다는 것뿐 아니라 봉사학습프로그램의 차이점이 학생의 결과에 어떤 영향을 미치는가를 연구하려고 한다. 고등교육 지원기금에 의해 지원된 이 포괄적인 연구는 주목할 만한 것이다. 봉사학습프로그램을 위해 포드재단과 캘로그 재단같은 공공기금은 연구를 지원하고 요구하기도 하며, 보조금으로 평가하기도 한다. 더불어 봉사학습에 대한 연구가 수록된 학술지가 간행되었다. 여기에는 도덕교육연구, 자유교양교육 영어연구, 대학작문과 커뮤니케이션연구, 사회학 교수법연구, 대학교육연구, 미국 교육학연구, 경영윤리와 히스패니아 연구가 있다.

그러나 많은 연구는 봉사학습 지지자가 금전, 시간, 노력에 의해 비용을 공정히 할 것을 요구한다. 이런 본질에 의하여 봉사학습은 “개인적 중요성의 인정과 참여에 있어서의 지적 성장을 갖는 강력한 사회적 목적과 연결된다. 봉사학습의 다원적인 강조는 교육의 다른 형태들과는 다른 연구의 두 가지 분야를 요구하는 데 그것은 필연적으로 사회적 상황에서 발생한다. 개인 학습자에 대한 봉사학습의 효과에 대한 연구 발표는 매우 중요하다. 그것은 연구 결과가 지역사회와 지역사회 성원에게 지역사회의 관점에서부터 지역사회와 학생의 개입과 효율성과 질을 평가하는 데 본질적인 것으로 긍정적이거나 부정적인 면 모두에서 심도 있는 잠재적인 영향을 주기 때문이다. 그런 평가는 지역사회가 아젠다에서 처럼 진행될 수 있게 하는 문제의 표본과 설문지로서 정보를 모으기 위해 지역사회와의 협력으로 수행되어야 한다. 봉사와 학습을 결합하기 위한 연구 아젠다(1999)는 봉사학습과 그 효과에 대한 설문의 다섯 가지 범주를 제안한다.

• **참여자**

학생 개인에 대한 봉사학습 체험의 일반적인 효과는 무엇인가?

- 학습자로서 학생에 대한 봉사학습의 효과는 무엇인가
- 학생들이 봉사학습 결과로서 얻은 지식은 무엇인가
- 봉사학습에의 참여가 참여자 자신과 타인에 대한 인식, 참여 전 사회에 대한 태도와 행위, 세계관에 영향을 미치는가
- 시민으로서 참여자에 대한 봉사학습의 효과는 무엇인가
- 연령, 사회경제적 지위, 발달단계, 가족배경 같은 사회적 특성과 지원은 사회적 발달 결과를 차별화하는가
- 봉사학습의 다른 모델들은 다른 세계관, 다른 가치구조, 다른 참여에 있어서의 발달구조를 가능하게 하는가

• **교육기관**

교육기관 체계와 교육기관의 특정한 형태의 개선에 대한 봉사학습의 영향은 무엇인가

- 조직 임무에 기여하는 봉사학습 결과는 무엇인가
- 봉사학습이 교수법, 연구, 그리고 봉사를 어떻게 효과적으로 통합할 수 있을까
- 교과과정 설계, 교사 훈련, 학교 임무와 구조, 그리고 효과적 교수법을 재구성하는 매개물로서 봉사학습이 어떻게 사용될 것인가
- 학습과 발달 이론의 실제적 사용분야를 전통적인 주제가 어떻게 봉사학습 요인들의 상호 협동에 의해 효과적으로 지도될 수 있을까

• **지역사회**

지역사회 개선에 효과적인 봉사학습은 무엇인가

- 확장된 봉사학습이 교육기관, 지역사회, 그리고 사회 내에서 다양한 문화의 이해를 촉진할 수 있는가
- 지역사회에 대한 참여는 습성(habit)의 장기적 발달에서 기인하는가
- 봉사학습 결과로서 지역사회에 무엇이 유익하고 또 무엇이 주어지는가
- 봉사학습이 어떻게 민주적 지역사회의 협력적 발달에 기여하는가

• 이론적 기초
봉사학습 연구가 어떻게 봉사학습을 분명히 설명하고 뒷받침할 수 있는 이론 발달에 기여하는가

- 봉사학습 연구가 어떻게 인간 발달의 포괄적 이론 발달에 기여하는가
- 봉사학습 연구가 어떻게 지역사회 발달의 포괄적 이론 발달에 기여하는가
- 봉사학습 연구가 어떻게 인식론과 학습의 포괄적 이론 발달에 기여하는가
- 인간 발달, 지역사회 발달, 그리고 학습이론이 효과적인 봉사학습의 이해를 증가시키는 데 어떻게 사용되는가

• 프로그램 모델
봉사학습 유형의 다양한 결과와 구성요소는 무엇인가

- 체계적인 구성을 하였거나 그렇지 않은 프로그램 사이에서 학생에 대한 영향은 차이가 나는가
- 어떤 프로그램 특징이 봉사학습 조직화를 강화 또는 방해하는가
- 활동기간, 긴장, 내용, 그리고 강제적 또는 자발적 참여자 같은 프로그램 특징은 다양한 결과를 촉진하는가
- 다양한 수준의 교과과정과 학문을 통한 봉사학습이 어떻게 효과적으로 상호 협동할 수 있는가

봉사학습 교육자는 프로그램 시작에서부터 연구와 평가를 설계할 뿐 아니라 봉사학습에 직접 관여하는 교수뿐 아니라 학부생이나 대학원생, 초·

중등의 교사와 학생, 지역사회에 기초한 봉사 제공자와 다른 도시나 지역사회 조직, 국가 또는 국가 상호 간의 청소년 봉사조직, 전국적 교육조직을 포함하는 잠재적 연구자까지 확대하여야 한다. 연구 아젠다에서 나온 이 질문은 봉사학습의 존재를 구체화하고 촉진하는 이상의 연구주제에 대한 풍부한 논제를 제공한다. 이런 질문에 대한 대답은 체험교육이 개인학습과 발달을 어떻게 조장하는가 그리고 대학교육과 지역사회가 상호 목표에 도달하기 위해 어떻게 최고로 협력할 수 있는가 이다.

초/중등교육과 대학교육의 연계 강화

대학봉사학습의 미래는 초 · 중등교육과 연결되어 있다. 위기청소년의 증가에 대한 전국적인 관심과 많은 대학생이 위기청소년들과 일해 보고 싶어하는 것 그리고 초 · 중등 학생들의 잠재적 미래에 대한 대학교육의 본질적 관심은 대학생에게 지역사회봉사에 대한 논리적인 조건이 될 수 있다. 봉사학습이 미국 전역의 초 · 중등에 더 많이 소개될 때 대학 가기 전의 학생경험의 질은 대학봉사학습에 대한 그들의 태도를 결정하게 할 것이 분명하다. 그러므로 교사의 준비와 봉사훈련에 봉사학습이 포함될 것임은 분명한 것이다.

미국에서 위기청소년에 대한 통계는 엄청나다. 5명 중 1명이 가난하게 살고, 10명 중 7명이 학교에서 낙오하고 있으며, 10명의 10대 소녀 중 1명이 임신하고 10대 마약 복용이 세계 최고이다. 1985년 주 정부의 교육에 관한 규정은 위험에 처해 있는 아이들과 관계된 주제의 이해를 촉진하는 지도자 역할과 이 분야에서의 행위를 위한 정치적 지원을 강조하였다. "이런 통계는 미국의 청년상과 교육자, 정치 결정자에게 경종을 울리고 돌봄이 필요한 이들은 미래전망을 개선하기 위한 행위를 할 조직을 요구한다. 주 정부교육의 차원인 Campus Compact는 기금을 가지고 위기청소년을 위해 학교에 바탕을 둔 조력자프로그램에 대해 기술적 원조를 제공하며 이런 요구를 표현하기 위해 지역학교 체계, 고등교육기관, 지역사회 조직, 정책 입안자들의 협력을 권장했다. 다른 프로그램과 협력이 필요했고 더 많은 요구가 생겼다.

고등교육기관은 초·중등 학교에 개입해야 할 수많은 이유를 갖는다. 위기청소년들과 청년들의 이익에 대하여, 지역학교를 파트너로 하는 봉사학습 프로그램의 개발은 증가된 공적 지원, 보조금, 계약, 수혜가 어려운 학생에 대한 지원 기회, 교수법을 통한 대학생 효과적 학습을 위한 기회를 산출한다. 그러므로 봉사학습 관계자는 초·중등 조건에서 위기청소년들에 대해 교과과정과 연계 교과과정 봉사학습 양쪽에 초점을 맞춘 교육기관을 격려한다.

매년 학교, 학교체계, 그리고 초등 교과과정 부분으로 봉사학습을 넣고 그것이 고등학교 졸업을 위한 것이 되기를 요구한다. 학생의 증가는 결과적으로 긍정적이든 부정적이든 대학의 봉사학습 상을 심게 된다. 그들이 봉사와 성찰 활동에 매력과 가치를 인지하기 위해 학생은 대학교육에 들어갈 때까지 봉사를 계속 할 기회를 가져야 한다. 그리하여 학생은 잘 개발된 봉사학습프로그램을 가진 학교를 위하여 그들 스스로 제안할 수 있다. 봉사학습을 초·중등에서 대학으로 조직화하는 것은 중등 이후 교육경험의 한 부분으로써 학생이 봉사학습을 추구하는 흐름을 감지하는 것이다.

만약 대학이 시민의식과 사회적 책임감 개발에 성공한다면, 학생을 참여 민주주의와 초·중등의 사회적 문제에 대한 이해를 발달시키기 위한 시작은 중요한 것이다. 봉사학습의 공헌은 대학이 초·중등 학교를 지원하는 노력을 강화하는 데 있다. 교직프로그램을 갖고 있는 교육기관은 초·중등교사에게 미래와 현재의 봉사학습 실제와 원칙에 대한 모두를 교육 시켜야 한다. 주요 교육대학이 봉사학습프로그램을 제공한 남캐롤나이나주의 사례를 따르는 것이 좋다. 더불어 봉사학습 지지자는 교수와 학생이 학교, 학생, 지역사회에 대한 초, 중등학교 봉사학습의 결과에 접근하기 위한 연구를 하도록 장려해야 한다.

봉사학습의 제도화

만약 봉사학습이 생명력 있는 프로그램으로 남고자 한다면 책무, 정책, 그리고 각급 고등교육기관의 실천이 완전히 통합되어야 한다. 봉사학습프로그램의 기본 요소는 안전한 기금이다. 안정적인 기금은 한 가지 원천에서 나온다기보다 다양한 원천에서 나온다. 한편 연방기금, 미국봉사단 같은 학생을 지원 또는 권장하는 연방프로그램을 분명하게 찾게될 것이고 그것은 정치적으로 즉흥적인 것이기도 하다.

이 책에서 나타낸 것처럼 전국봉사연합의 생명력과 그 프로그램은 많은 논쟁의 주제이며, 고등교육증진기금은 고등교육에서 지역사회봉사를 위한 보조금을 끊은 상태이다. 비영리조직 부분의 지원은 몇 가지에서 중요하다. 직접적 재정 지원을 주기 위한 지역사회에 기초한 조직의 능력이 한정되어 있음에도 불구하고 학생자원봉사자의 감독과 훈련, 문제에 대한 정보인구에 대한 자료, 그리고 물리적인 실행을 포함하는 지역사회 조직은 대학 봉사학습에 개입하는 학생의 학식과 프로젝트에 참여하기 위한 돈이 나오게 하기 위해 대학과 함께 효과적으로 일할 수 있다. 학교와 지역사회 기관 사이의 파트너십 발달은 고등교육기관 자체에만은 유용하지 않은 기금 기회에 접근할 수 있게 한다. 고등교육기관과 지역사회 조직 사이의 파트너십은 연방주택국과 도심개발교육처를 통하여 기금을 위해 적격이 된다.

연방과 비영리 부문 지원의 한계 때문에 봉사학습을 지원하는 개인적 부분은 중요하다. 봉사학습상과 장학금을 통한 학생 지원 지시, 조직적 봉사학습프로그램의 지원, 지역사회와의 협력적 벤처의 지원을 포함하는 많은 유형이 있을 수 있다. 봉사학습 관계자는 개인적이고 협동적인 봉사학습 기금에 초점 맞추어 아젠다를 개발해야 한다.

봉사학습에 교수의 개입과 지도력은 조직적 수준에서 봉사학습을 유지하는데 필수적이다. 봉사학습은 만약 그것이 학문 간에 걸친 교과과정에 들어 있다면 중심이 될 것이다. 레빈(Levine)의 학부학생의 지역사회 봉사연구에서 학생이 특별한 조직에 대해 말한 것처럼 봉사는 중요하지 않다. 만약 그렇다면 그것은 교과과정의 한 부분이 되어야 할 것이다. 그러므로 봉사학습은 그것에 적합한 교수가 개입해서 촉진, 유지, 그리고 반복과정에 있어서는 변화를 기반으로 지원되어야만 한다.

그런 변화는 앞서처럼 강한 저항을 겪을 것이다. 1995년 플로리다 애틀랜틱대학교의 사례에서 교수 한 사람이 유일하게 지역사회봉사와 교수법의 강도를 유지하고 있었다. 그는 자폐자녀 및 부모와 함께 살며 일하는 이민 농부를 위한 세 가지 봉사조직의 출발을 도왔고 간행되지는 않았지만 지역사회에서의 행위에 대한 연구를 지휘하였다. 대학교육 연구학술지에 따르면 어떤 관찰사는 플로리다의 공직 조직이 보존을 위한 두 가지 길을 제공할 것을 예언하였다. 하나는 연구, 교수, 봉사의 균형을 계속 요구하는 것이고, 다른 하나는 자신들의 교수와 봉사 기초를 촉진하고자 하는 사람들을 위한 비전통적인 것이다. 봉사학습 지원자처럼 그들도 조직에 적절한 것을 개발하고 촉진하는 것을 따른다.

아울러, 봉사학습에 열중하는 교수는 교육기관의 다양한 지원에 의존한 주요 자원은 자금 개발과정 또는 느슨해진 설계시간, 학생 배치와 발달에 대한 원조, 봉사학습 교육에 있어서의 전문가로 발탁될 기회가 있다. 또한 연계 학문에 기초한 자원에는 교수요목 표준과 다른 교육과정을 위한 자료, 성공적 교수법과 학생 평가단계가 포함된다. 학술적 모임과 연구지에 대한 관심을 증가시킬 것을 권장하며, 미국대학교육학회(AAHE)와 Campus Compact의 가상대학의 개인 연구에서 봉사학습에 대한 논문들을 생산하기 위해 주요 계획을 수립하였다. 벤틀리대학 즐로코브스키의 지도아래, 첫 번째 책은 1996년과 1997년에 출판되었다. 각각의 책은 특정 학문을 전공한 교수에 의해서 기술되었고 지역사회에 대한 학문적 이론적 전망과 역사에 대하여 집필되었다. 그리고 교육학적 논문 교육과정 자료표준과 학생 과제의 주석을 단 참고문헌, 그리고 전국적 지역조직에 대한 목록, 단계와 결과 표현에 대한 기회, 학문 내에 봉사학습에 대한 개인적 작업이 포함될 것이다.

교과과정에 대한 봉사학습의 관련은 교수법, 학습, 교과과정 계획 전환, 학교 행정가, 학교 내의 전문적 학생관련 사무를 위한 기관은 함께 작업하는 교수를 위한 교육적 자원을 만들기 위해 노력하여야 한다. 아울러 같은 학문 모임뿐 아니라 미국대학교육학회, Campus Compact, 그리고 전국체험교육학회에 의해 발달을 위한 국가적 자원을 지원받을 수도 있다.

전통적 학문 내에서 봉사학습의 역할을 강화하는 대신 봉사학습을 조직화하려는 노력은 학문 상호관계의 발달에 의해 지원될 것이다. 지역사회 문제와 사회문제는 드물게 어떤 한 학문에 적합하기도 하다. 사실 대부분은 복잡하고 다양하게 관점과 지식 그리고 넓은 학문의 범위로부터 원인을 해결하는 접근법까지를 요구하고 해결을 고려한다. 봉사학습의 실천은 협력적 연구, 세미나와 과정의 집단교수법, 전 학과에 걸쳐 봉사 또는 표현 욕구를 강화하기 위한 책무를 가지고 함께 일하는 교수와 학생을 포함하는 계획 등을 통한 학문 상호 간의 관계를 창조하고 유지하게 한다. 봉사학습 관계자는 학문 상호 간의 확대하여야 하고 상호간 작업에 심혈을 기울여야 한다.

봉사학습의 결과를 생성하기도 하고 그에 기여하기도 하는 교육기관 내에서의 협력의 다른 수준은 교무처와 학생처 간의 협력이다. 전통적으로 다른 학문에서의 교수법처럼 각각으로 고립된 기능적 조직에서의 작업, 더 많은 학교에 대한 학교와 학생기구는 봉사학습 조직화를 위해 함께 작업한 결과이다. 교수는 프로그램 계획, 수행, 지배적 통찰력과 경험에 있어서 대학생의 학습 발달과 유형, 식견, 그리고 이론적 전문지식을 학생기구에서 얻을 수 있다. 전문적 학생기구와 전문가는 교실에서의 교과과정 발달, 연구 교수 전략, 그리고 학생 수행에 대하여 교수에게서 배울 수도 있다.

만약 봉사학습이 조직화될 수 있다면 그것은 교과과정이건 연계교과과정

영역이건 대학의 프로그램, 실제, 정책의 모든 면이 통합될 것이다. 학생업무와 교무, 그리고 인사는 이렇게 하도록 함께 일해야 한다. 교육기관에서 봉사학습의 영원한 존속을 설정하고자 하는 사람은 학교가 정보와 자원을 공유하고 유익한 지역사회와 관계를 상호 발전시키기 위한 집중된 형태에서 일하는 것을 통하여 동료 대학으로까지 뻗쳐야 한다.

이 책 앞에서 강조하였던 것처럼 지역사회와 관계가 있는 봉사학습으로 들어가는 대학은 호혜적이고 책임 있고 유지할 방법에서 수행해야 한다. 지역사회 파트너십에 대해 교육기관은 다른 자원, 인간이 가져야 할 책무를 강화하기 위하여 봉사학습을 조직화하여야 한다.

교육기관이 점차로 지역사회와의 관계 갖기를 시도할 때, 개인과 지역사회를 위한 호혜적 방법, 부정적 결과가 나올 수도 있고 지역사회는 과거의 실패와 관계없을 때조차 연속적인 조직의 확대를 두려워하고 저항할 것이다. 불행한 봉사학습 시도는 교육기관 지도자가 질 높은 봉사학습 파트너십의 발전을 선호할지라도 오랜 시간동안 지역사회와의 관계를 방해하는 효과를 가져오기도 한다. 그러므로 봉사학습 조직화를 위한 노력의 미래는 지역사회 개입의 약한 지원을 가진 초기 시도에 의하여 위험에 빠질 수도 있다. 봉사학습을 믿는 사람이 봉사학습의 시작에서부터 유지하지 못하게 하고 무책임하고, 강력한 방해에서 출현한 상황을 막을 수 있는 것은 본질적이다.

봉사학습은 그것을 지원하는 교육기관에 유익하게 하는 다양한 교육기관에 의해 유지되고 확대될 것이다. "봉사학습 교육자들은 지역사회 봉사를 제공하는 창조적 방법으로 지원의 끝을 찾을 수 있고 우리 교육기관에 가져오려는 것을 위해 유지하려는 장소로 들어갈 수도 있다고 생각한다." 이런 수혜사항에는 학생학습발달결과, 재생시킬 교수법과 재생하려는 교수를 위한 기회, 그리고 우호적인 결과, 강력한 지원이 있다. 결과적으로 안정적인 재정지원 기반과 교수의 개입과 동행원칙을 개발시키기 위해 노력하고 봉사학습 관계자는 교육기관 내의 이익을 구체화, 문서화하고 촉진하여야 한다.

소 결

봉사학습은 21세기에도 지속적으로 성장할 것이다. 낙천주의자들은 최근의 발달과 봉사학습을 지원하는 고전적 자원 그리고 이 책에서도 언급한 뛰어난 봉사학습의 많은 사례들을 통해서 정당화하고 있다. 봉사학습의 계속적인 발달을 위한 견고한 토대를 구축하기 위해 필수적인 것은 공간이다.

고등교육기관이 성장하는 사회적 요구에 대응하기 위한 주요 역할을 갱신하는 데에 중요한 단계를 마련해야 한다. 봉사학습 교육자는 봉사학습이 어떻게 미래의 교육환경 변화와 현재를 예기할 수 있을 것인가를 고민하고 노력하여야 한다. 연구자와 참여자 모두는 학생과 지역사회 그리고 교육기관의 봉사학습 효과에 대한 연구에 개입되어 있다. 더 강력한 관계는 초·중등교육과 고등교육 사이에 발달되어 있다. 그리고 봉사학습은 나라 전체를 통해 대학에서 조직화되는 과정에 있다. 실제로 성공적인 조직화 형태는 이런 목적에 도달하기 위해 작업하는 사람을 격려하기 위해 존재한다.

봉사학습은 봉사와 학습의 강력한 연결고리 때문에 살아남을 수 있을 것이다. 그리고 이런 봉사학습은 학생, 교육자, 그리고 봉사학습 관련 실무관계자, 협력과 보편적인 선에 대한 관심과 함께 할 공적, 협동적 지도자를 격려할 것이다. 민주주의는 적극적인 시민의 개입과 지역사회 생활에 대한 참여에 의존한다. 참여자를 봉사학습에 완전히 개입하게 하는 효과적인 프로그램은 봉사학습에 열중할 기회와 사회적 문제 해결을 추구하는 미래 세대를 이끌 환경과 교육기관을 유지하고 창조할 것을 배우고자, 중요한 교훈의 사용을 지속시킬 수 있는 개인을 성장시킬 것이다.

참고문헌

제1장

Albert, G. (ed.). Service-Learning *Reader: Reflections and Perspectives on Service.* Raleigh, N.C.: National Society for Experiential Education, 1994.

Association of American Colleges. *A New Vitality in General Education.* Washington, D.C.: Association of American Colleges, 1988.

Astin, A. W. "Higher Education and the Future of Democracy." Inaugural lecture as Allan Murray Cartter chairholder, University of California, Los Angeles, Oct. 1994.

Astin, A. W., Korn, W. S., and Sax, L. J. *The American Freshman: National Norms for fall 1994.* Los Angeles: Higher Education Research Institute, University of California, 1994.

Barber, B. R. "A Mandate for Liberty." In S. Sagawa and S. Halperin (eds.), *Visions of Service: The Future of the National and Community Service*

Act. Washington, D.C.: National Women' S Law Center and American Youth Policy Forum, 1993.

Berry, H. A. "Service-Learning in International/Intercultural Settings." *Experiential Education*, 1988, 13(3), 3.

Berry, H. A. "Reexamining Service-Learning in an International Context." Paper presented at the International Experiential Learning Conference, Washington, D.C., Nov. 1994.

Bok, D. *Beyond the Ivory Tower: Social Responsibilities of the Modern University.* Cambridge, Mass.: Harvard University Press, 1982.

Bok, D. *Higher Learning.* Cambridge, Mass.: Harvard University Press, 1986.

Boyer, E. L. College: *The Undergraduate Experience in America.* NewYork: Harper Collins, 1988.

Boyer, E. L. *Scholarship Reconsidered: Priorities of the Professoriate.* Princeton, N.J.: Carnegie Foundation for the Advancement of Teaching, 1990.

Boyer, E. L. "Creating the New American College." *Chronicle of Higher Education*, Mar. 9, 1994, p. 48.

Campus Outreach Opportunity League. *Into the Streets: Organizing Manual, 1993-94 Edittion.* St. Paul, Minn.: COOL Press, 1993.

Cha, S., and Rothman, M. *Service Matters: A Sourcebook for Community Service in higher Education.* Providence, R.I.: Campus compact, 1994.

Chickering, A. W., and Gamson, Z. F. *Seven Principles for Good practice in Undergraduate Education.* Racine, Wisc.: Johnson Foundation, 1987.

Cirone, W. J. "Linkages Between Civic Literacy and the State History/Social Science Framework." Address to Constitutional Rights Foundation Area VI, Santa Barbara, Calif., May 1989.

Coles, R. The Call of Service: A Witness to Idealism. Boston: Houghton Mifflin, 1993.

Cruz, N. "Reexamining Service-Learning in an International Context." Paper presented at the International Experiential Learning Conference,

Washington, D.C., Nov. 1994.

Delve, C. I., Mintz, S. D., and Stewart, G. M. (eds.). *Community Service as Values Education.* New Directions for Student Services, no. 50. San Francisco: Jossey-Bass, 1990.

Dewey J. "Toward a Theory of Service-Learning." *Michigan Journal of Community Service Learning,* 1994, 1(1), 77-85.

Ehrlich, T. "Taking Service Seriously." *American Association of higher Education Bulletin,* 1995, 47(7), 8-10.

Galura, J., and others. *PraxisII: Service Learning Resources for University Students, Staff, and Faculty.* Ann Arbor: OCSL Press, 1994.

Galura, J., and others. *PraxisIII: Voices in Dialogue.* Ann Arbor: OCSL Press, 1995.

Giles, D. E., and Eyler, J. "The Theoretical Roots of Service-Learning in John Dewey: Toward a Theory of Service Learning. " *Michigan Journal of Community Service Learming,* 1994, 1(1), 77-85.

Giles, D., Porter Honnet, E., and Migliore, S. *Research Agenda for Combining Service and Learning in the 1990s.* Raleigh, N.C.: National Society for Experiential Education, 1991.

Hackney, S. "The Roles and Responsibilities of Urban Universities in Their Communities: Five University Presidents Call for Action." *Universities and Community Schools,* 1994, 1-2, 9-11.

Harkavy, I. "Community Service and the Transformation of the American University." In S. Sagawa and S. Halperin (eds.), *Visions of Service: The Future of the National and Community Service Act.* Washington, D.C.: National Women' s Law Center and American Youth Policy Forum, 1993.

Howard, J. (ed.). *Praxis I: A Faculty Casebook On Community Service Learning. Ann Arbor:* OCSL Press, 1993.

Jackson, K. (ed.). *Redesigning* Curricula: Models of Service Learning Syllabi. Providence, R. l.: Campus Compact, 1994.

Karasik, J. "Not Only Bowls of Delicious Soup: Youth Service Today." In S. Sagawa and S. Halperin (eds.), *Visions of Service: The Future of the National and Community Service Act.* Washington, D.C.: National Women' s Law Center and American Youth Policy Forum, 1993.

Kendall, J. C. "From Youth Service to Service-Learning." In A. C. Lewis, *Facts and Faith: A Status Report on Youth Service.* Washington, D.C.: Youth and America' s Future: William T. Grant Foundation Commission on Work, Family, and Citizenship, 1988.

Kendall, J. C. "Combining Service and Learning: An Introduction." In J. C. Kendall (ed.), *Combining Service and Learning: A Resource Book for* Community and Public Service Vol. 1. Raleigh, N.C.; National Society for Experiential Education, 1990.

Kerr, C. *The Uses of the University*. Cambridge, Mass.: Harvard University Press, 1963.

Kolb, D. *Experiential Learning: Experience as the Source of Learning and Development.* Englewood Cliffs, N.J.: Prentice Hall, 1984.

Kupiec, T. Y. (ed.). *Rethinking Tradition: Integrating Service with Academic Study On College Campuses.* Providence, R.I.: Campus Compact, 1993.

Levine, A. "Service on Campus." Change, July/ Aug. 1994, 4-5. National Center for Service-Learning. The *Service-Learning Educator: A Guide to Program Management.* No. J302-513. Washington, D.C.: U.S. Government Printing Office, 1980.

Newman, F. *Higher Education and the American Resurgence.* Princeton, N.J.: Carnegie Foundation for the Advancement of Teaching, 1985.

Pew Higher Education Roundtable. "To. Dance with Change." *Policy Perspectives,* 1994, 5(3), 1-12.

Porter Honnet, E., and Poulsen, S.J. *Principles of Good Practice for combining Service and Learning*. Racine, Wisc.; Johnson Foundation, 1989.

Rudolph, F. *The American College and University: A History.* Athens: University of Georgia Press, 1962.

Seidel, R. "Reexamining Service-Learning in an International Context." Paper presented at the International Experiential Learning Conference, Washington, D.C., Nov. 1994.

Sigmon, R. *Linking Service with Learning.* Washington, D.C.: Council of Independent Colleges, 1994.

Smith, M. *Service Counts: Lessons from the Field of Service and Higher Education.* Providence, R.I.: Campus Compact, 1995.

Smith, M. W. "Issues in Integrating Service-Learning into the Higher Education Curriculum." *In Effective Learning, Effective Teaching, Effective Service.* Washington, D.C.: Youth Service America, 1994.

Smythe, O. "Practical Experience and the Liberal Arts: A Philosophical Perspective." In J. C. Kendall (ed.), *Combining Service and Learning: A Resource Book for Community and Public Service,* Vol. l. Raleigh, N.C.: National Society for Experiential Education, 1990.

Stanton, T. "Service-Learning: Groping Toward a Definition." In J. C. Kendall (ed.), *Combining Service and Learning: A Resource Book for Community and Public Service,* Vol. 1. Raleigh, N.C.: National Society for Experiential Education, 1990.

Study Group on the Conditions of Excellence in American Higher Education. *Involvement in Learning.* Washington, D.C.: U.S. Department of Education, 1984.

Wingspread Group on Higher Education. *An American Imperative: Higher Expectations for Higher Education. Racine, Wisc.: Johnson Foundation,* 1993.

제2장

Adams, M. "Cultural Inclusion in the American College Classroom." In L.L.B. Boorder and N.V.N. Chism(eds), Teaching for Diversity. New Directions for Teaching and Learning, no. 49. San Francisco:Jossey-

Bass, 1992.

Bruffee, K. "Sharing Our Toys: Cooperative Learning Versus Collaborative Learning." *Change*, Jan-Feb. 1995, 12-18.

Campus Outreach Opportunity League. *Into the Streets: Organizing Manual, 1993-94 Edition.* St. Paul, Minn.: COOL Press, 1993.

Chriship, D. D., and Lason, C. E. *Collaborative Leadership: How Citizens and Civic Leaders Can Make a Difference.* San Francisco: Jossey-Bass, 1994.

Cruz, N." Multicultural Politics of Difference in Service-Learning." Paper presented at the Council of Independent Colleges' s National Institute on Learning and Service, St. Charles, Ill., May-June 1995.

Essential Characteristics for Course Inclusion in the Service Integration Project. Fort Collins: Colorado State University, 1994.

Gabelnick, F. "Collaboration." Paper presented at the Bush Regional Collaboration Conference, Minneapolis, Minn., Nov. 1993.

Himmelman, A. *Communities Working Collaboratively for a Change.* Unpublished working paper, 1994.

Howard, J. (ed.). Praxis I: A Faculty Casebook on Community Service Learning. Ann Arbor: OCSL Press, 1993.

Kretzmann, J. P., and McKnight, J. L. *Building Communities from the Inside Out: A Path Toward Finding and Mobilizing a Community' s Asserts.* Evanston, Ill.: Center for Urban Affairs and Policy Research, Northwestern University, 1993.

Minnesota Campus Compact. *Campus-Community Collaborations Program.* Minneapolis: Minnesota Campus Compact, 1995.

Office of Evaluation, Corporation for National Service. *Handbook for Continuous Improvement.* Washington, D.C.: Corporation for National Service, 1995.

Porter Honnet, E., and Poulsen, S. J. *Principles of Good Practice for Combining Service and Learning.* Racine, Wisc.: Johnson Foundation, 1979, 8(1).

Sigmon, R. "Service-Learning: Three Principles." *Synergist*, 1979, 8(1).

Sigmon, R. *Linking Service with Learning.* Washington, D.C.: Council of Independent Colleges, 1994.

Takaki, R. "Diversity in Higher Education." *AAHE Bulleti*n, 1995, 47(10), 13.

Waldock, J. M. *Achieving Cross-Cultural Understanding Through Service-Learning in Higher Education.* Unpublished report. Mankato, Mimm.: Mankato State University, 1995.

Wells, E. A., and Knefelkamp, L. L. *The Practice-to-Theory-to-Practice Model.* Washington, D.C.: American College Personnel Association, 1984. (Companion to PTP videotape.)

Wheatley, M. *Leadership and the New Science: Learning About Organization from an Orderly Universe.* San Francisco: Berrett-Koehler, 1994.

제3장

Asch, A., and Fine, M. "Introduction: Beyond Pedestals." In M. Fine and A. Asch (eds.), *Women with Disabilities: Essays in Psychology, Culture, and Politics.* Philadelphia: Temple University Press, 1988.

Atkinson, D. R., and Hackett, G. *Counseling Diverse Populations.* Dubuque, Iowa: W.C. Brown and Benchmark, 1995.

Atkinson, D. R., Morten, G., and Sue, D. W. *Counseling American Minorities: A Cross-Cultural Perspective.* (4th ed.). Dubuque, Iowa: W.C. Brown and Benchmark, 1993.

Baxter Magolda, M. B. *Knowing and Reasoning in College: Gender-Related Patterns in Students Intellectual Development.* San Francisco: Jossey-Bass, 1992.

Belenky, M., Clinchy, B., Goldberger, N., and Tarule, J. *Women' s Ways of Knowing.* New York: Basic Books, 1986.

Brown, D., Brooks, L., and Associates. *Career Choice and Development: Applying Contemporary Theories to Practice.* (2nd ed.) San Francisco:

Jossey-Bass, 1990.

Chickering, A. W. *Education and Identity.* San Francisco: Jossey-Bass, 1969. Chickering, A.W., and Reisser, L. Education and Identity. (2nd ed.) San Francisco: Jossey-Bass, 1993.

Cornfeld, J. L., and Knefelkamp, L. L. "Combining Student Stage and Type in the Design of Learning Environments: An Integration of Perry Stages and Holland Typologies." Paper presented at the American College Personnel Association Conference, Los Angeles, Mar. 1979.

Dill, B. T. "Race, Class, and Gender: Prospects for an All-Inclusive Sisterhood." In L. Stone (ed.), *The Education Feminism Reader.* New York: Routledge, 1994.

Erikson, E. H. *Identity and the Life Cycle.* New York: Norton, 1980. (Originally published 1959.)

Evans, N. J. "Student Development Theory." In S. R. Komives, D. B. Woodard, Jr., and Associates, Student Services: *A Handbook for the Profession.* (3rd ed.) *San Francisco:* Jossey-Bass, 1996.

Evans, N. J., and Wall, V. A. (eds.). *Beyond Tolerance: Gays, Lesbians and Bisexuals on Campus.* Washington, D.C.: American College Personnel Association, 1991.

Fassinger, R. E. "The Hidden Minority: Issues and Challenges in Working with Lesbian Women and Gay Men." *Counseling Psychologist,* 1991, 19, 157-176.

Fine, M., and Asch, A. (eds.). *Women with Disabilities: Essarys in Psychology, Culture, and Politics.* Philadelphia: Telnple University Press, 1988.

Fowler, J. W. *Stages in Faith: The Psychology of Human Development and the Quest for Meaning.* San Francisco: Harper San Francisco, 1981.

Fowler, J. W. Stages in Selfhood and Faith." In J. W. Fowler (ed.), *Faith Development and Pastoral Care.* Philadelphia: Fortress Press, 1987.

Gilligan, C. *In a Different Voice.* Cambridge, Mass.: Harvard University Press, 1982.

Harris, A., and Wideman, D. "The Construction of Gender and Disability in Early Attachment." In M. Fine and A. Asch (eds.), *Women with Disabilities: Essays in Psychology, Culture,* and Politics. Philadelphia: Temple University Press, 1988.

Helms, J. E. "Introduction: Review of Racial Identity Terminology." In J. E. Helms (ed.), *Black and White Racial Identity: Theory, Research, and Practice. Westport,* Conn.: Greenwood Press, 1990a.

Helms, J. E. "Toward a Model of White Racial Identity Development." In J. E. Helms (ed.), *Black and White Racial Identity: Theory, Research, and Practice.* Westport, Conn.: Greenwood Press, 1990b.

Helms, J. E. *A Race Is a Nice Thing to Have: A Guide to Being a White Person, or Understanding the White Persons In Your Life.* Topeka, Kans.: Content Communications, 1992.

Jones, S. R. "Toward Inclusive Theory: Disability as Social Construction." *NASPA Journal,* in press.

King, P. M. "William Perry' s Theory of Intellectual and Ethical Development." In L. Knefelkamp, C. Widick, and C. A. Parker (eds.), *Applying New Developmental Findings.* New Directions for Student Services, no. 4. San Francisco: Jossey-Bass, 1978.

Knefelkamp, L. "Developmental Instruction: Fostering Intellectual and Personal Growth of College Students." Unpublished doctoral dissertation, University of Minnesota, 1974.

Knefelkamp, L., Widick, C., and Parker, C. A. (eds.). *Applyng New Developmental Findings.* New Directions for Student Services, no.4. San Francisco: Jossey-Bass, 1978a.

Knefelkamp, L., Widick, C., and Parker, C. A. "Editors' Notes: Why Bother with Theory?" In. L. Knefelkamp, C. Widick, and C. A. Parker (eds.), *Applyng New Developmental Findings.* New Directions for Student Services, no.4. San Francisco: Jossey-Bass, 1978b.

Kohlberg, L. "The Cognitive-Developmental Approach to Moral Education."

Phi Delta Kappan, 1975, 56, 670-677.

Kolb, D. A. "Learning Styles and Disciplinary Differences." In A.W. Chickering and Associates, *The Modern American College.* San Francisco: Jossey-Bass, 1981.

Kolb, D. A. *Experiential Learning.* Englewood Cliffs, N.J.: Prentice Hall, 1984.

Kolb, D. A. *Learning Style Inventory: Self-Scoring Inventory and Interpretation Booklet.* Boston: McBer, 1985.

Krumboltz, J. D., Mitchell, A. M., and Jones, G. B. "A Social Learning Theory of Career Selection." *Counseling Psychologist,* 1976, 6(1), 71-81.

Langston, D. "Tired of Playing Monopoly?" In M. L. Andersen and P. H. Collins (eds.), *Race, Class, and Gender: An Anthology.* Belmont, Calif.: Wadsworth, 1995.

Levine, H., and Evans, N. J. "The Development of Gay, Lesbian, and Bisexual Identities." In N.J. Evans and V. A. Wall (eds.), *Beyond Tolerance: Gays, Lesbians and Bisexuals 0n Campus.* Washington, D.C.: American College Personnel Association, 1991.

McEwen, M. K. "New Perspectives on Identity Development." In S. R. Komives, D. B. Woodard, Jr., and Associates, *Student Services: A Handbook for the Profession.* (3rd ed.) San Francisco: Jossey-Bass, 1996.

Moore, L. V. (ed.). *Evolving Theoretical Perspectives on Students.* New Directions for Student Services, no.51. San Francisco: Jossey-Bass, 1990.

Osipow, S. H. *Theories of Career Development.* (3rd ed.) Englewood Cliffs, N.J.: Prentice Hall, 1983.

Parks, S. *The Critical Years: The Young Adult Search for a Faith to Live* By. New York: HarperCollins, 1986.

Perry, W. G., Jr. *Forms of Intellectual and Ethical Development in the College Years: Ascheme.* Austin, Tex.: Holt, Rinehart and Winston, 1970.

Perry, W. G., Jr. "Sharing in the Costs of Growth." In C. A. Parker (ed.), *Encouraging Development in College Students.* Minneapolis: University of Minnesota Press, 1978.

Perry, W. G., Jr. "Cognitive and Ethical Growth: The Making of Meaning." In A. W. Chickering and Associates, *The Modern American College.* San Francisco: Jossey-Bass, 1981.

President's Commission on Disability Issues. *Reasonable Accommodations: Teaching College Students with Disabilities.* College Park: University of Maryland at College Park, 1990.

Rodgers, R. F. "Recent Theories and Research Underlying Student Development." In D. G. Creamer and Associates, *College Student Development: Theory and Practice for the 1990s.* Washington, D.C.: American College Personnel Association, 1990.

Rubin, L. B. Worlds of Pain: *Life in the Working-Class Family.* New York: Basic Books, 1976.

Rutledge, M. "Faith Development: Bridging Theory and Practice." In J. Butler (ed.), *Religion on Campus.* New Directions for Student Services, no.46. San Francisco: Jossey-Bass, 1989.

Sanford, N. "Developmental Status of the Entering Freshman." In N. Sanford (ed.), *The American College.* New York: Wiley, 1962.

Sanford, N. *Where Colleges Fail: A Study of the Student as a Person.* San Francisco: Jossey-Bass, 1967.

Scheer, J. "Culture and Disability: An Anthropological Point of View." In E. J. Trickett, R. J. Watts, and D. Birman (eds.), *Human Diversity: Perspectives on People in Context.* San Francisco: Jossey-Bass, 1994.

Schlossberg, N. K., Lynch, A. Q., and Chickering, A. W. *Improving Higher Education Environments for Adults: Responsive Programs and Services from Entry to Departure.* San Francisco: Jossey-Bass, 1989.

Stewart, G. M. "Learning Styles as a Filter for Developing Service-Learning Interventions." In C. I. Delve, S. D. Mintz, and G. M. Stewart (eds.), *Community Service as Values Education.* New Directions for Student Services, no.50. San Francisco: Jossey-Bass, 1990.

Swezey, E. D. "Grounded in Justice: Service Learning from a Faith Perspective." .In C. I. Delve, S. D. Mintz, and G. M. Stewart (eds.), *Community Service as Values Education.* New Directions for Student Services, no. 50. San Francisco: Jossey-Bass, 1990.

Wadsworth, B. J. *Piaget' s Theory of Cognitive Development.* New York: McKay, 1971.

Weis, L., and Fine, M. (eds.). *Beyond Silenced Voices: Class, Race and Gender in United States Schools.* Albany: State University of New York Press, 1993.

Widick, C. "An Evaluation of Developmental Instruction in a University Setting." Unpublished doctoral dissertation, University of Minnesota, 1975.

Worthington, E. L. "Religious Faith Across the Lifespan: Implications for Counseling and Research." *Counseling Psychologist,* 1989, 17, 555-612.

제4장

Campus Compact. *Mapping the Geography of Service on a College Campus: Strategic Questions About the Institution, Stakeholders, Philosophies and Community* Campus Compact, 1994.

Cisneros, H. *The University and the Urban Challenge*. Washington, D.C.: U.S. Department of Housing and Urban Development, 1995.

Delve, C. I., Mintz, S. D., and Stewart, G. M. "Promoting Values Development Through Community Service: A Design." In C. I. Delve, S. D. Mintz, and G. M. Stewart (eds.), *Community Service as Values Education,* New Directions for Student Services, no.50. San Francisco: Jossey-Bass, 1990.

Kretzmann, J. P., and McKnight, J. L. *Building Communities from the Inside Out: A Path Toward Finding and Mobilizing a Community's Assets.* Evanston, Ⅲ.: Center for Urban Affairs and Policy Research, North -

western University, 1993.

Kupiec, T. Y (ed.). *Rethinking Tradition: Integrating Service with Academic Study on College Campuses.* Providence, R.I.: Campus Compact, 1993.

Mulling, C. "Do No Harm." Paper presented in a panel discussion at the National Gathering: College Educators and Service Learning, Providence, R.I., May 1995.

Porter Honnet, E., and Poulsen, S. J. *Principles of Good Practice for Combining Service and Learning*. Racine, Wise.: Johnson Foundation, 1989.

Wiger, f. "Do No Harm." Paper presented in a panel discussion at the National Gathering: College Educators and Service Learning, Providence, R.I., May 1995.

제5장

Astin, A. W. "Student Involvement in Community Service: Institutional Commitment and the Campus Compact." Paper prepared for the Wingspread Conference on Service Learning Research, Racine, Wisc., 1991.

Astin, A. W., Korn, W. A., and Sax, L. J. *The American Freshman: National Norms for Fall* 1994. Los Angeles: Highe rEducation Research Institute, University of California, 1994.

Campus Outreach Opportunity League. *Into the Streets: Organizing Manual 1993-94 Edition.* St. Paul, Minn.: COOL Press, 1993.

Delve, C. I., Mintz, S. D., and Stewart, G. M. "Promoting Values Development Through Community Service: A Design." In C. l. Delve, S. D. Mintz, and G. M. Stewart (eds.), *Community Service as Values Education*, New Directions for Student Services, no.50. San Francisco: Jossey-Bass, 1990.

Giles, D. E., and Eyler, J. "The Impact of a College Community Service Laboratory on Students' Personal, Social and Cognitive Outcomes."

Journal of Adolescence, 1994, 17, 327-339.

Loeb, P. R. "Greeks and Granolas and Steeps and Slackers." *Mother Jones*, Sept.-Oct. 1994a, 56-63.

Loe b, P. R. *Generations at the Crossroads: Apathyand Actionon the American Campus.* New Brunswick, NJ.: Rutgers University Press, 1994b.

Serow, R. C. "Students and Volunteerism: Looking into the Motives of Community Service Participants." *American Educational Research Journal*, 1991, 28(3), 543-556.

Winniford, J. C., Carpenter, D.S., and Grider, C. "An Analysis of the Traits and Motivations of College Students Involved in Service." *Journal of College Student Development*, 1995, 36(1), 27-38.

제6장

"A Call for Student Leadership." *NASPA Forum*, 1995, 15(8), 6-7.

"A Conscious Effort ..." Los Angeles: Community Programs Office, University of California, Los Angeles, 1994.

Albaneso, V. "Volunteerism and Community Service Redefine Leadership." *Perspectives*, Summer 1993, 4-6.

Bortle, C. "AppalAction Explores Appalachian Culture." *Community Connection*, Fall 1994, 4.

"Building Citizen Leaders: A Model for Community Colleges." Panama City, Fla.: Citizen Leadership Institute, Gulf Coast Community College, 1994.

Chabot, J. *Welcome Week Orientation Venture Grant Final Report.* East Lansing: Service Learning Center, Michigan State University, 1994.

Delve, C. I., Mintz, S. D., and Stewart, G. M. "Promoting Values Development Through Community Service: A Design." In C. I. Delve, S. D. Mintz, and G. M. Stewart (eds.), *Community Service as Values Education* New Directions for Student Services, no.50. San Francisco:

Jossey-Bass, 1990.

"Emerging Leaders Planning Guide." Athens: Ohio University Leadership Development Program, 1995.

Fernandez, S. "An Emphasis on Altruism." *Chronicle of Higher Education*, June 8, 1994, A24-A26.

Gerdy, J. "Restoring Trust in Higher Education: Athletics' Role." *College Board Review*, Winter 1993-1994, 170, 22-32.

Marquette Action Program Facilitators' Handbook. Milwaukee, Wise.: Marquette University Action Program, 1992.

"Our Mission." *Community Connections*, Spring 1994, 2.

Stephens, I. "SNAPPS Trains Special Needs Athletes." *Community Connections*, Fall 1994, 7.

Taylor, R. "Habitat for Humanity." Service-Learning Listserv Archives, June 1995.

"Volunteer Guidelines." Salem, Ore.: Willamette University Community Outreach Program, 1994.

제7장

Boss, J. "The Effect of Community Service Work on the Moral Development of College Ethics Students." *Journal of Moral Education*, 1994, 23(2), 183-198.

Cha, S., and Rothman, M. *Service Matters: A Sourcebook for Community Service In Higher Education*. Providence, R.I.: Campus Compact, 1994.

Cohen, J., and Kinsey, D. " 'Doing Good' and Scholarship: A Service Learning Study." *Journalism Educator*, 1994, 4, 14.

Droge, D. "Rigor." *Service Learning Listserv Archives*, Mar. 16, 1995.

Giles, D. E., and Eyler, J. "The Impact of a College Community Service Laboratory on Students' Personal, Social, and Cognitive Outcomes." *Journal of Adolescence*, 1994, 17, 327-339.

Koliba, C. "Fourth Credit Option." *Service Learning Listserv Archives*, Feb. 13, 1995.

Levison, L. "Required Versus Voluntary: The Great Debate." In J. C. Kendall (ed.), Combining Service and Learning: A Resource Book for Community and Public Service, Vol.1. Raleigh, N.C.: National Society for Experiential Education, 1990.

Markus, G., Howard, J., and King, D. C. "Integrating Community Service and Classroom Instruction Enhances Learning: Results from an Experiment." *Educational Evaluation and Policy Analysis*, 1993, 15(4), 410-419.

Miller, J. "Linking Traditional and Service Learning Courses: Outcome Evaluations Utilizing Two Pedagogically Distinct Models." *Michigan Journal of Community Service Learning*, 1994, 1(1), 29-36.

Service Learning Scholars Program. Salt Lake City: Lowell Bennion Community Service Center, University of Utah, n.d.

제8장

Albert, G. (ed.). *Service Learning Reader: Reflections and Perspectives On Service. Raleigh*, N.C.: National Society for Experiential Education, 1994.

Buber, M. *I and Thou.* New York: Scribner, 1958.

Dass, R., and Gorman, P. "Reprise: Walking Each Other Home." In G. Albert (ed.), *Service Learning Reader: Reflections and Perspectives on Service.* Raleigh, N.C.: National Society for Experiential Education, 1994.

Delve, C. l., Mintz, S. D., and Stewart, G. M. "Promoting Values Development Through Community Service: A Design." In C. I. Delve, S. D. Mintz, and G. M. Stewart (eds.), *Community Service as Values Education* New Directions in Student Services, no.50. San Francisco: Jossey-Bass, 1990.

Institute for International Cooperation and Development. *Global Education.*

Williamstown, Mass.: Institute for International Cooperation and Development, 1995-96.

Kavanaugh, J. F. Faces of Poverty, Races of Christ. Manknoll, N.Y: ORBIS, 1991.

Partnership for Service Learning. "A World of Challenge...A World of Opportunity...A World of Difference." New York: Partnership for Service-Learning, 1995-96.

Porter Honnet, E., and Poulsen, S. J. *Principles of Good Practice for Combining Service and Learning.* Racine, Wise.: Johnson Foundation, 1989.

Willette, Z., Magevney, M., and Mann, L. *Curriculum Based Alternative Breaks: The Manual.* NaShville, Tenn.: Break Away-The Alternative Break Connection, 1994.

제9장

Bateson, M. *Composing a Life.* New York: Plume, 1990.

Bellah, R. *The Good Society.* New York: Knopf, 1991.

Colby, A., and Damon, W. *Some Do Care.* New York: Free Press, 1992.

Delve, C. I., Mintz, S. D., and Stewart, G. M. "Promoting Values Development Through Community Service: A Design." In C. I. Delve, S. D. Mintz, and G. M. Stewart (eds.), *Community Service as Values Education.* New Directions for Student Services, no.50. San Francisco: Jossey-Bass, 1990.

제10장

Delve, C. I., Mintz, S. D., and Stewart, G. M. "Promoting Values Development Through Community Service: A Design." In C. I. Delve, S. D. Mintz, and G. M. Stewart (eds.), *Community Service as Values*

Education, New Directions for Student Services, no.50. San Francisco: Jossey-Bass, 1990.

Office of Evaluation, Corporation for National Service. *Handbook for Continuous Improvement.* Washington, D.C.: Corporation for National Service, 1995.

제 11 장

Barr, M. J., and Cuyjet, M. J. "Program Development and Implementation." In T. K. Miller and R. B. Winston (eds.), *Administration and Leadership in Student Affairs: Actualizing Student Development in Higher Education.* (2nd ed.) Muncie, Ind.: Accelerated Development, 1991.

Below, P. J., Morrisey, G. L., and Acomb, B. L. *The Executive Guide to Striategic Planning.* San Francisco: Jossey-Bass, 1987.

Brown, R. D. "Key Issues in Evaluating Student Affairs Programs." In G. Kuh (ed.), *Evaluation in Student* Affairs. Cincinnati: American College Personnel Association, 1979.

Bryson, J. M. Strategic Planning for *Public and Nonprofit Organizations: A Guide to Strengthening and Sustaining Organizational Achievement.* SanFrancisco: Jossey-Bass, 1988.

Cronbach, L. J., and Associates. *Toward Reform of Program Evaluation.* San Francisco: Jossey-Bass, 1980.

Delve, C. I., Mintz, S. D., and Stewart, G. M. "Promoting Values Development Through Community Service: A Design." In C. I. Delve, S. D. Mintz, and G. M. Stewart (eds.), *Community Service as Values Education.* New Directions for Student Services, no.50. San Francisco: Jossey-Bass, 1990.

Giles, D., Porter Honnet, E., and Migliore, S. *Research Agenda for Combining Service and Learning in the 1990s.* Raleigh, N.C.: National Society for

Experiential Education, 1991.

Grose, V. L. Managing *Risk: Systematic Loss Prevention for Executives.* Englewood Cliffs, N. J.: Prentice Hall, 1987.

Madsen, C., and Walker, J. H. *Risk Management and Insurance: A Handbook of Fundamentals.* Washington, D.C.: National Association of College and University Business Officers, 1983.

Nliller, *NI., and Steele, L. Service Counts: Lessons from the Field of Service and Higher Education.* Providence, R.I.: Campus Compact, 1995.

Tremper, C., and Perry, J. "Volunteer Protection Varies State to State." *Leadership*, Oct.-Dec. 1994.

Tremper, C., and Rypkema, P. "A Look at the Heart of Risk Management." *LeaderShip*, Oct.-Dec. 1994.

Weiss, C. H. *Evaluation Research: Methods for Assessing Program Effectiveness.* Englewood Cliffs, N.J.: Prentice Hall, 1972.

Werner, D. *Where There Is No Doctor: A Village Health Care Handbook.* PaloAlto, Calif.: Hesperian Foundation, 1985.

제12장

ACTION: National Student Volunteer Program. Evaluating *Service-Learning Programs: A Guide for Program Coordinators.* Pamphlet no. 4300.7. Washington, D.C.: ACTION, 1978.

Boss, J. "The Effect of Community Service Work on the Moral Development of College Students." *Journal of Moral Education*, 1994, 23(2), 183-198.

Boyer, E. L. *Scholarship Reconsidered: Priorities of the Professoriate.* Princeton, N.J.: Carnegie Foundation for the Advancement of Teaching, 1990.

Campus Compact. *Fourteen Findings: Experiences of Teams Attending the 1991, 1992, and 1993 Summer Institutes on Integrating Service with Academic Study.* Providence, R.I.: Campus Compact, 1994.

Cohen, J., and Kinsey, D. "'Doing Good' and Scholarship: A Service Learning Study." *Journalism Education* 1994, 48(4), 4-14.

Coles, R. *The Call of Service: A Witness to Idealism.* Boston: Houghton Mifflin, 1993.

Cross, P., and Angelo, T. *Classroom Assessment Techniques: A Handbook for* Faculty. Ann Arbor, Mich.: National Center for Research to Improve Postsecondary Teaching and Learning, 1993.

Delve, C. I., Mintz, S. D., and Stewart, G. M. "Promoting Values Development Through Community Service: A Design." In C. I. Delve, S. D. Mintz, and G. M. Stewart (eds.), *Community Service as Values Education.* New Directions for Student Services, no. 50. San Francisco: Jossey-Bass, 1990.

Fitch, R. T. "Characteristics and Motivations of College Students Volunteering for Community Service." *Journal of College Student Development*, 1987, 28(5), 424-431.

Freire, P. *Pedagogy of the Oppressed.* (M. B. Ramos, trans.) New York: Herder and Herder, 1970.

Geertz, C. *The Interpretation of Cultures.* New York: Basic Books, 1973.

Giles, D. E., and Eyler, J. "The Impact of a College Community Service Laboratory on Students' Personal, Social and Cognitive Outcomes." *Journal of Adolescence*, 1994, 17, 327-339.

Harkavy, I., and Benson, L. "Progressing Beyond the Welfare State." *Uni - versities and Community Schools*, 1991, 2(1-2), 2-27.

Howard, J. (ed.). *Praxis I: Afaculty Casebook on Community Service Learning.* Ann Arbor: OCSL Press, 1993.

Hutchings, P., and Wutzdorff, A. "Experiential Learning Across the Curriculum: Assumptions and Principles." In P. Hutchings and A. Wutzdorff (eds.), Knowing and Doing: *Learning Through Experience.* New Directions for Teaching and Learning, no. 35. San Francisco: Jossey-Bass, 1988.

Jackson, K. (ed.). Redesiging *Curricula: Models of Service Learning* Syllabi. Providence, R.I.: Campus Compact, 1994.

Koppi, S. R. "The Relationship Between Community Service Orientation, Gender, Sociopolitical Attitudes, and Demographic Characteristics of Newly Enrolled Students." Unpublished master' s thesis, University of Marrland at College Park, 1992.

Kraft, R., and Krug, J. "Review of Research and Evaluation on Service Learning in Public and Higher Education." In R. Kraft and M. Swadener (eds.), *Building Community: Service Learning in the Academic Disciplines.* Denver:., Colorado Campus Compact, 1994.

Kraft, R., and Swadener, M. (eds.). *Building Community Service Learning in the Academic Discipunes.* Denver: Colorado Campus Compact, 1994.

Kupiec, T. Y. (ed.). Rethinking Tradition: *Integrating Service with Academic Study on College Campuses.* Providence, R.I.: Campus Compact, 1993.

Lynton, E. A. *Making the Case for Professional Service.* Washington, D.C.: American Association for Higher Education, 1995.

Markus, G., Howard, J. P. F., and Peterson, M. "Instruction Enhances Learning: Results from an Experiment." *Educational Evaluation and Policy Analysis,* 1993, 15(4), 410-419.

Montrose, L. "Planning for a Service Learning Center on Campus." In R. Kraft and M. Swadener (eds.), *Building Community: Service Learning in the Academic Discwlines.* Denver: Colorado Campus Compact, 1994.

Morton, K. "The Irony of Service: Charity, Project and Social Change in Service Learning." *Michigan Journal of Community Service Learning,* 1995, 2(1), 19-32.

Morton, K., and Troppe, M. "From the Margin to the Mainstream: Campus Compact's Project on Integrating Service with Academic Study." *Journal of Business Ethics,* 1996, 15(1), 21-32.

Neal, M., and others. *Evaluation: The Key to Improving Service-Learning Programs.* Minneapolis: University of Minnesota, Center for

Experiential Education and Service Learning, 1994.

Palmer, P. "Is Service Learning for Everyone? On the Identity and Integrity of the Teacher." In T. Y Kupiec (ed.), *Rethinking Tradition: Integrating Service with Academic Study On College Campuses.* Providence, R.I.: Campus Compact, 1993.

Penas, N., and Porpora, D. "Participatory Research: Three Models and an Analysis." *American Sociologist,* Nov.-Dec. 1993, 107-126.

Shulman, L. "Professing the Liberal Arts." Presentation at Campus Compact's 1991 Institute on Integrating Service with Academic Study, Stanford, Calif, July 1991. Text available from Campus Compact.

Shumer, R., and Berkas, T. *Doing Self-Directed Study for Service-Learning.* Minneapolis: University of Minnesota, Center for Experiential Learning and Service Learning, 1992.

Stanton, T. *Integrating Public Service with Academic Study: The Faculty Role.* Providence, R.I.: Campus Compact, 1990.

Troppe, M. *Paticipatory Action Research: Merging the Community and Scholarly Agendas.* Providence, R.I.: Campus Compact, 1994.

Troppe, M. (ed.). *Connecting Cognition and Action: Evaluation of Student Performance in Service Learning Courses.* Providence, R.I.: Campus Compact, 1995.

Winniford, J. C., Carpenter, D. S., and Grider, C. "An Analysis of the Traits and Motivations of College Students Involved in Service Organizations." *Journal of College Student Development,* 1995, 36(1), 27-37.

Zlotkowski, E. Untitled presentation at 1993 Campus Compact Institute on Integrating Service with Academic Study, Providence, R.I., July 1993.

Zlotkowski, E. "Service Learning as Campus Culture." In T. Y Kupiec(ed.), *Rethinking Tradition: Integrating Service with Academic Study on College Campuses.* Providence, R.I.: Campus Compact, 1993.

제13장

Augsburg College Plan for Integrating Service Learning and Academic Study. Minneapolis: Augsburg College, 1993.

Bentley College Service Learning Project Scholarship and Grant Opportunities. Waltham, Mass.: Bentley College, n.d.

Brevard Community College Center for Service-Learning: Cocoa, Fla.: Brevard Community College, n.d.

Cha, S., and Rothman, M. *Service Matters: A Sourcebook for Community Service in Higher Education.* Providence, R.I.: Campus Compact, 1994.

Eyler J., Giles, D. E., Schmiede, A., and Martin, E. "Evaluating a Community Service Laboratory." In M. Smith (ed.), *Service Counts: Lessons From the Field of Service and Higher Education.* Providence, R.I.: Campus Compact, 1995.

Feinstein Institute for Public Service. Providence, R.I.: Providence College, n.d.

Giles, D. E., and Eyler, J. "The Impact of a College Community Service Laboratory on Students' Personal, Social, and Cognitive Outcomes." *Journal of Adolescence* 1994, 17, 327-339.

Giles, D., Porter Honnet, E., and Migliore, S. (eds.). *A Research Agenda for Combining Service and Learning in the 1990s.* Raleigh, N.C.: National Society for Experiential Education, 1991.

Haas Center for Public Service Annual Report. Stanford, Calif.: Stanford University, 1994.

Haas Center for Public Service: An Introduction. Stanford, Calif.: Stanford University, n.d.

"*Headlines*" 1994-1995 Report. Cocoa, Fla: Brevard Community College Center for Service-Learning, 1995

Mankato State University Catalog 1992-94. Mankato, Minn.: Mankato State University, 1992.

Murphy, S., and Mulugetta, Y "Making a Difference: The Cornell Tradition." *College Board Review*, no. 173, Fall 1994.

Newmann, F. M. "Reflective Civic Participation." In J. C. Kendall (ed.), *Combining Service and Learning A Resource Book for Community and Public Service*, Vol. 1. Raleigh, N.C.: National Society for Experiential Education, 1990.

Southern Unjversity and A&M College Center for Service Learning. Baton Rouge, La.: Southern University and A&M College, n.d.

Spelman College Catalog, 1992-93. Atlanta, Ga.: Spelman College, 1992.

University of North Dakota Catalog, 1992-94. Grand Forks: University of North Dakota, 1992.

Zlotkowksi, E. "Service Learning as Campus Culture." In T. Y. Kupiec (ed.). *Rethinking Tradition: Integrating Service with Academic Study on College Campuses*. Providence, R.I.: Campus Compact, 1993.

제14장

Adams, L. B. "How One School Builds Self-Esteem and Serves the Community." *Middle School Journal*, 1993, 24(5), 53-55.

Bok, D. BeyOnd the Ivory Tower: Social Responsibilities of the Modern University Cambridge, Mass.: Harvard University Press, 1982.

Bok, D. *Higher Learning*. Cambridge, Mass.: Harvard University Press, 1986.

Boss, J. "The Effect of Community Service Work on the Moral Development of College Ethics Students." *Journal of Moral Education*, 1994, 23(2), 183-198.

Boyd, D. "The Condition of Sophomoritis and Its Educational Cure." *Journal of Moral Education.*, 1980, 10(1), 24-39.

Boyer, E. L. *Scholanhip Reconsidered: Priorities of the Professoriate*. Princeton, NJ.: Carnegie Foundation for the Advancement of Teaching, 1990.

Cage, M. C. "A Test Case for Tenure." *Chronicle of Higher Education*, Dec. 8,

1995, 17-18.

Cohen, J., and Kinsey, D. " 'Doing Good' and Scholarship: A Service Learning Study." *Journalism Educator*, 1994, 4.

Crowner, D. "The Effects of Service Learning on Student Participants." Paper presented at the National Society for Experiential Education Conference, Newport, R.I., Nov. 1992.

Droge, D. "Thoughts on the Future of Service-Learning in Higher Education in the United States." Unpublished paper 1995.

Edgerton, R. "The Engaged Campus: Organizing to Serve Society' s Needs." *AAHE Bulletin*, 1994, 47(1), 3-4.

Ehrlich, T. "Taking Service Seriously." *American Association of Higher Education Bulletin*, 1995, 47(7), 8-10.

Eyler, J., and Giles, D. "Summary of Preliminary Results and Analysis of Selected Data from FIPSE Comparing Models of Service-Learning Research Project." Paper presented at the National Society for Experiential Education Conference, New Orleans, La., Nov. 1995.

Giles, D. E., and Eyler, J. "The Impact of a College Community Service Laboraton on Students' Personal, Social and Cognitive Outcomes." *Journal of Adolescence*, 1994, 17, 327-339.

Giles, D., Porter Honnet, E., and Migliore, S. *Research Agenda for Combining Service and Learning in the 1990s*. Raleigh, N.C.: National Society for *Experiential Education*, 1991.

Greco, N. "Critical Literacy and Community Service: Reading and Writ - ing the World." English Journal, 1992, 81(5), 83-85.

Greiner, W. R. " 'In the Total of All These Acts' : How Can American Universities Address the Urban Agenda?" *University and Community Schools*, 1994, 1-2, 12-15.

Hackney, S. "The Roles and Responsibilities of Urban Universities in Their Communities: Five University Presidents Call for Action." *Universities sand Community Schools*, 1994, 1-2, 9-11.

Hannah, S., and Dworkowitz, B. *Queens Tri-School Confederation, 1991-1992 Evaluation Report.* Brooklyn: New York City Board of Education, 1992.

Hirsch, D., and Lynton, E. "Bridging Two Worlds." *NSEE Quarterly*, 1995, 20(4), 10-11, 28.

Jacoby, B. "Making Commuter Students Matter." *About Campus*, Mar./ Apr. 1996, 31-32.

Kniseley, M., and Beaird, B. *Linking College Students and At-Risk Students.* Providence, R.I.: Campus Compact, 1993.

Krehbiel, L. E., and MacKay, K. *Volunteer lVork by Undergraduates.* Wash - ington, D.C.: ERIC Clearinghouse on Higher Education, 1988.

Levine, A. "Service on Campus." *Change, July-Aug.* 1994, 4-5.

Levinson, J. L., and Felberbaum, L. "Work Experience Programs for At - Risk Adolescents: A Comprehensive Evaluation of 'Earn and Learn.'" Paper presented at the American Educational Research Association annual meeting, Atlanta, Ga., Apr. 1993.

Markus, G. B., Howard, J. P. F., and King, D. C. "Integrating Community Service and Classroom Instruction Enhances Learning: Results from an Experiment." *Educational Evaluation and Policy Analysis, 1993*, 15 (4), 410-419.

Miller, J. "Linking Traditional and Service-Learning Courses: Outcome Evaluations Utilizing Two Pedagogically Distinct Models." *Michigan Journal of Community Service Learning*, 1994, 1(1), 29-36.

Nelms, B. F. (ed.). "Community Service Projects and Communication Skills-The Round Table." *English Journal*, 1991, 80(6), 89-91.

Newman, F. Higher *Education and the American Resurgence.* Princeton, N.J.: Carnegie Foundation for the Advancement of Teaching, 1985.

O'neill, M. A. Letter to colleagues of the Maryland Student Service Alliance, Dee. 1, 1995.

Plater, W. M. "Future Work: Faculty Time in the 21st Century." Change, May-

June 1995, 22-33.

Schroeder, C. C. "New Students-New Learning S쇼les." Change, Sept.-Oct. 1993, 21-26.

Twigg, C. A. *The Need for a National Learning Infrastructure.* Washington, D.C.: Educom, 1995.

Wilson, B. J. "Technology and Higher Education: In Search of Progress in Human Learning." *Educational Record,* Summer 1994, 9-16.

Wingspread Group on Higher Education. *An American Imperative: Higher Expectations for Higher Education.* Racine, Wise.: Johnson Foundation, 1993.

Zlotkowski, E. Presentation at the National Society for Experiential Education Conference, New Orleans, La., Nov. 1995.

봉사학습 관련단체 및 조직

Appendix A

• Alliance for Service Learning in Education Reform (ASLER)

c/o Close Up Foundation
44Canal Center Plaza
Alexandria, VA 22314-1592
phone: (703) 706-3640
fax: (703) 706-0001
Internet address: cufmail@ixnetcom.com

개인과 조직을 연결, 초 · 중등학교 과정을 조직하고 장려하는 봉사학습을 통하여 교육혁신을 촉진하는 것에 목적을 두고 있다. "학교와 지역사회에 기반을 둔 봉사학습 실천을 위한 표준교과과정" 지침서를 발간한다.

• Alpha Phi Omega National Service Fraternity

14901 East 42nd Street
Independence, MO 64055
phone: (816) 0373-8667

전국 대학생 봉사동아리는 학교와 대학 캠퍼스에 300여 개의 지부를 가지고 있다. 구성원들의 활동은 학교, 지역사회, 주정부, 국가에 서비스를 제공하며 만 육천 명의 회원을 포함하고 있다.

• American Association of Community Colleges(AACC)

Service Learning Clearinghouse
One Dupont Circle, N.W., Suite 410
Washington, D.C. 20036-1176
phone: (202) 728-0200
fax: (202) 833-2467

대학은 봉사학습프로그램을 시작하면서 지역사회를 연결해 주고 각종 정보와 기본자원을 제공하고 다른 프로그램을 함께 진행을 한다.

• American Association for Higher Education(AAHE)

One Dupont Circle, N.W., Suite 360
Washington, D.C. 20036
phone: (202) 293-6440
fax: (202) 293-0073
Internet address: aahela@gwuvm

전국조직으로 8, 500명의 회원들은 봉사학습 목표를 달성하기 위한 실천적 공약을 세우고, 학문적으로 봉사학습을 완성하는 노력과 고등교육의 질적인 개선을 위해 헌신한다. 학회는 전국규모의 대학교육학회로서에 봉사학습 형태로 참가하고 있다. 회원들에게는 *Change*라는 잡지를 발행하고 매월 뉴스레터를 제공한다.

• American College Personal Association(ACPA)

One Dupont Circle, N.W., Suite 300
Washington, D.C. 20036-1110
phone: (202) 835-2272
fax: (202) 296-3286
Internet address: info@acpa.nche.edu

협의회와 간행물을 통하여 학생들의 관심과 동향에 사회적인 쟁점의 이해와 고등교육의 전문적인 진밍과제를 세공한나. 봉사학습은 진로개발에 효과적인 것에 중심을 둔다.

• American Friends Service Committee(AFSC)

1501 Cherry Street
Philadelphia, PA 19102-1479
phone: (215) 241-7295
Internet address: afscid@apc.org

국제적인 지원단체와 국내의 봉사 프로그램은 사회 정의와 지역사회 개발에 목표를 두고 있다. 멕시코에서 열린 AFSC 워크숍기간 동안 12개의 참가 단체 중 10개의 단체는 멕시코의 작은 시골마을에서 여름 기간에 현지 교사들을 위해 짓는 건물에서 하수관을 건설하는 계획사업에 참여한다.

- ASPIRA Association, Inc.

  1441 I street, N.W., Suite 300

  Washington, D.C. 20005

  phone: (202) 835-3600

  fax: (202) 835-3613

  Internet address: aspiral@aol.com

전국에서 유일한 비영리조직으로 라틴족와 라틴계 청년의 리더십과 교육의 잠재력 개발에 헌신하고 있다. ASPIRA는 다양한 리더십을 포함한 교육적 프로그램으로 100여 개의 고등학교 학생들의 동아리와 함께 일한다.

- Best Buddies International

  100 S.E. 2nd Street, Suite 1990

  Miami, FL33137

  phone: (305) 374-2233

  fax: (305) 374-5305

  Internet address: bestbud@gate.net

발달장애인들을 위한 1대1 멘토링 프로그램을 실천하기 위한 지원과 정보의 제공을 담당하는데 이 조직은 협의체, 자금조성, 자금조달 훈련을 포함하며 학교에 기반을 둔 단체와 함께 한다.

- Big Brothers/ Big Sisters of America

  230 North 13th Street

Philadelphia, PA 19107-1510

phone: (215) 567-7000

fax: (215) 567-0394

전국적 청년봉사조직으로 성인 자원봉사자들과 아이들 사이에 멘토링 관계를 형성해 준다. 미국의 전 지역에서는 500여 개의 기관들을 통하여 일을 한다. 멘토링 과정을 설명하는 자료를 출간한다.

• Bonner Foundation

22 Chambers street

P.O. Box 712

Princeton, NJ 08542

phone: (609) 924-6663

fax: (609) 683-4626

보너 재단은 학생들이 지역사회 봉사에 관심을 가지고 일을 할 수 있도록 학생들의 조직 가입에서 필요한 재무까지 학교와 대학에 제공을 한다. 또한 이러한 기관들은 기본적으로 봉사윤리의 유지와 고등교육 창출의 단체를 돕는 것으로 기술적인 지원과 훈련을 제공한다.

• Break Away: The Alternative Break Connection

6026 Station B

Nashville, TN 37235

phone: (615) 343-0385

fax: (615) 343-3255

Internet address: breakaway@ctrvax.vanderbilt.edu

지역사회, 학교, 대학을 연결하는 네트워크는 지역과 지방, 국가, 그리고 국제적 차원에서 교과내용을 통한 봉사를 한다. 이들은 안내지침서를 공급하며 발전가능성이 있는 기관에 데이터베이스 구축, 자문, 지역협의체, 여름 집중훈련, 소규모의 지원금과 뉴스레터를 제공한다.

- Campus Compact: The Project for Public and Community Service

c/o Brown University
Box 1975
Providence, RI 02912
phone: (401) 863-1119
fax: (401) 863-3779
Internet address: campus@Compact.org

500여 개의 대학과 대학교의 총장들은 공교육 단체들이 가져야 할 가장 큰 책임으로 지역사회 복지에 기여를 하고 학생들이 시민으로서의 책임의식을 촉진해야 한다고 믿고 있다. Campus Compact는 대중과 지역사회 봉사를 위하여 지원하고 담론을 촉진하는 것으로 국가적인 수준에서 일을 한다. 그것은 발전에 필수적으로 구성된 성장 프로그램, 워크숍, 그리고 제도와 이에 따른 각 주의 네트워크 구성을 지원하고 단체의 지원센터를 위한 재정적 지원과 자문을 수행한다. 부가적으로 16개 주 Campus Compact에서는 역사적으로 흑인대학, 그리고 대학네트워크를 포괄한다. Campus Compact는 우수한 학생들과 그들의 재능을 발견하는 프로그램을 관리하며 그들의 재능을 인정하고 발표하는 범위의 한계는 구성원들이나 비구성원들에게도 유용하다. 봉사와 교과목을 통합하는 것에 대한 프로젝트는 개인적으로 가르치고 조사하는 것으로 지역사회 봉사조직의 일원으로 실천적인 탐구를 하는 것뿐만 아니라 단체의 구성원으로서의 훈련과 기술적인 원조를 제공한다.

• Campus Ecology

National Wildlife Federation
1400 Sixteen Street, N.W.
Washington, D.C. 20036
phone: (703) 790-4317
fax: (202) 797-6646
Internet address: http://www.nwf.org

대학 캠퍼스 안에서 활동하는 참가자들 가운데는 리더십 개발, 기금조성 사업, 조직 지원, 우수한 프로젝트의 인정 등 고용과 연결된 활동을 한다.

• Campus Outreach Opportunity League(COOL)

Washington, D.C. 20005
phone: (202) 637-7004
fax: (202) 637-7021
Internet address: homeoffice@cool12service.org

수백 개의 학교와 대학에서 실시하는 봉사 프로그램은 지역사회에서 강화되고 확장된다. COOL은 학교에서 실시하는 기초적인 훈련과 자문, 협의, 공지사항을 지역사회에 봉사하는 대학생들을 지원하며, 전국 조직에서는 Into the Streets 프로그램이 있다.

• Center for Democracy and Citizenship

Hubert H. Humphrey Institute of Public Affairs
301 19th Avenue South
Minneapolis, MN 55455
phone: (612) 625-0142
fax: (612) 625-3513
Internet address: tsheldon@hhh.umm.edu

시민성과 정치적인 독창력은 다양한 조직의 구성으로 민주주의를 발전시키고 시민권 그리고 시민교육을 강화하는 데 초점을 맞춘다. 센터의 젊은이들을 위한 프로그램의 중심은 지역사회와 시민들이 수용할 수 있는 연구 프로젝트를 강화하고 가르치며 보다 광범위한 활동을 포함하고 있다.

• Constitutional Rights Foundation(CRP)

601 South Kingsley Drive
Los Angeles, CA 90005
phone: (213) 487-5590
fax: (213) 386-0459

지역사회에 기반을 둔 조직은 비영리적이고 객관적인 활동을 하며 젊은 학생들이 활동적이고 책임 있는 시민이 되도록 교육하는 것을 지원한다. 도시 환경에 있어서 학습과 봉사 프로그램은 시민으로서의 참여와 지역공동체 건설에 초점을 맞추고 있다.

• Corporation for National and Community Service

1201 New York Avenue, N.W.

Washington, D.C. 20525
phone: (202) 606-5000
fax: (202) 565-2781

모든 지역과 모든 연령의 사람들이 참여하는 연방기금을 조성하여 관리하고 분배하는 법적근거로서 봉사활동지원법을 1993년에 제정하였다. 전국봉사연합은 미국봉사단, 노인봉사단, 봉사학습활동단을 포함하는 조직이다. 여기서 출간되는 자료들은 프로그램설계와 평가에 있어서 유용하게 활용된다.

- Council of Independent Colleges(CIC)

One Dupont Circle, N.W., Suite 320
Washington, D.C. 20036 1110
phone: (202) 466-7230
fax: (202) 466-7238

400여 개의 사립대학과 대학교로 구성된 협의회로 전문적이고 교육적인 프로그램, 행정적이고 재무적인 활동, 제도적인 투명성 등 리더십을 개선하는 조직을 돕고 있다. 최근에는 봉사학습에 선도적인 역할을 담당하고 있는 30개 단체, 캠퍼스 팀을 위한 협의체를 조직하고 출판물을 발행하는 175개 단체, 봉사학습프로그램을 교육하는 교사교육 프로그램을 담당하는 10개의 단체를 지원하고 있다.

- Council on International Educational Exchange

205 East 42nd Street
New York, NY 10017
phone: (212) 661-1414, ext. 1139

fax; (212) 972-3231

Internet address: ivpbrochure@ciee.org

국제적 자원봉사자들의 지원은 23개 지역에서 프로그램을 기획하고 있으며 환경보전 또는 지역사회 봉사프로젝트를 실행할 때 2주에서 4주 동안 함께 일할 자원봉사자들을 각기 다른 지역에서 모집한다. 참가자들은 지역주민들과 함께 식사를 나누고 공동생활을 하면서 함께 봉사활동을 한다.

- Do Something

423 West 55th Street, 8th Floor

New York, NY 10019

phone: (212) 523-1175

fax; (212) 582-1307

Internet address: dosomthng@aol.com

전국적 비영리조직들은 그들 지역사회의 재건을 위한 새로운 젊은 리더를 찾는 데 필요한 자금을 지원하고 훈련, 지침서 등을 제공한다. 그들의 임무는 현지에서 기본적인 변화를 주는 신념을 강조한다.

- Foundation Center

1001 Connecticut Avenue, N.W., Suite 938

Washington, D.C. 20036

phone: (202) 331-1400

fax: (202) 331-1739

Internet address: http://www.fdncenter.org

기업의 사회공헌활동, 기금조정방법, 비영리 조직관리에 대한 정보를 제공한다. 부설 도서관은 누구에게나 개방되어 있다.

- Giraffe Project

197 Second Street
P.O. BOX 759
Langley, WA 98260
phone: (360) 221-7989
fax: (360) 221-221-7817
Internet address: giraffe@whidbey.com

"stick their necks out"로 그들을 격려하고 학교와 매체에 그들의 이야기를 소개하고 자원봉사를 위해 좀 더 좋은 장소를 찾기 위한 임무를 탐색한다. 초 · 중등학교 봉사학습교과과정은 전국 학생동아리 협의회에서 타자에게 용기와 책임, 그리고 돌봄을 가르치는 데 사용되어진다.

- Habitat for Humanity International

121 Habitat street
Americus, GA 31709
phone: (912) 924-6935
fax: (912) 924- 6541

비영리기독교 선교단체는 저금리로 저당권을 설정해 주며 영리를 추구하지 않고 집을 고치거나 새로 짓는 일에 저소득층의 사람들과 함께 협동으로 일한다. 학교 지부는 학생들을 직접적으로 건축프로젝트의 현장에 연결해 주고 있다.

• Higher Education Consortium Urban Affairs(HECUA)

Hamline University
Mail #36
1536 Hewitt Avenue
St. Paul, MN 55104-1284
phone: (612) 646-8831
fax: (612) 659-9421
Internet address: hecua@alex.stkate.edu

프로그램 스폰서들은 세미나, 노동현장, 답사 여행과 인턴십을 통하여 이론과 실생활을 연결하는 것으로 학생들을 지도한다. 학생들은 그들의 학습 체험을 분석하고 성찰하며 통합한다. 통섭적 학문, 세계화의 전망에서 보는 개개인, 지역사회차원의 책임 등은 모든 프로그램에서 강조된다.

• INDEPENDENT SECTOR

1828 L Street, N.W., Suite 1200
Washington, D.C. 20036
phone: (202) 223-8100
fax: (202) 416-0580
Internet address: http://www.indepesec.org

800여 개 법인, 기금, 그리고 비영리 연합체는 자원봉사조직 구성원들로 이루어지며 비영리조직을 구성하는 세가지 요소는 기금조성, 자원봉사, 그리고 비영리부문의 중요성으로 요약된다. 미국의 자선행위는 많은 다른 자원의 원조뿐만 아니라 비영리활동으로 국가수준의 통계자료를 출간한다.

• Mentoring Resource Centers(MRCs)

캘리포니아 주, 매사추세츠 주, 미시간 주에 지역에 위치한 MRCs는 그들 지역사회에 청소년들과 대학생들을 연결하여 멘토로서 그들의 용기를 북돋아 주는 전국 프로그램의 한 부분이다. MRCs는 멘토링 프로그램을 향상시키기 위한 방안으로서 자료제공, 전화 상담, 워크숍, 기술적 지원등을 제공한다.

• National Association of Partners in Education, Inc.(NAPE)

209 Madison Street, Suite 401
Alexandria, VA 22314
phone: (703) 836-4880
fax: (703) 836-6946

봉사학습 코디네이터들과 교육자들은 훈련과 기술, 자원 공급을 통하여 봉사학습을 지원하고, 지역사회 대표자들은 봉사학습을 진취적으로 추진하기 위해서 대학들과 대학이 위치한 지역주민과 함께 협동하는 것에 관심을 가진다.

• National Association for Public Interest Law(NAPIL)

1118 Twenty-second Street. N.W., Third Flower
Washington, DC 20037
phone: (202) 466-3686
fax: (202) 429-9766

133개의 법학전문대학에서는 학생 조직에 국가 단체에서 사회 봉사 변호사로 일할 다음 세대를 훈련하는 일에 정진한다. NAPIL은 미국의 가난하고 혜택 받지 못한 사람들을 위하여 평등한 정의를 실현한다. 프로그램의 구성원들은 출판물을 통하여 여러 가지 장애를 극복하고 서로를 이해하려 한다.

- National Association of Service and Conservation Corps(NASCC)

  666 Eleventh Street, N.W., Suite 500
  Washington, D.C. 20001
  phone: (202) 737-6272
  fax: (202) 737-6277

청소년 단체 프로그램을 위한 조직의 연합이다. 중앙의 중요한 일들을 참고하여 대변하고, 구성원들에 대한 근본적인 지원을 한다. 100인 이상의 젊은 사람들을 고용하고 있는 지부가 전국에 2,600개 이상이다. 전국자연보전봉사단의 기본 목표는 기존의 청소년 단체의 질적인 향상과 새로운 구성원들의 발전을 촉진하는 일이다.

- National Association of Student Personnel Administrators (NASPA)

  1875 Connecticut Avenue, N.W., Suite 418
  Washington, D.C. 20009
  phone: (202) 265-7500
  fax: (202)797-1157
  Internet address: office@naspa.org

제도적 관점에서 발생할 수 있는 학생들의 지원업무를 전문적으로 담당하는 전문가들은 우수한 학생들을 위한 전문적인 성장 기회를 제공한다. 봉사학습과 관련된 정기간행물과 컨퍼런스 정보 등을 제공한다.

• National Coalition for the Homeless

1612 K Street, N.W., Suite 1004
Washington, D.C. 20006
phone: (202) 775-1322
fax: (202)775-1316
Internet address: http://nch.ari.net

노숙자들에 대한 교육, 정책적 옹호, 민중조직 등을 통하여 노숙자들과 관련한 전국적 네트워크를 형성하고 있다. 광범위한 민중관련 출판물을 제공한다.

• National Helpers Network

24 Fifth Avenue, Suite 1705
New York, NY 10016-8728
phone: (800) 646-4623
fax: (212)679-7461

기술적 지원, 기술 교육, 프로그램 개발, 자원자료 제공 및 교육자, 전문직, 학생, 정치가들에 대한 지원, 기타 이와 관련한 봉사학습과 관련한 일을 한다.

• National Interfraternity Conference(NIC)

3901 West 86th Street, Suite 340
Indianapolis, IN 46268-1791
phone: (317) 872-1112

fax: (317) 872-1134

Internet address: nicindy@eword.com

고등교육을 위해 필요한 많은 자료와 관련기관, 동아리 등의 정보를 제공한다. 동아리활동 체험의 질을 향상시키기 위한 지원을 한다. 이 조직의 학교와 지역사회 연계프로그램은 지역에 위치한 185개의 기관이 현지의 대학생들을 활용한다.

- National Service-Learning Cooperative/Clearinghouse

c/o University of Minnesota

R-290 VoTech ED Building

1954 Buford Avenue

St. Paul MN 55108

phone: (800) 808-7378

fax: (612)625-6277

Internet address: serve@marron.tc.umn.edu

초 · 중등학교 봉사학습과 관련한 지원과 기술 제공을 한다. 봉사학습을 통해서 자원, 전자 게시판, 교육 위탁 및 동료 상담 등에 대한 전국적인 데이터프로그램을 지원한다.

- National Society for Experiential Education(NSEE)

3509 Haworth Drive, Suite 207

Raleigh, NC27609-7229

phone: (919)787-3263

fax: (919)787-3381

Internet address: info@nsee.pdial.interpath.net

시민정신과 사회적 책임, 진로 탐색, 다문화 이해 및 글로벌 인지도, 그리고 윤리와 리더십을 개발하여 지적 발달을 위한 봉사학습을 통하여 학습에 필요한 모든 자원을 개인, 기관, 단체에 제공한다. 이외에 전국 체험교육 자료센터와 봉사학습, 그리고 학회지(NSEE)에서 제공하는 학술문헌, 도서, 논문, 컨설팅 서비스는 개인 및 기관 협의회, 및 지역협의체에 대한 정보 제공을 실천한다. 체험교육학회의 구성원들은 개인과 기관 모두 포함하며 관련 간행물은 회원과 비회원 누구나 받아볼 수 있다.

• National Student Campaign Against Hunger Homelessness(NSCAHH)

11965 Venice Boulevard, #408

Los Angeles CA90066

phone: (310) 397-5270

fax: (310) 391-0053

기술과 교육훈련, 전화상담 및 다양한 정책을 위한 프로젝트 매뉴얼, 교육, 기아와 노숙자의 문제를 해결하기 위한 프로젝트를 실행하고 있다. NSCAHH은 전국 정보센터협회이며 매년 전국협의회를 개최한다. 45개 주의 600여 개의 대학과 네트워크를 형성하고 있다.

• National Youth Leadership Council(NYLC)

1910 West Country Road B

Roseville, MB 55113

phone: (612) 631-3672

fax: (612) 631-255

Internet address: nylcusa@aol.com

봉사지향의 발전적인 청소년 리더의 육성과 그들에 대한 개인과 조직을 지원하며 지역사회의 용기 있는 청소년들의 봉사와 리더십 향상을 위한 지원을 한다.

- **Neighborhood Reinvestment**

1325 G Street, N.W., Suite 800

Washington, D.C. 20005

phone: (202) 376-2400

fax: (202) 376-2600

도시에 오래 거주하는 이웃 간의 정을 강화하고 새로운 이웃의 창출을 도모한다. 1978년 의회의 조례에 의해 확립되었다.

- **One to One**

26 M Street, N.W.

Washington, D.C. 20008

phone: (202) 338-3844

fax: (202) 338-1642

발달 가능성이 있는 잠재적인 아이들을 지원하고 돕는 것을 목적으로 한다. One to One은 지속적으로 도움을 줄 수 있도록 학교와 연계하여 멘토링 팀을 구성하여 활동한다. 사업가, 교사, 대학생 세 명의 성인으로 구성되며 10~12세의 중학생 그룹을 대상으로 활동한다.

- **Oxfam America**

26 West Street
Boston, MA 02111
phone: (617) 482-1211
fax: (617) 728-2594
Internet address: oxfamusa@igc.apc.org

미국을 포함하는 아프리카, 아시아, 카리프연안국가, 남미등의 질병 치료를 위한 개발 프로젝트에 지원할 자립기금을 지원하는 국제기관이다. Oxfam은 매년 일반 사람들에게 경각심을 불러일으키는 행사와 자금을 조성함으로써 대학들이 사용할 수 있도록 「Fast for a World Harvest」와 연결하여 기아에 대한 구체적인 자료제시와 교육을 실시한다.

- **Partnership for Service Learning**

815 Second Avenue, Suite 315
New York, NY 10017-4594
phone: (212) 986-4594
fax; (212) 986-5039
Internet address: pslny@aol.com

미국을 포함한 전 세계 11개 지역에서 독립적으로 지역사회 봉사를 하며 국제적으로 서로 다른 문화단위의 연구를 실시하고 다른 문화를 소개하는 프로그램을 진행한다. 1982년 이후 대략 180개 이상의 캐나다 학교와 대학들이 참여함으로써 2,000명 이상의 대학 재학생과 졸업생들이 활동하고 있다. 매년 학회차원의 협의회를 열고 있으며, 뉴스레터와 다른 여러 가지 매체를 이용하여 대중에게 홍보를 하고 있다. 상담서비스와 봉사학습 자료 도서관을 제공한다.

• Points of Light Foundation

1737 H Street, N.W.
Washington, D.C. 20006
phone: (202) 223-9186, ext. 113
fax: (202) 223-9256

비영리적이고 공정한 조직은 지역사회에서 일어나는 심각한 사회 문제를 좀 더 효과적으로 해결할 수 있는 대안을 찾는다. '청소년교육지원 프로그램' 은 청소년들과 학교 문제에 관심을 가지고 있다. 협회에서는 많은 기금을 지원한다.

• Public Allies

1511 K Street, N.W., Suite 330
Washington, D.C. 20005
phone: (202) 638-3300
fax: (202) 638-3477
Internet address: panational@aol.com

다문화 조직으로 심각한 사회적인 문제를 해결하기 위하여 지역 청소년들에게 관계를 형성할 수 있는 기회를 조성해 주는 것을 목적으로 청소년들과 지역사회 지도자들이 1991년에 창립하였다. 교육을 강화하고 장소를 제공하며 여행 등에 국가기관과 비영리단체, 사업가로 구성된 팀이 청소년을 지원한다.

• Service-Learning List

Listserv로 활동하는 대략 800여 명의 기부자들의 단체가 결정한다.

http://csf/colorado. edu/sl.

• Student Coalition for Action in Literacy Education(SCALE)

140 1/2 East Franklin Street

University of North Carolina at Chapel Hill

CB3505

Chapel Hill, NC 27599-3505

phone: (919) 962-1542

fax: (919)962-1533

Internet address: scale@unc.edu

미국의 문해교육을 향상시키기 위해 대학생들을 활용하는 것으로 대학과 대학생, 교직원, 관리자들을 회원으로 두고 있는 전국 네트워크이다. SCALE는 기존회원과 신규회원을 대상으로 캠퍼스를 기반으로 하는 문해교육 프로그램을 지원한다. 출판물은 지역사회에서 문해교육을 제공하는 대학 학생들에게 지원하는 도구로서의 역할을 하도록 계획되었다.

• Student Environmental Action Coalition(SEAC)

P.O. Box 116

Chapel Hill, NC 27514-1168

phone: (919) 967-4600

fax: (919) 967-4648

Internet address: seac@igc.apc.org

전국 학생 지도자들의 기반이 되는 조직으로 학생들과 협력하여 환경 문제 및 사회 정의에 관계되는 활동을 한다. 청소년들과 대학생들은 관심영역에 따라 새로운 팀을 구성하여 활동을 한다. 17개 지역의 조직을 관리하고 월간 잡지를 발행한다.

• Student Pugwash USA(SPUSA)

815 Fifteenth Street, N>W., Suite 814
Washington, D.C. 20005
phone: (202) 393-6555
fax: (202) 393-6550
Internet address: uspugwash@igc.org

과학과 기술을 사용함으로써 지구촌 문제를 지원하는 대학원생과 젊은이들이 결성한 단체로 책임 있는 과학 기술의 사용을 고취하고 있다. SPUSA는 사회문제를 비판적으로 분석하고 세계화 관련문제들을 조사 검토하여 지도자들이 현재와 미래를 예측가능하도록 다양한 교육적 활동을 제공한다. 분기별 뉴스 레터를 제공하고 있다.

• United Negro College Fund(UNCF)

8260 Willow Oaks Corporate Drive
Fairfax, VA 22031-4511
phone: (703) 967-4600205-3400
fax: (703) 205-3574

대학과 대학교 학생들로 회원이 구성되어 있으며 이들에 대한 지원을 제공한다. 창의적인 봉사학습을 주도적으로 진행하고 있다.

• YMCA of the USA

101 North Wacker Drive
Chicago, IL 60606
phone: (800) 872-9622
fax: (312) 977-9063

미국에서 가장 큰 비영리단체로 지역사회 봉사조직을 지원하고 있다. 전국적으로 지역사회의 중심에 이웃이 있으며, YMCA는 종교, 인종, 경제적 능력, 연령, 사회적 지위와 관계없이 모든 사람들이 활동하고 있다. 그들은 사람들을 돕고 발전적인 가치와 행동을 강화하는 목적을 가지고 일을 하며 기독교의 가치와 행동을 원칙으로 한다.

• Youth Service America(YSA)

1101 Fifteenth Street, N,W., Suite 200
Washinhton, D.C. 20005
phone: (202) 393-6555
fax: (202) 393-6550
Internet address: ysal@aol.com

전국 청소년들의 통합을 추진하는 지역사회 개발을 위한 단체로 학교와 대학에 리더십 프로그램의 제공과 기술지원 등을 한다. 봉사프로그램에는 매주 발행되는 전국 봉사 단신, 기타 봉사관련 간행물, 전국 협의회를 포함한다.

Appendix B

봉사학습프로그램 연구개발 참고자료 해제

Ⅰ. 미국의 대표적 봉사프로그램

미국봉사단(AmeriCorps)은 국민이 관심을 가지고 있는 중요한 네 가지(교육, 인간의 기본적 욕구, 공공 안전, 환경)를 중점적으로 주정부에서 위임한 전국 봉사 단체(Corporation for National Service)를 통하여 관리를 한다. 참가자들은 일정한 자격을 갖추고 비영리조직에 소속되어 함께 일을 한다. 비영리조직과 함께 일하는 이들은 고등교육기관, 학교와 경찰의 관할지역, 지방, 주정부, 그리고 연방정부와 인디언 부족 등이 이들과 함께 일을 한다. 이들은 매년 5월, 예를 들면, 지나치게 넓은 토지를 사회에 환원하여 소외계층의 아이들에게 학교에서 개인 교습을 실시하며, 또한 제2언어로서 영어를 가르친다. 사실 이들이 일을 하는 범위는 매우 광범위하다. 전일제 참가자들은 직무상 필요한 고등교육을 위해 필요한 4,725달러의 비용을 수당으로 받아 최저 생활비를 벌고 있다. 이러한 자금은 학생들을 위한 학자금이나 미래 고등교육을 위한 비용으로 융자를 해 주고 상환한다. 또는 미래의 고등교육비용에 대한 비용을 지불한다. 미국봉사단의 회원은 시민권자이거나 영주권자 또는 미국에서 17년 이상을 거주한 사람이어야 한다. 관심 있는 지원자들은 전국봉사단체 또는 주정부에서 위탁받아 일을 하고 있는 적응프로그램과 정보를 제공하는 업무를 담당하고 있는 시민 서비스 센터에 문의를 하면 된다. 주 위원회 전화번호는 전국봉사연합(Corporation for National Service)을 통해야 가능하다.

전화: (800) 942-2677, (202) 606-5000.

미국봉사단(AmeriCorps)이나 비스타(Volunteer in Service to America)는 소득이 낮은 사람들이 자신의 삶의 조건을 개선하기 위해 17세 이상의 남성과 여성들이 1년 동안 전일제 봉사활동 프로그램을 통하여 자신의 능력을 향상시킨다. 비스타 자원봉사자는 일정한 지원금과 건강 보험, 학생들에 대한 학자금 대출, 급여나 봉사학점을 받을 수 있다. 비스타 온라인은 2주에 한 번 정도 전자게시판에 자신에게 할당된 일에 대한 관련된 사항을 즉시 알 수 있도록 개방을 해야 하며 프로그램의 업데이트 직업센터의 관심 있는 영역에 도움을 줄 수 있는 도서관, 전문 그룹 및 잠재력을 가진 자원봉사자들이 있다. 매체의 구독이나 이메일 주소는 SUBSCRIBE VISTA-L(your name) to listserv@american.edu.

국제인도주의 주택개량봉사단(Habitat for Humanity International)

국제인도주의 주택개량봉사단에서는 국내와 국외 모두 봉사 기회를 제공한다. 국내의 Habitat 프로그램은 많은 학교와 대학에 봉사학습프로그램을 지역사회 파트너로서 지원하는 프로그램이다. 해외활동 기회는 매우 다양하다. 일부는 매우 전문적인 기술을 요구하기도 한다. 전문적 지식과 봉사체험에 대한 면접을 실시하기도 한다. 지역에 따라 다르지만 비용이 지불되기도

하고 다양한 기회가 주어진다.

전화: (912) 924-6935

예수회 봉사단(Jesuit Volunteers)

예수단(Jesuit)의 자원봉사자들은 미국과 여러 개발도상국에서 일을 한다. 그들은 교사, 상담원, 사회복지사, 간호사, 청소년 사역자, 코치, 그리고 지역사회 지도자로서 일을 한다. 자원봉사자들은 21세 이상으로, 학사학위 또는 이와 동등한 경력을 가지고 있어야 한다. 자원봉사자들은 1년은 미국에서 2년은 국외에서 활동을 해야 한다. 참여자들은 숙식을 제공받고, 국제여행에서 소액의 수당, 해외여행 경비(국내 자원봉사자는 교통비지원), 건강보험, 학생 대출금 등을 받으며 임기가 끝나면 봉사 지역의 곳곳에서 일감에 대한 워크숍을 열어 이러한 적용 프로그램은 한 곳에서 열리지만 지역을 바꿀 수 있다. 프로그램은 매년 8월에 시작된다.

전화: 동부 (215) 232-0300; 중서부 (313) 963-4112; 북서부 (503) 335-8202; 남부 (713) 756-5095; 남서부 (510) 653-8564; 국외 (202) 687-1132.

루터교 자원봉사단(Lutheran volunteer corps)

루터교 자원봉사단(Lutheran volunteer corps) 프로그램은 의료, 공공정책과 주택 등의 개선을 통하여 사회 정의를 위해 구성된 비영리조직으로 다양한 봉사를 제공한다. 자원봉사자들은 수도 워싱턴, 볼티모어, 시카고, 밀워키, 미니아 폴리스 샌 폴, 시애틀, 윌밍턴, 델라웨어 등에서 일한다. 참가자들은 최소한 21세 이상이어야 하며 1년간 활동을 해야만 한다(8월에서 다음해 8월 까지). 그들은 집세를 제공받으며, 음식, 개인적인 생활 용품, 그리고 여행비 지원, 건강보험 등을 제공받는다.

전화: (202)387-3222.

해외개발네트워크(ODN)

해외개발네트워크(The Overseas Development Network)는 전국 학생 단체교육과 세계화의 쟁점과 관련한 문제에 대한 활동을 한다. 해외개발네트워크에서는 젊은이들이 일반 참가자들과 함께 3－12개월 동안 협동하여 일을 한다. 미국에서 사람들을 위하여 해외개발네트워크에서는 수준별 업무를 제공하고 있다.

전화: (415) 4231-4204.

평화봉사단(Peace Corps)

평화봉사단(The Peace Corps), 아마도 국제적으로 봉사할 수 있는 기회를 주는 곳이며 광범위하게 활동할 수 있는 곳으로 가장 잘 알려져 있으며, 학사학위 이상의 개인에게는 항상 기회가 열려 있다. 3－5년간의 직장경험과 기타 관련 자격증이 필요하다. 평화봉사단 자원봉사자들은 건강 교육, 지역사회 개발, 기술자, 산업분야 등 다양한 영역에서 북미지역을 제외한 모든 지역에서 봉사활동을 한다. 혜택은 월별 주거를 위한 수당, 음식, 의복, 무료 의료, 치과 치료, 해외 기관을 이용할 때의 교통편의, 매년 24일 이내의 휴가를 받을 수 있다. 교육 연기와 취소는 언제든 가능하다.

전화: (800) 424-8580

미국학습자원봉사단(Teach for America)

이 프로그램은 미국의 교육환경에서 학교에 적응을 하지 못하는 일반학생들의 교육과 삶의 개선을 위해 일하고 있다. 최근의 대학 졸업생들은 리더십 향상, 강의 능력, 학부성적이 적어도 2.0 이상이고 미국의 시민정신 향상을 위하여 노력하고 있다. 선발된 참가자들은 학군이나 지역에서 많은 아이들을 위해 2년 동안 학생들을 가르치게 되며 어린이들이 학교에서의 위험과 다양한 사회적 문제에서 실패하지 않도록 도움을 주게 된다. 이 프로그램은

8주 동안 여름 연수기관을 제공한다. 비용은 관할구역마다 차이는 있지만 일반적인 범위의 17,000달러에서 31,000달러의 비용이 든다.

전화: (800) 832-1230

국제교육봉사단(World Teach)

Teach for America와 유사한 임무이며, 이 프로그램은 코스타리카, 멕시코, 중국뿐만 아니라 다양한 지역에서 가르치는 기회가 제공된다. 참가자들은 학사학위 이상을 취득해야 하며 최소 5시간에서 20시간 정도 영어로 강의한 자원봉사 경험이 있어야 한다. 언어가 요구사항은 아니다. 참가자들은 1년 동안 일을 해야 한다는 의무가 있다. 3,500달러의 출발지원금을 제공받으며 추가적으로 봉사활동 수료 후 도착하면 격려금을 받는다. 여행, 주택, 의료 서비스도 제공된다.

전화: (617) 495-5527

Ⅱ. 비영리 · 공공영역 경력과 자원봉사활동을 위한 정보자료

Career Information Center.(5th ed.). Vol. 11: Public and Community Service New York: Macmillan, 1993.

공공 및 지역사회 봉사에 대한 안내를 하고 있다. 출판물 목록과 전문화 업무 과정이나 훈련에 적절한 지침 등의 안내서이다.

Community Jobs: The National Employment Nespaper for the Non-profit Sector. New York: Access

월간 간행물로 지역별 상근직 목록이다. 비영리단체의 프로필과 해외에서 근무 기회, 인턴 등을 포함하고 있다.

Cowan, J. (ed). *Good Works: A Guide to Careers in Social Change.* New York: Barricade Books, 1991.

봉사활동 학생 인명록으로 고용 기회와 함께 모든 연령의 사람들에게 봉사경력 내용을 소개해 준다. 직업선택의 기회와 함께 800여 개의 사회단체에 대한 기관개요를 설명하고 있다.

Earth Work. Charlestown, N. H.: Student Conservation Association.

야생동물과 환경보호를 위해 평생직업으로 활동하는 이들을 위한 월간 잡지이다. 이슈로 다루는 연재 기사는 고용, "지구 노동자(환경운동가)" 들의 인명록, 대학원의 환경관련연구프로그램과 지구 환경보존에 대한 동향을 연재하고 있다.

Eberts, M., and Gisler, M. *Careers for Good Samaritans and Other Humanitarian Types.* Lincolnwood, Ⅲ.: VGM Gareer Horizons, 1992.

재난 구호, 기아, 정신 건강, 그리고 노숙자 등과 관련하여 일할 기회가 포함되어 있다. 부록은 특히 유용하다. 주 정부의 자원봉사국, 자원봉사단체연합회, 선교 단체가 있다.

Everett, M. *Making a Living While Making a Difference.* New York: Bantam, 1995.

불안전한 세계에서 이상적인 직업을 찾는 사람들이 실용적으로 접근할 수 있는 자립 안내서이다. 잠재적인 고용주들이 요구하는 기본적인 질문사항과 그 밖에 법인의 기업 정책 및 관행에 대한 기본적인 정보가 포함되어 있다. 제안서의 표제를 정하고, 자신의 직업 선택과 작업장에서의 창조적인 조화에 대한 제안서를 쓸 수 있도록 하는 서식이다.

INDEPENDENT SECTOR. *Academic Centers and Program Focusing on the Study of Philanthropy, Volunteerism, and Not-for-Profit Activity.* (3rd ed.) Washington, D.C.: INDEPENDENT SECTOR, 1993.

책자에는 제목에서 가능한 프로그램을 확인하게 함으로써 완전하게 설명하고 있다.

International Employment Hotline. P.O. Box 3030, Oakton, VA22124.

해외와 국내의 자원봉사기관, 정부의 일자리, 협약 등의 순으로 뉴스레터와 함께 월간 발행한다. 전문적인 협의회와 여름 동안의 자원봉사 기회를 제공한다.

Lasky, V. (ed.). *New Careers Directory: Internships and Professional Opportunities in Technology and Social Change.* Washington, D.C.: Student Pugwash USA, 1993.

글로벌 이슈와 사회적 책임 등의 전문직업기회를 게재하고 있다. 조직에서 시간비율 목록과 과학이 함축하고 있는 사회적, 윤리적 의미를 포함하고 있다.

Lauger, D. *Non-Profits' Job Finder.* River Forest, Ill.: Planning/ Communications, 1993.

주정부에서 부여하는 고용 기회와 취업 인턴십 등 포괄적인 목록을 포함하고 있다.

Lewis, W., and Milano, C. *Profitable Careers in Nonprofit.* New York: Wiley, 1987.

자원봉사자의 관심과 비영리기관에서의 기회의 대가는 무형의 보상과 개인의 가능성에 대하여 토론을 통하여 치환된다.

Morgan, B. J., and Palmisano, J. M. (eds). *Public Administration Career Directpry. Washington,* D.C.: Visible Ink Press, 1994.

지역주민들과 지역사회에 제공하는 공무원경력과 주정부 차원의 지역사회 일감은 지역사회에서 유용하게 활용된다.

Scheiber, C. (ed). *Opportunities: The Annual Volunteer Service Handbook.* Berry Publishing services, 448 Decatur St., Toledo, Oh 43609; (419) 385-0355.

미국이나 해외에서 전일제 자원봉사자들이 기대하는, 어떻게 시작하고 어떻게 획득할 수 있을지에 대한 내용을 소개하는 새해에 발행되는 연보이다. 봉사체험에 대한 성찰을 포함하고 있다.

Transitions Abroad. 1995-96 *Educational Travel Planner and Resource Guide: THE Guide to Learning, Living, and Working, Overseas.* Amherst, Mass.: Transitions Abroad Publishing, 1995.

해외에서의 일자리 기회에 대한 목록, 해외교육의 기회, 전 세계 자원봉사프로그램 및 인턴, 해외 취업, 그리고 해외로 사업을 시작하는 데 신뢰하고 안전하게 일할 수 있는 포괄적인 정보를 제공한다.

찾아보기

인 명

내 용

저자 소개

Barbara Jacoby는 College Park에 있는 메릴랜드대학교의 지역사회 봉사프로그램과 봉사제공자센터의 센터장이다. 또한 그녀는 프로그램을 짜는 전문가들과 봉사제공 학생들을 위한 사무를 원조해 주고 정보를 제공해 주는 단 하나밖에 없는 국가조직인 봉사제공자프로그램을 위한 전국정보센터의 소장이다. 그녀는 대학생 개인상담지도학 교수이며 메릴랜드대학교의 프랑스어 교수이다. 그녀는 메릴랜드대학교에서 불어불문학으로 학사(1971), 석사(1972), 그리고 박사(1978) 학위를 취득했다.

Jacoby는 『봉사제공자로서의 학생: 포괄적인 제도적 반응의 개발』(1989)의 저자이며 25개편 이상의 논문과 고등교육에서의 봉사학습, 대학생들의 교육적인 체험 강화, 그리고 학생 생활의 변화를 포함한 주제와 관련된 영역의 책들을 썼다. 그녀는 봉사제공학생과 성인학습자에 관한 두 차례의 전국화상회의를 주도했다. 그녀는 전국 각지의 대학교와 전문대학에서 광범위하게 자문역을 맡았으며, 수많은 주제강연 및 발표를 수행했다. 그녀는 자신의 캠퍼스에서도, 메릴랜드 주 안에서도, 그리고 전국적으로도 봉사학습 증진을 위해 적극적이었다.

Jacoby는 많은 지도자의 역할에 대한 미국 대학인사 관리협회와 전국 학생 인사 행정가 협회를 개최하였다. 또한 그녀는 15년 동안 고등교육에서의 발전기준을 위한 협의(Council for the Advancement of Standards in Higher Education) 이사회에 몸담고 있다. 그녀의 봉사, 프로그램, 옹호, 그리고 리서치(SPAR)모델 — 다양한 학생들의 욕구를 충족시키기 위한 포괄적인 접근 — 들은 여러 기관에 의해 채택되었다. 기관과 전문협회들은 그녀의 빛나는 업적들을 인정하고 있다.

Gail Alvert는 전국 지역사회 봉사를 담당하는 버몬트위원회에서 봉사학습 교육자이다. 이런 일을 하기 전 그녀는 8년 동안 버몬트대학교의 봉사학습센터의 소장대행과 부소장을 포함하여 여러 분야에 몸담았었다. 그녀는 1995년 미국 체험교육 협회(NSEE)에서 『봉사학습 지도자: 봉사의 성찰과 전망』을 출간했다. 그녀는

NSEE 이사회의 이사이며, 1993년에서부터 1995년까지 NSEE의 봉사학습 특별관심단체의 공동의장이었다. 그녀는 러시아어 학사(1965년) 학위를 바사르대학에서 받았고, 의사소통장애학 석사(1978) 학위를 버몬트대학교에서 취득하였다.

Diana A. Bucco는 알레게니 지역의 봉사단체 사무총장을 역임했다. 그전에 그녀는 펜실베이니아 주 Campus Compact의 사무총장이었다. 그녀는 3개의 Campus Compact 간행물을 공동으로 출간하였는데 『자기주장과 지역사회봉사에 훈련받는 학생들을 위한 지침서』와 『유지할 수 있는 프로그램을 만드는 법: 지역사회 전문대학에서 봉사학습을 발전하고 유지하는 법』 그리고 『봉사학습: 지역사회와 교과목의 연결』이다. 1995년 그녀는 『Who Cares』라는 잡지에서 20세기 펜실베이니아 주 10명의 지도자 중 한 명으로 선정되었다. 그녀는 피츠버그대학교에서 신문방송학과 정치학의 학사(1988) 학위를 받았다.

Julie A. Busch는 독립적인 자문역으로서 Campus Compact, 전국 봉사협회, 그리고 미국 청소년재단을 포함한 여러 협회들에 도움을 주고 있다. 과거에는 미시간 Campus Compact의 사무총장이었으며, 알비온대학, 볼링그린주립대학교, 그리고 남부캐롤라이나 대학교의 교직원이었다. 그녀는 알비온대학에서 신문방송학 학사(1980년) 학위를 받았고, 볼링그린주립대학교에서 대학생 개인상담 석사(1982년) 학위를 받았다.

Sandra L. Enos는 Campus Compact의 프로젝트에 통합하는 봉사와 학술 연구의 프로젝트 지도자였다. 그녀는 1970년 초에 알라바마 주 농촌지역에서 VISTA 자원봉사자로 일했었다. 로드 아일랜드대학에서 사회학 학사(1971년) 학위를 획득하였고, 브라운 대학교에서 사회학과 도시문제로 석사(1974년) 학위를 받았다. 그녀는 로드아일랜드대학의 사회학 조교수이며 코네티컷대학교 사회학 박사 학위를 취득했다. 그녀는 지역사회 범죄와 스트레스 속의 가족에 대한 관리기관의 책임에 대해 각별한 관심을 가지고 있었다. Enos는 질적 연구방법론의 공동필자이며, 사회학분야 봉사학습 관련 여러 활동분야들의 조직자이다.

Irene S. Fisher는 유타대학교에 있는 Lowell Bennion 지역사회 봉사센터의

소장이고 또한 가족/소비자 연구(Family and Consumer Studies) 부속기관의 연구원이다. 이전에 그녀는 유타 주의의 정보와 사업 계획을 담당했었다. 그녀는 현재 유타 주의 미래를 위한 연합의 회장직을 맡고 있다. 그리고 그녀는 과거에 솔트 레이크 시의 여성투표자 연맹의 대표였으며 'Utah Children'의 설립자이다. 그녀는 노던주립대학에서 스피치소통과 초등교육 학사(1959년) 학위를 받았다.

Gatherine R. Gugerty는 노트르담의 자매학교 종교공동체 일원이다. 그녀는 메릴랜드 주에 있는 로욜라대학의 도시집중 프로그램(Urban Immersion programs)의 지도자이며 노숙자를 위한 심사 프로그램의 관리자이다. 그녀는 볼티모어 주에서 15년간 노숙자들에 관한 일을 한 경력이 있다. Gugerty는 메릴랜드 주 노트르담대학에서 사회학 학사(1981년) 학위를 획득하였고, 1985~86년에 St.Louis 대학교에서 철학과 신학과정을 마쳤다. 1992년 로욜라대학에서 '비영리조직의 경영과정' 수료증명서를 받았다. 최근 그녀는 로욜라대학에서 목회상담 석사학위를 수여받았다. 그녀는 노숙자들과 가난한 사람들에 관한 영적 사역에 대한 글을 쓴 적이 있다.

Garry W. Hesser은 아우크스부르크대학에서 체험교육의 책임자이며, 도시연구가이자 사회학과 교수이다. 그는 역사와 종교학 학사(1961) 학위를 필립스대학교에서 받았고, 사회윤리학과 성격연구로 유니온 신학대학과 컬럼비아대학교에서 석사학위를 받았고, 사회학 석사(1970)와 박사(1972) 학위를 노트르담대학교에서 받았다. 그는 봉사학습의 3강좌를 강의하며, 넓은 범위의 공공 및 지역사회 봉사 직업 알선 인턴십을 지도했다. 그는 전국 체험교육협회와 도시문제 고등교육컨소시움의 전 회장이고, 많은 캠퍼스와 전문적인 회의에서 체험교육과 봉사학습에 대한 워크숍을 지도했다. 그는 체험교육, 주거, 지역 활성화, 그리고 예전에 관한 다수의 논설과 논문의 저자이다.

Mark. D McCarthy는 학생처의 처장이고 마케트대학교의 학생인성 개발 및 지역사회 봉사센터의 소장이다. 그는 펜실베이니아주립대학교에서 자유주의 연구로 학사(1976년) 학위를 받았고, 메릴랜드대학교에서 대학생 인사행정으로 석사(1979년) 학위를, 마케트대학교에서 교육행정 박사(1993년) 학위를 취득했다. 그는 학생의 인사 관리자 예수회 협회의 중서부지역 담당 부사장이고, 여러 개의 교회, 학교 및 지역사회 단체들의 봉사자이다.

Marylu K. McEwen은 메릴랜드대학교에서 부교수이고, 상담심리학과 대학생 생활지도 프로그램 소장이다. 이전에 그녀는 오번대학교와 퍼듀대학교 교수를 역임했다. 그녀는 퍼듀대학교에서 수학과 학사(1968년) 학위를 받았고, 인디애나대학교에서 대학생 상담 행정석사(1970년) 학위를, 그리고 퍼듀대학교에서 상담 및 생활지도서비스 박사(1974년) 학위를 취득했다. 그녀는 대학생 발달 학술지의 편집자로 활동하며, 다문화주의, 학생의 진로문제, 그리고 학생발달 이론에 대해 폭 넓게 출간해 왔다.

Suzanne D. Mintz은 메릴랜드대학교에서 봉사학습 주도 코디네이터이다. 그녀는 플로리다대학교에서 사회학 학사(1981년) 학위를 취득했고, 인디애나대학교에서 고등교육 및 생활지도 석사(1985년) 학위를 취득했다. 이전에 미국 가톨릭대학교, 메릴랜드대학교, 그리고 미국 지방의회 교육에서 체험교육 및 지역사회 봉사활동에 관한 일에 10년 이상 종사했다. 가장 최근에 민츠는 미국 고등교육 프로그램의 봉사학습을 위한 훈련과 기술지원을 지도 감독했다. 또한 전국 봉사연합(the Corporation for National Service)의 프로그램 관리자로서도 활동했다. 그녀는 『가치관 교육으로서의 지역사회 봉사』(Community Service as Values Education, 1990년)의 공동 편집자이다. 그녀는 봉사학습, 여성 문제, 그리고 다양성 문제에 관해 출판 발표하였고, 재생산권 문제, 도시 안에 있는 어린이집에서 활동해 오고 있다.

Keith Morton은 영어과 조교수이고 프로비던스대학의 파인스타인 사회봉사연구소의 소장이다. 그는 암허스트에 있는 매사추세츠대학교에서 영어와 역사학 학사(1979년) 학위를 취득했고, 미네소타대학교에서 미국학 연구로 석사(1982)와 박사(1986) 학위를 취득했다. 그는 지난 15년 동안 지역사회 개발, 지역사회 봉사, 그리고 지역사회 이론 부분에 대해 연구해 왔다. 1994년 프로비던스대학으로 합류하기 이전에 그는 프로그램 지도자였고, 그 후 미네소타대학교 YMCA의 사무총장이였으며, 학술연구와 함께 통합 봉사인 Campus compact 연구의 지도자였다. 모튼은 청소년 발달에 특히 관심을 가지고 지역사회 주민들의 삶의 질 향상을 위해 헌신하고 있는 여러 지역 및 전국 학회의 이사회에서 활동하고 있다. 그는 또한 교육과 지역사회 기반조직을 위한 워크숍의 지도자와 훈련가로서 역할을 담당하고 있다.

Sharon Rubin은 뉴저지 주에 있는 라마포대학에 대학생지도 연구소 소장이고, 봉사학습과 다른 형태의 체험학습에 관하여 자주 글을 쓰는 기고자이며 연설자이다. 이전에 그녀는 미국 체험교육학회(NSEE)의 회장이었고, 또한 메릴랜드 주지사 자문위원에서 봉사와 시민권에 관한 업무를 수행하였다. 그녀는 시카고대학교에서 학사(1965년)와 석사(1966) 학위를 영문학 전공으로, 미네소타대학교에서 박사(1972년) 학위를 미국학 연구로 취득하였다. 루빈은 켈로그재단 연구비 지원 프로그램의 첫 번째 수령자였고, 일본과 한국의 풀브라이트 해외 교육행정가 프로그램에 참여하였다.

Penny Rue는 조지타운대학교의 학생처장이다. 처장이 되기 이전에, 그녀는 조지타운 대학생 프로그램의 지도자로 7년간 근무했다. 조지타운대학교에 오기 전에는, 메릴랜드대학교 및 Chapel Hill의 노스캐롤라이나대학교에서 역임했다. Rue는 Georgetown M.B.A. 프로그램에서 여성을 위한 지도력의 현대 문제점에 대해 가르치고, 대학 여학생 지도자들을 위한 전국 회의에 의장직을 맡았다. 그녀는 듀크대학교에서 영어와 종교 학사(1975년) 학위를 받았고, 오하이오주립대학교에서 대학생 인사연구로 석사(1977년) 학위를 받았다. 그리고 상담 및 인사서비스로 메릴랜드대학교에서 박사(1988년) 학위를 취득했다.

Cesie Delve Scheuermann은 오레곤 주 살렘 시에서 상담전문가이다. 그녀는 윌라멧대학교 대학생센터의 학생활동이사를 역임했고, 조지타운대학교에 자원봉사자와 공공 서비스센터의 소장으로 일했다. 그녀는 『가치관 교육으로서의 지역사회봉사(community service as values education, 1990)』의 공동 편집자이다. 그녀는 Westmont 대학에서 영문학 학사(1980년) 학위를, 메릴랜드대학교에서 전문대학 학생의 인사로 석사(1985년) 학위를 취득했다.

Erin D. Swezey는 지역사회 봉사의 지도자이며, 로욜라대학의 가치관과 봉사를 위한 센터의 소장이다. 그녀는 캘리포니아대학교에서 인간 발달 학사(1980년) 학위를 받았다, 미시간주립대학에서 전문대학 학생 인사행정 석사(1982년) 학위를 받았고, 시애틀대학교에서 석사(1989년) 학위목사의 사역을 받았다. 그녀는 '지역사회 봉사와 학습에서의 파트너십' 국가화상회의의 토론자였고, 전국 학생 인사행정자협회를 후원하였다. Swezey는 『가치관 교육으로써의 지역사회 봉사』(Community service as values education, 1990)에서 신념을 바탕으로 봉사학습의 한 장을 썼다. 그녀는 Campus Compact 출판물인 『봉사를 세다: 고등교육과 봉사부분에서의 교훈』(1995)에서 '재단설립 방안' 이라는 논문을 저술하였다.

Marie L. Troppe는 Campus Compact 프로젝트에 통합하는 봉사와 학술 연구에 제휴를 기획하고 있다. 그녀는 아메리카 가톨릭대학교에서 영문학과 학사(1987년) 학위를 취득하였고, 조지타운대학교에서 영문학 석사(1992년) 학위를 취득하였으며, 조지타운대학교의 자원봉사자 및 공공 서비스센터의 부소장이었다. 그녀는 1994년 Campus Compact에 의하여 출판된 『참여행동 연구: 지역사회와 학문적인 의제의 동화』와 『주변에서 주류로: 캠퍼스 콤팩트 프로젝트에 통합하는 봉사와 학술 연구』(1995)를 포함하여 봉사학습에 대한 많은 논설을 집필했다. 그녀의 현재 관심은 행동 연구와 봉사학습의 인식론에 초점이 맞추어져 있다.

역자 소개

◉ 조용하 (교육학박사/사회학박사)
joh0691@hanmail.net

연세대와 포틀랜드주립대학교, 그리고 오레곤대학교에서 교육학(교육사회학과 지역사회교육학)을 공부했으며, 고려대학교에서 사회학(노년사회학과 여성사회학)을 수학했다. 콜로라도대학교에서 자원봉사관리사 전문과정을 수료했으며 하버드대에서 평생교육관리전문가과정을 수료하였다. 그리고 한국청소년정책연구원 객원연구원과 일본 큐슈대학 비교교육문화연구소 객원연구원을 역임하였다. 현재, 동아대학교 인문대 교육학과와 교육대학원 청소년사회교육전공 교수로 재직하고 있다.

국무총리 국무조정실 정책평가위원과 국가청소년위원회 정책자문위원, 청소년보호위원회 정책기획위원, 교육인적자원부 특별활동 집필위원, 중앙인사위원회 공무원 승진시험(5급) 교육학 출제위원, 교육인적자원부 교육과정 심의위원과 학생봉사활동제도 개선위원회 위원장, 한국자원봉사연합회 자문위원장, 문화도시 부산네트워크 문화자원봉사 운영위원장, 한국독서문화재단 이사장, 부산광역시 여성정책위원, 국가청소년위원회 청소년육성 기금지원사업 평가위원, 청소년수련시설 평가위원, 청소년문화존사업 평가위원장, 교육인적자원부 원격대학 종합평가위원, 여성센터 종합평가책임위원, 한국청소년 정책연구원, 연구과제 심의위원, 부산광역시 평생교육협의회 자문위원, Volunteer21 운영위원, 한국자원봉사협의회 봉사학습 프로젝트 평가위원, 청소년지도사 자격시험 출제위원, 중앙공무원 승진시험(교육학) 출제위원을 역임하였으며, (사)한국성인교육학회 회장과 (사)한국청소년학회 이사, 부회장, 부산광역시 청소년육성위원회 부위원장, 교육과학기술부 교육과정심의회 운영위원, Andragogy Today 편집위원으로 활동하고 있다.

최근 역, 저서와 연구물로는 『평생교육의 이해(공)』, 『청소년수련활동론』, 『현대

사회 교육의 과제와 전망』, 『사회교육과 여가』, 『청소년활동론(공)』, 『야외교육활동론』, 『연수와 교육훈련에 있어서 성인지도의 방법』, 『자원봉사와 체험학습』, 『현대사회와 문화현상(공)』, 『청소년지도학(공)』, 『평생교육방법론(공)』, 『대학봉사학습의 동향과 과제』, 『신사회교육방법론』, 『일본평생학습 볼런티어활동의 원리와 실천과제』, 『대학교육과 봉사학습(역)』, 『청소년교육의 동향』, 『신교육사회학(공)』, 『사회교육의 의미(역)』, 『A Study on Current Issues & Practices Concerning Service Learning, M.S. Knowles' s Andragogy As a Theory of Adult Learning, Theoretical Frameworks for the Developing a Volunter Program』, 『청소년활동 프로그램 평가시스템 개발 및 운영방안 연구(공동)』, 『2007년도 부산광역시 여성센터사업평가(연구책임)』, 『2005/2006 부산광역시 청소년문화존사업평가(연구책임)』 등이 있다.

대학교육과 봉사학습: 이론적 관점과 실제
SERVICE-LEARNING in Higher Education: Concepts and Practices

2008년 8월 11일 1판 1쇄 인쇄
2008년 8월 15일 1판 1쇄 발행

지은이 • Barbara Jacoby 외 공저
옮긴이 • 조용하
펴낸이 • 김진환
펴낸곳 • 학지사
121-837 서울시 마포구 서교동 352-29 마인드월드빌딩 5층
대표전화 • 02-326-1500 팩스 • 02-324-2345
등록 • 1992년 2월 19일 제2-1329호
홈페이지 www.hakjisa.co.kr
ISBN 978-89-5891-723-6 93370

가격 18,000원